U0568313

温州市文史研究馆　出品

温州学人印象丛书

戏曲史家

黄仕忠 编

王季思

文汇出版社

出版说明

在温州五千年的文明史进程中，涌现了一批载入史册的文化名人，正所谓"人物满东瓯""永嘉前辈读书多"。这些人物在各自的领域推动了社会的发展、历史的进步。尤其晚清民国以来，温州人积极融入改革开放的历史变局，出现了多个知识群体，促进了中国现代化进程。

"一方水土养一方人。"这些人物成长，离不开温州这片土地的滋养。"东瓯人物""永嘉前辈"烙着深深的温州文化印记。

为了加强温州历史文化名人研究，温州市文史研究馆策划出版"温州学人印象丛书"。这套丛书的研究对象以近现代学人为主，一人一册，收集回忆纪念该人物的"三亲"文章，原则上不收论文式的研究文章，突出史料性、系统性、可读性，以合乎"印象"之义，乃别样的人物传记。

文化名人是一座城市重要的软实力，希望通过这套"温州学人印象丛书"的出版，能为助力温州文化建设、传播温州良好城市形象贡献力量。让我们一起努力。

温州市文史研究馆

二〇二一年十月

目 录

我所难以忘怀的人
——王季思教授　　　　　　　　（日）波多野太郎　吴锦润译　001

关于王季思先生二三事　　　　　　　　　　　　　　连　珍　006

缅怀王季思先生　　　　　　　　　　　　　　　　　陈步桂　009

长留双眼看春星　　　　　　　　　　　　　　　　　赵瑞蕻　014

五十年如一日
——遥寄王季思老师　　　　　　　　　　　　　　严慰冰　020

平生风义兼师友　　　　　　　　　　　　　　　　　汪远涵　023

王季思教授纪略　　　　　　　　　　　　　　　　　汪远涵　027

薪尽火传光不绝
——记古代戏曲研究和编注专家王季思　　　　　林芷茵　030

屈平词赋悬日月
——聆听王季思教授讲话有感　　　　　　　　　叶肇增　050

共仰皎皎风仪
——在王季思教授从教七十周年庆祝大会上的讲话　杨资元　054

挽恩师王季思教授　　　　　　　　　　　　　　　　赖春泉　057

我师王季思　　　　　　　　　　　　　　　　　　　莫　洛　059

余霞尚满天
——记王季思教授　　　　　　　　　黄天骥　065

有事弟子服其劳
——记我们照料老师王季思先生的一桩往事　黄天骥　084

往事未必如烟
——两位戏曲研究专家的恩怨分合　　　黄天骥　093

王季思先生带我们拜访董每戡先生　　　欧阳光　104

深切怀念　王起老师　　　　　　　　　吴国钦　109

追忆王起（季思）先生　　　　　　　　吴国钦　116

王季思教授谈诗词创作与戏曲研究　　　罗斯宁　121

长留双眼看春星
——季思先生教我读书作文　　　　　　王星琦　128

德厚者流光
——王季思先生的学术风范　　　　　　王星琦　140

一时人物东南美
——王季思教授在南师大侧记　　　　　王星琦　147

新种葱茏竹万竿
——王季思教授介绍　　　　　　　　　林　建　152

终生难忘的教诲
——纪念王季思先生诞辰110周年　　　薛瑞兆　156

我的导师王起先生二三事　　　　　　　康保成　164

王季思先生晚年的学术情怀	康保成	167
试谈王季思老师的治曲情怀 ——纪念先生诞辰111周年	董上德	187
师门琐忆	郑尚宪	195
关于《浪子、斗士关汉卿》的对话 ——一次辅导课记略	谢柏良 记录	209
学者之域	黄仕忠	216
我心飞扬 ——回忆跟随季思师学习的时光	黄仕忠	220
长留双眼看春星 ——回忆晚年的王季思先生	黄仕忠	229
先生请学生吃饭	景李虎	249
中大师友杂忆（节录）	周伟民 唐玲玲	251
季思先生二三事	王灼林	253
季思师十年祭	洪柏昭	259
栽花与插柳 ——王、董二师引导我的昆曲之路	余懋盛	263
王季思教授二三事	郭启宏	275
握别 ——我与季思师	郭启宏	281

博大・精深・严谨・开拓
——王季思先生的学术思想　　　　　　　　黄竹三　297

春风暖人　长者风范
——记王起先生　　　　　　　　　　　　　张小莹　313

季思师　　　　　　　　　　　　　　　　　　郑佩鑫　318

我回母校讨诗笺　　　　　　　　　　　　　　陈平原　321

穿越时光的追忆　　　　　　　　　　　　　　吴承学　325

康乐园情愫
——并纪念王起老师逝世21周年　　　　　　王启光　332

王季思：薪尽火传光不绝　　　　　　　　　　夏和顺　335

玉轮轩写意
——记王季思先生　　　　　　　　　　　　许石林　340

从学院派批评到新学院派批评
——谈王季思先生的学术追求与学术风范　　　宁宗一　349

我与王季思的交往　　　　　　　　　　　　　蒋星煜　357

人生有限而无限，历史无情还有情
——悼念曲学宗师王季思先生　　　　　　　胡雪冈　365

回忆王季思先生　　　　　　　　　　　　　　邓绍基　369

感念王季思先生　　　　　　　　　　　　　　吴新雷　377

长留双眼看春星
——我所知道的王季思先生　　　　　　　　　沈　沉　379

悼念王季思先生　　　　　　　　　　　　　　徐顺平　385

戏曲大师　千古流风
——追忆王季思先生　　　　　　　　　　　　黄世中　388

露华桃李溢清芬
——悼念文学史、戏曲史大师王季思　　　　　梁　冰　393

德高望重的长者
——追忆王季思先生二三事　　　　　　　　　江巨荣　405

一条读书札记牵引出来的机缘　　　　　　　　孙崇涛　411

王季思随来随送的签名本　　　　　　　　　　孙崇涛　419

同门情深
——记我所经历的王季思先生与钱南扬先生的交往　俞为民　426

我与王季思先生　　　　　　　　　　　　　　吴　敢　431

王季思先生访问华东师范大学　　　　　　　　赵山林　435

走近王季思先生　　　　　　　　　　　　　　翁敏华　443

怀念座师王季思先生　　　　　　　　　　　　王小盾　451

拜见王季思　　　　　　　　　　　　　　　　徐城北　457

戏剧大家的桑梓深情
——回忆王季思先生　　　　　　　　　　　　徐宏图　462

《文学遗产》"优秀论文奖"获奖随感　　　　　张伯伟　466

回忆表姐夫王季思二三事	吴晓香	469
二舅父王季思	林翘翘	474
王季思	唐湜	480
一生献给中国戏曲学 ——忆舅父王季思	唐湜	485
王季思和陈寅恪走的是不同的路	王兆凯	490
父爱伴我终生	王美娜	496
没有退路的路	王丽娜	503
父亲王起的几次来信	王丽娜	509
与父亲在北大	王则柯	515
闲居麻金墨屋	王则柯	522
父亲王季思的诗友情缘	王则楚	535
与父亲把酒话人生	王则楚	544
我的母亲徐碧霞	王则楚	550
文字商量之乐 ——纪念父亲王季思先生逝世两周年	王小雷	561
编后语	黄仕忠	567

我所难以忘怀的人
——王季思教授

（日）波多野太郎　吴锦润译

"旧游旧游今在否？花外楼，柳下舟。"这是南宋词人蒋捷《梅花引》中的名句。在我的书斋"实事求是室"里，还裱着一幅扇面，是陆小曼画的木棉花画。这火红色的花，不仅给少花的元月增添了红艳艳的情趣，而且引起我对南国广州深深的怀念。

我的弱冠之年，曾在广州留下了踪迹。在那低低的山岗脚下，当青青的水稻绿遍原野的时候，就见到那摩天入云的巨树上面，开满了火焰般的木棉花。后来，我在屈大均的《广东新语》里，发现有关木棉花的记载："高十余丈，大数抱，枝柯一一对出，排空攫拿，势如龙奋，正月发蕾，似辛夷而厚，作深红、金黄二色，蕊纯黄六瓣，望之如亿万华灯，烧空尽赤。"这充满着南国特色之花，真使我一辈子也忘不了。

盛夏又是一种景象。正如十九世纪二十年代给《粤讴》写序的石道人所咏唱的那样："素馨为田，紫檀作屋，香海十里，珠户千家。"（香海即珠江。在汉语里，江、湖也常叫作海的。）广州是最早输入西洋文明的中国南大门，经济富庶，文化也十分发达，又是兴起革命的历史重镇。此后就一直成了中国的第三大经济城市。而今，在那万绿丛中的中山大学校园中央，孙中山先生的铜铸巨像，想必是耸立在那大理石的高台之上吧。这位辛亥革命之父，曾经在我们横滨侨居过，和我们的缘分实在不浅哩。

从广州旧爱群旅馆（即现在的人民大厦——译者）附近的北江、西江和东江合流的珠江边上，乘船穿过可以开合的海珠桥，顺流直下，就可以抵达现在的中山大学（即旧岭南大学）校园了。就在那里，住着一位中文系教授——玉轮轩主人王季思先生，是我所难以忘怀的人。

从最初认识先生的时候开始，笔者就是非常佩服的。先生的《西厢记校注》及其序说，有精湛的考证和高明的理论分析。近著则有《元散曲选注前言》等表现高度科学性的论文。先生的这些论著便成了我分析中国小说戏曲的指南针。长期以来，先生不仅亲自评价我的论著，还大力加以介绍翻译。我还常收到他寄来的诗词。这些作品有些还收入浙江人民出版社出版的《王季思诗词录》一书，早已为世人所熟知。

去年十一月，先生出席了在上海召开的《文心雕龙》学术讨论会。参加这次盛会的有来自中国各地和日本诸大学的学者。——实际上，去秋十月，也曾于武汉召开过训诂学会，我接到中国政府发出的正式邀请公函，蒙允作为期两周的讲学。遗憾的是，我因八月间身体上的小病，正在医院动手术，不得不婉谢了这盛情的邀请。——在那个大型的学术讨论会上，王先生在会见与会的日本学者时，还特地想到我，并且为我赋赠了下面的诗篇：

东亚和平日，
寰球大定时。
邦交归永好，
文苑结新知。
一水牵衣带，
三山系梦思。（三山指日本列岛）
绿芜人健否，
遥与寄声诗。（绿芜堂即笔者的书斋号）

可尊敬的王季思先生，真是不胜感激。其实我在小病之后，已迅速恢复健康，现在已回复到年青时代一样，请先生放心吧。我谨在这里祝愿先生在喜迎新春之际，日益砚祉绥和，著述丰宏，并不断地给我这个地处孤岛的书生以指导和鞭策。我以为，日本和中国虽然社会体制不同，但是不应妨碍彼此的互相信任，互取其长，在坚决反对霸权主义侵略的基础上，发展各自的物质生产和精神文明的现代化，肝胆相照地在太平洋西岸边上建设起我们名副其实的乐园。

写到这里，那遥远的从越秀山跨过珠江的岭南景象又仿佛展现在眼前一样。现在，那里火红的木棉花又在新的一年里含苞欲放了。"花外楼，柳下舟"，旧游确实还健在。心里仿佛从什么地方传来了我所熟悉的旋律：

从山岗顶上看到那带子般环绕的河水呵，
真是令人心旷神驰。
……

一九八五年元月下旬，于横滨市立大学。

波多野太郎教授长期致力于中国文学的研究工作和中日和平友好的事业。他年青时期曾在岭南大学学习宋词，从此爱上中国文学，对现在岭南大学旧址建立的中山大学怀有深厚的感情。从五十年代起，他就在日本的报刊上介绍我的论著。此后即时有通信，并交换学术著作。这篇散文是他最近寄来的，字里行间洋溢着他对岭南风物的怀恋和对友邦朋友的深情，因嘱吴锦润同志译出，以飨读者。至于他文中对我论著的评价，未免带有感情上的偏爱，我是不敢承受的。文中的陆小曼是新月派诗人徐志摩的夫人，石道人是替《粤讴》写序的珏甡。说海珠桥可以开合，那是解放前的情况。这些都是吴锦润翻译时查明的,并记于此。

王季思附记
一九八五年五月十六日

原载《学林漫录》第十二集,中华书局 1988 年版。

关于王季思先生二三事

连 珍

王季思先生是一九三〇年我在浙江省立第十中学（现温州中学）读书时到那里任教的。当时，我只知道他富于正义感，支持学生抵制日货的爱国行动，讲课和批改作文很认真，深受同学们的欢迎和尊敬。王先生没有教过我，但我一直把他当老师看待。

一九三七年抗日战争爆发。王先生因淞沪失守，自松江还乡，我因平津沦陷，从北平辍学南归，各自在温州参加抗日救亡工作。

一九三八年，我在中共温州中心县委任青年部长。不久，国民党的温州专员兼浙江保安司令蒋志英企图从永嘉入手收缴温属各县民枪，王先生起来反对，并与蒋志英在一次党政军联席会议上发生冲突，因而被迫出走。他的这一抗议，与当时中共温州中心县委拟向省委提出利用闽浙边红军游击队留下的旧枪支重建民间抗日武装的建议，不谋而合，备受地下党的赞许。

一九三九年秋，我因受浙江党内一起错案的株连，经半年四处冒险寻党无门，被迫流亡内地，十一月二十二日辗转到了滇南澄江，入中山大学借读，毕业后留校任先修班教员。一九四五年夏，我受浙江大学龙泉分校聘任讲师，与季思先生共事。开学不久，抗战胜利，浙大龙泉分校迁回杭州，中文系和英文系借用西湖孤山原浙江美术学院校舍上课，王先生当时与我一起住在白堤罗苑（即哈同花园）佛经堂的楼上。一九八四年，在我七十岁生日，王先生写给我的一首赠诗中有："龙泉思利剑，罗苑耻逃禅"二句，就是回忆当年情景。

一九四六年上半年，浙大总校从贵州遵义迁回杭州。初夏，浙大学生举行震动杭垣的反内战反饥饿大游行。为了支持青年学生的民主爱国运动，浙大教师发起罢教，王先生被推为罢教委员会委员。事先，浙大进步学生薛天祀和赵槐找我商量起草浙大学生游行宣言，我建议可请王季思或任铭善先生执笔。当他们前往恳请王先生时，他欣然答应。那篇宣言发表后，很快传到上海、南京，对当时东南地区青年学生的民主爱国运动起了一定的促进作用。

同年夏，我只身回广州中山大学任教。次年暑假，我回乡接家眷，正碰上薛天祀和浙大另一党员学生夏文俊在温州被捕，幸经王季思和夏承焘两先生奔走营救，获释出狱。

另一件更值得称道的好事是季思先生从杭州南下中山大学任教的第二年，即一九四九年七月，国民党反动派在日暮途穷中逮捕了中大一批进步师生，其中中文系学生赖春泉有被判处枪决的危险，地下党多方营救无效。后来听说如能找个名教授保释，可能有救。地下党找到王先生，他慨然允诺，不顾个人安危，亲自到国民党警备司令部，为赖春泉办理保释手续。

自从王先生到中大四十五年来，他和我一直过从甚密，我从中受益不浅。解放后，我重新入党，调做行政工作，王先生坚持教学和科研，注意学习马列主义和毛主席著作，联系实际，不断推陈出新，我们彼此之间的交情随着历次政治运动而日渐加深。最使我敬佩和欣慰的是他在学术研究和培养学科传人两方面都卓著成绩，却没有以此自满，有事仍同我商量。这种平易近人的态度，在老一辈学者中是少见的。

原载《王季思从教七十周年纪念文集》，中山大学出版社 1993 年版。

缅怀王季思先生

陈步桂

王季思先生，名起，温州市瓯海区梧埏镇上田村人。祖仲兰公、父庭玉公都是前清秀才，为当地名士。仲兰公著有《雪蕉斋诗抄》六卷遗世。他是我三伯父陈仲陶的内弟，都雅好古典文学。他在东南大学求学时期以及后来到各地任教，每逢寒暑假回乡，常到我家作客，与三伯父谈诗论文。那时我父和五叔与伯父母一家聚居，尚未分炊。每逢季思先生莅临，我都随诸堂兄弟姐妹同称其为二舅父（他在雁行中居次），而他也视我为亲外甥，敦谊深厚。故我在青少年时，常受到他的谆谆教导和亲切提携。

季思先生于二十岁时，考入南京东南大学（国立中央大学前身）。一九二七年春，在国共第一次合作的局面下，国民革命军推进到闽、浙，江淮震动。东南大学一度停办，他回乡在瓯海中学任教，因在学生中宣传国民党第一次全国代表大会宣言，反对西山会议派，在蒋介石发动"四一二"事变时，与温州十师学生蔡雄（中共温州独立支部成员，烈士）、苏中常（即著名学者、华东师范大学教授苏渊雷，近年逝世）同时被捕。旋经亲友保释，重返南京读书。说明他在学生时期，即富有革新精神，参加过各种爱国活动。

大学毕业后，曾在温州十中、安徽宣城中学、江苏松江女子中学任教，而以在松江女中时间最长，达六年之久。春风化雨，备受学生爱戴。直至"八一三"沪战爆发，才携眷返里。有几位不愿留在沦陷区过亡国奴生活的女学生，也随同到了温州，由他热心帮助，介绍到温中附小等单位工作。当时，全国各地青年的抗日救亡运动风起云涌，他和从杭州美专流亡到温州的学生抗日救国宣传队一起，穿上草鞋，深入浙南山区宣传抗日救国。并且组织民兵，准备一旦日寇在温州登陆，即在山区据险抵抗。而国民党反动派对于发动群众，心存疑虑。时任浙江省第八区行政督察专员兼保安司令蒋志英则企图收缴民枪，防止它为新四军利用，极力阻挠。故他又联络永嘉县战时政治工作队积极反对。在一次会议上，险遭赳赳武夫蒋志英的枪击。

此前，亦即一九三七年冬，他曾鼓励四妹静香（后名陶射言）、外甥陈桂芳（后名陈居江，即三伯父仲陶的长子）奔赴革命圣地延安学习。这在当时学界中，有此远识者，实属罕见。在中国共产党的正确教育下，陶姑跃马冀西，抗击日寇，解放后在国务院财贸部门工作，现已离休；居江在解放战争时期，曾任第二野战军后勤政治部宣传部长，现亦离休。

他在温州既不能立足，遂应聘到处州中学教书。当时管辖处属十县的九区专员杜伟，标榜开明，又邀他兼任专署政工指导室干事长，撰写抗日宣传文字。一九三九年春，我从江西修河前线归来，由驻节金华的军委会军风纪巡察团委员张强世伯荐到杜伟专员处任事，也是季思二舅父转托其中大同学、专署秘书徐泉妥为安排，派在作为战时后备队的浙江省国民抗敌自卫团第一中队担任政治指导员，驻地虽在青田县境的石帆村，但离丽城仅十余华里。逢节假日，我常步行进城，到处中访谒，时近晌午，食堂餐桌有定位，他总叫厨丁另送一份饭菜到教员寝室款待我，抚慰有加。后将徐氏舅母接来赁屋居住，每逢晚餐，常有同事数人应邀小酌，其好客如此。这段时间他除教学外，常为郭莽西主编的《战时中学生》杂志撰稿。内容大多与反映民间疾苦，抨击对弊，发扬正气有关。

一九四〇年，我因公到金华，那时季思二舅父在浙江省国民出版社任编纂，结识了《东南日报》副刊主编陈向平，有感于民生疾苦，创作了许多乐府民歌体在副刊上发表，以揭露国民党统治区一些黑暗现象。并在形式上探索旧体诗词与民间歌谣结合的道路，感情真挚，富有生活气息，艺术上更有特色，故蜚声诗坛。

一九四五年秋，日寇投降后，浙大复校回杭，他又兼任之江文理学院讲席，与一代词宗夏承焘（瞿禅）教授过从最密。一专宋词，一攻元曲，相得益彰，历来传为佳话。这时，我早已脱离军籍,重游杭州,羡湖光山色之美,意欲就地谋一职事,又求助于季思二舅父,承托其受业弟子林树艺(三青团浙江支团书记)写就八行书荐到三十一军军长黄维处,正待命间,遇一在青年军某师任连指导员的老同事庄君,得悉该军即将开赴东北,恐将陷入内战漩涡。乃改弦易辙,在上海考入中国银行,当一名小职员,心想从此能过上安定生活。次年秋,我奉调江西,季思二舅父则于一九四八年南下广州,在中山大学中文系任教,湖畔一别,竟长达四十年,直到一九八七年五月,他应温州南戏学会的邀请,回乡讲学,其时我已退休家居,温州部分文士在五马街温州酒家设宴欢迎,因我系晚辈,被遣往华侨饭店迎迓,始得重睹慈颜。其时他已是八旬老翁,唯精神仍很矍铄,关怀家乡建设,特嘱我雇一辆三轮车,他偕夫人海燕并肩而坐,左顾右盼,沿途浏览市容新貌,我则骑自行车尾随一一解答。至酒家入席后,谈笑风生,尤喜食家乡海产水潺蛋汤,赞不绝口。同席者胡今虚先生今尚安健,林文钧先生、王敬身先生俱已作古,时我和吴景文、钱思敬奉陪末座。

九十年代初,他在穗托人带给我《王季思学术论著自选集》一巨册,亲笔题签"步桂甥存念"五字。后又寄赠《玉轮轩后集》一册,扉页未著一字,盖已难于握管作书矣。

季思教授不是一个"目不窥园"的书斋式的学者,而是面向现实、热爱生活、关心后学的忠厚长者。他从事教育和学术研究七十年,著作等身,在海内外享有盛誉。他以毕生精力倾注于教育事业,为国家造就大批人才。他的逝世是我国教育界、学术界、戏曲界的重大损失。

  他生于一九〇六年,今年恰满九十周岁,本应撰文祝寿,不意竟掇此悼词,不胜唏嘘!

原载《瓯海文史资料》第六辑,1996年12月。

长留双眼看春星

赵瑞蕻

我敬爱的老师王季思先生以九十岁的高寿辞世了，我日前忽得这一噩耗，感到无限悲悼！在哀思和深切缅怀中，我的心飞往南国中山大学校园——王先生生前时常散步的康乐园中——他多年居住、我曾先后三次看望他的那座楼房里了。近年来先生身体很不好，异常衰弱，生活无法自理，起居靠轮椅。我几次写信安慰，都未得到回音，后来听说他卧床多时，说话都很困难了。

半个多世纪来，季思师一直在中山大学中文系任教授，培养了一大批文教界人才。他是我国著名的成就卓越的古典文学、古代戏曲研究专家，教育家，也是一位老诗人。长期以来，他在中国文学史，特别在宋元明清词曲和戏剧，关汉卿及其杂剧，《西厢记》《琵琶记》《桃花扇》，元明散曲等方面的研究，都作出了杰出的贡献。他用力最勤，发掘最深，影响最大的《西厢记校注》和《桃花扇校注》这两部书，迄今仍是这领域中的权威著作。关于王先生在学术研究上的光辉成就，我想他的同事、专家和他的硕士、博士研究生高足们一定会有更多更好的论述，我是一个外行，这里不多说了。

我可以说是王先生最早、现尚健在的一个学生了，因为一九二五年他到南京入东南大学中国文学系读书，一九二九年毕业于中央大学后，就回到故乡温州第十中学（即现温州中学）任教，恰巧就教我们那班初中一年级国文，那时我们的课堂便在纪念我国第一个山水诗人谢灵运的春草池畔。那是一个相当大的长方形池塘，东南边上种了好些棵杨柳，池中有许多金黄色的鱼儿在荷花水藻间游着。春夏时节，柳条低拂水面，时有黄莺翠鸟飞来在池上鸣啼，或捕捉小鱼小虫。王先生就在那里教了一年多书，精力饱满地发挥他的才能；他讲课异常认真而又生动活泼，十分风趣，富于魅力。至今我还记得他讲解《古诗十九首》《孔雀东南飞》，以及都德《最后一课》和老舍《赵子曰》《二马》等的神态。他是以整个心灵融入他所选讲的课文中去的。他给予我的教育和启发是如此深刻强烈，以致几十年后我还以诗句表达我的感受——"春草池边的笑声仍在我心上荡漾，是您首先把我领进文学的迷宫。"

五十六年以后，即一九八五年秋天，王先生应邀到南大和南师大讲学时，我请他和夫人便餐，举杯祝贺他八十大寿，一起朗诵诗词，并回忆往日旧事，度过了一个愉快的夜晚。他回到广州后，就写了一首五律古诗送我，一开头就说到春草池：

谢客池塘畔，凤头龙尾班。
花光春烂漫，鸟语夏绵蛮。
一别风云散，重逢沧海翻。
向枫长已矣，遗恨满人间。

诗中第七句"向枫"，指当时我那班女同学、班长项淑贞，后在上海参加革命时化名为向枫。她遭遇坎坷，受到迫害和不公平的处理；后又患癌症逝世。第二句"凤头龙尾班"是学校对我们那一班的戏称。"凤"指项，"龙"是我，因我们两人学习成绩优秀，不相上下。（详见一九八八年王先生为拙著《诗的随想录》所写的序言《从春草池边说起》）我每读此诗，真是感慨万分，立刻追忆起六十多年前在王先生教导下那些珍惜的时光和不少同学不幸的境遇。

这会儿我翻阅季思师多少年来送我的他的好些著作和几十封书简，我眼前浮现着这位满腔热血，刚直不阿，一生勤奋，直到晚年仍坚持不断耕耘的老师；这位爱憎分明，嫉恶如仇的知识分子的面影。他在"文革"中被揪斗十来次，站在烈日下受尽折磨，竟被打断了三根肋骨，昏倒在地。后来断骨刺破横膈膜，肚肠滑入胸腔，送到医院开刀抢救，总算挽回了生命。

一九七八年冬，我到广州参加全国外国文学工作规划会议期间，特地捧了一大束鲜花去拜见先生，他拥抱我，十分激动，流泪说:"'文革'中我吃尽苦头,不过心里有数,顶得住。今天还能看到你,太高兴了!我还很乐观,有信心,还要工作下去!……"

风暴过后,王先生仍然精神抖擞,奋发前行,坚持教学和学术研究,写了许多东西,编选出版了许多书,如《王季思诗词录》《玉轮轩曲论》《求索小集》等,其中包括他主编并撰写长篇引言的《中国十大古典悲剧集》和《中国十大古典喜剧集》这两部大书,流传国内外,影响深远。王先生这种为我国文化教育事业,发扬中华民族自强不息和爱国主义优秀传统而鞠躬尽瘁的精神太宝贵了,太值得大家学习了。

季思师年轻时就热爱祖国和人民,深受"五四"新潮的洗礼,鼓吹科学和民主,坚定地反对封建主义,反对帝国主义侵略。在"五四"和抗日战争时期,他投身洪流,追随时代,写了不少东西,大力宣传救亡,抗击凶恶的敌人。在解放前夕,他奋不顾身营救地下党同志。这一切都是我们应该学习的。

王先生坚信未来,认为人类社会总是在不断排除各种阻力和困难的过程中前进的。他曾说:"我想起陈简斋的诗:'墙头语鹊衣犹湿,楼外残雷气未平。'又回忆起将近一年前跟瑞蕻的一次通信,讨论文化领域中刮起的一阵小风暴。让那墙头小鹊去叫喳喳吧,让楼外残雷去鸣不平吧,我们还是写我们的诗。"(《从春草池边说起》)

他在培植年轻一代,造就学者方面,竭尽心力,不断鼓舞我

们前进,这只要读读他的《自题玉轮轩二首》之一就可明白了:

人生有限而无限,
历史无情还有情。
薪火相传光不绝,
长留双眼看春星。

一九九六年四月十日

选自赵瑞蕻《离乱弦歌忆旧游——从西南联大到金色的晚秋》,文汇出版社2000年版,第169–172页。

附:

赠王季思师

我敬爱的老师也已八十高龄了,
仍在著述吟咏,还那么振奋!
在中山大学茂林繁花的深处,
我们品尝家乡美酒,促膝谈心;
春草池边的笑声仍在我心上淹留,[1]

---

[1] 春草池在温州城内仓桥,原第十中学(现温州中学前身)初中部旧址内,是从谢灵运名句"池塘生春草,园柳变鸣禽"得名的。1929年秋,王季思先生从中央大学中文系毕业后就回乡,在十中教书,恰巧担任初中一年级我那一班的国文教师。

是您首先把我领进了文学迷宫。
无情的白发啊，而您更加硬朗了，
钻研古戏文犹如钻研严峻的人生。

选自赵瑞蕻《诗的随想录　八行新诗习作150首》，南京大学出版社1995年版，第99页。

五十年如一日
——遥寄王季思老师

严慰冰

中山大学最近为王季思老师执教五十年举行庆祝活动，这使我想起了半个世纪前的一段生活。

一九三四年夏，我考入江苏省立松江女子中学高中部，第一次见到王季思老师。当时王老师在松江女中教国文和历史。我班的国文作业是他批改的。他批改作业很认真，好的句子打上双圈，错、别字加上框框，连一个标点符号也不放过。有时还加眉批、评语。经过老师的批改，我的作文就像一个生理失调的人经过名医护理，不但病相消失，而且眉目分明，楚楚动人了。后来我在重庆，以第一名考取中央大学中文系。王老师也是这个系毕业的，特别为我高兴。

我的妹妹比我低一班，王老师教她历史。比之英语、国文等，当时历史被看作次要课程，有的老师就照本宣科了事。王老师让学生自己阅读规定的教材。因为他说话带温州腔，怕学生听不懂，每堂课在黑板上密密麻麻写了提纲及他自己研究的心得。使学生们不仅学到了丰富的历史知识，同时也受到文学的熏陶，还从历史上优秀人物的事迹中培养了道德情操。

老师说："人的一生是短暂的，但只要把个人的生命同国家、民族的利益结合起来，这滴水珠便归入大海，永不枯竭……"他这样教学生，自己也力图这样做。为了培养更多的人才，他关怀着听过他课的学生的成长，同样关怀着他没教过的社会青年。他曾为一个从江北流落到松江的浪子写信回家，向他父母劝解。直到今天，他还为挽救失足青年呼吁。

抗战发生，松江沦陷，老师回到浙东工作。我从重庆奔赴延安。烽火连天，音讯不通。

一九六三年，王老师到北京出席哲学社会科学学部委员扩大会议，我同妹妹去看他。当他知道我后来还考上研究生，在北大教课，妹妹已是周总理的外事秘书，高兴得笑了。

一九六六年四月后，我被诱捕，批斗，老师为我的生死担忧。那时他被扣上"黑权威"的大帽子，处境也极艰苦。

十一届三中全会的东风，使我重见天日。病中读老师《沁园春·第四次文代会开幕喜赋》词："……头颅在，为追求真理，不惜牺牲。……历史无情，人生有限，莫使匆匆白发生。为四化，愿同心同德，跃马长征。"我深受教育，心情振奋。

一九八〇年，老师来京，相见唏嘘。他从行囊中取出自己的诗集和几包岭南嘉应子，分给我姐妹。他说："上了年纪，带不动多的东西，这嘉应子北京没有，姐妹俩分着吃吧！"妹妹因株连，坐了九年牢。她与我都已白发苍苍，可老师还把我们当孩子看待。

我八二年离休后，偶尔为报刊写些短文，老师看到后，他还像五十年前一样，仔细为我批改。刊物字小，排得又密，老师因我患白内障视力太差，特用另纸抄过，将刊物与改件用挂号信寄给我。听说老师对他后来在浙江大学、中山大学教过的学生也几乎是有求必应，为他们批改作品或论文。这种五十年如一日的精神多么不容易啊！

牛年开春是老师八十寿辰，我祝愿他老人家健康长寿，为祖国培养出更多的人才。

选自严慰冰著《魂归江南》，上海文艺出版社，1987年，第163—165页。文末有"编者注"：这篇也经季思老师改过，他不但删去了一些地方，而且说："从鼓励教师能关心学生成长说，这稿子是值得发表的。但我本身缺点很多，现又已衰年，不可能再像往年那样干。树大招风、名高招妒，如不发表，我将更心安理得。"作者尊重老师的意见，生前没有发表。

平生风义兼师友

汪远涵

四月七日接到中山大学教授王季思老师去世的噩耗，心情久久不能平静。

王教授是六十多年前我在温州中学的国文老师。当时我们高中文科二年级全班仅有十位同学，他对每一个人的语文水平都十分了解，有时作文命题因人而异。一次，他给我一个题目《谈女性文学》，并指导我怎样找参考资料写这篇论文。我花了一个星期写出了中学时代第一篇长文在校刊上发表，给了他一个不坏的印象。六十年之后，他一九八七年返乡讲学，我们几个老学生邀他宴饮，他居然还提及这篇习作，他的记忆力令我惊异。

一九三七年"八一三"抗战开始不久，我离开上海《时事新报》回到温州，教了一年半书便失业了。王师正在金华国民出版社担任编审，听到我待岗在家的消息，立即主动向《东南日报》兼国民出版社社长胡健中推荐我到该报编辑部工作。胡健中工词章，与郁达夫是酬唱旧侣，是达夫杭州风雨茅庐的常客。他对王季思的才华异常钦佩,因此我很容易进入这家东南地区的大报。一九四〇年我主撰《东南日报》的《每周国际时事谈座》,王师作为评论委员会成员也兼写了《每周国内时事谈座》部分文章。谈座的多篇文章颇受读者喜爱。

王师与《东南日报》副刊主编陈向平交谊甚深。向平解放后任上海中华书局副总编辑,常请王师多写点东西,并说无论新旧体都欢迎。向平也是一位诗人,他曾说:"人物江山说永嘉,宋词元曲各成家。"便是指温州籍的夏承焘、王季思两位大师而言。王师住在金华郊区响鼓井,我住在望府墩,近在咫尺,两家往来频频,他写的《响鼓井诗话》《墙角什》等都经由我手转交向平。

他是一位正义感特别强的人,对国民党政府的虐民暴政常常咬牙切齿,对被损害和被侮辱的无辜者又无限同情。当时物价狂涨,老百姓衣食无着,当官的为了粉饰太平,搞些表面繁华以邀上司恩宠。例如一个温州专员搜刮民财建造大礼堂,开"土匪"人头展览会,他都予以抵制。他的一个老同学做了汉奸,另一个贪赃枉法,他也毫不姑息进行斥责。他的心中只认是和非,没有亲和疏。

他是戏曲研究专家,当然关心舞台的演出,总是根据具体环境与时间提出清醒的告诫。一次温州南市大戏院重金礼聘声称是梅兰芳女弟子的海碧霞莅临演出,盛况空前,王师写了一首《后庭花》:"湘中昨报失长沙,南市新来海碧霞。亡国何关我辈事，明朝请听《后庭花》。"丽水演出越剧时，他的散曲句："河山光复终须有，要记取滔天狂寇，莫更把儿女柔情唱不休。"爱国深情充满在字字句句中。

王师是地地道道的温州儿郎出身，而写下的诗文有时很像慷慨悲歌的燕赵之士手笔。他在红豆之乡的南国工作生活了近半个世纪，作品有时又显现温柔绮丽缠绵悱恻。这其实并无矛盾。他曾受其姊丈名诗人陈仲陶的熏陶。仲陶主张："诗从肺腑出，惟真始动人。以诗为酬应，刻斫徒苦辛。"他正是一位无论做人、无论下笔都是唯真是崇，对人对己决不弄虚作假的诗人。

他对人的批评毫无私心，人家对他提意见，他的态度是："故非我而当者，吾师也；是我而当者，吾友也；谄谀我者，吾贼也。"（荀子语）有一次我的同学蔡孔耀对他某首诗提出意见，孔耀是早年清华大学毕业的高级工程师，老共产党员，王师并不认为他不是诗词界内人而表示冷漠，认真听取了他含蓄的批评。他对孔耀说："你的意见是对的，我知道这不是你一个人的意见，我应该诚恳接受。"这便是王季思风格。

教坛耕耘七十春，他非但从来没有厌倦，而且越干越欢。这是什么缘故？正如他自己说的，因为"我爱祖国，我爱学生"。其实不仅如此，他还热爱一切正直的人。

一九四二年，《东南日报》由金华撤退到丽水，我当时担任副总编辑。王师某一日由龙泉浙大分校返里探亲，道经丽水，晚上到报社来看我。当时报社总编辑金瑞本逝世没多久，瑞本和冯雪峰是老同学。雪峰同志从上饶集中营出来，隐居丽水，瑞本常去会晤，并从他那里拿来一篇篇杂文在《东南日报》副刊发表。瑞本是一位忘我投身抗战工作的人，当时他一边大口吐血，一边整夜不停工作，三十七岁就辞世了。王师了解他的为人，找到我，要我陪他到瑞本厝棺处去吊祭。那是一个月色隐约的夜，除了几具薄棺之外，周围一片黑沉沉。他放轻脚步走到瑞本棺木前面，就泥地上双膝下跪，恭恭敬敬地叩了三个头。我静静地站在旁边，心中一阵酸楚，至今印象如昨。

正因为他能憎其所憎，爱其所爱，所以他对自己一生的作为无所懊丧与悔恨。

他是一个乐观主义者，去年一月，他已卧床不起，还嘱咐在他身畔的王则椿（兆凯）师弟给我写信，说要再回温州一趟，一是为了医治目疾，二是为了看看故乡及老友们。我完全了解他的真意是热恋故土，不忘故人，欲在瞑目之前再一次投在故乡的怀抱中，并和旧知互诉衷曲。他知道自己来日无多，但面向死神毫无畏惧之意。他说："相信在我生命终止的最后一天，亦将含笑赴长眠。"（《我的老年心境》）因此我们也无须大发悲思，而应该祝贺他有限的人生作出了无限的贡献。这便是他所说的"人生有限而无限，历史无情还有情"。（《自题玉轮轩》）

原载《群言》1996年第9期。

王季思教授纪略

汪远涵

原中华书局上海编辑所副总编陈向平曾云:"人物江山说永嘉,宋词元曲各成家。"所指的即是夏承焘、王季思两位教授。

王季思(一九〇六—一九九六),原名王起,永嘉县(今温州市瓯海区)人。一九二八年毕业于东南大学(今南京大学)。他一生从事教育工作近七十年,而且又是一位长期研究词曲学的著名专家。他对教学和研究工作都异常认真负责,可说是全身心投入。有一次,夏承焘先生笑着对他说:"做学问靠命长,不靠拼命。"我当时在旁听了,觉得夏先生说得有理。

王先生出身于书香门第,兄弟姐妹都有不同程度的文学素养。姐丈陈仲陶是著名诗人,为他的前辈诗人张宗祥、沈尹默所赞赏,季师的诗直接受他的影响。他们都喜爱梅尧臣的作品。王先生还曾从吴梅村、龚定庵身上吸取营养。

他曾说自己本愿致力于民间新乐府制作,但到高校任教后,移心于学术研究,以致未能全力以赴。早年刊于《东南日报》

副刊上的《越风》《墙角什》等民歌体的作品曾获得读者的喜爱。他说:"回顾我前半生写的诗歌,在群众中多少有点影响的并不是我追唐摹宋刻意经营的诗词,倒是这些有感于民生哀乐信口成吟的乐府歌体。"他在这种作品中深切表现了对反动政治的憎恨和对人民苦难的同情,字里行间洋溢着这种可贵的感情。此外也有亲情委婉的抒发,多见于他的五七言近体及长短句歌词中。

季师是一位南国诗人,可是他的气质和为人却近于豪迈慷慨的北地战士。他对《辞郎洲》剧中女主角陈璧娘的评语是"柔情如水,烈骨如钢",这八个字可说是夫子自道。

抗战之初,在一次温州党政军各界参加的会议上,季师当面揭穿专员兼保安司令蒋志英的自私阴谋,蒋志英恼羞成怒,拔枪威胁,满座皆惊。他终于不得不离乡出走。他到了当时文化人集中的金华,进了刚成立不久的国民出版社担任编审工作。驻留金华两年间,他所写的许多诗词以及《响鼓井诗话》均在《东南日报》副刊发表。除文艺作品之外,他也曾为该报专栏"每周国内时事谈座"撰稿。

一九四一年,季师到龙泉浙江大学任教。这时与他同寓风雨龙吟楼的有老诗人孙养癯、夏承焘、徐声越诸教授,彼此唱和机会就更多了。这段时间他付印的有《越风集》《西厢五剧注》等著作。

抗战胜利后不久,他随浙大到杭州。一九四七年转到之江大学任教，一家人寓居于六和塔的平房内。此间正是诗人纵目骋怀之地，月轮山、钱塘江引发的旷渺之思、烟波之情，可让他无所羁束地抒写襟怀。不过之江大学是一所教会学校，宗教气氛浓厚，主办者对稍具进步思想的教授并无好感。一九四八年他应中山大学之聘，举家南下，先后担任该校中文系主任及戏曲史研究室主任。他还曾任全国政协委员、国务院学位委员会中国语文评议组成员、国务院古籍整理出版规划小组顾问、中山大学中国古文献研究所所长等职。

原载《温州读书报》1997年第4期。

薪尽火传光不绝
——记古代戏曲研究和编注专家王季思

林芷茵

王先生名起，字季思，浙江温州人，一九〇六年一月出生于温州郊区一个有文化传统的家庭，从小就背熟了经史子集中一些名篇佳句，没事时常在嘴里哼哼唧唧。此外，他还有一个特殊爱好——喜欢看戏。

温州是我国古老的剧种——南戏的发源地，在他家乡上田村周围的好几个村子里，每逢春秋两季，各村都要轮流演社戏，他几乎一场不漏地赶着去观看，看了回来还要指手划脚地议论不休。这一片对祖国戏曲艺术的痴迷之情，为他后来的生活、工作定下了基调。

由于他较高的国文水平，小学没毕业就考取了浙江省第十中学。这个学校的校长、学监都是日本留学生，使学校较早受到新思想的熏陶。五四运动发生时，那些僻处浙南一隅的中学生热血填膺，经常上街宣传，反对"二十一条"，抵制日货，其中一个积极分子就是年仅十三岁的王季思。他因此为学校当局所不满,被迫退了学,转到瑞安县立中学就读。

想不到这次转学竟给少年王季思一个开阔眼界的难得机会。

由于学校住宿困难,他和同村同学戴家祥都借住在孙诒让先生家里。孙先生是清末著名学者,王季思在十中时就读过他的《墨子间诂》《周礼政要》二书,现在能够翻阅他家藏书,使他欣喜若狂。他偶然还从孙氏的下一代手里看到这位学者的部分手校本以及与同时学者俞曲园、戴子高等讨论问题的信札,钦佩之情油然而生。后来,他常和朋友、学生们说起,如果说他对元人杂剧的校勘和考证,态度还比较认真的话,应该说首先是受到了这位前辈学者的影响。

榜样的力量真是无穷无尽的!

埋头于古书堆中数年后,一九二四年,青年王季思考入南京东南大学中文系,这又是一个人才荟萃、读书气氛浓厚的场所。直接指导他词曲课的是吴梅先生。吴先生上课一口苏州话音,使这个从温州乡下出来的学生不大听得懂,但这并不妨碍师生间的情谊。特别在课外交流时,彼此谈得十分融洽。在吴先生的名叫"百嘉室"的书斋里,收藏了明代嘉靖以来刻本达百种以上,有时也让学生进去看看,这又使王季思得益不浅。吴先生还经常教诲学生"治曲当从元曲入手",给王季思一生的治学定下了明确目标。

多才多艺的青年王季思,在大学读书时参加了吴先生组织的潜社，从事词与散曲的创作，与同学唐圭璋、常任侠来往密切，又与外文系同学陈楚淮、方伟德等组织春泥社，在闻一多先生的指导下从事话剧与新诗的创作。新旧文学原来是一脉相通的同胞兄弟，它们能互相感应、互相启迪，促进研究和创作的发展。此外，他还选修了张其昀的地学通论，胡刚复的高等物理，旁听了柳诒徵的中国文化史、黄仲苏的文学概论，在自然科学与人文科学两方面都扩展了自己的知识领域。

在这个阶段里，王季思以一种渴望理解人生、探索人生，特别是他所痴迷的古代戏曲知识的心态去看待学习，他学得认真刻苦，精神感到十分充实。同时，他又进一步认识到：这条探索的道路十分漫长，尽毕生之力恐怕也难以走完……

大学还没有读完，东南大学因受政局影响而停办，他就回到家乡的瓯海中学任教。

那时，国民革命军正在顺利推进，他兴奋地在学生中宣传国民党第一次代表大会宣言，反对西山会议派。谁知不久之后，"四一二"事变发生，他与几位十中学生同时被捕，幸亏亲友保释，得以平安出狱。但在自己的家乡却不敢再待下去了，于是又重返南京读书。这时，东南大学已改名为第四中山大学，后来又改称中央大学。

大学毕业后，王季思开始了漫长的教书生涯。教的时间最久、留下记忆最深的是江苏松江女中。

这是一所以学风严谨著称的学校。当时在国文科与他共事的徐震堮、陆维钊几位，都是大学时的同学，课余之暇，互相切磋学问，质疑解难，十分快乐。陆定一同志的夫人严慰冰，一九三四年曾和妹妹一起在该校读书，王老师给她们上国文课和历史课，据严慰冰在一篇题为《五十年如一日——遥寄王季思老师》的文章中回忆："他批改作业很认真，好句子打双圈，错别字加上框框。"学生没有忘记老师，老师也没有忘记学生，当严慰冰受到"四人帮"残酷迫害时，王老师一直为她的生死担忧。一九八○年王老师到北京，见到了严慰冰姊妹，他从行囊里取出岭南嘉应子，说："上了年纪，带不动多的东西，这嘉应子北京没有，姊妹俩分着吃吧！"严慰冰动情地写道："妹妹因株连，坐了九年牢，她与我都已白发苍苍，可老师还把我们当孩子看待。"以后，严慰冰偶尔为报刊写些短文，王老师看到后，还像五十年前那样，仔细为她批改，并用另纸抄过，将原件与改件用挂号信寄去。

这样认真执着地数十年来始终热诚关怀学生的老师，心地实在是很美的。这是王老师另一种形式的付出，也许正因为有了这样的付出，他才更加懂得美的价值。而在研究和编选校注古代戏曲中，对美的追求和感悟不也是十分重要吗？

在松江女中六年，他还做了一项重大工程：节衣缩食添置图书，特别是关于戏曲专业的书；同时利用课余时间，摘记元曲中的方言俗语，从笔记小说中探索元剧本事的来源，有的制成卡片，有的移录书眉。当他正沉浸在古代戏曲艺术的美妙意境中并期望撷取几颗研究成果时,"八一三"抗日战争爆发,淞沪沦陷,他于是离开松江回永嘉老家,除了带出《元曲选》和《西厢记》等几本书外,其余的图书资料全部丧失。

那间被他叫作"翠叶庵"的书房,从此也就不再存在。书房虽然简陋,跟卧室连在一起,占地不到半间,但因为是他生平第一次建立的书房,感到十分珍贵。为书房起这个名字,也表现了他当时的心境和生活情趣。他热爱青春,热爱人生,赞美大自然,每天早起都要到万绿丛中去呼吸新鲜空气,白天伏案疲倦时常要站到窗前去凝望外面的浓荫,领略郁郁葱葱的翠色景象。

松江女中的学生大多数来自上海、杭州、嘉兴及附近地区,社会文化的熏陶,家庭父兄的影响,她们从小就聪明活泼、见多识广,师生之间相处极为融洽。有一年假期,老师布置学生回乡收集民间歌谣,后来成为他《翠叶庵乐府》的好素材。在这里附带提一下,王季思的学术成就是多方面的,第一是戏曲,第二即为诗词,而在他早期的诗词写作中,尤以乐府民歌和直接来自民间的通俗可爱的民谣成绩最为突出。

松江女中留给他的另一个美好回忆,是他和夫人徐碧霞女士幸福美满的婚姻生活。

王季思从中学生时代开始就醉心于《西厢记》,以后陆续搜集有关资料,进行开拓性研究,他希望通过研究《西厢记》,唤起青年人反抗封建的叛逆精神。而他自己,也正是从中获得了这样的勇气。他不满家长为他安排的婚姻，另和徐碧霞女士相恋。家长当然不同意，在口头抗争无效之后，他就决定采取"断然"行动："私奔"。

据说，他俩在温州悄悄买了船票，准备乘轮船逃到上海。到了码头，刚好碰到熟人，他只好停住脚寒暄几句，让徐女士先上了船。谁知那位朋友噜苏，多讲了几句话，一声汽笛响，船儿起锚了，顷刻间已离岸一丈多，他着急了，飞奔向前，跃身一跳，竟跳上了甲板。那时风急浪高，岸边和船上的人都替他捏一把汗。后来，"张生跳墙""王生跳船"竟成为温州一些朋友们的口头禅。然而现在，这一切活泼有趣、温馨美好的东西都被无情的炮火轰得粉碎了。祖国在召唤他，他必须暂时离开心爱的书斋和课堂，去迎接另一种完全不同的生活。

王季思那时虽已过了而立之年，比起那些学生娃娃来应该要成熟一些，但天生有点浪漫气质的他竟也和小青年一样天真幼稚。他先是加入了从杭州美专流亡到温州的学生抗日救国宣传队，深入浙南山区，用漫画、唱歌、演戏等手段宣传抗日救国。由于对古代戏曲的爱好，他对于演救亡话剧也颇有一手。后来，随着战局日益紧张，日本侵略军在温州沿海登陆的可能性也逐渐增大，他和一些本地青年忽发奇想地想组织一支地方民兵，以便在敌军登岸时据险抵抗。他为这个"伟大壮举"兴奋了好些日子，并且暗暗下了决心：真到了那一天，我一定以身报国，把自己一腔热血洒在家乡土地上。

可是事情并未照他所想象的那样发展。当时温州地区专员兼保安司令蒋某,听到有民众自发组织的民兵队伍,早就吓破了胆:这些武装如被新四军浙南部队利用那还了得!于是一声令下:立即收枪。王季思虽非这支民兵队伍的主要领导人,却也曾为此花了不少心力。他听说要收枪,气呼呼地表示反对,并且在一次会议上列举了各种理由,申斥了"收枪"之举的无理,当场与官方负责人发生冲突。

结果怎样是不言而喻的,文弱书生怎敌得过大权在握的当官者?他不仅没有保住那支民兵武装,而且自己也被迫离开家乡,到浙绍一带流亡。

他先到了丽水。想想还是干老本行:教书。他进了处州中学当语文教师。那时战火离丽水一带还较远,文化事业也有一定发展,他又开始了新的笔耕。同事郭莽西办了个《战时中学生》杂志,他就成为该刊的积极投稿者,并与郭结为好友。一年多后,他又来到了战时浙江的经济文化中心金华,进国民出版社任编审。这个出版社虽属于"半官方"性质,出版态度也较严肃,由于战争关系,出版物数量不多,发行面也不广,出版过一些辅导大、中学生学习的书籍。王季思的工作不忙,继续写他饶有风趣的杂文和热情洋溢的诗歌。在这期间,他结识了《东南日报》副刊编辑陈向平,陈的文学基础较好,两人就成为莫逆之交。陈是地下党员,在思想上曾给予一定影响。他在这二三年中所写的短文章,大都是经过郭、陈两位之手发表的。

以后，他又在浙江省文教委员会工作过一段时期，领导过一个颇有影响的剧团——中心剧团，常为该剧团所演的戏写些剧评之类。直到一九四一年他进了浙江大学龙泉分校，那中断了好几年的研究工作才又重新开始。

浙大分校位于龙泉乡下一个名叫坊下（今名芳野）的僻静处所，很少受敌机干扰，图书资料也比较容易找到。他用大量时间对《西厢记》的几种版本进行校勘，根据所积累的元人杂剧、散曲的语言资料，对《西厢记》的文字语言作了详细的疏注，并对金圣叹批注的版本作了若干修正。一九四四年，体现这些研究成果的《西厢五剧注》终于在龙泉的龙吟书屋出版了。这是他出版的第一本编注集子，对他来说是跨出了重要一步，其喜悦之情可以想见。接着，他又马不停蹄地继续前进，广泛收集了前人对《西厢记》的眉批总批，加以精选，于一九四八年由上海开明书店出版了《集评校注西厢记》。由于这两个本子基本上恢复了剧本的原貌，又适应了读者的阅读水平和习惯，所以出版后受到学术界的重视和读者的欢迎，一顶"西厢专家"的桂冠就戴在他的头上。

他戴上这顶桂冠实在太应该了。从二十年代中期开始，他就发愿要为《西厢记》作注释，并致力于掌握第一手材料。许多资料后来虽然散失了，但脑子里那个最可靠的"资料库"却永远不会散失。在进行注释时，他以凌濛初本为底本，吸收了王伯良、毛西河、汲古阁《六十种曲》本的长处，并参照《雍熙乐府》所录《西厢记》曲文加以校勘，原著中有大量方言俗语，历来解释不一，又有不少难字难句，争论也颇多，这都严重影响了对作品内容的理解。王季思仔细查阅了历代诗文，又取元人杂剧、话本、散曲中的大量例句以及勾栏行院习用语作排比对勘，获得适当的解释，作出详细的疏证，纠正了不少前人出于主观臆断的误解，使《西厢记》恢复了原来的美丽面貌，功劳确非一般。因此，自从这两本书问世后，人们逐渐接受了经他批注的《西厢记》，而一向流行的"金批本"就退避三舍了。所谓"金批本"，即清代文人金圣叹在顺治年间评点的《西厢记》，亦称《第六才子书》，其中载有金圣叹写的两篇序文、读西厢记法和夹在每折前后和行文当中的长短不一的批语，由于金氏能糅合各家思想阐明观点，文笔又活泼酣畅，曾风靡一时。但当时就有不少行家对此提出批评，曲评家李渔、梁廷枏等都指出：金氏"以文律曲"，把曲词中的许多衬字删去，自以为"删繁就简"，却"不知其腔拍之不协"；又鲁莽地砍去了剧本中的许多科白，使几支原来由场上人物间隔唱出的曲子变成了连续不断的大段唱词，使一些场面变成了"独脚戏"。所以有人说：金氏将一部有声有色的"场上之曲"变成了中看不中听的"案头之曲"，清代学者董含更尖锐地指出："……读圣叹所批《西厢记》，是圣叹文字，不是《西厢》文字。"可谓一针见血。

　　王季思出于对民族优秀文化遗产的爱护与尊重，也为了使这部作品能在反封建的大潮中掀起层层涟漪，他以完全不同于金氏的观点、方法重新整理注释了《西厢记》，使它放出夺目光辉。建国后，《西厢五剧注》经过重新校勘修订，改名为《西厢记校注》，在五十年代、六十年代和八十年代四次再版，共发行一百多万册，影响巨大。

除了注释疏解和集评，王季思还对《西厢记》的故事做了追根究底的探索。他查阅了上自唐人小说、宋诗词、鼓子词、金诸宫调，下至各种编本、各剧种的舞台演出本等大量材料，写了《从〈莺莺传〉到〈西厢记〉》这部专著，全面考察了《西厢记》故事的演变过程，肯定了崔莺莺的叛逆性格和作品中"愿天下有情人都成眷属"这一美好理想的反封建意义，这也是对他本人多年来的研究工作所作的一个比较科学的结论。此外，对《西厢记》的作者问题，学术界一直未有定论，王季思引述了确凿的材料并作了充分的逻辑论证，确认《西厢记》五本均为王实甫原著，此后，学术界也普遍接受了这一结论。

就这样，王季思以对《西厢记》的注释研究作为突破口，在戏曲研究的道路上开始了长达五六十年的跋涉。

一九四五年抗战胜利，王季思随浙大龙泉分校回到杭州，在风景如画的西子湖畔，平湖秋月隔壁的原哈同花园内一幢古色古香的楼房里落了脚。一年之后，原龙泉分校的班子作了调整，他又转到之江大学文理学院。虽然，工作不安定，生活没保障，但他仍潜心于中国文学史及元代杂剧的研究。当时，他对时局变化还没有足够认识，在精神上感到苦闷压抑时也唯有从自己的研究工作中找到一些安慰。

他希望有一个多一点学术氛围、少一点市侩气息的工作环境，而当时的杭州竟不能提供。终于经再三考虑之后，于一九四八年经老同学介绍，千里迢迢南下广州，进中山大学任教。

当时的广州远非今天这样繁华，王季思向往的不是山水的秀美和生活的舒适，而是教学和研究的条件，这也许和今天知识分子对"人才流动"的看法有点相似吧？

想不到的是：这一去就是大半辈子。

近些年来，在与浙江老友通信时，他常流露出浓浓的乡思。一九八六年前，他曾数度回浙，到过杭州、温州、宁波等地，近六七年来因年迈而未再来过。这一份沉甸甸的感情只能永远揣在心中了。

值得欣慰的是，到了人地生疏的广州，他并无丝毫作客感，在全身心投入教学和研究工作之余，他又结交了许多新朋友，享受着新的人生乐趣。其重要标志之一就是：重新建立了自己的书房。

自从松江女中的"翠叶庵"被炮火焚毁以后，多年来东飘西荡，一直没有建立过像样的书房。来到广州后，由于图书资料大部随身带来，没有什么损失，《西厢记校注》出版时，收到一笔可观的稿费，他就花大价钱买了百衲本《二十四史》《古本戏曲丛刊》等几部大部头的书，夫人还到市里去定制了三个大书橱，分类编目珍藏。他又请一位老先生题了"翠叶庵"横额，请夏瞿禅先生为书房书写了自撰的对联："三五夜月朗风清，与卿同梦；九万里天空海阔，容我双飞。"常到这里来作客谈心、切磋学问的有王越、詹安泰、欧阳山、秦牧等，至于一些中青年朋友到这里来借书讨教的就更多了。书室虽仍只半间，却远非松江女中或杭州之江大学时所能比拟的了。

从"翠叶庵"的空前盛况，也可看到他在五十年代早、中期的工作状况。

解放以后，他有机会学习马列主义，欣赏舞台上、银幕上一些新的戏曲、电影，还阅读了不少外国文学作品，使他有可能在多方集中资料、细心加以校勘考证的基础上，开始注意作品的时代背景和思想意义，觉得自己站得更高，看得更远了，他撰写的有关关汉卿、王实甫的作家作品分析及其他论文，就是这个时期的收获。

同时，他还把治学范围扩大到古典文学的其他领域，对李白、苏轼、柳永、李清照等都曾有过专文论述。

其中，最引人瞩目的是对关汉卿及其作品的研究。

关汉卿是元代伟大的剧作家，对此如今已没有什么人怀疑。但是直到五十年代，不少人还被一些"旧说"所束缚，把关汉卿视为"风流浪子"，对他的作品也不敢贸然肯定。王季思对关汉卿的作品早就从心底里喜爱，而且也早就着手收集和整理有关他的材料。关剧写元代人民颠沛流离、卖儿卖女的苦难，使他联想到解放前瓯江发大水,哀鸿遍地、妻离子散的景象,触动很深,心情久久不能平静。关汉卿塑造的窦娥、赵盼儿等具有反抗精神的形象,也使他兴奋激动不已。一九五四年,他的论文《关汉卿和他的杂剧》在《人民文学》发表后,在学术界引起极大反响。论文着重评介了关汉卿剧作的思想艺术成就,特别提到了《窦娥冤》一剧:"一面集中地表现了封建时代统治阶级的黑暗残酷,一面生动地叙述了那具有强烈的反抗精神,宁死不屈的窦娥形象。"他果断地下了结论:"即就这仅传的十五种杂剧看,它内容包涵的丰富和艺术创作上的造就,确是达到了空前的高度;不但使他同时的马致远、白仁甫为之黯然失色;即明、清两代的南戏传奇作者也没有人能够全面超越过他的成就。"作者大声呼吁,要求给这位元代最杰出的杂剧作家以应有的历史地位。

在中国学术界,以如此酣畅的笔墨予关汉卿以如此全面高度的评价,王季思实为第一人。直到一九五八年,国际进步文化界把关汉卿列为世界文化名人加以纪念时,仍有许多人表示不同意。当然,在将近四十年之后的今天看来,王季思的这些观点似乎并没有什么新颖独到之处,那是因为这个观点已为众人所普遍接受的缘故。但在当时,提出这样的看法可要相当勇气的呵!

他还查遍各种资料,以他特有的深厚功力作出判断:现存元人杂剧中最杰出的作品之一《鲁斋郎》确为关汉卿所作。他在《谈关汉卿的〈鲁斋郎〉杂剧》一文中,先说明苏子瞻和黄山谷根据作品风格来鉴定作者乃文学史上的先例,又用明代有关材料加以旁证，然后他从人物塑造、关目处理、思想倾向、曲文和宾白五个方面，把《鲁斋郎》杂剧与《窦娥冤》《拜月亭》《望江亭》《救风尘》等剧互相对照，指出其风格上的一致性。由于他的对比具体明白，令人一目了然，又由于文章在论证过程中表露出来的对词曲艺术的深刻理解和高超的欣赏审美水平，所以在《光明日报》发表后，使学术界为之倾倒，并从此一锤定音，对于关汉卿的争论宣告结束。

关于中国戏曲艺术的起源和形成过程，王季思也作了有益的探索。他从三个方面纠正了王国维在《宋元戏曲史》中的局限性，指出：形成中国戏曲的多种艺术因素如诗歌、音乐、舞蹈发展很早，但在中唐以前始终没有形成真正的戏曲，原因就在于经济发展停滞。其次，他强调了人民群众对戏曲发展的促进作用，汉代的乐府、唐代的教坊和梨园，主要就是为了吸收当时民间的歌曲舞蹈而设置的。长时期来，凡是新剧种都是戏曲在流行过程中与群众相结合的硕果，有的是地方小戏流行到都市后吸收其他戏曲的长处发展而成，如永嘉杂剧发展为南戏，嵊县"的笃班"发展为越剧等。另外，他还从戏曲的舞台演出来探讨它的起源，指出以各种名义出现的"专业演员"是把构成戏剧的各种因素融化为完整艺术形式的催化剂。这些观点，不仅把王国维的探索又推进了一步，而且，在戏曲普遍出现萎缩的今天，也引导人们去进一步思索怎样改变这种现状。听说近年上海的沪剧深入到沪郊乡下去演出，就受到十分热烈的欢迎，这不也是符合王氏对戏曲起源和特性所持的观点吗？

认识和强调戏曲和人民群众的血肉联系，是王季思在戏曲研究中的一根贯穿于始终的红线，也是他不同于前人研究的地方。除了王氏本身的分析判断能力外，时代也给予他很大恩惠。

但是，时代所给予他的，除恩惠外，还有束缚和阻碍。

一九五七年以后，他的"翠叶庵"顿时冷落了许多，朋友们不敢也不便常来常往了，他在课堂里称道前代诗人交谊的"友朋之欢"，介绍前人爱情作品里的"闺房之乐"，受到了批判，本来就处处小心谨慎的他更加不敢随便发表自己的独立见解。

这时候，他个人生活上又发生了一件大不幸：夫人碧霞因病于一九五八年去世了，家庭里变得冷冷清清，研究工作一度落入低潮。可是王季思究竟是个有责任感、使命感的学者，不久之后，他又在孜孜不倦地进行新的研究了。这一次，他把注意力转向明清戏曲，他选择的突破口，是《琵琶记》与《桃花扇》。

《琵琶记》是一个思想性、艺术性及影响都十分复杂的作品，过去有人只看到它倍受人民喜爱的一面，而把它的封建糟粕也加以美化；有人又只看到后者而忽略了它美好的人民性和艺术性。王季思能准确地把二者关系处理好。在他发表的《〈琵琶记〉的艺术动人力量》一文中通过对赵五娘一家在死亡线上挣扎的悲惨场面的描绘，揭示了它的艺术性所在，同时，又剖析了剧作者那个"子孝共妻贤"的创作意图如何使作品的主题思想罩上阴影。孔尚任的《桃花扇》借离合之情，写兴亡之恨，把南明王朝灭亡的历程以及朝野众生的形象再现在舞台上，过去已有不少人对它作过考订或改编。王季思另辟蹊径，不仅与他人合作，编写了《桃花扇校注》，而且在为该书写的"前言"中，既从分析《桃花扇》进入了对历史剧全面的考察，又从历史剧创作的发展看《桃花扇》的价值，使人们对我国戏曲史上的这部最成功的历史剧，引起浓厚兴趣。《校注》由人民文学出版社出版后，数次再版，成为一本热门书。

六十年代初，王季思曾一度调到北京工作，和游国恩等几位学者一起主编《中国文学史》。

在这段时期里，生活虽然艰苦些，心情还是比较舒畅的。暂时放下手中教鞭，时间也显得较为宽裕，他除了完成编务外，还发表了不少研究古代诗词的论文。旧诗词原是他的"第二爱好"，自己也经常创作。当然，"第一爱好"仍为主攻方向，许多有价值的戏曲研究论文就是在这几年中写成的。他的论文还有一个特点就是文笔清新明快，娓娓动人，能把深奥的道理、枯燥的考证，用明白易懂、质朴流利的语言表达出来，这也许和他青年时代常喜欢在报纸副刊上写短文有关。那个时候，他的杂文写得尖锐而又不乏幽默感，妙趣横生，逗人喜爱。用这支笔来写严肃的学术论文，自然也就与众不同，别有一番情趣了。

从北京回粤不久，就碰到了"史无前例"的那场风暴。尽管他生性乐观，胸怀坦荡，平时待人处世又处处为别人着想，不大计较个人得失，因而人缘较好，但这些都起不到任何作用了。他长期患有胃病，刚把胃切除了五分之三，"揪斗"就开始了。亏得他原来体质较好，喜欢体育运动，尤其喜欢打网球、踢足球，再加上身材高大，长相奇特，曾被学生戏称为"王老虎"，此时才能勉强挺下来。但是有一天"老虎"终于不得不趴下了，因为在一次揪斗中，他被失去了理智的学生打断了几根肋骨，受尽了折磨。这几个学生中，有的竟是他教过的比较喜爱的学生。伤愈后，他又到干校去劳动，此时，不知怎么一来，那几根被打断的肋骨把横膈膜刺开了一个小孔，日子长了，腹腔里的肠子通过膜孔竟全部窜上胸腔，医生们只好把他的胸腔剖开，把肠子拉下去，折腾了几个月总算捡回了一条性命。但从此，他高大的身躯就开始伛偻了，人也苍老了许多。

外貌的苍老并未能改变他永远生机勃勃的精神，他的心灵似乎也不需要医治什么创伤。当过去整过他的学生向他表示歉意时，他总是笑笑："是那个疯狂的年代害了你们。大家向前看就好，重要的是把失去的时间夺回来。"

他自己就跑在"夺回时间竞赛"的最前面，除培养一批又一批硕士、博士研究生外，十年中，他带领中青年学者编纂出版了三百万字的书稿，他亲自参与定本、选目、标点、校勘、注释、眉批、集评以及撰写题解、前言等工作，成稿后又逐页批阅，纠正错讹，付出的劳动，比任何人都多。在他的带领下，一批中青年学者逐步成长，中山大学也成了国内戏曲研究的中心之一。

最近十几年来，是辛苦一生的王季思身心最愉快、出成果最多的一个时期。

还是先来看看他心爱的书斋。

"文革"期间，他被赶到只有二十平方米的小房子里，书籍资料除被抄走散失的外，全都堆在床下。一九七五年，初步落实政策后，他家迁移到有四十多平方米的新房子里，于是他喜滋滋地又建立起新的书房，虽然只有朝东半间房，他还是觉得十分珍贵。一天晚上，他看到东轩月出，通室寒光，如处水晶宫中，就在东壁自题了"玉轮轩"三字，作为书斋之名。他起这个名还有一层意思，因为他续娶的夫人姜海燕女士小名月娥，他以"玉轮"题轩，也可以说是怀着深情，记下了他们共患难、同甘苦的一段生活。在"文革"的艰难岁月中，她常常鼓励他要坚强地挺下去，世道不会老是这样的，祖国灿烂的文化总要有人来继承、发扬……又过了几年，他再次搬迁到马岗顶更大的一所新房子，书室扩大到一间半，图书利用的效率也大大提高了。他自己的几部论文集以及和中青年合作编选校注的几部集子，大都在这里完成。

使他遗憾不已的是随着岁月流逝，同辈好友凋谢渐多，在书室里与他们相会的机会越来越少。但另一方面，青年朋友来借书、看书、商讨问题的却越来越多，生活的规律原来就是这样。他扫除了心中的惆怅，对新生一代寄予了殷切期望。他热情地为他们解答问题，尽量把自己所感所知告诉他们。他觉得，这是人生的最大安慰。

此外，他对于原来就十分喜爱的诗词，又增添了新的创作源泉，好诗不断从笔底流出。他与老诗人臧克家同志互相以诗词相赠，并热烈讨论有关诗词创作上的理论问题。这些诗词作品都和作者其他作品一样：清新、凝炼、深刻，而又十分通俗易懂。如一九九三年寄给臧克家的《鹧鸪天》中这样写道："花影移来明月魂，晚霞酝酿太阳思；梦中恍见丹枫路，睡起难寻乌白村。儿属稿，女誊文，忙忙碌碌又黄昏，中兴岁月难高卧，几度从君借镜看。"关于诗词创作上的一些理论问题，也有独到见解。

王季思是一位勤奋异常的学者、作家、著述家、编选家，"著作等身"可谓毫不夸张。在一九九一年出版的《王季思学术论著自选集》中就收进了近五十万字的论文，书后附录的"学术论著简表"中，开列了一百二十个项目。

岁月流逝，王季思已退休七八年了。

关于他的晚年生活，用他自己的话来说就是"心情渐归舒坦"，他从童年时起就牢记"少壮不努力，老大徒伤悲"的古训，不论治学、做人，几十年来从没有懈怠过，也从没有放松过对自己的鞭策。在七十至八十年代，他还带过四批研究生，出版过几本论文集以及与中青年合作的几部"重量级"戏曲集。最后一部《全元戏曲》编成后，他感到大大松了口气，工作节奏放慢了些，脑子里那根绷紧的弦也放松了些。他每天早晚都在风景如画的校园里散步，活动身体，下午工作之余，就在客厅里欣赏墙上挂着的黄宾虹、齐白石、林墉等为他画的《翠叶庵读曲图》《秋江芦蟹》《双清图》以及启功先生的书画，他自己还常在画上写诗题字，雅兴很浓。

二三年前，他个人生活上又遭受了一次不幸：夫人姜海燕女士突然去世，这对于到了耄耋之年的王季思来说，打击之大可以想见。但他仍然没有消沉，反而以更勤奋的工作来抚平心上的创伤。他写信给一位老友说："……后来以写作自遣，心境渐趋平静。"

他真的这样做了，真的重新获得了宁静和健康。他不仅仍然思路敏捷，而且还频频有新著出版，怎不让人由衷感到钦佩和羡慕。

回顾他自己的一生，他也颇多感慨。在一篇助手为他写的自传后面他自己加了这样一段话："……传文对我过去走过的弯路，如在学术上贪多务博，主次不分；在历次运动中的随风俯仰，缺乏定见等，没有指出。尤其是我到大学教书后，安于书房生活，脱离广大群众，反映现实的诗歌与散文越来越少，这是应该作为切身的教训来向读者说明的。"以这样一位德高望重、享有盛誉的长者能这样坦率地向读者作自我解剖，实在难能可贵。从这里也可看出他的一颗坦荡无私的心！

人们希望能看到王季思先生在余霞尚满天的景色中，继续对我们祖国悠久丰富的文化（包括戏曲）作出探索，也希望有更多的人拾柴添薪，让这神圣的"火"一代一代传下去。

原载《王季思从教七十周年纪念文集》。

屈平词赋悬日月
——聆听王季思教授讲话有感

叶肇增

全国政协委员、中山大学中文系主任王季思教授，高龄八十有二。今年（1987）春间，他不辞年迈道远，从广州返回温州原籍参加南戏学会成立大会，表现了他对繁荣乡邦文化事业的无比热忱。五月十一日下午，王先生又不辞劳累，来我院与中文系师生代表举行座谈。会上，王先生作了近两个小时的讲话，言辞恳切，句多警策。这使我不禁回忆起四十多年前，在课堂上聆听他教诲的情景。他授课时也是这样，从容不迫，侃侃而谈，循循善诱，发人深省。今日重睹先生风采，不禁感慨万千。

王先生谈了尊师重教的重要意义。他说，我们温州有"数学家之乡"的美誉，出类拔萃的数学家辈出。众所周知，苏步青和谷超豪就是师生关系，正是名师出高徒。他又谈到诺贝尔奖获得者、美籍华人李政道博士一次归国访问时，曾特地提到温州中学过去有两位数学老师陈叔平、陈仲武先生，培育了众多的人才，为后辈所永远怀念。王先生还以自己从事古典文学研究工作的经历，说明导师指引的重要作用。他在青年时期曾就读于瑞安中学，因和国学大师孙诒让家有亲戚关系，为他提供了在玉海楼查阅、博览古籍的方便，打下了研究学问的基础；他还回忆往年与"一代词宗"夏承焘先生的亲密交往，互相交流学术心得，终生受益……

王先生的讲话，语重心长，饱含着老一辈学者对故乡子弟的殷切期望。每个人的成长，道路虽各不相同，但谁都免不了受过师友的教益。或是求知中的启蒙，或是创业上的支持，或是危急关头的援助，或是人生歧途上的指点……往往成为一个人在开拓事业的漫长征途上起关键作用。人类文明史还证明：老师对学生的"传道、授业、解惑"，友朋间互相砥砺切磋，往往能促使一个学说、一种流派的形成和发展。任何科学文化艺术，就是在递嬗与演变，传承与革新，支持与对抗的矛盾运动中不断地推向前进，不断地有所突破。

在座谈中，王季思教授还提及了四十多年前在浙江大学龙泉分校执教的一些情况。前辈满怀深情追述往事，也勾起我对这一段战时求学生活的回忆。

我是一九四四年秋进龙泉分校读书的，那时日寇铁蹄已蹂躏半壁国土，我们这些青年历尽艰难进入偏僻山区渴求知识。当时浙江大学总校已转移到大后方贵州遵义，龙泉分校就设在离县城约三华里的一个名叫坊下（今名芳野）的小山村，教室寝室都建在附近的土名为"石坑垄"的山沟沟里。我们住的是临时搭建的茅草屋，吃的是青菜糙米饭，晚自修时照明的是桐油灯，烟熏得两眼昏花、两个鼻孔像"烟囱"……学习条件之艰苦，是可以想见的。然而就是在这样的条件下，居然弦歌不辍，而且造就了一大批学有所长的青年。

也就是在这个时候，我开始认识了王季思教授。那时他与夏承焘等数位老师一起挤住在一座茅屋里，生活同样是那么艰苦，但他们在国难当头的处境下，淡泊自甘，热心教育，夙夜匪懈。王老师、夏老师还将他们栖身的茅屋取了一个寓意很深的名字叫"风雨龙吟楼"，这就充分表达了茅屋主人的襟怀和志向。我们青年学生每当路过此处，望见"风雨龙吟楼"，莫不油然萌生一股难以抑制的敬仰之情。此情此景，历历如昨，永世难忘。

据我的追忆，浙江大学龙泉分校的同学到三年级后都要转到遵义总校，继续升学，转学去的同学学业基础扎实，成绩亦较内地学生优秀，受到总校老师的赞许。当时校内流行着一个我们引以为荣的称号，叫龙泉分校去的学生为"龙种"。事实上，许多当年被视作"龙种"的青年学子，解放后在各条战线上作出了贡献。然而，我们要知道，当年孕育、培养"龙种"的，正是像王季思先生这样的老一辈知识分子，他们身体力行的好品德、好作风影响了几代人。我越来越深切地体会到"为人师表"的精神力量，也进一步认识到自己肩负的重任。

王季思先生今日旧事重提，当然也是有感而发。他向与会者介绍一份某地对当前青年心态调查的统计材料：将来要选择以小车司机、大饭店服务员为职业的各占百分之三十，因为收入可观（可捞外快），能接触外宾，谋求出洋机会；愿当工人、农民的各占百分之五；要担任教师的，寥若晨星，不及百分之一。王先生说，如国家按此志愿来分配，显然严重失调，怎能实现"四化"？他高声地要同学们认真地想一想这样一个问题："人活着，为了什么？"不知号称"思考的一代"的青年朋友们读后作何思考？将如何交出你们的答案？

在座谈会将结束时，王季思先生向青年同学赠送李白的诗句："屈平词赋悬日月，楚王台榭空山丘。"我也敬录在此，作为本文结尾，与同学们互勉共策。

原载《温州师院》第 65 期，1987 年 9 月 25 日。

共仰皎皎风仪
——在王季思教授从教七十周年庆祝大会上的讲话

杨资元

王季思先生是国内外著名学者，是中国古典词曲研究大家，是中国文史学专家，是才气横溢的诗人，也是诗词革新理论和实践的倡导者。他从教七十年来，培育造就了大批事业有成的学生，这是王老以他的渊博深厚的学术修养薪传扶掖的结果；是王老脚踏实地，勇于探索，严格治学的学风熏陶影响所致。还使人深深景仰尊敬的是王老冰雪襟怀，笃信光明，坚持正义的高风亮节。

在这里我想向诸位介绍一件四十多年前的故事。

一九四九年，广州临近解放，国民党反动政府于七月二十三日出动荷枪实弹的大队军、警、特务包围中山大学，抓走了一批进步教授和学生，其中有文学院地下学联负责人赖春泉，他是中文系学生，经地下党多方组织营救，最后要一名教授出具担保才能出狱。地下党商请王先生，王季思教授大义凛然，慨然应允，无惧于黎明前的深重黑暗，不顾自己的身家性命，到国民党警备司令部签名保出了他的学生赖春泉。

赖君今天也在座，当年的青年学生，现已白发苍苍了。这一段生死相托的师生情谊故事，正说明了王季思先生的高尚品格，无畏精神，凛然气节。

我也是王季思教授的学生。我是一九四六至一九四九年在中大文学院中文系读书，当时有许多德高望重、学识渊博的教授先后为我们授课，比如王了一（力）先生、钟敬文先生、詹安泰先生、黄海章先生。

当时王季思先生教授"元曲"，是我们最喜爱的科目。课余王先生还开讲座，他曾应学生的要求，一个晚上在中大四宿舍饭堂作了题为《土气息、泥滋味》的讲演，提出文学要植根于人民，反映人民的疾苦和呼声，并要为人民所喜闻乐见。

说到这里，我想起了一句名言"吾爱吾师，吾更爱真理"，这句话表达了师生之间特有的深厚情谊，也反映了由于信仰各异而流露的巨大遗憾。我们很幸福，老师与真理同在，对着我们的王季思老师，可以大声地说："吾爱吾师，吾师爱真理，吾更爱吾师。"

这里，我谨献一联：

绛帐恩深，长怀谆谆教诲；
人间义重，共仰皎皎风仪。

为吾师寿。

原载《王季思从教七十周年纪念文集》。

挽恩师王季思教授

赖春泉

季思师是著名元曲专家,思想进步,授我元曲。第一课是《窦娥冤》,我当时搞学生运动,担任一定的工作,又是中文系系会、班会的负责人。上级要我多接近他。因此,曾请他作学术报告和参加过曹禺的《雷雨》座谈会。他的演讲题目是《土气息,泥滋味》,由杨资元同学记录,发表在当时的《人文报》上。此后与季思师的接触较多,但侧重于学运方面。

一九四九年七月,中大发生"七二三"事件,即七月二十三日凌晨,广州警备司令部加以"捣乱治安"的罪名,又以"捣乱治安者杀无赦"的大黑旗开路,派一千多军警、特务包围中大,然后冲入宿舍,按黑名单捕人,捕去师生一百五十多人,我是其中之一。此事件在华南以至全国震动很大。当时在港的华南分局城市工作委员会副书记兼广州地下党负责人钟明同志,亲自回来部署营救,并指定中大地下党负责人胡泽群同志具体负责营救工作,成立营救委员会,发动学校当局以及学生家长，大力营救。经过一段时间的努力，大部分人已分期分批释放。最后剩下我与洪斯溢不放。

经地下党再努力，由文学院教授王起（季思）老师担保我，理学院院长徐贤恭老师担保洪斯溢，于十月十二日出狱。十三日，国民党屠杀政治犯一大批。十四日广州解放。可见王、徐两师竭力把我们从虎口里抢出来，是我们的再生父母。

解放后，我长期从事新闻工作，并业余搞古典文学研究，继续请益王师，所送作品，无不朱批墨点，亲自批改。王师于一九九六年四月去世，常想写悼念诗文。一握笔即悲从中来，无法成篇，后拟好一联，带泪录出，以表哀思。

铁窗风雨，虎口馀生恩再造；
绛帐芳菲，朱批墨渍诲常温。

选自赖春泉著《石壁居诗词》，广州出版社 1998 年版，第 140-141 页。

我师王季思

莫 洛

一九九六年四月七日清晨，我刚起床，就接到温州师院沈洪保同志的电话，他告诉我王季思先生已于昨晚辞世的消息。我为之一怔，继而感到悲痛，心情非常沉重。接着我立即把这不幸的消息用电话通知唐湜兄，因唐湜是季思先生的外甥。这噩耗来得太突然，以致唐湜兄惊诧得竟一时说不出话来。

前年，季思先生的《玉轮轩后集》出版后，曾托人捎来一册赠我，我把它放在枕边随时翻读。去年冬，我烦请中山大学的连珍学长给季思先生送去我的诗集《风雨三月》；近日我正想再将新出版的散文诗集《生命的歌没有年纪》一书付邮寄给季思先生请教，不料他遽然离世，这书也就成为无法投寄的邮件了。

季思先生是我的老师，遗憾的是他不曾教过我的课，未能在课堂里聆听他的教诲。我考入浙江第十中学（温州中学前身）初中时，开学那天，我的哥哥马骏（亦农）带我到学校报到缴费。那时新生入学须有保证人，季思先生大学毕业后就在十中任教，他是我哥哥中学和大学时期的同学，我哥哥便领我去见季思先生。他二话没说，高高兴兴在保证书上签了名盖上章。这样，季思先生便成为我初中入学的保证人。

第十中学初中部设在温州城内仓桥（现温州市实验中学校址），校内有春草池，池畔种有数株枝叶婆娑的垂柳。春草池就是以谢灵运的名句"池塘生春草，园柳变鸣禽"而得名的。一排两层楼的教室就建在春草池边。每当上课钟声响时，只见季思先生捧着课本，健步通过长廊走进教室上课。特别是下午课外活动时，总常看到季思先生在网球场上挥动球拍的矫健英姿。那时候季思先生还是个二十多岁的青年，身材魁伟，体魄强壮，喜爱体育运动。据他自己说，七十岁以后他还打网球。所以我中学时代留下的季思先生的印象，就是他谈吐儒雅可亲，运动起来却又像个体格强健的体育教员，能打一手出色的网球。

我的姐姐马志芳也是季思先生的学生，她曾告诉我关于季思先生年轻时一段富于浪漫情调的爱情故事。他因为不满旧时代的婚姻制度，便带着妻子的堂妹徐碧霞女士"私奔"，从温州去到苏州。这是受到五四运动以后男女平等、婚姻自由思想的影响。季思先生这一勇于反抗旧制度、选择自由婚姻的大胆行动，受到了他的老师——曲学大师吴梅（瞿安）先生的支持和帮助。吴老先生把这一对年轻的恋人从旅馆接到自己的家里住下。除夕晚上，吴老先生与大家一起作诗联句，他的诗中有这样两句："刘纲夫妇至，一室尽欢颜"，用三国时期刘纲与其妻成仙的典故，来表达他对季思先生夫妇到来的愉悦心情。这一段经历，季思先生在《回忆吴梅先生的教诲》一文中曾有所记述。

一九三七年抗日战争开始以后，季思先生回到故乡温州，立即投身到火热的抗战工作之中。他是一位极其热心的爱国主义者，除参加许多实际的抗日救亡工作外，还常随青年人一起上街宣传，书写标语，慷慨激昂地演讲。据画家章西厓先生回忆，季思先生还陪同他们的抗战流动宣传队，步行深入到山区、农村进行抗战宣传活动。在八年抗日战争期间，他写下大量的抗战诗文。重庆出版社出版的《抗日战争时期大后方文学书系》大型选集中，诗歌编选入他的《抗战军歌》；散文杂文编选入他的《谈狐》和《两截人》。一九四一年，他在金华出版了诗集《越风》。

一九四四年和一九四五年，我在龙泉浙江日报工作，那时浙江大学分校正设在龙泉郊外的坊下（浙大师生习惯称它作"芳野"）。在浙大龙泉分校任教的季思先生，与夏承焘（瞿禅）、任铭善（心叔）、徐震锷（声越）诸先生同住在一座用毛竹树皮盖成的宿舍里。竹楼四近是一片丛密的松林，每当风雨来时，松涛呼啸，屋舍震撼，这些浙大中文系的学者又都是诗人，便给这座破敝的宿舍取了个极为雅致的名字——"风雨龙吟楼"。他们在冒着青烟的桐油灯下备课，读书，写作，也常聚在一起饮酒吟诗。在艰苦的战争年代，他们为学生传授知识，培育爱国思想，博得学生们的钦敬和爱戴。我认识的郭莽西先生在龙泉街上办了一爿龙吟书屋,出版季思先生的《西厢五剧注》,并将其赠送给我。战时纸张奇缺,《西厢五剧注》用福建南平纸印刷,已是非常难得了。因我的住处宫头离坊下较远,所以一直不曾去风雨龙吟楼造访。倒是我在杭州大学任教时,任铭善先生住在我的隔壁房里,他却常向我谈起当年他们在龙泉风雨龙吟楼的种种情景。

一九八六年秋,我们约好六个写诗的朋友,一起绕西南几省走了一趟,到达广州时正是中秋节前后。我和唐湜兄相约同去拜访季思先生。大家相见之下分外高兴,季思先生和夫人姜海燕女士热情地设宴款待,还特地把连珍兄也请来作陪,饭后又分享了一只大西瓜。他很关心家乡和家乡的友人,一一询问了近况,谈得很是高兴。

季思先生是一位热情的长者,对学生和晚辈很是关怀,总是无私地献出自己的一片赤诚的爱心,诸如赵瑞蕻、徐朔方、胡雪冈、张桂生、徐顺平、陈纪业等等,常从他那里获得教益和帮助,或通信,或赠书,或答疑,或改稿,或介绍论文发表,显示了一位热情长者的善心。而且他还是个富于幽默情趣的人,他曾风趣地对徐朔方说,我们两人都靠古代美人帮忙,你靠杜丽娘吃饭,我靠崔莺莺养家。因为他俩一个研究汤显祖的《牡丹亭》,一个研究王实甫的《西厢记》,著书立说,都取得卓著的成就。

赵瑞蕻说季思先生"钻研古戏文犹如钻研严峻的人生"。季思先生是我国著名的古代戏曲研究专家和古代文学史家，但他也是一位卓绝的诗人。不仅旧体诗词写得很好，而且新诗也写得很出色。我很赞赏他的新诗《遥寄谢灵运》。此诗前面有这样一段小序："赵瑞蕻教授来信说故乡楠溪江大桥桥头堡新立谢灵运塑像，感而有作。我少时在温州中学学习的春草池边，相传为谢灵运梦中得句处。"今录诗于下：

橙红色的人生橙红色的梦，
在澹荡的春光中频频跳动。
不要惊破诗人的残梦啊！
吩咐园里的鸣禽池上的风。

我在你梦中得句的春草池边成长，
又在你头颅落地的海珠桥畔栖身；
我多么想在梦中拥抱你啊，
从刀光剑影中感受你胸口的微温。

从这首新诗中，我们不就能体会到他内心涌沸的激情吗？确实，季思先生在气质上正是一位感情奔放的富有才华的诗人。

季思先生晚年所作的文章《我的老年心境》，其中最后一段曾引用达·芬奇的话："劳动一日，可得一夜安眠；劳动一生，可得幸福的长眠。"接着他写道："我平日很少失眠，一天劳动学习下来，干得愉快，吃得香，睡得也香。相信在我生命终止的最后一天，亦将含笑赴长眠。"

是啊，季思先生，你劳动工作了一生，你累累的劳动成果，将永远代代相传。你年逾九十高龄溘然长逝，是我国学术界巨大的损失，但对你自己来说，季思先生，你真的是含笑赴长眠了。

原载《书城》1997年第5期。

余霞尚满天
——记王季思教授

黄天骥

"我请大家吃螃蟹"

我的案头,放着两大卷《全元戏曲》。这套书共分十二卷,由中山大学王季思教授担任主编。那些年,王季思老师带领着我们十多个不同年龄层次的师兄弟,为完成这项国家古籍整理的重点工程,排除干扰,努力奋战,终于有了初步的成果。

一九九一年,我把一箱样书,送到王季思老师家里。王老师亲自打开了包装,取出了精美而沉甸的书,从他微微颤抖的双手,我看到了老师的喜悦和激动,他一页一页地翻阅着,忽然提出:"书出版了,是不是该把大伙儿找来,我请大家吃螃蟹。"

王季思老师是浙江人,生长在海边,爱吃螃蟹,凡是遇到有什么高兴的事,就想吃螃蟹。不过,我想,这回吃螃蟹,还有另一层意义。《全元戏曲》,可以说是王老师一生治学的心血结晶,是他带领学生攻克的一座学术的坚城。廉颇老矣,尚能健饭。啃开了"螃蟹"的硬壳，是该持螯把盏，庆贺一番的。

王老师今年八十六岁了，前年退休。不过，退休以后，他依然坚持工作。清晨起来，就坐在书桌旁忙个不休。我们送去《全元戏曲》的校稿，他一个字一个字地认真审阅批改。老年人，嘴角容易流涎。为了避免弄脏书稿，他挂着大口罩伏在案上写着、读着。这两年，王老师没有带研究生的任务了，但我在辅导博士研究生时，总叫大家搬了凳子，环坐在王老师的书桌旁边。老人家专注地听我们发言，也常发表指导性的见解，讲述他的读书心得和治学方法。

就在《全元戏曲》初战告捷的时候，王季思老师在人生旅途中，又一次经历了困难时期。一九九〇年八月底，王老师的老伴姜海燕先生，患登革热诱发心肌炎，突然去世。上午，王老师把她送下扶梯，还说等她回来吃饭，谁知当天晚上，即人天永隔！

羊年除夕，羊城洋溢着一派欢乐的气氛，家家团聚，户户笙歌，鞭炮声噼噼啪啪，一夜响个不停。我惦挂着老人家，他和女儿静静地守岁，心情不知怎样？年初一大清早，带了些糕点，便赶往他的寓所。我转入门前小径，放好自行车，猛抬头，看到门上贴着王季思老师自拟的春联，红彤彤的，分外醒目，联上写着：

龙战中东，惊看海水腾飞，金堤横溃。
春回南国，愿见祥光霞起，兵气烟消。

看罢这副对联，我不禁眼眶一热，心头上的那块石头，也落下了。原先准备好宽慰老人家的话，一句也不必说。他的胸怀、眼界，是那样的宽广，他想到更多的是祖国，是世界的命运。

一片冰心在玉壶

一九五二年，我进入中山大学中文系学习。开学的第一天，我们静静地坐在课室里，等待系领导讲话。秋天的阳光，把课室照得通亮，我们的心情，也格外兴奋。

忽然，一位教师健步走进课室。有人悄悄告诉我，这就是系主任王起教授，他又名王季思。我一看，王老师身材高大，才五十出头，已谢了顶，两鬓却是乌黑的。他架着黑边眼镜，容貌严肃而奇特。我不禁心里一惊，怎么他长得像一头老虎，对学生会很凶的吧？

开学后不久，有一天，我到操场上运动，路上碰见王老师，他正在和来穗的杭州大学词学专家夏承焘教授一起散步。王老师瞥见了我，停住了脚，把我叫到身边。大概他见到我长得瘦小，对我说："你要注意锻炼身体。做学问，靠长命不靠拼命，体质不好不行。"

"我喜欢踢球，右边锋。"我那时少不更事，不太注意礼貌，竟在师长面前扭动扭动右腿。

提起踢球，王老师来劲了："我踢中锋呢！"我打量着他的身躯，觉得他果然是踢中锋的材料。

王老师说得高兴，接着告诉我："我在龙泉浙大分校任教时，有一回踢球累了，蜷伏着在书桌上小睡。阳光射进来，墙上有我的影子，某女同学经过，用粉笔把影子轮廓勾出来，像头老虎。"

夏教授微笑着插话："我在墙上加了'睡虎图'三个字。从此同学们都叫季思作'王老虎'。"

我笑弯了腰。回到宿舍，赶紧告诉大家："王季思老师样子很严肃，其实很和善，很幽默。"旁边一位老同学听见了，说："原来你还不知道，王季思老师是很关心青年，很爱学生的教师。"于是，他给我讲了王老师营救赖春泉同学的事。

在广州解放前夜，由党领导的"地下学联"积极开展活动。地下的火在运行，自然引起了国民党反动派的恐慌。一九四九年七月十三日，大批军警包围了中山大学校园，把一批进步学生和教师抓走了，在被捕者当中，有一名中文系学生赖春泉。地下党得悉：三天后，赖春泉将被枪决。

地下党决定全力营救。可是，该使的钱使了，该走的门路走了，却无济于事，后来打听到，如果找到名教授保释，事情会有转机。

地下党的领导找到了王季思老师。王老师给赖春泉上过课，学生有难，老师怎能见死不救，他慨然接受了地下党的嘱托，冒着受牵连的风险，亲自深入魔窟，到反动政府警备司令部，为赖春泉保释签字。

当赖春泉走出监狱的铁门,坐进了在路旁等着的汽车时,看见王老师在车上,才知道是谁救了他,感动得紧紧握住老师的手。

时间过去了四十年,后来《诗词报》主编赖春泉学兄给我讲述这段往事时,眼睛泪光晶莹。他说:"当时,我真不知道该讲些什么。是地下党救了我,是王老师不顾自己身家性命,把我从死神那里拉了回来。"

人世间,有各种各样的感情。师生之情所独具的温厚清醇,往往难以言传。王季思老师常说:"爱青年,爱学生,是当教师的自然而然的事。"他从不经意学生对他的感激。因为,从他任教以来,他就把学生看作是自己生命的一部分了。

不谈六经爱五剧

一九五五年,王季思在《人民文学》杂志发表了评论《西厢记》的学术论文,跟着又出版了论著《从〈莺莺传〉到〈西厢记〉》,系里同学反应强烈,学习古代戏曲的兴趣一下高起来了。我随着大伙儿访问王老师,才知道早在解放前,他已对《西厢记》和元杂剧作了深入的研究。

王季思老师的家乡温州,是我国古代戏曲发源地之一,长期以来,昆腔、乱弹、高腔等地方戏,就在这里流行。王老师从小喜欢看戏，那涂着白鼻子的小丑，插着雉尾的番将，风流潇洒的书生，婀娜多姿的旦角，还有观众的哄笑声、叹息声，飘散在夜空中的锣鼓声、管弦声，在他当时幼小的心灵中，留下了不可磨灭的印象。

一九二五年，王季思老师在东南大学学习，得到著名学者吴梅先生的教诲。吴先生多才多艺，学识渊博，填词写戏，唱曲制谱，无一不精。他主讲《词选》《曲选》，像磁石一样把学生牢牢吸住。教师高质量的课堂讲授，往往是学生事业成就的催化剂。王老师本来就爱看戏，听了吴梅先生的讲课，研究戏曲的愿望更加热切了。

在吴梅先生的教育和影响下，王季思老师选择了《西厢记》作为研究中国古代戏曲的突破口。

《西厢记》是我国剧坛上一朵鲜艳的花朵，它提出了"愿普天下有情人都成了眷属"的理想，热情歌颂了追求婚姻自由的莺莺和张生，反对封建礼教对青年的束缚。五四运动时期，王季思老师正在浙江第十中学读书，和许多青年一样，从《新青年》《新潮》等刊物里，接受了民主思潮的洗礼。他从当时江浙一带的情况体会到，男人虽然剪了辫子，女子虽然不再缠足，可是，封建的枷锁依然不容许青年男女迈开自由的脚步。他希望通过研究《西厢记》，唤起青年人反抗封建的叛逆精神。

其实，王老师自己，也是从《西厢记》获得反封建的勇气的。他不满家长给他安排的婚姻，另和徐碧霞女士相恋，决定

"私奔"。徐女士是我见到的第一个王师母，她娴静端庄，是王老师的贤内助，可惜在一九五八年去世了。

据说，那时，他俩悄悄买了船票，准备乘江轮逃到上海。到了码头，刚好碰到熟人，王老师只好停住脚寒暄几句，让徐女士先上了船。谁知汽笛一响，船儿起锚，离岸盈丈了。王老师急了，飞奔向前。说时迟，那时快，他跃身一跳，竟跳上了甲板，江上风急浪高，人们都替他捏一把汗。后来，"张生跳墙"，"王生跳船"，成了温州人的口头禅。

王季思老师以严肃的科学的态度研究《西厢记》，注意弘扬它的反封建精神。显然，王老师从迈入古典文学研究领域的第一步开始，就注意密切联系社会现实，力求从故纸堆中跳出，让优秀的文化遗产发挥积极的社会效能。

《西厢记》语言生动，清辞丽句，使人读来满口生香。可是，正是它那文采本色兼具的语言，夹杂着大量典故和元代方言俗语，要弄清楚它每字每句的准确含义，难度是很大的。王季思老师决心参照阎若璩的考据、王念孙的训诂，以严谨的态度注释《西厢》。他注意掌握第一手资料，几乎阅读了元人全部散曲和杂剧，考查了元代著名作家的生平事迹，写了大量的札记和资料卡片，细心地把《西厢记》中难以理解的方言俗语，与话本散曲以及其他杂剧的例句排勘比较，纠正了从古以来许多注家的臆测，给予了确切的解释。

经过长期不懈的努力，王老师的《西厢五剧注》出版了。

当时，学术界反响相当强烈。有人写诗嘲笑他"不谈六经爱五剧，《西厢》浪子是前身"。但更多的人认识到这一研究成果的权威性，曾经流行了三百多年的金圣叹批点的《西厢记》，则逐渐少人问津。解放后，《西厢五剧注》更名《西厢记校注》，由上海古籍出版社出版，从五十年代到八十年代，再版多次，发行一百多万册，在社会上产生了广泛的影响。

五十年代末，我和苏寰中同志在王老师的指导下，校注《中国戏曲选》。当时，对我俩工作最有助益的参考资料，实际上是王老师在注释《西厢记》时所做的各种各样的资料卡片，以及他在《元曲选》上写下的密密麻麻的札记。资料卡片共有三四箱。其中有些还是王老师抗战逃难的劫后余烬，如果把这些卡片稍稍加以整理，它本身就是一部研究元代方言俗语的著述。我和苏兄两个年轻人天天摩挲着王老师辛勤抄编的卡片，常常相对慨叹；在老师的手迹里，我们领悟到治学严谨的涵义。

开辟研究新局面

从五十年代中期开始，王老师的论文、专著，一篇接一篇地发表、出版。其中，他对关汉卿的研究，最受时人瞩目。

关汉卿是元代伟大的剧作家，这一点，在今天已成为国内学术界的共识。但是，直至五十年代，不少人还囿于旧说，把关汉卿视为"风流浪子"。

对关汉卿的剧作，王季思老师早就十分喜爱。关剧写到元代人民颠沛流离卖儿鬻女的苦难，使他联想到解放前瓯江发大水，哀鸿遍地，妻离子散的景象；联想到八年抗战人民辗转沟壑，国土沦丧的状况。关汉卿塑造的窦娥、赵盼儿等具有反抗精神的典型形象，又使王老师感奋不已。在早年，王老师自己也曾反抗过反动政权，他曾经因宣传抵制"东洋货"，嘲笑亲日派而被勒令退学。解放后，王老师学习了马列主义，懂得要用辩证唯物主义和历史唯物主义的观点看待古代文学，更产生了研究关汉卿这位敢于和封建统治者抗争的剧作家的强烈愿望。

一九五四年，王季思老师发表了论文《关汉卿和他的杂剧》，着重评价关汉卿剧作的思想、艺术成就，澄清了当时一些糊涂的认识。接着，他又发表了一系列文章，以精审的考证和鞭辟入里的分析，引起人们对关汉卿剧作浓厚的兴趣。

王季思老师一贯认为，搞研究，切忌空疏抽象，游谈无根。他主张研究中国戏曲史和文学史，最好从具体问题入手。通过微观剖析，进入宏观掌握。他研究王实甫，研究关汉卿，便是以此为基点，脚踏实地，扩展到对元代戏曲发展的全局作透彻的了解。五十年代末，王老师的注意力转向明清戏曲，他选择的突破口，则是《琵琶记》与《桃花扇》。

孔尚任的《桃花扇》，是我国戏曲史上一部最成功的历史剧。它借离合之情，写兴亡之恨，把南明王朝灭亡的历程以及朝野众生的形象再现在舞台上。清末，梁启超对《桃花扇》作过考订；抗战期间，欧阳予倩把它改编为话剧。但在解放后的一个时期，人们对它却不够重视。王老师经过仔细研究，决心把它推荐给广大读者。

王老师对《桃花扇》作了认真的校勘和注释，并写了《桃花扇校注前言》一文，在《文学评论》上发表。在论文中，王季思老师深入考察了我国古代以历史为题材的剧作在创作上的发展变化，既从分析《桃花扇》进入对历史剧全局的考察，又从历史剧创作的发展看《桃花扇》的价值。其意义远远超过一般的分析。随后，《桃花扇校注》由人民文学出版社出版，也成了再版多次的热门书。

六十年代初，王老师奉调到北京工作一段时期，和游国恩等几位著名的学者一起主编《中国文学史》，并发表了不少研究古代诗词的论文。但他的主攻方向，一直是古代戏曲。他的论文集《新红集》《玉轮轩曲论》《玉轮轩曲论新编》《玉轮轩古典文学论集》，所收的论文，多以研究戏曲为主，因此被学术界公认为当代几位最有影响的戏曲研究专家之一。

作为从旧社会走过来的高级知识分子，该怎样把自己的知识为社会主义建设事业服务，这是王季思老师经常思考的问题。他相信，唯有马列主义与中国实际的结合才能够救中国；也唯有学习马列主义才能正确解决中国古代文学和戏曲研究存在的种种问题。正由于王季思老师学力深厚，注意联系实际，注意学习辩证唯物主义和历史唯物主义，加之文笔明快，论文写来娓娓动人，能把深奥的道理，枯燥的考证，用明白易懂质朴流利的语言表达出来，所以特别受到高校师生的推许。

薪尽火传光不绝

王季思老师长期患有胃病，他刚入院把胃切除了五分之三，十年浩劫便开始了。没完没了的揪斗，使身体原来十分健壮，能够天天挥拍打网球的王老师，一下子苍老了许多。

一九六八年秋的一天，王老师又被拉去揪斗。那一次，斗得真狠，他被打断了两根肋骨，当场昏倒在地。在殴打王老师的"红卫兵"当中，竟有些是他给上过课的年轻人，是他爱过的学生！

更想不到，被打断的肋骨，把横膈膜刺开了一个小孔。日子长了，穿孔越来越大，腹腔里的肠子，通过膜孔，竟全部窜上胸腔，于是，王老师的身躯，伛偻变形。病情十分严重。医生们只好把他的胸腔割开，把肠子拉了下来。折腾了好几个月，王老师总算捡回了性命。

经过十年浩劫，人们心灵上的创伤，真不易平复。不过，王老师对那些犯过错误的学生，并不介意。有些人对他表示歉意，他说："在那个疯狂的年代，难免头脑发昏，做了蠢事、错事。大家向前看就好，重要的是把失去的时间夺回来。"

然而，时光毕竟不能倒流。王老师深知，要振兴中华，关键在于培养更多能够担负四化建设任务的人才。因此，在打倒"四人帮"以后，他把精力用于辅导年轻教师和研究生上面。

一九八二年，王老师在我的论文集上题了一首诗：

人生有限而无限，历史无情而有情。
薪尽火传光不绝，长留双眼看春星。

这首诗，王老师也送给了许多学生，深情地表达他对后辈的愿望。有一次，郭启宏等几位来自远方的同学，回校看望王老师。王老师很兴奋，留大家吃饭。有人举杯祝愿老师身体健康，多留下几部专著。王老师把酒一饮而尽，却又摇摇头："我能写出几部？人生有限，事业无穷。根本的出路是把有限的人生变为无限的人生！"他似乎觉察出大家有点疑惑不解，转身回到书房，随即拿出几页文字，风趣地说："我有长寿之秘诀，不死的灵方，它就在这里！"

大家凑上前去，边看边传，原来是一份培养研究生的教学计划。同学们霎时明白了，王老师的人生目标，是为国家培养一批一批的专家，让戏曲研究的事业代代相传，辉光不绝。在这个意义上，有限的人生就变为无限了。

鉴于王老师在学术上的造诣和作出的贡献，国务院学位委员会聘请他为第一届学科评议组成员。在国家教委关于学位评议原则的座谈会上，王季思老师作了题为《为新一代学者、专家的成长开辟道路》的发言，他认为："我们要求的是观点和资料的结合，即马克思主义立场、观点、方法和中国语言文学的现象和现状的结合，而不能为辑佚而辑佚，为考证而考证（尽管这些工作也需要有专人去做），把新一代引向乾嘉学者的老路。"他主张，老教师与年轻学者共同编书，老中青结合，在编写过程中共同提高，让年轻一代在实践中练好基本功，认为这是能够较快地培育人才的方法。近十年，他带领着一批中青年学者编纂《中国十大古典喜剧集》《中国十大古典悲剧集》《元杂剧选注》《中国戏曲选》《元散曲选注》《元明清散曲选注》《全元戏曲》等书，出版书稿近三百万字。王老师在主编书稿的过程中，亲自参与定本、选目、标点、校勘、注释、眉批、集评以及撰写题记、前言等工作，成稿后又逐页批阅，纠正错讹，付出的劳动，比大家都要多。在王季思老师的带领下，一批中青年学者逐步成长，中山大学也成了国内戏曲研究的学术中心之一。

王季思老师对学生要求是严格的，即使到了八十多岁的高龄，还对后辈送来的作业、论著逐字批阅，圈圈点点，连标点符号也不放过。他对学生的帮助，则是无私的。他常说："学术乃天下之公器"。他所藏的图书、资料，随便让门生们翻检，要借阅，签个名就行，一位进修教师要校注《元刊杂剧三十种》，另一位进修教师要校勘《录鬼簿正续编》，他把自己多年积累的有关两书的资料，提供给他们，使他们在较短的时间内完成了两部专著。

王老师也特别喜欢和年轻人接近，他觉得，教学相长，老专家也能从后辈身上吸取自己缺乏的东西。当他写了文章，无论是长篇论文，还是诗词杂感，总要复印出来，请自己的学生提意见。在参加全国古典戏曲讨论会时，他写了发言稿，预先找来几位研究生一起座谈。一位同学很不客气地指出稿子中的几处语病，王老师当即改正。他从不把自己的学术观点强加于人，倒是常常鼓励学生提出不同于他的见解，在互相辩论中共同提高，没有一点学术权威的架子，堪称随和温厚的长者。许多人都愿意跟随王老师学习，跟着他，不仅可以在业务上得到较快的提高，更重要的是，可以受到他从来不计较金钱名位、从来以扶掖学生为重等美德的熏陶。

身教言教五十载

岁月无情，容颜易老。昔日虎头虎脑的魁伟壮汉，今天成了白发苍苍的龙钟老者。但是，他爱学生、爱青年的心，"老而弥坚"。他的女儿曾经埋怨："爸爸就是爱学生，不爱子女。"王老师嘿嘿一笑，不作辩解，其实，王老师也深深爱着自己的骨肉，但从他女儿那句半开玩笑的话里，倒真可以看到王老师对学生的情感。

王老师对学生的关心，是无微不至的。谁在生活上不顺心，谁在工作中受到挫折，谁在学习中遇到困难，王老师总会主动设法帮助。有次我到南京开会，王老师告诉我："我们的研究生王星琦，在南京工作，听说还没有解决'两地分居'问题。你到那里，要向当地领导了解他的工作表现，也要请求关照他家属调动的问题。"后来，我由宁返穗，向他报告有关领导对星琦的关怀，他才放了心。另一位学生，受到不公正的对待，王老师知道了，立刻写信给有关方面反映情况。他写着写着，禁不住老泪纵横，把信稿也打湿了。

对学生，王老师是关心一辈子、教育一辈子的。陆定一同志的夫人严慰冰，一九三四年曾和妹妹一起在江苏松江女子中学读书。当时，王季思老师给她们上国文课和历史课。据严慰冰同志在一篇题为《五十年如一日——遥寄王季思老师》的文章中回忆："他批改作业很认真，好句子打双圈，错别字加上框框。"后来，严慰冰同志受到"四人帮"的残酷迫害，王老师一直为她的生死担忧。一九八〇年王老师到京，见到了严慰冰姊妹，他从行囊里取出岭南嘉应子，说："上了年纪，带不动多的东西，这嘉应子北京没有，姊妹俩分着吃吧！"严慰冰同志感慨地写道："妹妹因株连，坐了九年牢，她与我都已白发苍苍，可老师还把我们当孩子看待。"

严慰冰同志又写道："我一九八二年离休后，偶尔为报刊写些短文，老师看到后，他还像五十年前一样，仔细为我批改。刊物字小，排得又密，老师因我患白内障视力太差，特用另纸抄过，将刊物与改件用挂号信寄给我。"

我看到严慰冰同志的这段话，不禁思绪如潮。得到王老师教诲的学生，都有和她一样的感受。

在八十年代初的一段时间，同学们学习的热情十分高涨，年迈的王老师，也主动给本科学生开设选修课。每次上课，教室总是坐得满满的，大家都希望能多听听老专家的学术见解。这时候，他的老伴姜先生，发现患了子宫癌，必须切除。

同志们好不容易把姜先生送进肿瘤医院，王老师也三番四次地到医院看望陪伴。亲人患病，谁不揪心？可是，医院决定动手术的日期，恰巧和王老师上课的日期碰在一起。

"季思，开刀的时候，你来陪着吧？"姜先生问。

"我想来，可刚好要上课。"王老师回答。

"请个假，不就行了。"姜先生躺着说。

王老师迟疑了："行是行，不过耽误了一百几十名学生的学习，怕不大好。"他用征询的目光看着老伴，"何况我又不是医生，待在手术室外面，也无济于事。不如下课后赶来吧！"

"也行。"姜先生识大体，也了解王老师的脾气，虽然她多么希望开刀时丈夫留在身边，使她多有一份勇气和力量。

在姜先生被送上手术台的时候，王老师也迈步走上讲台。这两节课，他和平常一样，讲得流畅认真。下课后，他才匆匆赶赴医院。

这件事，学生们知道了，都非常感动。中青年教师更是从王老师身上得到教育，大家说："如何对待工作，老师给我们作了表率。"

王季思老师常说,"当教师,不能不懂装懂,更不能文过饰非。坦诚地承认自己的不足,这表明你在进步,也可以让学生懂得应该诚以任事,诚以待人"。每当我们坐在一起,回首往事,心直口快的姜先生常会责备王老师过去工作的过失,我看到他总是沉吟不语,知道老人家在反躬自省。

一九八一年,《中国当代社会科学家》一书,登载了王季思老师的一篇自传。文章末尾,王老师加上了一段"附记",说明传文是助手整理的,同时郑重地指出:

……传文对我过去走过的弯路,如在学术上贪多务博,主次不分;在历次运动中的随风俯仰,缺乏定见等,没有指出。尤其是我到大学教书后,安于书房生活,脱离广大群众,反映现实的诗歌与散文越来越少写。这是应该作为切身的教训来向读者说明的。

岁月悠悠,谁能没有做过错事或违心的事,而一个享有盛誉的长者,勇于向读者自我解剖,却不是多见的。

有一桩事,给学生教育至深。

一九七九年春节,王老师到学生宿舍去,探望同学。同学们很高兴,围拢过来,和王老师一起谈天。老人家很关心大家的学习,当了解到同学们对文学史课某一位任课老师的教学颇有意见时，他默默地坐着，想着。王老师走后同学们议论纷纷，都说想不到老专家竟先给学生拜年。

更使同学们想不到的是，新学期开始，当文学史课上第一节课的时候，王老师颤巍巍地走进课室，坐在第一排的位置上。

上课铃声还未响，王老师先站了起来，对同学们说："大家对任课老师教学的意见，我是知道的。不过，你们也许不知道，任课老师遭遇坎坷，他二十年没有教课。今天，他能走上讲台，这已经很不容易了！"

王老师停了一停，双手按着椅背，禁不住微微颤动，"那时，我担任系主任，也做了违心的事，实在不堪回首。"他的声音很低，但发自肺腑之言，大伙都听到了。

接着，王老师又说："任课老师学识广博，虽然他的普通话说得不大好懂，但如果大家耐心听讲，一定会大有收获。"

当任课老师来到课室，看到同学们十分安静，又看到作为前辈的王老师摊开笔记本，准备听他讲课时，不禁一怔。在讲课中，王老师几次走上教坛，亲手替他把黑板抹净。开始时，他有点手足无措，但很快就明白过来了。下课时，同学们一齐起立向任课老师致意，他却对着王老师，深深地鞠躬，然后搀扶着老人家，一起离开了课室。

这一幕，同学们全看在眼里，许多人感动得眼睛湿润。从此，大家对这门功课听得特别用心，任课老师的讲授也越来越受到同学们的欢迎。过了许多年，同学们还常常谈到这一番动人的情景。一位同学说:"从王老师的身上,我懂得了什么叫做高尚的品德,懂得了怎样做人,怎样助人,怎样教书育人。我一辈子也忘不了王老师擦黑板时的背影。"

人们不是常常赞美"名师"吗?我想,凡是"名师",首先应是明师吧?明师,不仅指明智、明慧、明察,重要的是心怀像水晶一样透明。明澈的光辉,可以使愚者智,懦者起,可以帮助人洗涤灵魂的污浊。为什么人们推重"身教",称教师为"灵魂的工程师",道理也在于此吧!

现在,到了耄耋之年的王季思老师,早就不给本科学生上课了。但同学们知道他行动不便,有五位学生便自动组织起来,每天轮流搀扶着王老师散步锻炼。我们的校园,靠近珠江,黄昏,"余霞散成绮,澄江净如练"。人们总会看到王老师在余霞尚满天的景色中,和年轻人一起走着,一步、一步,向前、向前……

原载《王季思从教七十周年纪念文集》。

有事弟子服其劳
——记我们照料老师王季思先生的一桩往事

黄天骥

近期,常从新闻画面上,看到一些年轻人照顾老人的情景,我不期然想到了三十年前的一桩往事。在中山大学康乐园,到了暮春三月,岭南草长,杂花生树,群蚊乱飞。最可怕的是,有一种花斑蚊,人若被它叮了,会染上"登革热",若引发并发症,危险得很!很不幸,这种病,竟发生在我们的老师王起(季思)教授的家里。

我记得,在一九九〇年初秋,一位校友来访,送给我两小包"海蜇皮"。我一想,这东西最宜下酒,王老师是每饭必饮的"高阳酒徒",不如转送给他。第二天早上,便打电话和王老师联系,他清晰地回答:"好吧!"我立刻骑车前往。

自行车刚转入"马岗顶",远远看到,有人抬着担架走出,再细看,抬担架者,是康保成、董上德和王老师的女儿王小雷。我心里一阵发慌,王老师刚刚才和我通电话,怎么忽然出事了?走近一看,原来在担架上躺着的,是师母姜海燕先生。我立刻跳下车，一看姜先生脸色苍白，昏迷不醒，便赶忙把自行车扔在一旁，和大家一起，把姜先生抬到学校的医务室。

我们七手八脚把姜先生抬上病床，医生发觉不妥，赶紧叫来救护车，把病人送到附近的广州河南医院急诊室。经诊断，判定为被蚊子叮着，染上"登革热"，引发急性心肌炎，要立刻抢救。可是，迟了，到晚上七时左右，姜先生不幸去世。

我们接到消息后，急忙赶往医院。让守在母亲遗体旁的小雷，当晚先不要回家，听候我们的安排。因为，王老师当年已八十四岁了，又患有较严重的心脏病，他怎么也想不到姜先生起病只有三天，早上还在一起，离开不到十小时，便天人永隔。如果我们把不幸的消息告诉他，这猛然的打击，他能抵受得了吗？万一心脏出了问题，怎么办？如果不告诉他，又实在不可能，万一走漏消息，他更受不了。这又怎么办？真教人左右为难。

情况特殊，我只好通知各位师兄弟，到大海兄的家里，共同商量。晚上十点左右，我们围坐在一起，研究两个问题。一是怎样告诉王老师？二是怎样为姜先生办后事？而关键在于：怎能让王老师身体不出现特殊的状况，平安地接受不幸的现实。围绕着这一难题，大家左思右想，一筹莫展。

忽然，有人提出：坏了！现在王宅只剩下老人家一个人，孤孤单单的，怎么办？于是决定，让当时最年轻的上德，骑上自行车前往探望。大家盼咐他，如果楼上没有灯光，说明王老师已经睡了,那就不必惊动,赶紧回来报信;如果楼上有灯亮着,说明王老师没有睡,那么,立刻上楼和他聊天,稳住他,安排他休息,并且打电话过来通报。上德二话没说,受命飞奔前往。

那年代,手机还没有出现,我估算一下,上德骑车抵达王宅,约需十分钟;如果王老师睡了,马上回程,一来一回,顶多需要半个小时。上德是十二点左右出发的,无论如何,凌晨一时,我们便应该知道信息。

谁知道,直到凌晨两点,上德还没有回来。这一下,我们慌了,上德一向办事认真,这是怎么回事?再一想,不好!莫非他在路上出了什么事故?深夜飞车,撞上什么东西,那真就祸不单行了!我们越想,心里便越发毛。我沉不住气了,正想让大家分头去找,又不知上德走的是哪条路线?正在踌躇之际,门打开了,只见上德满头大汗,刚好回到。原来,他的自行车,半路上坏了,鼓捣了半天,依旧没法把车修好,只好步行走到王老师家。一看,楼上没有亮灯,又只好徒步走回来。我们听着,也都松了一口气。

我们又讨论了一会儿,依然找不出应对的办法。眼见快近四点,曙光熹微,大家都有倦意,便决定先各自回家休息,等头脑清醒些,再作决定。我回到家,立刻睡觉。起来后洗了个澡,冷水一冲,突然灵机一动,有了!记得前两年,校党委某领导的家属,突然去世。她患有心脏病,校长便先对她封锁消息,让她到医院住院体检,并和院方沟通,在做好抢救的准备后，才告知她。这办法，颇有效果。

我便想，我们对王老师，不是可以如法炮制么？主意已定，立刻向校党委书记张幼峰请示，他很同意我的想法，并立即通知校医室，给予配合。我便和校医室王坤儒主任联系，请她准备车辆，并以学校组织老教师体检的名义，送王老师到河南医院。但我们又怕引起王老师的怀疑，便把真相告诉王老师的同乡好友：哲学系刘嵘教授和图书馆连珍馆长，请他们也装着参加体检的样子，和王老师乘车一起前往。同时通知王小雷，让她立刻回家，装着没事，告诉王老师，妈妈也在河南医院，没有大事，并悄悄替父亲准备住院的物品。当然，我们也请学校方面，迅速和河南医院取得联系，告知意图。

一切安排妥当，刘、连两位教授坐上面包车，一起来到王老师的家中。起初，王老师真不想去，但刘、连两位告诉他，老教师体检，是学校统一安排，他们俩也得参加，不去不好。何况姜海燕也在那里留医，彼此方便照顾。王老师想了想，同意了，和大家一起上了车。一路上，大家说说闲话，强颜欢笑。

到了医院，医生很配合，首先给刘、连两位做了检查。轮到王老师，东弄西弄，便说他心脏不好，肝部也有问题，必须立刻住院留医。王老师愕然，我们则不由分说，连哄带吓，把他送往住院部。一住下来，他便要看望妻子，我们告诉他，姜先生正在好转，但不能干扰，请他放心。王老师老了，行动不便，也不知姜先生住在哪号病房，只好作罢。

我们回到校里，大家又一起商量，姜先生的追悼会，应该在六七天后举行。至于在什么时候，才把实情告诉王老师，则要看情况而定。我们一面通知系领导，要求系里的老师配合，绝不能走漏消息。一面决定，在王老师住院期间，早、午、晚三段，由戏曲研究团队的师兄弟，轮流值班陪侍。晚上一段，则由当时未婚的黄仕忠，以及不用照顾家庭的林建负责；我则重点负责各个方面的协调工作。大家又想到，医院伙食不算好，便规定每位同志，凡是轮到值班看护时，必须带上有营养的汤品。家里没有开锅的，便到附近饭店买上一盅。由于营养充足，后来王老师出院时，体重反而增加了。

王老师住进了医院，大家安心了。第二天早上，我和王小雷，要与院方共同研究采取什么方式并在什么时间向王老师"摊牌"的问题。到医院后，我们先到病房看看王老师。他一见我，便追问："海燕怎样了？"我们支吾以对，说情况还好，请他放心。然后匆匆离开。

我们从院长室里出来，已经十一点多了。我又跑到病房，看看王老师的情况。还未进门口，轮值陪侍的师飚，瞄见了我，对我说："王老师焦急得很，说天骥办事，从来不会一来便走，刚才，他还要我到处找您。"我立刻进入病房，只见王老师坐在床上，一见到我，立刻就问姜先生住在哪幢楼？哪号房？我说不能去，他有点生气了，还是一个劲儿要求带他探视。这下子麻烦了，我沉吟一会，横下心来，索性告诉他，姜先生病情突然恶化，刚才和医生商量，已经把她转到省人民医院治疗。王老师急了，又提出赶着要去看她。我立即正告他，不可能。医生不会批准他离开，等等。总之，我编了许多理由，硬是劝他不能前往。王老师也没有办法，只好听从。

我回到学校，和大伙说了王老师的情况，决定采取时松时紧的策略。一会儿说：姜先生好转了，隔天又说姜先生出了问题。消息时好时坏，反反复复，让王老师有一个思想准备的过程，然后再抓住时机，告诉他有关不幸的消息。

谁料过了四天，邱世友教授到了医院，径直探访王老师。邱老师是王老师的老学生和老同事，他学问很好，有时却有点迂气。那天，他去问候王老师，两人谈心。谈着谈着，邱老师忽然谈起老庄哲学，还大谈庄子丧妻，鼓盆而歌，说到庄子坦然的态度，等等。王老师是何等聪明的人，当然听出了弦外之音。当时，轮值看护的师弟，大惊失色，却又不能阻止侃侃而谈的邱老师，眼看着王老师默然发呆，只能暗自着急，却束手无策。

也真凑巧，在王老师住院后的第三天，隔床住上一位老干部。他是某造船厂的厂长，"文革"时，曾到中大担任过工宣队队长，对学校知识分子的情况，也有所了解。他看到了我们师兄弟的奔忙和种种情态，早就明白了。邱老师离开后，晚上，这位作为"病友"的厂长，便对王老师说，一年前，他在住院留医期间，老妻去世了。可是儿女们一直瞒着他，过了两个月，才告诉他，他很不满。但回头一想，子女这样做，其实正是为他好,怕他伤心,影响健康。厂长又说,后来想通了,只好接受现实。王老师听了,也点头称是。显然,厂长把一切看在眼内,已经自动地帮助我们做了思想工作。那晚值班的师弟,赶紧把看到的情况告诉我们。我们一听,时机到了,立刻决定,隔一天,就可以向王老师说明真相。

那天,院方把一些医疗设备搬进了病房,几位医生也做好抢救的准备,然后,王老师的女儿小雷,穿了黑色的衣服,与王老师的挚友连珍馆长,还有我和两位师弟,一起进入病房。王老师一看,便明白了。跟着,小雷正式告诉他:妈妈逝世的时间和情景,连珍馆长也简单安慰了他几句。只见王老师泪流满面,过了一会儿,一位医生握着王老师的手,检查他的脉搏和血压。回过头来,向我们示意,他心脑没有异常。于是,我们只留下小雷陪伴父亲,大家默默退出。当走出病房门口,又都长长地舒了一口气。后来听小雷说,王老师哭了一会,便睡着了。我们知道了,也稍稍安心。

尽管王老师情绪渐次好转,但暂时还不能让他出院回家,否则他睹物思人,又会感情波动,因此,大家决定让他继续住院。每天,我们依然早、午、晚三班,轮值看护,陪他聊聊天,或者推着轮椅,让他到处走走,散散心。那时,天气渐热,下午值班者,还必须替王老师洗澡。有一天下午,轮到我和师兄苏寰中教授值班。到四点钟左右,我俩扶着王老师进入沐浴间。王老师腰腿不便,我们不敢让他跨进浴缸,只能替他脱光衣服,让他站在淋浴器下面。苏兄搀扶着他的左侧，谁知王老师身高体重，苏兄顶托着，非常吃力；我则一手扶住老师的右腋，一手打开水龙头，替王老师从头到脚，冲洗搓擦。等到把他搀回病床时，我们才发现，自己全身已被汗水和自来水打湿，弄成落汤鸡了。

又过了若干天，我们看到王老师情绪已经稳定，便和他的家属商量，决定让王老师出院后，先不回到中大的家，而是直接送往深圳，让他在女儿王丽娜的住处，继续休养，然后再回康乐园。主意已定，连忙请医院给他做一次全身检查，准备办理出院手续。

过两天，我们接到王老师体检结果，一看，坏了！体检书写着：胃癌晚期。并建议，由于本院设施不足，尽快到省人民医院复检。这事情，王老师一点也不知道，我们却惊得一佛出世，二佛升天，紧急和王老师子女开会商量。他们都决定，如果复检属实，只好消极治疗，不再开刀，让病者舒服离世。话虽如此，大家的内心，实在非常伤感。八十多岁的老翁，癌症晚期，看来日子无多了！

怀着凶吉未卜的忐忑心情，我们请学校备车，由王老师的儿子王则柯教授，以及欧阳光和我，三人一起，把王老师送到省医复查。在等候结果时，我们如坐针毡，心里像有十五个吊桶，七上八落。直等了三个钟头，王老师被护工推送出来。过一会，复检证明也拿到了，我们抢前一看，哎哟！阿弥陀佛！

原来王老师根本没有癌变，一切正常。我们则相视而笑。悬着的心，才像一块石头落地。

王老师住院，前后共二十多天。出院赴深圳前，我打电话给当时《深圳特区报》的社长许兆焕校友，告诉他："老师交给您了。"他朗声回答："没问题！"当王老师抵深那天，老许召集了七位校友接车。那时没有电梯，他们便轮流抬着王老师，硬是爬着楼梯，登上了王丽娜居住的七楼。我们知道了，都十分感动。这就是中大的校风！但愿这尊师爱生的校风，能发扬光大，传之久远。

经过二十多天具有戏剧性的奋战，王老师安然无恙。我们虽然心力交瘁，但也都觉得值得。"有事弟子服其劳"，这是中国人应有之义。此一役，对我们来说，其实也是自我教育，大家也更紧密团结，为后来完成一桩又一桩的重大科研项目，打下坚实的思想基础。

———

原载《南方都市报》2020年8月9日。

往事未必如烟
——两位戏曲研究专家的恩怨分合

黄天骥

二〇一一年,我在拙著《西厢记创作论》之末,写下了这样一段话:"我在中山大学求学期间,王老师教我如何从事古代戏曲考证校注的工作,董老师教我如何从舞台演出的角度看待剧本。他们都是卓有成效的《西厢记》研究专家,也启发了我对《西厢记》产生浓厚的兴趣。""书成之际,恰好是清明节,我让它作为一瓣心香,纪念两位老师。"

我说的王老师,是王季思(王起)教授;我说的董老师,是董每戡教授。他们都是温州人,都是中国戏曲史研究的权威,彼此也曾是很要好的朋友。据知董老师解放后到中山大学任教,时任中文系主任的王季思老师是起了作用的。我经常见到他们一起看戏,一起参加学术讨论会,一起参加戏曲改革工作。他们又都是美食家,经常联袂到茶楼酒馆尝鲜买醉。直到一九五七年除夕,董老师还赋词赠予王老师:"良宵怎能辜负,且寻宫数调,句联奇偶。建设欣成,河清可俟,永作和平奋斗。"(调寄

《齐天乐》）这段时期，他们如切如磋，如琢如磨，指点江山，探讨学术，活在融洽温馨的友情中。

可是，从一九五七年"反右"开始，他们的命运便完全不同了。董老师被错划为右派，王老师则是运动的依靠对象，是左派。道不同不相为谋，此后长达十年，二人各历荣枯。董老师苦不堪言，王老师一帆风顺，可到了"文革"，他们又同样地被斗争、受摧残、遭凌辱——极"左"思潮使两位挚友一刹那成为陌路，后来竟又"殊途同归"。

"反右"中的不同际遇

董老师早年曾参加"左联"，从事进步文化活动，抗战期间写过大量宣传抗日的剧本。解放前，他被国民党政府通缉，又曾营救过进步学生。解放后，他意气风发，在教学和科研上取得了很大成绩，仅四十九岁便与容庚、商承祚先生一道，被评为二级教授。在被错划为右派以后，他辞职赴湘，生活穷愁潦倒，一家三口住在仄黑潮湿的房子里，一贫如洗。"文革"期间，连床也被抄走，只好用门板搭在箱子上，当床躺卧，一睡就是十二年。在极其困难的日子里，董老师一直坚持研究写作，没钱买纸，便把旧香烟盒和废弃的包装纸粘连起来作稿纸用。此中凄苦，真使听者动容，言者酸鼻。

王老师早年积极追求进步，解放前夕任教于中山大学，曾挺身而出营救因从事革命活动被国民党判处死刑的学生。解放后，他任中文系主任，服从领导，努力工作，赢得了上级的信任。那个时期，社会风气良好，建设蓬勃发展，作为从旧社会过来的人，经历过八年离乱，山河破碎，当看到国家欣欣向荣，无不欢欣鼓舞。即使"左"风渐起，有人对政府的一些做法观望徘徊，但多数人仍心悦诚服，甚至发展到盲从，这是特定历史条件下的思想主流，王老师亦难例外。上级指示要批判俞平伯、胡适的资产阶级思想，他积极组织师生口诛笔伐。而当时，不少追求进步的知识分子，包括董老师，也都摩拳擦掌，努力参加批判，并从中认真接受教育。

一九五七年的"反右"运动中，作为系主任，王老师成了中文系"反右领导小组"的成员，而董老师却交上了厄运。起初，上级号召"大鸣大放"，董老师还积极发言，并发表诗词表态。不久，"事情正在起变化"，上头"引蛇出洞"，这内情，上面给王老师打了招呼，董老师却懵然不觉。一次，他被领导邀请发言，素来"语不惊人死不休"的董老师言辞过激，旋即被定为"极右分子"。这样一来，王老师与当日的挚友就有要划清界线的问题了。这让董老师遭受到很大的伤害。

当年的斗争形势十分严酷，"运动"一来，人们都被卷了进去，多数人不明就里，认为打击右派是立场坚定的表现；也有人对领导提过意见，一见势头不对，为求自保，也就转过身来，给予那些"被打翻在地"者以无情打击。至于知识分子之间，本来或多或少就存在着利益纷争，工作上也会有不同意见，暴风骤雨的运动来临时，人们给"死老虎"添油加醋、落井下石的情况常会发生。那时候，如果你同情右派，又不表示后悔并彻底检查，你很可能也成为右派，坠入万劫不复的炼狱中。总之，特定的严酷斗争环境，政策的失误，人性的弱点，导致了"反右"的扩大化。

对董、王两位老师在"反右"运动中的不同表现和遭际，学术界中不少人口虽不言，心存耿耿。特别是对王老师，私下里颇有微词。有一位朋友对我笑着说："王老师是'圣之时'者也！"我明白，这其实是一种貌以赞扬的讽刺。但人的思想感情是复杂的，王老师确是积极参与了"反右"运动，确也做过错事，但若说他心如铁石，对被划为右派者一味无情打击，对他们的不幸遭遇毫不同情，则又不然。很久以后，我才知道他当时冒险做了一件使人意想不到的事。

"文革"后不久，北京某著名杂志约我撰写有关王老师学术生涯的文章，为了进一步了解他在"反右"运动中的情况，我私下向当年也被错划为右派的卢教授请教，卢老师约我到茶馆小聚。我问道："那时王老师是否很'左'？"谁知卢老师回答："那时谁当了系主任，谁都会很'左'！"我愕然，随即他对我说了一段秘事：那是在一九五八年冬天，作为右派分子的卢老师被发配到农村劳动改造，工资也被减去大半。卢老师有三个孩子，师母却没有工作，生计拮据。一天晚上，王老师忽然来到卢家，对卢师母说，他知道卢家经济紧张，准备拿些钱帮忙接济。可因急着要到医院看望正患癌症的妻子，身边的钱不多，过些时候才能带过来。果然，两天后王老师又到卢家，带去了六十多块钱。在当时，那是一笔不小的数目。卢老师又告诉我："这件事，他从来没有向任何人说过。"

我完全想不到王老师会有这样的举动。回到家里，又接到卢师母打过来的电话，她激动地对我说："刚才老卢对你说的事，千真万确，我记得清清楚楚！"卢师母作为当事人，再一次证实王老师的雪中送炭，表明此事虽已过了二十多年，她一直心存感激。

第二天，我到了王老师家，向他提起这事，问他是否记得？年过八十的老师想了很久，回答我："记得。"我又问他当时给了卢家多少钱？他说："记不起来了！"

我寄往杂志的稿子，是写到了这一段往事的，可发表时被编辑部删除了。看来，编者认为这会损害王老师作为"坚定左派"的形象。其实，人性并不是非黑即白、非善即恶那么简单，人的情感也会有微妙变化的过程。王老师既要执行上级指示，内心又有柔软的部分，这并不奇怪，也不难理解。我们只有对"人"作全面的历史主义的认识，才能懂得人之所以为"人"的真实性。

"文革"中的殊途同归

到了"文革",天下大乱。住在长沙的董老师被红卫兵不断抄家,而他早已家徒四壁,实在抄无可抄。可惜的是,董老师因害怕几百万字的书稿被抄走,把它藏在灶底,谁知被老鼠啃去了一半。不得已,董老师只好凭记忆重写书稿。但他右手病废,便以右拳横握笔杆,以左手推着笔尖,在纸上写字,终于"病手推成文百万",这期间内心的痛苦,可想而知。昔日屈原见逐,乃赋《离骚》;司马迁被谤,乃著《史记》,董老师穷厄著书,不正是承传着中国知识分子自古以来的高尚品德么!

"文革"期间,董老师远离学校,远离政治斗争的漩涡。他虽然也受到冲击,也多次被抄家批斗,但毕竟是"死老虎",长沙造反派没把目光聚焦到他的身上。当局面稍为平静时,街道办事处便把红卫兵抄去的一只手表发还给他,这在当时算是贵重的财物了。但董老师没有接受,因为这不是他原来被抄的那一只,为了不让别的失主受损,他认为不能冒领。街道人员知道董老师为人正直,也暗中给予照顾。

但作为左派的王老师,在"文革"中就没有那么幸运了。运动才开始,曾备受重视的他,立马变成"反动学术权威",揭发批判他的大字报铺天盖地,还被拉进"牛栏",和"牛鬼蛇神"们一起接受隔离审查。

一九六七年秋的一天，王老师又被拉出去挨斗。有人猛击他的胸口，让他当场晕倒在地。家属闻讯，赶紧把他抬到医院救治，经检查诊断：两条肋骨被打断了。

伤愈后，即奉命到干校接受"再教育"，参加劳动锻炼。但想不到的是，那被打断的肋骨断裂处骨缝凸出，变成尖刺，把横膈膜刺出一个小孔。日子长了，穿孔愈来愈大，而随着横膈膜上下抖动，腹里的肠子通过膜孔竟全部蹿上了胸腔。于是，本来很健壮的王老师，身体伛偻变形，病情十分严重。不得已，他只好离开干校，返穗求医。医生从未接触过这样的病例，也知道病者是"牛鬼蛇神"，但基于人道主义精神，仍然努力抢救。他们把王老师的胸部剖开，把肠子牵拉回腹腔，缝合了横膈膜。又折腾了几个月，王老师总算从鬼门关走了回来。

王老师长期从事教学工作，一向善待学生，谁知道，当时殴打他的红卫兵中，有些就是他给上过课的年轻人。

世上无完人，闻道有先后

"文革"后期，王老师到过干校，也被宣布"解放"。经历过心灵和肌体的痛楚，他一直在反思。

一九七九年春天，董老师被"落实政策"，从长沙回到了中大康乐园，住到一个二十八平方米的房子里，与我家邻近。一天晚上，我正在和董老师闲谈，忽然有人来访，进来的是王老师夫妇。董老师很意外，一时不知怎样才好，我连忙给王老师夫妇端茶让座。这时，董师母也从房间里走了出来，四人的表情十分尴尬。他们寒暄了几句，王老师便欠身对董老师说："每戡啊！我错了！以后好好合作……"董老师摆了摆手，讷讷地说："过去了，过去了！"彼此再没说些什么。王师母也就向董师母问了些生活上的事，便起身告辞。我替董老师送走了王老师夫妇，回转身来，只见董老师和董师母盘腿坐着，默默不语。这样的气氛，我知道不宜打扰，只给两位老人倒了两杯茶，便离开了。

从四位老人当时的表情看，分明心里都很不好受。在董老师，二十年的恩怨苦难，心中芥蒂，又岂是片言只语可以迅即磨灭？在王老师，长期的悔恨懊恼，也不易于表达。不过，我佩服他登门道歉的勇气。要知道，即使"四人帮"已被打倒，政治气候仍乍暖还寒。何况董老师虽然回到了校园，还属"摘帽右派"，仍然低人一等。直到他在一九八〇年初去世的追悼会上，才正式宣布被错划为右派的。而他返校不久就得到了王老师的诚恳致歉，在勾起千般恨苦的同时，也会夹杂着一丝宽慰吧！如今四位老人都已仙逝，当时道歉的情景只留在我一个人的记忆中，庶几可以作证。

"文革"的经历，让王老师真诚痛切地反思。他不止一次公开承认失误，说自己"在历次运动中随风俯仰，缺乏定见"（见一九八二年《中国当代社会科学家》自传）。一九九三年，中山大学举行"庆祝王季思先生从教七十周年大会",大家纷纷赞扬他在教学和科研上的贡献。让人想不到的是,王老师在致答辞中,说了这样一段话:"在摸索前进的时候,我也经历过一些坑坑坎坎,也走过一些弯路,写过一些错误文章,既批错了自己,也损害过别人。"(见《王季思从教七十周年纪念文集》)最后一句指的是什么?同事们是心领神会的。当时,大家热烈鼓掌。岁月悠悠,谁没做过错事和违心的事;而作为享有盛誉的长者,敢于承担过失,勇于自我解剖,却是不多见的。

"文革"以后,王老师一直注意协助在"反右"中受过损害的同事。记得一九七九年寒假期间,王老师作为中国古代文学史教研室主任,到学生宿舍了解同学们的学习情况。当他知道大家对某任课教师的教学颇有意见时,沉吟良久。他知道这位老师曾被错划为右派,多年来受到不公正的对待。新学期开始,文学史课上课时,同学们忽然看到王老师走进课室,坐在第一排。大家很惊喜,不禁鼓掌欢迎。上课铃声还未响起,王老师颤巍巍地先站了起来,对同学们说:"大家对任课老师的意见,我是知道的。不过,你们也许不知道,任课老师遭遇坎坷,他二十年没有教课。今天,他能走上讲台,已经很不容易了!"停了一停,他显得有些激动,双手微抖,继续说:"那时,我担任系主任,也做了违心的事,实在不堪回首。"接着,他又说:"任课老师学识广博,虽然他的普通话说得不大好懂,但如果大家耐心听讲,一定会大有收获。"

上课铃声响了，任课老师来到课室，看到王老师坐在第一排，又看到同学们十分安静时，不禁一怔。讲课中，王老师几次走上讲台，亲手替任课老师把黑板抹净。开始时，这位老师有点儿手足无措，但很快就明白过来。下课时，同学们一齐起立向任课老师致意，他却向着王老师深深鞠躬，然后两人互相搀扶着离开。这一幕，七七级的同学全都看在眼内，许多人感动得眼睛湿润。从此，同学们对某老师的课听得特别用心，任课老师的讲授也越来越受欢迎。过了许多年，同学们还常常谈起这番动人的情景。一位同学说："我一辈子也忘不了王老擦黑板时的背影，知道了应该怎样做人，知道什么叫错而能改，光明磊落！"

董老师和王老师，从挚友变成陌路，也先后受到摧残。这是谁之过？平心而论，我们的共和国，在六十多年蓬勃发展的过程中走过那一段弯路时，试问有多少人能不随波逐流？能不随风俯仰，自觉或不自觉地做过错事？今天，追究芸芸众生谁损害过谁、谁做过错事，并没有太大的意义。但我们这一辈人，被卷入浊流之中，即使是不由自主，不也在客观上起了推波助澜的作用么？由于我们的愚昧乃至麻木，延误了国家和社会发展的进程，扪心自问，我们这一代人，对历史不是应该有所承担么？王老师之所以可敬，是他没有把一切推诿于客观形势，没有原谅自己的过失，更没有像时下一些人那样，急于为自己洗刷漂白，文过饰非。

世上无完人，闻道有先后。我尊敬董老师的坚毅不阿，也尊敬王老师的胸怀坦荡。"觉今是而昨非"，这也是中国知识分子可贵的品格。王老师在上世纪六十年代初参加编写《中国文学史》教科书时，曾在北大兼课。一九九三年，北大中文系主任孙玉石教授来穗参加王老师从教的庆祝大会，他知道王老师也多次受到不公正对待，致词时语重心长地指出："王老师是中大的光荣，也是北大的光荣。"这番话，代表了学术界对王老师的评价和理解。

董老师和王老师都已作古，生前他们都是戏曲研究专家，而他们经历的恩恩怨怨，分分合合，又使他们都成了悲剧人物，也给后人留下了深刻的经验教训。岁月如流，往事未必如烟。倘若两位老师在天堂里相逢，当会一笑释然吧！

二〇一二年二月十三日于中山大学

原载《同舟共进》2012 年第 5 期。

王季思先生带我们拜访董每戡先生

欧阳光

一九七八年十月,我有幸成为季思先生在"文革"后招收的第一届硕士研究生,当时的专业名称叫"中国各体文学(戏曲史方向)",同届同学共五人。第二年春夏时节,历经二十二载非人磨难的董每戡先生,得以落实政策,重返中山大学。夏天的某个傍晚,季思先生领着我们五位同学一起去拜访了董每戡先生。

当时董先生回到校园不久,被安置在西区教工宿舍的一栋普通楼房里,在底层,房间不大,陈设很简陋。说是客厅,其实是个比过道略宽的空间,一行人进到厅里,马上就显得十分拥挤。

这是我第一次见到董先生,他相貌清癯,身材瘦削,背有点佝偻,一看就很羸弱。两位先生稍作寒暄,分坐在椅子上,我们则在周边站立,恭听两位先生交谈。

依稀记得是季思先生首先说明来意,大意是去年国家恢复研究生招生，我招收了一批学生，跟我学习古代戏曲史。在这个领域您是大家，今天带他们来，就是想见见您，今后在学习方面向您请教。接着他逐一介绍了我们的名字。此时董先生看着我们，只是微微颔首致意，印象中没有说什么话。由于房间过于拥挤，这次拜会很快就结束了。

此前，我对董先生所知甚少，这次拜访后，才陆续获知一些信息，主要是从黄天骥老师那里了解到董先生的生平行事、学术造诣和性格为人。印象最为深刻的是他从错划右派到"文革"的那一段难以言说的惨痛经历，以及在逆境中顽强挣扎的不屈精神。苏寰中老师在董先生落实政策时，受中文系派遣去湖南长沙，亲眼目睹了董先生当时的真实生活状况。他曾动情地向我描述董先生真正是一贫如洗，但在极端困顿恶劣的环境中，用残疾双手握笔推字，著述不已。我至今清晰记得他讲述时眼中泛着的泪光。这一切都不禁令我对董先生肃然起敬，并庆幸自己将来或有机会向董先生请益。

从老师们那里，我还了解到两位先生同是温州人，一九五三年董先生从湖南大学调入中大中文系，时任系主任的季思先生应起过引荐作用，说明当时的关系是融洽的。到反右运动开始前，两人交往密切，留下了不少唱和之作。然而这种老乡、朋友加同事的亲密关系在反右运动后戛然而止。政治运动的滔天洪流必然强烈冲击个人之间的关系，将其政治化和复杂化。在当时，政治站队，划清界限，严厉批判，甚至检举揭发，几乎成为规定动作，容不得一点个人选择的空间，季思先生亦不能例外。董先生在运动中受到严重戕害，此后被遣至湖南，更是遭受了长达二十余年的厄运，从受人尊敬、待遇优渥的二级教授，沦落为衣食堪忧的一介贱民，其人生境遇与季思先生产生了巨大反差，因而两人在情感上产生疏离，甚或有一些怨怼和心结，都是可以理解的。这一点在拜访过程中，我也清晰地感觉到了。季思先生显得主动和对董先生的尊重，董先生的态度，给我的印象是不迎不拒，矜持客气，从中能感觉到明显的温差。毕竟严冬刚过，心中的坚冰尚未融化，深而且巨的创伤还需要时间来疗愈。

黄天骥老师在他撰写的《往事未必如烟——两位戏曲研究专家的恩怨分合》（原载《同舟共进》二〇一二年第五期）一文中曾经记录了董先生一回到校园，季思先生就登门看望，当面向董先生道歉，并表达了以后好好合作的愿望。那么，季思先生带领我们所做的这次拜访，至少是时隔不久后的第二次。不难想见，季思先生是以实际行动表明，前一次向董先生表示希望今后好好合作，并非泛泛说辞，表明季思先生不断主动努力来化解那种疏离。

可惜不久董先生就病重去世了，季思先生的合作意愿没有得到结果。但季思先生的行动，不仅仅表现了他的坦诚，实乃与他在经历了"文革"洗礼后的醒悟与反思是分不开的。

季思先生与许多老一辈知识分子一样，浓郁的家国情怀、向往光明、追求进步、善良正直是其思想性格的底色。作为一个从旧社会过来的人，他对新社会有着朴素的情感，对执政党发自真心热爱和高度认同，这使他保持了积极的工作态度和昂扬奋发的精神。当然，自己的主观认知与主导意识形态、一些具体政策做法也并非都能处处吻合，而当出现不一致时，他往往会选择否定自己而服从前者。这是从最初的服膺发展到无条件地服从甚至是盲从，以至于在政治上独立思考的能力越来越弱。而政治风向又总是波诡云谲、变幻莫测，失去了独立思考的能力，就必然会随风俯仰、进退失据，最终被政治漩涡所裹挟、吞噬。季思先生在"文革"中的惨痛经历就是明证（关于这一点，黄天骥老师的文章有详细的评述，我就不赘述了）。

经过了"文革"的强烈冲击，痛定思痛，促发季思先生的深刻内省。他所作的反思，在晚年所写的文章中随处可见，较有代表性的如《元曲的时代精神和我们的时代感受》（原载《光明日报》一九八五年四月九日）一文，强烈批评了把"长期从事革命斗争的经验运用到文艺领域里来"的做法，认为导致了"斗争越来越尖锐，思想越来越'左倾'，在文化教育领域造成的危害越来越大。"他还进一步剖析自己："思想也跟着越来越'左'，甚至对自己解放前后有些基本正确的做法，如独立思考、自由争论等，也未能坚持，这教训是十分深刻的。"

应当说，季思先生对自身心路历程所做的反思，切中肯綮，十分深刻。这表明，独立的思考，重新成为季思先生思想的主流。这不仅表现在他的学术研究上（多位师友的文章都对此做过详尽记述，不一一列举），而且体现在现实生活中。季思先生一改早年紧跟形势的思维定势，表现出鲜明的独立精神。

以我亲历的一件事为例：上个世纪八十年代末至九十年代初的一段时间里，季思先生曾经历了又一次人生厄运的考验。当时由于所在单位个别领导对政策理解的偏差，一场政治风暴降临到年已八十五岁的老人身上，他被要求写检查，继而被延缓党员登记；他希望出国去看望女儿的申请也没有得到批准。可想而知，老人此时承受的压力或不亚于早些年的政治运动。我毕业后留校工作，与先生在同一教研室和支部，当时我曾私下对先生表示关切，我清楚记得先生只是淡淡地说了四个字："由它去吧。"老人的淡定与从容，与当年政治运动中的表现可谓判若两人，不由人不由衷地感佩和敬仰。

季思先生的反思，可以说自"文革"一直持续至他的生命终点。如果将季思先生对董先生主动和解的行为放在这一背景下来审视，或可以有更深入的认识。经过了"文革"的洗礼和痛苦的反省，季思先生对董先生的遭际有深深的同情和共鸣，对自己当年视为政治正确的举动——与董先生划清界限甚至检举揭发一类扭曲人性的行为，深感自责和内疚。如果将季思先生对董先生主动和解的行为放在这一背景下来审视，或可以对季思先生的心路历程有更深入的认识。

壬寅冬月撰于疫情肆虐时

深切怀念　王起老师

吴国钦

二〇一六年四月六日,是中山大学中文系著名教授王起(字季思)逝世二十周年纪念日,今年也是王起老师诞辰一百十周年的日子。在这特别的时候,我常常想起他老人家。师德巍巍,泽被后世,临风怀想,能不依依!

"做学问,靠长命,不靠拼命"

我是一九六一年中大中文系毕业后,与黄竹三、赖伯疆等几位同投于王起老师门下为研究生,专业名称颇长,叫"中国古典文学宋元明清文学史(以戏曲为主)",这个名称,实际上概括了王老师的学术专长。王老师是国内著名的古典文学专家,又是戏曲学权威,曾参与主编《中国文学史》《中国戏曲选》《全元戏曲》《中国大百科全书(戏曲曲艺卷)》等重量级学术著作。

一九六四年,我们研究生和教师、高年级同学一道到花县

(今广州花都)参加"四清"运动,回校后,为了抢回政治运动夺去的时间,研究生们拼命读书,常常开夜车至夜里一两点。了解这一情况后,在一次学习会上,王老师说:"听说你们开夜车睡得很晚,很用功,要注意身体。我的师兄夏承焘先生说过:'做学问,靠长命,不靠拼命。'"说完老师笑了,大家也跟着笑,心里如沐春风,暖乎乎的。其实,老师更加用功,我们研究生宿舍离王老师住处约五十米远,每晚睡前出来散步,总能看到王老师书房灯光依然亮着。

王老师对工作极度认真负责。有一次我到他家,见大热天老师戴着口罩,赶紧问:"老师感冒了?"他摇摇头说:"近日口涎失禁,控制不住往下流,为了不沾污稿子,只好戴上口罩,每隔一个钟头换一个。"我听后心中凄然,又十分感动,老师已经到了口涎失禁的阶段了,还坚持审看《全元戏曲》的稿子!这和当下某些所谓名家,挂了"主编"的衔头却从不动手动眼,真有天壤之别。

王老师的家庭生活十分俭朴。由于我住校外,每次回校上课或开会,中午常在食堂用膳,老师得知后常常邀我到他家吃午饭,这样,我就成了老师家午餐的常客。虽说是名教授家,吃的也是家常菜,粗茶淡饭。偶然吃一餐螃蟹,老师就高兴得不得了,特别是温州老家寄来的一种醃制的螃蜞,那可是老师的至爱,他吃得津津有味,连螃蜞的小脚丫也舔得干干净净。我虽生长在海边,但从小就不吃这些醃制的生的蚌蟹之类的东西,每当这个时候，就坐在餐桌旁欣赏老师的食姿，心里乐滋滋的。

陋室走访两位词曲大师

上世纪七十年代后期，我陪王老师到北大出差，住在北大，在教工食堂用餐。工作之余，走访了游国恩、陈贻焮、孙玉石等老师，在北大校道上也碰到过王瑶、季镇淮诸位教授。游国恩是对外开放的教授，家里可以接待外宾，住房宽敞明亮，属北大一流居住条件；住得较差的是孙玉石老师，夫妇俩和一个读中学的女儿住在一间约二十平方米的房间，三个人只有这一间房。王老师不解地问："晚上怎么睡？"孙老师的太太指着门后的折叠床说："我和女儿睡大床，老孙晚上自己睡这张床。"王老师听后无语。我心里想，北大真是徒有名声在外，教师住房条件看来还比不上中大。

在北京期间，我陪王老师走访了他的两位师兄：曲学大师任二北（半塘）与词学大师夏承焘。任老住处不好找，在小巷里三拐四转，半天才找到。半塘先生长髯飘拂，依然精神矍铄，行止飘逸。

当时，夏承焘先生几经周折最后被中国文联"收留"。我陪王老师见他时，他和夫人吴无闻正挤住在文联给的一间约十几平方米的房子里，四壁萧然。无闻先生人很热情，马上送上夏先生的线装词集给王老师和我，并代夏先生题了签。之后我们便到一间类似大排档的摊子吃温州菜。无闻先生点了几个菜,我印象最深的是一个不知叫什么名堂的菜,用锅巴拌上虾仁、肉粒、蛋皮、花生、芹菜粒等,十分可口。夏先生还叫了约五六岁的孙子同来享用,夏先生指着王老师对孙子说:"这位是王爷爷。"指着我说:"这位是吴爷爷。"我吃了一惊,我那时才三十多岁,怎么被称为"爷爷"了?我嘴上没说什么,只笑笑点了点头。过后一想,这恐怕是夏先生已经有点糊涂了吧,想到这里,心里很不是滋味。这是我唯一一次见到这位词坛耆宿,也是我平生首次被人叫"爷爷"。几十年后回想起来,情景依然历历在目。

临回广州前夕,王老师对我说:"我们到北大商店看看,我想为小雷买个书包。"我说:"小雷的书包太破旧了,不能再补了,是应该买一个新的。"那时他的小女儿小雷在六中读高中,书包我见过,太残旧了。北大的商店很小,柜子里卖饼食,墙上挂着书包、行军水壶之类的东西。王老师选了一个书包后,我说:"是否需要买点饼食作为手信带回去?"他说:"好的。"于是买了一盒饼。老师问我要不要,我说不要。北京的饼我领教过,又硬又不够甜,我最终带回一袋果脯。

老师和夫人各让一步

已故中文系主任吴宏聪老师曾私下对我说:"王起老在北京

娶了姜海燕之后，曾要我在系办公室给谋一职位，我当时心里有点为难，因为好多教授夫人都不好伺候。谁知姜海燕来后不到一个星期，大家都高兴地说'棒极了'，我的心才定了下来。"的确，极端认真负责可说是王老师的家风，他的夫人姜海燕在办公室当秘书，不说别的，每天上班前她手提两个五磅竹水壶到学生食堂打开水，然后一手拿两个灌满开水的水壶，一手把住自行车车头飞快回到系里，这时往往还未到上班时间，教师们上课需要喝的开水或泡茶，就全靠这两个水壶的水解决。

有一次我到老师家，姜先生对我说："我们想去买部空调，你老师不同意。老吴，你帮忙说说。"我还未开口，老师就说："以前我们夏天就靠一把葵扇，后来买了风扇，已经蛮好了，现在还要买什么空调！"姜先生接着又说："你不怕热,我们可热死了！"看两人你一言我一语，我赶紧说："王老师确实不怕热，大热天我摸老师的手，又凉又爽。我听老一辈的人说，夏天肌肤凉凉的，冬天肌肤暖暖的，这样的人身体好。王老师身体底子好。但现在广州的天气越来越热，风扇整夜开着对身体又不好……"我把需要买空调的理由搜索枯肠说了一遍，老师没有回应。过了几天我到老师家，发现空调已经装好了，但并不常开，可能老师和夫人各自"让"了一步。

有一天我到老师家，刚进门，就听姜先生大声叫起来："老吴，你来得正好，你老师写文章说要寄到光明日报，他已经忘记肋骨被打断的时候了！"看姜先生一脸激动的样子，我意识到问题很严重，赶紧从姜先生手中接过稿子一看，原来，王老师写了两页稿纸约五百多字的短文，大意是：我是从旧社会过来的人，亲眼见国民党的官僚追求所谓"五子登科"（指票子、房子、车子、婊子、骰子），想不到现在某些干部也沾染了这一套……我看后心中十分感动，老师已是垂暮之年，依然保留着一个正直知识分子的良知和强烈的社会责任感。但姜先生激动严肃的目光注视着我，当时，我只能毫无保留地支持姜先生！我说："王老师，这样的稿子有多少当事人能够看到怕还是个问题，何况编辑是否能贸然登这样的文章？不然岂不是白写了？"最终气氛慢慢缓和了，稿子最后当然没有发出去。

"我只能做这样的事情了，你们就由着我吧"

王老师在家最后的日子，是躺在床上过的，已经起不来了。但他还在用身体的最后潜能写诗，正应了"活到老学到老"的老话。有一次我和黄天骥、苏寰中老师到王老师家，只见王老师嘴皮抖动，却听不见嗓音，由他的大公子兆凯先生把耳朵凑近他嘴边听，好久才听懂一个字，便把它记下来，这样折腾来折腾去，写一首七绝竟要耗时一个多钟头！我们几个人都劝说老师不要写了，好好休息吧，但老师的目光似乎在说：我只能做这样的事情了，你们就由着我吧。

王老师最后的日子是在晓港的河南医院度过，那时，晚上由老师的子女负责照看,白天由我们教研室的教师值班轮流看护。有一天上午我值班,见到护士进来打针,她掀开被子,我突然发现老师连裤子都没穿,我对护士说:"老师怎么没穿裤子?"护士一边打针一边淡淡回应:"不用了,一天要打好多针,又穿又脱,挺麻烦的!"望着护士离开病房的身影,那句"赤条条来去无牵挂"的戏文,突然从脑海里冒了出来。是呀,在死神面前,人的尊严、地位、财富,似乎都一钱不值了。

原载《羊城晚报》2016年4月3日,收录时经作者校读阅定。

追忆王起(季思)先生

吴国钦

王起教授(一九〇六——一九九六)是我的业师,是对我影响最大的一位老师。

我读高中的时候,就听说中山大学中文系有一位王起教授,还有一位王季思教授,都是古典文学和戏曲的权威。上大学后,才了解到王起、字季思,实际上是一个人,两个权威叠加在一起,王教授在我心中的形象更加高大。

读本科时,王老师给我们一九五七级讲《宋元文学史》课。他是温州人,普通话夹着浓重的温州腔。"官、孤"不分,常常听得大家满头雾水。但名教授讲课,岂可轻易放过。我用十二分精神认真听讲,慢慢也就适应了,笔记写得满满的。(现在还保存着,这六七十年前的听课笔记,几成"文物"了。)

一九五八年,社会上掀起"大跃进"热潮,那是一个"人有多大胆,地有多高产"的年代。高校则掀起学术大批判浪潮,出现许多大字报。我也头脑发热,写了一份"王起老师校注《西厢记》的资产阶级倾向应当批判"的大字报，王老师看后点头称是。好在这份大字报连稿子都没有留下，否则看着它，我会羞愧一辈子的。试想，一个大二学生，刚刚囫囵吞枣读完王老师校注的《西厢记》，许多词语还未弄懂，居然就发现老师校注本中有"资产阶级倾向"，这简直是胡闹！但这种胡闹，在当时都是真心实意的抱着极大热情来做的。

趁着《西厢记》批判的余兴，我又写了一篇《马致远杂剧试论》的所谓论文送呈王老师。王老师十分高兴，难得有一个大二学生写元曲论文，便介绍到《中山大学学报》发表（刊于一九六一年第一期）。其实这又是一篇"大批判"文章，欠缺分析而又简单化的论证，使我今天读起来感到汗颜，但白纸黑字想作为废品回收都没有可能。

本科毕业后，我被安排（那时不用考试）在季思师名下攻读研究生，专业是"中国古代文学史宋元明清文学（以戏曲为主）"，这实际上是王老师的业务专长。

一九六五年春季刚开学，我们被告知，研究生毕业论文只能写当代内容，不能写古代的，不能"厚古薄今"。我们找王老师评理，说我们是"宋元明清文学"的研究生，为什么要转写当代论文？况且都已经动笔写初稿了，可能王老师事先已经得到通知，劝我们说："这是上头的决定，你们的专业不是还有'以戏曲为主'吗？要不写写样板戏吧。"王老师和颜悦色地给我们出主意。他还说考虑到时间紧迫，上头说可以两个人合写一篇。就这样,我和黄竹三合写了一篇《红灯高举话英雄》的毕业论文,看题目就知道是写《红灯记》的,论文上交之后没有评成绩,没有答辩,我怀疑可能没人看过。

"文革"开始后,首当其冲的"反动学术权威"容庚、刘节、谢文通被揪出来批斗。王起老师虽不是首批被批斗,但也属"反动学术权威"。一九六八年,厄运来了,王老师还是被打断了两根肋骨。那天打人的批斗会上,我在现场,王起老师和七八位我们的任课老师潘允中、何融、谭达先等都被拳打脚踢。平日戴眼镜很斯文的学生瞬间成了野蛮的打手,竟对教过自己的老师下毒手。王起老师低头弯腰,鲜血、口涎、鼻涕流在一起,从口鼻垂下有半尺之长,在空中摇摇晃晃,我内心非常痛苦难过。当然。我没有能力也没有胆子站出来说句公道话。第二天,我赶到王老师家中探望,只见老师躺在床上精神尚好,师母姜海燕则大声说,把人打成这样,下手真毒呀。王老师见我到来,拿起一个旧信封在背面上写了"罪有应得"四个字给我看。老师一向勇于自责,其实,王老师,你有什么罪呀?你只不过是与其他几位教师一起组织"万山红遍"学习小组,学习最高指示,联系中大运动实际发表意见。在最不该联系实际的时候联系实际,发表对中大运动的意见,这是导致这些老师被打的原因。

……

干校时期,王老师与姜先生一起下放英德县中山大学五七干校。虽然劳动强度大，生活艰苦，但毕竟夫妻俩在一起相濡以沫，日子过得还可以。那时，干校实行粮食定量配给，王老师每餐能吃四两饭，除了水煮青菜之外，他每餐用两块腐乳佐膳，胃口不错，王老师在一九六五年，因胃溃疡切除了五分之三的胃，但在干校饭量大增又把胃撑大了。每当我关切地询问老师的身体状况时，他总是笑眯眯地说："没什么，没什么！"一副乐天的样子。

……

一九九五年中秋节前，我带了一盒月饼送给他，问他吃不吃？老师点点头。我便将月饼切成四分之一块，又将一块对半再切三刀，终于将六十四分之一块月饼用汤匙送到老师嘴里，老师用口水不断溶化吞咽，三汤匙即三丁点月饼粒，竟然用了二十分钟才咽下去。

一九九六年春节，王老师只能躺在床上接受学生们的祝福了，看到他的身子一天天衰弱下去，学生们黯然神伤，一股非人力所能改变的不祥感觉悄然袭上心头。

王老师有一首《八五抒怀》诗，"八五衰翁何所求，一楼风月自春秋，风来罗帐飘花影，月出珠帘挂玉钩。腕弱渐看疏笔砚，眼昏还好肆神游。天时人事君休问，车到山前自转头。"学者的睿智，达者的超脱，对美好生活的敏感，几经沧桑后的淡泊，腕弱眼昏的无奈，都熔铸在这首小诗里。

王老师八十七岁时写了一篇《我的老年心境》的文章，说一般人只有一条命，从事学术研究的人有两条命，性命终结了，著作还可以流传。但他说自己还有第三条命，他的精神事业，有部分还可能薪火相传，在学生身上流传下来。文章说："相信在我生命终止的最后一天，我将含笑赴长眠。"

季思师于一九九六年四月六日晚九时安详辞世，终年九十岁。正如老师所说，"薪尽火传光不尽"，他的精神将会在众多弟子身上发扬的。

原载《广东艺术》2022年第4期，因与另一文有重复，故有删节，收录时经作者校读阅定。

王季思教授谈诗词创作与戏曲研究

罗斯宁

早春二月,中山大学校园里,"杂花生树,群莺乱飞",一片春意盎然。走过碧草如茵的大草坪,绕过杜鹃花盛开的图书馆,来到马岗顶的绿树丛中,便是王季思教授写下《玉轮轩曲论》《玉轮轩古典文学论集》等众多学术著作的"玉轮轩"。门前一副红色对联写道:"放眼东方,万里晴光来晚岁;托身南国,一生学术有传人。"走进小轩的客厅,一幅中堂又书有季思师的一首词《鹧鸪天》:"万里晴光透碧霄,寰球渐见息烽飚。朝阳软似黄绵袄,淑景鲜如五彩绡。人意好,岁收饶,同心为国看今朝。持盈防腐归中道,珍重中华百炼刀。"话题就从王先生的诗词创作开始。

罗:王先生,您已是八十九岁的高龄,可仍然是这样诗思敏捷。这首词道"珍重中华百炼刀",您也是宝刀未老,壮怀逸思不减当年。您能谈谈您是怎样进行诗词创作,以及对当前诗坛的看法吗?

王：好的。我从小就爱好诗词和戏曲。我生在浙东的一个农村，从小爱听浙东的民间歌谣，我的家庭又是一个有长期文化积累的家庭，从小爱读李杜诗和苏姜词。在南京东南大学中文系读书时，我听吴梅先生的《词选》《曲选》等课程，选修了胡小石先生的《中国文学史》，对诗词曲的创作更产生了浓厚的兴趣。参加了吴先生组织的潜社，师生定期在秦淮河的画舫上社集，填写词曲。兴致高时，吴先生还将即席填成之曲按拍歌唱或倚谱吹箫，令秦淮无数画舫、两岸笙歌，一时寂然。我还曾和外文系的同学组织过春泥社，向闻一多先生学习新诗。受五四运动的影响，我们除写旧体诗外，还注意收集民间歌谣，写新诗和民谣。因此我的诗歌创作自然地走上古典诗词和民间歌谣相互结合的道路。抗日战争前期，我在浙江民间流转，写了不少反映当地民间疾苦，鼓舞抗战士气的诗歌，如《洗衣女》《关山月》《官仓鼠》等，都在浙东流传，有的还被收入故乡的乡土教材。一九五八年我在《上海红旗歌谣》《江西红旗歌谣》中看到一篇《官仓老鼠有余粮》，其实就是我在《东南日报》副刊上发表过的《官仓鼠》；一九五九年我从广州回温州，在旅途中听到"北山女儿罗店郎，娘家门对婆家窗"的顺口溜，就是我的《洗衣女》诗中的两句。抗战后期，在大学教授古典文学，对旧体诗理论上研究较多，旧体诗也写了不少，但经过抗日战争以及历次政治运动，大都散失了，余下的多收在浙江人民出版社出版的《王季思诗词录》里。

今天的诗坛，大体上可分为旧体诗、新体诗、流行歌曲三大类。旧体诗是中国封建社会流行了几千年的诗体，五四运动以后，旧体诗失去了原有的地位，被新诗所代替。解放以后，旧体诗更是被视为一种过了时的文学体裁，大学讲坛也多不讲授旧体诗词的写法了。我们在破坏一个旧中国的时候，对旧文化采取一种批判的态度，这是历史发展必然形成的。但当时的批判太过分了，如同给孩子洗澡后，泼脏水时连孩子一起泼出去了。今天，我们要对中国几千年的优秀文化、特别是它的精华加以继承发展，把"孩子"抱回来，但也不要把"脏水"收回来。

罗：现在写旧体诗词的人不少，各种民间诗社的诗集、词集层出不穷。您对此有何看法？

王：创作旧体诗词是继承和发展中华优秀文化的好事，但目前的问题是旧体诗太泛滥了。对此，我们一则以喜，一则以忧。喜的是写旧体诗词的人多、作品数量多，量中求质，慢慢自然就会有好作品出来；忧的是某些写旧体诗词的人把旧文人的风气也带回来了，用诗词来争名夺利，不仅浪费了纸张笔墨，也败坏了文坛的风气。不过，时间久了，群众自己会分清美丑，作出鉴别的。

罗：您写旧体诗词时，最注意的是哪些方面？

王：其一，是注意作品要有新的时代感受。我们的时代是从破坏一个旧中国过渡到建设一个新中国的时代，抓住这一点，就抓住了诗歌创作的主旋律。其二，是要逐步提高诗词创作的艺术水平，作品要做到语言美、情操美、景色美，既要求比较高雅，也不要过于深奥，力求做到雅俗共赏。我在解放前写的旧体诗，主要反映旧社会的黑暗，从诗歌理论来看，属于批判现实主义性质，如《卖鸡蛋》《后庭花》。解放后，我们诗人的任务应该是为建设一个新中国而歌唱，从诗歌理论来看，它应该是属于现实主义和浪漫主义相结合的性质。你在客厅里看到的那首《鹧鸪天》和最近我在《光明日报》上发表的《洞仙歌》都是这方面的尝试。

罗：您的新体诗、民歌也写得很好，请您再谈谈对新体诗和流行歌曲的看法好吗？

王：近几十年来，我主要搞古典文学研究与教学，对新诗研究较少，写得也较少。新诗不好读不好记，这是它的弱点。把旧体诗的声韵、意境与新诗的自由体形式结合起来，新诗才能写得好。至于流行歌曲，目前发展得很快，这与工作节奏加快不无关系，人们在紧张的工作之余需要有娱乐，流行歌曲便是适应这种需要而产生的，电视、卡拉 OK 等新的传播手段又促进了它的发展。流行歌曲是一种新的通俗歌曲，也是一种新的自由体诗，它也在不断的发展变化之中，新的风格正在新诗中形成。

罗：先生，您是国内著名的戏曲研究专家，您对王实甫的《西厢记》、关汉卿的剧作，以及中国古典悲剧、喜剧的研究，都为国内外学术界所称道。您能谈谈这方面的体会吗？

王：我从小就爱看戏，我的老家温州是宋元南戏的发源地，每逢春秋两季，各村轮流演社戏，我有时揣上两个馒头去看戏，从下午两点多钟一直看到晚上十一点多。我后来在研究古代戏曲的道路上走了几十年，是与童年时期的爱好看戏有关的。戏曲研究是一项实践性很强的工作。它要求研究者要多看戏、多读书，要熟悉中国戏曲的名著，略为浏览一点外国戏剧代表作。戏曲是一门综合性的艺术，它要求研究者多才多艺，具有音乐、舞蹈、诗词等多方面的知识。又需要有毅力，要有长期坐冷板凳的傻劲，还要有冲破老调子的决心，这样的全才极少，更多的是要靠各方面的人才，包括编、导、演各类人才，通力合作，才能搞好。王国维在戏曲史研究上为我们开了新路，它主要是历史材料的集中和考证方法的运用，还有把西方悲剧理论带到中国来；存在的问题，一是脱离舞台的实践（他不大看戏），二是看不到宋元以后中国戏曲的成就。我曾经想继承他的道路，对他的做法有所补充，现在看来成就也有限。我不会演戏，虽写过一些剧本，但没有经过舞台的考验，不大成功；我就借鉴吴梅先生的做法，和剧作家马少波、郭启宏，演员俞振飞、红线女、石小梅等交朋友，多看他们的戏和演出，提出自己的看法和他们交流，吸取他们合理的意见，充实自己的戏曲理论研究。

罗：现在戏曲演出有些不景气，许多剧场都改作商场、歌厅、舞厅了，不少人担心戏曲的前途，您对此有何看法？

王：现在戏曲的舞台演出少了，观众欣赏戏曲多通过电视，这是社会经济发展与科学发展的必然结果。我个人对戏曲的前途是看好的，一是中国戏曲有悠久的历史，它的形式为广大群众所喜闻乐见；二是在与电影、电视、歌舞的竞争中，它们也相互补充，取长补短，不断发展。当前舞台上黄梅戏的歌，京剧的清唱，折子戏的表演，相声、小品的演出也受到极大的欢迎。但戏曲不可能像梅兰芳时代那样独霸一方。歌舞的演出和电视的播放，甚至体育运动的发展，都争取到了越来越多的观众。中国戏曲要在继承传统与开拓革新中求得自己的生存和发展，首要的任务是改造旧的剧目，使之适应新的时代要求。另一个任务是创造新的剧目。戏曲是一门综合的艺术，需要有好的作家、好的导演、好的演员，还要有千千万万的观众。一个剧团要通过许多艺人的长期摸索，才能形成自己的套套。目前戏曲的演出场次太少，演员缺乏锻炼，而广大的农村观众却渴望着观看戏曲演出。现在剧团应该到农村去，到乡镇去，在那里戏曲是大有作为的。另外，在新的历史条件下，戏曲艺术更需要百花齐放，各种题材、各种风格、各种流派争妍斗丽。"文革"中"八亿人民看八个戏"的历史永远不会再回来了。目前，不同剧种的艺术交流越来越多，像黄梅戏音乐电视剧《桃花扇》，将古典名剧《桃花扇》用电视剧的形式表现出来，是民族戏曲与现代影视艺术相结合的一次成功的再创造。在纪念莎士比亚诞生四百周年的活动中，广东粤剧院将莎翁的《威尼斯商人》改编成《天之骄女》，是艺术上古为今用、洋为中用的成功尝试。中国戏曲艺术逐步形成新的观众、新的作者和新的表、导演，剧坛就会红火起来，戏曲也必定有光明的前途。

罗：看来先生对戏曲的前途是个乐观派。

王：不但对戏曲是如此，对人生、对世界也应如此。过去旧中国战乱频繁，我们是为民生疾苦而写作。现在处于和平建设的环境，大家都为建设有中国特色的社会主义而努力。最近半个世纪以来，亚太地区的经济发展得很快，整个中国，尤其是我们广东地区，经济发生了翻天覆地的变化。历史在飞速地发展，地球在缩小，人类美好的前景在向我们招手，我们没有任何理由感到悲观，这一点，即使是在我的晚年也改变不了。

罗：先生真是"烈士暮年，壮心不已"。祝您健康长寿，为我们的事业写出新的佳章。

原载《群言》1994年第6期，收录时经作者校读阅定。

长留双眼看春星
——季思先生教我读书作文

王星琦

常常翻翻在季思先生身边学习时的作业、论文习作，重温先生密密麻麻的圈点、批语，以及给我的手札、我们一起拍的照片，是我的一大乐趣。回想在先生身边学习的三年时光，及毕业后先生对我的关心爱护，这一切，令我梦魂牵缠、终生难忘。

我第一次见先生，是在一九七八年七月间，在这之前，我只是读过他老人家的书和文章。当时，我接到中山大学研究生考试的复试通知，匆匆南下，行程数千里，从内蒙古来到广州，冒着酷热到中大报到。我们十位复试者被安排在中文系楼上住下来，傍晚时，先生和夫人海燕老师一道来看我们，他特别问到一位路途最远的、从内蒙古来的考生到了没有？我局促不安地上前与先生见面。老人家笑容可掬，精神极佳。他操着带有较浓厚浙江口音的普通话，叫我放松精神，好好休息，准备复试。接着，黄天骥、苏寰中老师也来看望大家。紧张的复试之后，季思先生又设茶话会招待我们，盏盏香茶，枚枚佳果，都是先生解私囊买来的，海燕老师为此忙碌了大半天。在大钟楼一间清爽的房间里，先生和苏寰中、黄天骥、曾扬华、吴国钦等老师，一块儿同我们座谈。季思老人亲切、慈祥，平易得使大家如坐春风，毫不拘谨。茶话会之后，因十位复试者中将有一半人不能来中大就读，大家都争着与先生和老师们留影纪念。天气炎热，先生陪同大家从惺亭跑到小礼堂，又到大门口，轮番与每位拍照，他精力是那么充沛，情绪是那么高昂，从老人微微涨红的面庞上看得出，他是充满喜悦和欢欣的。

　　先生是为学术春天的到来而高兴。先生一向视学问为生命，粉碎"四人帮"迄今十年多的时间，先生论著接连问世，同时为国家连续培养了一批又一批的博士生、硕士生。

　　八十年代初，他还为本科生开设"宋词鉴赏"等选修课。先生手不释卷，老当益壮，为后学树立了楷模。正如他在一九八四年《春节抒怀八首》所述，他时时进取，淬砺奋发，从不以年迈懈怠："看花老眼早朦胧，新觉听歌右耳聋。曲苑低徊成往事，书城黾勉策新功。"

　　我读研究生期间，生活是较为艰苦的。先生和师母时常来宿舍看我们，关怀备至。然而在学习上，先生对我们要求却非常严格。记得《史记》单元的作业送交先生之后，我自以为写得还不坏，没想到作业发下来，令我面红耳热，先生赫然在上面批道："为什么用文白夹杂的语言写东西？你们这代人应该用纯正的语体文写作。"当然，先生也肯定了我的观点，有不少地方画了一连串的圈圈，那自然是有个人心得体会的地方。从那以后，我特别注意克服文白夹杂的毛病，一旦进步了，先生总是很高兴。他在我"元剧单元精读"之后的一篇文章中，有这样一段批语："从个人生活中接触到的事实谈起，较亲切有味，摆脱了一般评论的格调，语言也平易可读。"在关于南戏注解、评说的一篇作业中，先生批道："注解很认真，评说写得更好，文字亦活泼有趣。"

后来学年论文，我选择了唐传奇《虬髯客传》进行探讨，先生看了以后很高兴，他写了一大段评语，足足有二百多字。其中特别肯定了我在语言和写法上的进步，认为"是一篇相当完整的论文"，再加加工，就将更好。我的平时作业，先生几次推荐到刊物上去发表。今天我能写出一点东西，多得力于先生的悉心指教。

先生为我们上课多在家里，他专门为我们几位研究生准备了椅子。他授课时按单元，分专题，是非常认真的。先生特别注意将他称之为"点石成金"的学习方法教给学生。他常爱说的一句话是"学术乃天下公器"，一向反对保守。他在鼓励后进、培养学术人才方面可以说是不遗余力的。一方面他严格训练我们在校勘、注释等方面的基本技能，主张脚踏实地，打好基础；另一方面他又反对年轻人走乾嘉学者那样的老路。他在国家教委关于学位评议原则的老专家座谈会上，作题为《为新一代学者、专家的成长开辟道路》的发言，说："我们要求的是观点和资料的结合,即马克思主义的立场、观点、方法和中国语言文学的历史现象和现状的结合,而不能为辑佚而辑佚,为考证而考证(尽管这些工作也需要有专人去做),把新的一代引向乾嘉学者的老路。"这个观点,他平时反复告诫我们。

他能及时发现学生的长处和每一点进步,在肯定和赞扬我们一些研究生能用马列主义观点分析古典作品并有所发现和创造时,概括为"钻进去,出得来"六个字。所谓"钻进去",即是要老老实实下功夫读书,首先是真正读懂要研究的作品,这是不容有半点含混的;而所谓"出得来",则是指不为前人成说所囿,能用马列主义的历史观点和文艺观点来分析古代作品,力求得出科学的、恰如其分的结论,并能独立思考,有自己的见解。只懂得"钻进去",埋在古书中,创造力则受到压抑,有时只能搞考证、校勘、注释,却很难写出有真知灼见的评论。相反,还没钻进去,或钻入不深,就急于跳出来,原著还没吃透就大发议论,结果不是将古典作品捧上天,就是贬到底,这种教训以往不乏其例,且很深刻,年轻学者们当引以为戒。

先生很重视基本功训练,看我们的文章极为细致。有一次,我们做校注方面的作业,我在注《红梅记》第二出《泛湖》时,将"柳浪闻声到壁萧"【梁州序】中的"壁萧"二字据上下文改作"碧霄",并出一条校记。先生看后,大为赞扬,在课上作为例子举出来,同时批评了个别在校注训练中不很认真的同学。有些地方,先生则用小字写道:"恐不确,再查。"或划一问号，其严谨和慎重于此可见。不过先生以为严谨并不等同于拘谨，我们知道，先生思路敏捷，又很活跃。有一次他谈元剧方言俗语时，讲到变通，认为写文章和做别的事一样，话不能说得太满，不留余地；也不能说得过死，一成不变。这一点，给我留下了很深的印象。

他还主张在专深基础上尽量博一点，什么书都读一点，触类旁通，互相发明。一次在先生家谈起读书，他谈到打下坚实基础之后可以博杂一些，博杂未必是坏事，问题是怎样博杂；一味博杂，一杂到底，当然不行，多方面汲取营养却是值得提倡的。当我说到我一星期抽一个半天到图书馆随便翻翻，一方面放松一下，一方面开阔一番时，先生连口说："好！好！只要安排得当，定有意想不到的收获。"

先生很关心我们读书，除了规定必读的书目，有时也随时告诉我们哪些书应该抽时间读读。大约是一九七九年吧，一个周末的晚上，我一人在宿舍看书，大草坪在放露天电影，故整幢宿舍楼特别安静。突然响起一阵敲门声，使我好生奇怪。开门一看，竟是先生和海燕老师。先生劈头问我："怎么不去看电影？"我说吃过饭有些晚了，怕没有好位子，就不看了。先生问我在看什么书，随手从案头拿起一本，是解放前印的陈中凡先生的《中国韵文通论》，先生说："陈中凡先生还是我的老师呢！当时他很年轻，当助教。是你自己的书吗？"我赶忙说，是家里长辈给我的。一边说，一边找出一本一九五四年版白色封面的《西厢记》，告诉先生说这书我保存了二十多年。先生很感兴趣说："这个本子连我自己手头都没有哩！"

那次先生和我谈了许多怎样读书的道理，他知道我在通读《元曲选》及《元曲选外编》时，不住点头，后来还将他通读过几遍的线装本《元曲选》借给我们参看，那上面先生加了三种颜色的批语，都是密匝匝的蝇头小楷。线装书天地宽大，大多写得满满的，这使我悟到先生校注《西厢记》为什么那样得心应手。他对元曲方言俗语特别熟悉，日本人特别重视先生所注西厢，原因即在于此。通读元曲，对照先生批语，使我得益匪浅，受用无穷。

先生待人宽厚，性格开朗，有时他也和我们聊天。花城花树多，光是中大校园里，就有许多树我根本叫不上名。先生到宿舍来看我们，我问先生窗外开紫红色花的阔叶树叫什么，他兴致勃勃地告诉我说，那是红花羊蹄甲。接着他谈了不少关于花和咏花的诗。

先生爱花草，前年读到他在《光明日报》上发表的一篇《簪花饮酒和跨马游街》，我觉得分外亲切。文章一开始写道："正当中山大学康乐园春暖花开的时候，我窗前葱茏郁勃的树丛中悄悄地冒出一树盛开的龙爪花，使我联想起唐人墓壁上的侍女，在高髻云鬟上簪着一束鲜花。"先生的文章到了一种精纯而又入化的境界，你一过眼非读完不可。先生这段话使我回忆起中大那如火的杜鹃花，朝霞似的凤凰树，还有那红得惊心动魄的木棉花，使我的心又一下子飞回中大校园。

有好几次，外地学者专家来中大讲学，我踏着月色扶先生到招待所，一路上问这问那，关于学问，关于人生，关于花，关于诗，乃至关于"玉轮轩"的得名，关于黄宾虹画《翠叶庵读曲图》的来历……先生问："听说你也写新诗？"我很窘迫，不好意思地说："学着写过一些，不成样子。""写过旧体诗吗？""也试过，但怎么也不像那么回事，没有那股味儿。"先生沉默有顷，说旧诗词清规戒律太多，你们这代人不写也罢，但要懂得它基本的作法。倒是可以试试曲子，相对说来，曲比诗词自由一些。但写出味儿来也不容易。

先生有时也讲些往事给我们听，他对他的老师吴瞿安怀着深厚的感情。在先生《西厢五剧注》初版时，吴梅先生曾在书的扉页上戏题曰："不爱六经爱五剧，西厢浪子是前身。"先生又自题卷末云："汉宋诸儒语太酸，六经日对古衣冠。一般饱暖思淫欲，又把红楼说部看。"吴瞿安是很喜欢季思先生的，已故段熙仲先生曾亲口对我说过，在他们同学中，季思先生年纪最小，又是后来插班进来的。季思先生没来之前，写旧体诗词段老可以称雄，待季思先生来了，段老则要屈居季思先生之后了。后来我问过先生，先生笑了，说这是段老谦逊。

南京是先生读大学的地方。这里有他在东南大学时的许多同学，如唐圭璋、任半塘以及已故的钱南扬、段熙仲诸先生，因此，他常来南京。每次来，我们师生之间总要畅谈很久。

一九八五年先生来南师大参加唐圭璋先生八五寿诞庆祝活动，同时还要到扬州参加任半塘先生的博士生论文答辩，但他不顾身体疲乏，登上我住处所在的山头，又爬上六楼，来到我的住所，说要看看我的工作环境和家小。那天先生特别高兴，从下午两点一直聊到夜色降临。话题转到上课问题上，先生说，要努力上好课，首先要做一个完全合格的老师。上课和科研的关系要处理好，两者之间从来就不矛盾。先生还仔细看了我的书架，问我缺些什么书，说以后寄些书来给我。

先生从扬州返宁，将任半塘先生的《唐声诗》赠我，同时还将孙诒让赠先生父亲的一幅横卷复印件送我，上面有先生识跋："右瑞安孙仲容先生于周礼政要编成后题赠先公的八首诗。孙先生不仅是我国近代大学问家、大教育家，还企图沟通中西学术，为民族致富强，这是了不起的。书法亦挺拔秀润，别有一种学者的气度。因此复制二百份，以供亲友的鉴赏。"

一九八一年我分配到南师大工作后，先生常有信来，多所鼓励，亦询及我的工作和生活情况。一九八三年夏黄天骥老师来宁，回广州后向先生谈起我的情况，我也去信说我很喜欢先生的《自题玉轮轩二首》，请先生书于宣纸，以为纪念。先生立即复函：

星琦同学：

　　天骥自宁返校，谈到你的工作、生活近况，至为快慰。嘱写小诗二首，随函复上。我近况还好，但手颤加剧，多不便耳。

此问佳胜

季思七月二十一日

先生在手颤加剧的情况下，还满足了我的要求，使我心里十分不安，因而也就更加珍惜先生的墨迹。诗中的"薪尽火传光不绝，长留双眼看春星"等诗句，表达了他老人家对后辈学者的殷切希望，我决心不负先生所望，加倍努力，不断进取。

十多年来，先生每有新著出版，总要赠我，别的书，先生也常寄赠，其中有两书特别值得珍重：一是钱南扬先生的《戏文概论》，上有"季思学长教正，南扬敬赠"字样，是钱先生亲笔，先生将它转赠给我；另一种是任半塘先生的《唐戏弄》二册，一九五八年作家出版社版，扉页上任先生用毛笔写着"季思先生指谬，半塘敬奉。"季思先生转赠我时用钢笔写了一段话："一九五八年，半塘先生自成都以此书见寄。越二十七年，我来扬州师院，半塘先生复以新版《唐戏弄》相赠，因以此书转赠星琦，以志一时师友渊源云尔。季思记于中山大学之玉轮轩，一九八五年十二月二十二日。"先生还加盖以"王起季思"的印章。

此外，先生每有诗词新作，往往以复印件见寄，如一九八七年中秋先生寄来《水龙吟》词复印件，又以钢笔在后面写下一行小字："从中你将会联想起康乐园的大好秋光和青春脚步。星琦同学弟如见。季思九月二十八日。"

每每见此，我的脑际总浮现出康乐园纵横交错的小路，马岗顶附近知名与不知名的花树，西区的几个池塘，以及大钟楼、大草坪，仿佛又回到了康乐园，仿佛又从西区宿舍往东区先生家走去，聆听先生的教诲，品尝海燕老师那甜甜的银耳羹。

先生是老一辈学者中较早力图推陈出新，古为今用的一位。老人思想活跃，勇于探索，学术成就为海内外所注目。在《玉轮轩曲论》已出的三编及《玉轮轩古典文学论集》中，有些文章我是反复看过的，我最喜欢的是《元人杂剧的本色派和文采派》《从〈凤求凰〉到〈西厢记〉》以及关于论述关汉卿剧作的几篇；一九八五年发表在《光明日报》上的《元曲的时代精神和我们的时代感受》更是高屋建瓴，于反思中见出冷峻，又于冷峻中见出深邃，总觉常读常新。

我们师生间讨论问题，有时见解也不一致，先生特别鼓励我们要有独立见解。他说，在《西厢记》作者问题上，他与陈中凡先生在报刊上反复争论过，可他与陈先生师生友谊又是非常深的。先生说，不同学术观点的争论是好事，是学术气氛活跃的表现。他还举了一九五六年关于《琵琶记》讨论的例子，当时徐朔方、陈多先生同王季思先生、董每戡先生论争很激烈，徐朔方是先生的学生，陈多是董每戡的学生。先生说，我看不出这有什么不好。这些都反映了先生胸怀之博大，以及追求真理的执着精神，这种治学态度是值得我们后辈学习和发扬的。

先生常爱说的一句话是:"聪明人要下笨功夫。"勉励我们刻苦读书,有所建树。前两年读书无用论和社会上一切向钱看的思潮严重,我写信向先生倾诉,先生来信鼓励我,语重心长,推心置腹:"你不怕个人生活苦一些,而为学术前途感到苦闷,我也有同感。所不同的是我的子女都已成立,无后顾之忧,工资也较高,不像你们么么窘迫。但是,改革旧体制,发展生产力,是目前各国人民共同的愿望,中国的形势也一定会好起来的。"他在信中嘱咐我坚定信心,克服困难,努力为党和国家多做贡献。同信还寄来先生在《纪念陈寅恪教授国际学术会上的发言》一文(刊《学术研究》一九八八年五期),文前黑体字提要赫然在目:"学术上提倡锲而不舍的坚毅精神和独立不移的坚贞品格,反对随波逐流的风气。"先生信中没有明说,却在这里告诉我怎样对待事业。老人家分明是让我耐得寂寞,鼓励我坚定信念,克服困难。

先生常说,做学问要坐得住冷板凳,不能什么风热就乘什么风。更不能急于求成,急功近利,把学术当做敲门砖。要有自己的独立目标,不为任何冲击所动。这些有关做人做学问的教导,对我的影响至为深刻。

原载《文教资料》1990年第2期,收录时经作者校读阅定。

附

王季思先生阅后回信：

你在《文教资料》中发表的稿子写得很有感情，也见出你在康乐园学习的认真。但有三点需要改正：

一、我七九年为本科生开的课是"诗词鉴赏"，不是"宋词鉴赏"。

二、我初进东南大学时陈中凡先生是教授，不是助教。

三、"不爱六经爱五剧，西厢浪子是前身"，是浙大龙泉分校一位不知名作者嘲讽我的诗，不是吴瞿安先生在我《西厢五剧注》扉页上题的。这可能是由于我晚年说话乡音太重带来的问题。下期《文教资料》付印前望能更正一下。

我与海燕近况都还好。只是我白内障渐深，看书、写稿多不便，今夏南大纪念小石师等三先生的会不能去参加了。

此问

季思
（1990）5.29.

德厚者流光
——王季思先生的学术风范

王星琦

　　季思先生是一九九六年四月六日晚九时许辞世的。当夜十一时半,尚宪打来电话,通报了噩耗。尚宪郑君,是季思先生八十年代中期的博士研究生,学成后分来南京,在编一本学术性刊物。论年龄,他是我的师弟。我们都长时间伫立在静夜中,既不愿放下电话,又半晌说不出话来。外面的天空是阴沉的,似有一点冷雨。翌日上午十时,中山大学的同窗好友欧阳光从广州打来长途,他的声音很沉重,有几分嘶哑。他说,先生走得很安详,一点痛苦也没有。

　　当我和尚宪将含泪拟定的长长的唁电发出之后,整整一个下午都是一个人枯坐在房间里。我闭上眼睛默默祈祷:先生走好!就如同好几次我送先生上飞机时那样。入夜,我辗转反侧,无法成眠。往事历历在目,思绪何止万千,仿佛又回到了康乐园,走近了"玉轮轩"(季思先生书斋东向,夜晚开窗即可望月,故名之)。

如情似梦之中，康乐园依旧那么美；"玉轮轩"依旧是"开轩正对玉轮寒"（季思先生《自题玉轮轩》诗句）。恍惚之中，我走过那熟悉的小路，绕过花木掩映的湖塘，辨认着那些南国所特有的树种。那还是季思先生告诉我的：红花羊蹄甲树、台湾相思树、木棉树、凤凰树……到了大草坪，依旧是翠瓦红柱、飞檐翘起的"惺亭"，远处则是风姿绰约的"怀士堂"。过了大钟楼、图书馆，又见一方绿荫衬叠下的湖光；上一个小坡，但见新松正翠，杜鹃正艳。取一条蜿蜒小径，迤逦行来，猛觉得花气阵阵，瞥见竹梢弯弯；到了，那就是中山大学东北区季思先生的住宅楼了。

我走上熟悉的楼梯，进入了我心中的"玉轮轩"。

还是那几把藤椅，长茶几上一盆一品红——海燕师母爱花，她不时调换屋内的花木盆景。墙上还是挂着齐白石的那幅栩栩如生的螃蟹，那是六十年代初先生借调北大工作期间，白石老人送给他的。款曰："季思先生雅属，白石老人一挥。"先生珍爱有加，曾说齐白石笔下最生动的动物就是螃蟹。也许还有容庚先生的金文斗方、潘允中先生的行书对联——先生常更换墙上的字画，有如海燕师母常更换房间里的花木盆景一样。

照例是先生在书房里忙着，我呈上读书报告或论文初稿，要不就是去向先生请教读书中遇到的疑难问题。照例是先生在稿子上密密麻麻的批语，一笔不苟，字迹工整秀润，字里行间跃动着先生的殷切期望。照例是海燕师母拿来了时鲜水果，红的荔枝，绿的杨桃，黄的木瓜，或许还有嘉应子。

"最近在读什么书？"先生坐定，摘下眼镜，慈祥地看着我。

"《录鬼簿》。"我免不了有几分局促。

"好！钟嗣成是了不起的。他是那样有眼光、有魄力。他在当时就洞悉了元曲的价值。须知那时正统的文人对曲是大不以为然的。这就叫'历史无情却有情'。你看他的序：'人而知夫生死之道，顺受其正，又岂有岩墙、桎梏之厄哉！'好文章呵！"

先生一边说着，一边辅之以手势，一如他上课时的风采。他谈兴正浓："钟嗣成对人的生死问题有很明确的价值取向。'酒罂饭囊，或醉或梦，块然泥土者，则其人与已死之鬼何异？'他认为'天地开辟，亘古及今，自有不死之鬼者在……'他分明是在说，文章盛事，人鬼无异，好文章是不朽的，便是所谓'鬼而不鬼者也'。《录鬼簿》功不可没。"先生对《录鬼簿》了然于心，这使我想起了他那篇有名的《谈〈录鬼簿〉》。其中有云：钟嗣成"把这书叫《录鬼簿》，实际上是一句反话，意说他书里记录的许多戏曲家将永远活下来，而且会对后来的学者起好的影响"（原文载《文艺报》一九五九年十六期，后收入《玉轮轩曲论》）。

"钟嗣成其人长得奇丑，他的斋号就叫'丑斋'，可他的文章却写得极美。"先生的思路非常活跃。

"我读了他的【南吕·一枝花】《自序丑斋》套，觉得套曲不只是滑稽谐谑而已，怕是另有深意在吧？"我试探着问先生。

"骨子里是愤世嫉俗。自古文章憎命达,现世腾达与文章千古常常是两回事。与钟嗣成同时的周浩有一首【蟾宫曲】《题录鬼簿》小令,其中有'生待如何?死待如何?纸上清名,万古难磨'几句,可以看做是钟氏自序的同调。"先生用他那浙江普通话一字一板地说。

与季思先生谈《录鬼簿》,是一九八〇年秋间的事,我当时在笔录的末端曾有"先生记忆力惊人"的附记。在季思先生身边的日子,与先生谈话的次数很多,后来写信去向先生请教亦不知凡几,何以如今偏偏拈出此一端?这是因为此番交谈,先生谈的是人的生死之大,后来他老人家又在《光明日报》上撰《生死断想》(一九八九年九月十二日)一文,再次谈及这个问题,故在先生辞世一周年之际,我首先想到的就是此一端。季思先生的文章不也是很美吗!他老人家其人其文也都是不朽的。恰如钟嗣成所说的那样,乃是"日月炳焕,山川流峙,及乎千万劫无穷已"!

季思先生常常对我们说,他喜欢"学术天下公器"以及"聪明人要下笨功夫"这两句话,以为做学问的人不能忘了这两句话。先生做人做学问,强调学者的责任心,并且不时地以这种责任心来完善人格,开拓奋进。他豁达、宽容,除了学问和人的尊严,他对一切都很淡泊。一九八八年春节前后,我因住房问题而苦恼,曾写信向先生诉苦,先生在复信中说:"房子问题,希望你能看开点。趁精力未衰,集中心神做点事。为此分心,不值得。"又说:"你不怕个人生活苦一点,而为学术前途感到苦闷,我也有同感。所不同的是我的子女都已成立,无后顾之忧,工资也较高,不像你们那般紧迫。"先生心中只有学术,学术几乎就是他的性命。这大约就是他老人家一生著作等身最直接、最根本的原因吧。

但季思先生的这种追求又与陈寅恪先生"独立之精神"有着很大的不同,季思先生主张"学者要关心现实,接近群众,力图与时代同步前进";完全孤立的学术,纯而又纯的学术或一成不变的学术,几乎是不存在的。季思先生与陈寅恪先生曾是同事,在中山大学东南区一号楼又曾是住楼上楼下的近邻,但他们的学术思想毕竟有所不同。季思先生在"纪念陈寅恪教授国际学术讨论会"上有一个书面发言(载《学术研究》一九八八年第五期),明确表示,我们借鉴陈先生,主要应该是在"学术上提倡锲而不舍的坚毅精神和独立不移的坚贞品格",而不是全盘借鉴陈先生的一切。如陈先生的考证文章就"过于繁琐","贪多骛博","影响了文笔的清畅";还有留恋过去,以"遗老"自处,就更不能学了。

季思先生与人相处,哪怕是自己的学生,总是谦和以对,平等相待,从不以学富与权威自居。季思先生在书面发言中谈到一点,很值得我们深思:"家庭教育对培养专家学者在今后一段时间里仍将起作用,但毫无疑问,培养后学的任务必将愈来愈转向教学组织、科研组织。因此,我们必须重视这些组织的逐步充实与完善。"这与"广东中华文化王季思古代文学研究基金《文学遗产》优秀论文奖"的设立，显然有着内在的联系。季思先生奖掖后学，一向是不遗余力的。"德厚者流光"（《春秋穀梁传·僖公十五年》），季思先生之功德，流被必远；季思先生之风范，垂教必广。

季思先生又是深于情者。南京是先生读书求学的故地，又有唐圭璋、任半塘、段熙仲等同窗故友在此工作，因而先生对南京这座古城一往情深。他老人家曾几次来南京，我印象最深的是一九八五年秋，先生来参加唐圭璋先生八十五寿辰的那一次。他即兴所写的一首祝唐老八十五华诞的贺词，用时不过十分钟，而且是在饭桌上一气呵成的。记得当时先生兴致来时，向我索纸，饭厅里一时找不到纸，老人家便从随身携带的小本子上撕下一页来。那时先生手抖得厉害，不便使用毛笔，就嘱我连夜搁笔用宣纸写就。因此，那页珍贵的手稿就一直保存在我手里。后来唐圭璋先生将我书写的季思先生贺词装裱起来，一直挂在书房中。

一九九〇年元月，季思先生委托中华书局马欣来（马少波先生的女儿）带信到南京慰问唐老，唐老就请马欣来把挂在墙上的贺词拍成照片，寄给了季思先生。不久，先生即有信给我。信是海燕师母代笔的，这是海燕师母写来的最后一封信，这年八月底，她因心肌炎去世了。信上说我的字从照片上看大有进步，并鼓励我不要间断练字。这使我回忆起有一次我和小雷（季思先生的小女儿）扶先生从小礼堂回家，一路上先生与我们谈起了书法。他说中文系学生写不好汉字就不能算合格的学生（小雷当时在中文系读本科，后来又在暨南大学读研究生），并谆谆教导我们要抽一定的时间练习书法，后来还找出清末大学者孙诒让的手书真迹给我们看。

  回想起这一切，謦欬犹在，恍如隔日。而今先生却已仙逝，追思遥想，能不令人浩叹！

  痛定思痛，情系"玉轮轩"。今夜广州晴否？康乐园月色何如？"玉轮轩"外，又是谁人在临皓魄？

  哦，"玉轮轩"！我心中的"玉轮轩"！

原载《书与人》1997年第3期，收录时经作者校读阅定。

一时人物东南美
——王季思教授在南师大侧记

王星琦

那天的天气真好,尽管已是十二月初了,却是日丽风细,格外宜人。

中山大学王季思教授及其夫人姜海燕先生,一九八五年十一月下旬在南京参加完唐圭璋教授从事教育工作六十周年暨八十五寿辰纪念活动之后,又去扬州主持了任二北先生弟子王小盾的博士论文答辩会,现在要从南京回广州了。机票是十二月三日下午七点二十分的,临行前王先生一定要到唐先生家中去坐坐。一方面,两位老同学、老朋友在前几天的纪念会上只是匆匆相见,未得畅叙;同时,王老听说唐老前一段病了些时日,想去探望和问候一下,届时也好向唐老作别。

二日下午,唐老曾向学校要车,非要去看望王老不可。学校和中文系有关领导同志考虑到唐老病后初愈,尚未完全康复,说服唐老不要出去,并责成我将唐老和校领导的意思转达给王老。当我到王老下榻的南京中医学院留学生招待所说明情况之后，王老风趣地说:"我应该去看唐老,他是学长兄,我是同学弟嘛!这样好不好,我们去小坐十分钟,不能让唐老太疲倦。"我和师母交换了一下眼色,一同称是。王老接着严肃地补充说:"海燕,到时候,你看着表,一到十分钟就提醒我。"

三日上午,我和顾复生老师陪同王老夫妇乘车前往唐老家。当唐老听说王老来看他时,非常高兴。他精神矍铄,一边"噢、噢"地应着,一边坚持要到门口迎候。

两位老人把臂相见了。

唐老今天精神特别好,根本看不出是不久前曾病过的。他两手紧握着王老的手,长时间不放松。有趣的是两位老人都抢着说话,他们眼睛里充溢着喜悦和兴奋的光彩,脸上带着慈祥而亲切的笑意,他们高兴得像孩子,全身都由于兴高采烈而颤抖着。二老重提旧事,话及故人,忘掉了时间,忘掉了眼前的一切。他们之间有半个多世纪的友情呵!特别是当谈到他们的老师吴瞿安先生时,一种崇敬和缅怀之情溢于言表,几乎同声说:吴瞿安先生人格道德胜于文章。他们仿佛又回到了青年时代,眷眷不忘老师的培育之情。

十分钟过去了。师母悄悄向我指了指腕上的手表。我和顾复生老师都轻轻摇了摇头,不忍打断二老的谈兴。

一刻钟过去了。师母和我们都坐不住了。师母向王老说:"你多说点什么,尽量让唐老少说话,免得唐老太累。"

二十分钟过去了。师母和我们都站起身来。看来如果不打断两位老人，他们会一直谈下去。

　　他们甚至谈到唐老当年以身体当树，让孩子在他身上爬树玩。说到这里，两位老人都笑起来，笑得那样开心，那样欢畅。大家也都忍俊不禁，一同笑了起来。

　　两位学术界大师的会晤，使我感慨良久，想了许多。记得几天以前当我从火车站接回王老时，在餐桌上，王老突然问我身边带没带纸，晚上八点多了，又是在饭桌上，哪里去找纸呢？正为难，王老从大衣口袋里掏出一个小本子，小心翼翼地从上面撕下一页纸，伏在饭桌上写了有三五分钟。写完递给我说："你连夜用宣纸给我写好，明天我要亲自连同寿礼面交唐老。"我接过一看，是一首即兴的祝寿词。

　　灵谷霜枫映碧天，秦淮烟月侑清筵。
　　一时人物东南美，同学青衫正少年。
　　风雨过，日华鲜，白头相见各欢然。
　　词山曲海浑闲事，乞与高风代代传。

小词敬祝圭璋学长八五华庆
同学弟王季思再拜

　　好一个"一时人物东南美"！巧妙化用了王勃《滕王阁序》中"宾客尽东南之美"。季思先生和他的同学、友朋如唐圭璋、段熙仲、钱南扬等等前辈学者，确是一时之美，一代宗师。

我又想到季思先生在《翠叶庵读曲琐记》开首写道的:"予与夏瞿禅、任心叔二先生同寓龙泉坊下之风雨楼,相约作读书笔记……"在季思先生的"玉轮轩",有一副黄宾虹画的《翠叶庵读曲图》真迹,画的就是三人读曲的情境。那是黄宾虹大师四十年代的作品,用墨用色均豪辣恣肆,季思先生十分爱惜,每到春节时才连同白石老人的螃蟹等珍品一起张挂起来,平时又收起来珍藏的。

所有这些,都加深了我对"一时人物东南美"的回味。忆昔"同学青衫正少年",如今是"白头相见各欢然"。在唐老和段老家中,看到老先生们"白头相见"时的情景,实在是令人踔厉风发呵!

在上飞机之前,季思先生抓紧时间去看望老朋友,情绪一直饱满。傍晚,我送老人家去飞机场。季思先生望着车窗外面,灯光勾勒出老人微微前倾的身影。他慨然说道:"南京,我肯定还会再来的!"司机小顾真诚地说:"王老,欢迎您再来南师大。您再来,我还为您开车。"王老高兴地说:"年轻人,就冲你这句话,我也还要再来的。"

在候机大厅,我向季思先生说:"老师,我很喜欢您的'一时人物东南美'。"先生笑了,缓缓地说:"彼一时,此一时,今后,一时人物之美还要靠你们,不要光是羡慕别人,其实我们这辈人也很羡慕你们。年轻,也是一种富有呵!"

是呵,季思先生鼓励后学不遗余力。我毕业离开中山大学之后，先生常寄书来，每有一种新著作出版，都签名钤印寄赠，而且每年春节都照例有墨宝相寄。一九八二年春节，寄来赠日本学者波多野太郎的小词手迹；一九八三年春节寄来《自题玉轮轩二首》手迹，写在一张冰雪笺上，字迹工整秀润，令人爱不释手；一九八四年春节寄来手书《春节咏怀八首》横卷，所书一笔不苟，苍劲挺拔。特别是"新种葱茏竹万竿"和"薪尽火传光不绝"二句，对学界代有人出的渴盼心情是那样急切，不能不令人肃然起敬，时时给我以鼓舞和激励。

临起飞时间近了，先生一手拎起一个大提包向前走去，虽说步子有些缓慢，却充满着内在的活力。栏杆处，他停下来，放下提包，向我招着手。

再见了，我的老师！

选自《书林驿语》，东南大学出版社 2004 年版，收录时经作者校读阅定。

新种葱茏竹万竿
——王季思教授介绍

林 建

"旧传萧瑟诗千首,新种葱茏竹万竿",是王季思教授自题"玉轮轩"绝句中的句子,寄托了他对新生一代的殷切期望。王季思教授今年已八十五高龄,他是我国著名的文学史家,戏曲史家,今天仍在为培养古代戏曲研究人才孜孜不倦地工作着。

王教授一名王起,出生在南戏的故乡温州,从小喜爱戏曲。一九二五年,他就读于南京东南大学中文系,是近代著名戏曲家吴梅的入室弟子。大学毕业后,他在浙、皖、苏三省中学及浙江大学等校长期从事语文教学和戏曲研究。他治学严谨、勤奋刻苦,对古代戏曲,特别是元杂剧有很深的造诣,其早年著作《西厢五剧注》出版后,受到国内学术界和日本学者的重视。

一九四八年至今,他一直在中山大学任教授。

新中国成立后,他努力运用马列主义观点、方法来研究和整理古代戏曲。他对古代戏曲作家作品的研究,除注意作细致的艺术分析外,尤其注重时代背景的联系和思想意义的阐发。

他撰写的有关关汉卿、王实甫、高明、汤显祖、孔尚任等作家作品的论文，都有这一特点。先生在中国古典文学的其他方面也有很深的造诣。六十年代初期，他与游国恩教授等共同主编的《中国文学史》，多年来被作为高等院校中文系教材，当年还获国家颁发的高校教材编写一等奖。

先生著述丰富，主要著作有《西厢五剧注》（一九四四）、《西厢记校注》（一九五四）、《桃花扇校注》（一九五八，与他人合作）、《中国十大古典悲剧集》《中国十大古典喜剧集》（一九八二，均与人合作）、《玉轮轩曲论》（一九八〇）、《玉轮轩曲论新编》（一九八三）、《中国戏曲选》（一九八五，与他人合作）等；文学方面有《王季思诗词录》（一九八一）、《玉轮轩古典文学论集》（一九八二）等。

先生在学术上的杰出成就和诚恳待人、热心扶掖后学的品德，赢得了学术界同行的尊重，被推为中国古代戏曲研究学会会长，中国韵文学会副会长。

先生近年来教学和科研任务仍相当繁重。他是博士生导师、又担任中山大学古文献研究所所长。作为博士生导师，他定期召集学生座谈、解答疑难，还随时就某个问题约见学生。对学生的文章，他全都认真批阅、提出详细的修改意见。

作为研究所所长，先生的科研任务是很繁重的，他担负国家古籍整理研究重点项目《全元戏曲》的主编工作。元代的杂剧和南戏，是中国文学史上的瑰宝，代表了一个时代中国文学发展的高峰。先生几十年从事古代戏曲的研究，深感古代戏曲资料零散、版本文字错讹，给研究工作带来了巨大困难。为了给后人提供一个最完善的元人戏曲的全本，并为后来的研究者提供一些研究的线索和启示，先生愿以其数十年研究的功力，去主持完成《全元戏曲》这一浩大工程。

在这一工程中，先生是名副其实的主编，又是循循善诱的导师。在《全元戏曲》的编纂过程中，从底本的选择、体例的确定、出校的标准以至异体字的统一，先生都与大家共同商量讨论，直至得出比较满意的方案。先生对大家写出的稿子，起码都看过两遍，有的甚至看三四遍，连标点符号都注意改正过来。

先生常告诫说："聪明人要肯下笨功夫，要想在古典文学研究方面做出成就来，就必须老老实实地从文字、音韵、训诂等小学功夫做起。"

先生常说："与青年人合作我感到很愉快，这一则可以从他们身上感受到青春的气息、二则通过合作，可以培养出人才，使我们的学术事业后继有人。"

先生从五十年代起就与中青年学者合作著书，三十年来不曾间断，带出了一批又一批学术骨干。中山大学古代戏曲专业在全国保持着领先的地位，与先生的辛劳是分不开的。

"人生有限而无限，历史无情还有情。薪尽火传光不绝，长留双眼看春星。"从先生的这首诗里，我们可以看到一个经历了几十年人世沧桑变幻、时代风涛起伏的老学者豁达的胸怀和殷切的期望。

先生现在的工作,已不是八十五高龄的人所能承受得了的,他太累了!谈到今后的打算,先生不无感慨地说:"待到这届博士生毕业,《全元戏曲》完稿,那时若我还有幸活着,我想过一过清闲的日子。情致来时,写写诗、写写散文,好好回顾一下这几十年的道路。"

我们衷心祝愿先生健康长寿,过一个幸福、安闲的晚年。

原载《古籍整理研究学刊》1989 年第 4 期。

终生难忘的教诲
——纪念王季思先生诞辰 110 周年

薛瑞兆

一九八七年五月，我在即将离校之际，请王季思老师为我在中山大学完成的两部书稿写序，他慨然允诺。从此这两篇书序与我相伴，成为老师留给我的永久教诲与纪念，激励我不断向前奋进。

我是在一九八四年春与保成弟一同考入中山大学中文系王季思、黄天骥两位先生门下读博士学位的。那时，老师年届七十八，身板硬朗，神情矍铄，在学界已被尊为泰斗；黄先生正值壮年，主持中文系工作，同时还兼任学校研究生院领导。先生嘱咐我与保成："天骥那里很忙，今后学习上的事可以与我联系。"于是，我与保成弟相约，一定抓住机会，从老师那里多学些本事。

入学前，我已完成关于《马致远曲集校注》这部书稿的基础工作，入学后边修订边誊清，费时数月，编为九卷，三十万字，半尺多厚。交给先生时，我斟酌词句，小心翼翼说："老师，这是我的作业,请您方便时批阅。"

老人家询问了编纂起因与过程,然后缓缓打开包装,用双手掂了掂书稿,笑着说:"哦,不轻。这样的作业我愿意看。"

先生略带幽默的话,顿时化解了我的紧张情绪。岭南的六月,天气既热又潮,我以为学期内先生看不完,于是就忙其他事情了。

那年六月末,老师约我去家里谈书稿。他说:"我看完了,意见都在书稿里。"令我震惊的是,书稿的每一页几乎都黏有数目不等的纸条,上面写满工整的小字批注,或质疑,要求重新考虑;或补充,并提示文献出处。

总之,先生的评点如高屋建瓴,往往一言中的,是老人家深厚学养的自然流露。我自以为细枝末节而未能尽心之处,老师也都一一指出,且评曰:"古籍整理讲究细致,不应忽略细微之处,越是细微,越要悉心。"那些字条近二百,字数约六千。我揣度,纸条上的每个字都是先生有感而发,经思考写成,并同步黏到合适地方,以避免破坏书稿。如此算来,那得耗费多少功夫啊!先生以自己的方式诠释了"诲人不倦"的内涵,也体现了对他人劳动的尊重,即使是自己的学生也不例外。

第二学期,我将修订稿再报先生,他说:"不用看了,相信会有进步。"然后拿出一封写好的推荐信,让我借赴京访书之机,将信与书稿交给中华书局。半年后,中华书局就书稿提出若干修改意见,希望尽快完成。当时,我从这件事悟出一条从师学习的经验，那就是多写文章，争取让老师批阅，以便将自己学业的优劣全部暴露出来，通过老师指点，发扬其中那些"优"，克服其中那些"劣"。

前四个学期提交的论文，老师从篇章到结论，逐字逐句批阅，我经反复体会，再次修订，然后拿出去发表。第五学期，我一次送去两篇，解释说："下学期事多，修订毕业论文、打印、校对，所以提前交稿。"老师没说什么，此后就再无音讯了，我也不好催问。事隔约半年，那两篇文章竟然发表了，这才知道老师直接推荐给学术期刊，一篇发表在《中山大学学报》，一篇发表在《文学遗产》。

《宋金戏剧史稿》是我的学位论文，老师在通过答辩后推荐给人民文学出版社，责编比我年轻——现在已经是那里的总编了，经审阅提出若干修改意见，准备印行。

由于我自身的原因，以上两部书稿都未能完成修订，一拖再拖，说起来十分惭愧。回到家乡后，我先是受命在宣传部门任秘书长，继而自愿接手一家资不抵债的国有企业，甚至需要自筹启动资金。一些亲友、同事对此很不理解，为什么放着太平官不做，而去一家亏损企业折腾？那段时间，我同母校老师与同学的联系也中断了。工作忙、压力大是一方面，如何解释这些变化，不是几句话能够说清楚的。传统观念中的"学而优则仕"，尽管是封建时代的说法，人们却比较认同。其实，我是个要强的人，喜欢具有挑战性的工作，而厌倦四平八稳的环境。特别是同改革开放前沿的广东相比,家乡的不少人仍沉浸在清谈加牢骚之中。当时,我刚四十出头,正处在人生的最好阶段,不想浪费时间。我给自己定下目标是,以三年为限,如不能实现扭亏为盈、彻底翻身,就重回院校教书搞研究。

俗话说:功夫不负有心人。由于众志成城,运气不错,这个企业经过整顿,发展一年比一年好。它所形成的企业文化、管理模式以及创造的效益已在社会上引起轰动。因此,一九九三年春,广东省为王季思老师举办从教七十年庆祝活动,我才从容应邀,重回母校。

那次见老师,我的心情比入学初交作业时还要忐忑,一是"下海"从事企业经营管理,似乎有些"离经叛道";二是虽未放弃研究,却已偏离既有方向。在学校读书时,研究重点在金曲,也就检阅了当时所能见到的金代文献,因而发现关于金代历史、文化与文学方面的研究几乎处于空白状态,加之金源文化与黑龙江联系紧密,如将精力放在这里,效果可能会更好些。而囿于既有方向,困难重重,况且单枪匹马,又是利用工作之余研究,毫无优势可言。因此,经审时度势,我调整了研究方向,并在重回母校前完成了《全金诗》辑校。

我向老师扼要汇报了这两方面工作,最后自责说:"我辜负了老师的期望,是个不肖弟子。"而老师却说:"学校培养学生的初衷就是要满足社会多方面的需求。从事什么工作,应当根据需要与可能来确定,只要是为国家服务,并能取得成绩,就是好样的。你在学校读书时,学生工作搞得有声有色,我曾表扬你有办事能力,这说明我没有看错。"

说到这里,他老人家笑了,我也如释重负,开心地笑了。

他还说:"至于研究金源文化,既然已经确定,而且有所成就,就要坚持搞下去,只有持之以恒,才会搞出名堂。我相信,你会成为金源文化的开拓者。"

当时,老师年近九十,而思维依然清晰、深刻,特别是老人家的开明与豁达,使我倍感温暖。他对我在事关人生大事问题上的转向之举,给予了充分的理解和鼓励,这不仅扫除我心中积存已久的负咎之感,也给了我继续前行的信心和力量。我想,自己所能回报的,也就是在自己的岗位上多做些老师所强调的——有益于国家的事情吧。

在这方面,留校工作的王门子弟做得很好。例如保成师弟,虽历经坎坷,却能在逆境中奋力作为,他利用"下放"图书馆之机,以书为伴,苦读数年,重回中文系执教后,遂将自己积蓄的能量逐步释放出来,脱颖而出,成为老师学术事业的卓越继承者。仕忠比我入学晚,年龄小许多,他在多年研究戏曲文献的基础上,另辟蹊径,在俗文学文献的整理方面取得重要突破。

令我特别感动的是,在老师晚年丧失了生活自理能力后,黄天骥先生带领保成、欧阳等其他师弟共同料理老师的生活,轮流值守,请医送药,侍奉吃喝,以及每天为老师洗澡洁身,等等。可以说,这些王门弟子努力践行了中华民族传统孝道的美德。而且,这支自发组成的群体,在经历种种风雨后,练就了一种自觉精神:和谐与奋进。正是有了这种精神,老师开创的学术事业才得以不断创新和发展,形成国内罕见其比、经久不衰的学术影响。

如今重读老师的书序,令我百感交集。《宋金戏剧史稿》,已于二〇〇五年由生活·读书·新知三联书店出版。卷首载序三篇,首篇为老师所写,自序一写于一九八六年,自序二写于出版前夕,记录了我对老师终生难忘的感恩之情,兹附录如下:

学界有句老话:十年磨一剑。而我这部书稿竟历时十八个春秋才问世,够矜持的了。实际不是这样。一九八七年,我走向新的岗位后,曾应某出版社之约,做过一次修订。由于自己不甚满意,又缺乏继续深入研究的时间与条件,一晃几年过去了。

一九九三年,我回母校参加广东省为王季思先生举办的从教七十周年庆祝活动。当时,先生寿届八十七,精神依然不错,而面容却苍老许多,坐在轮椅上,行动不能自如了。那是我最后一次见老师,也是最后一次聆听老人家的教诲。先生说,无论在哪里、干什么,只要努力为国家服务,都可以干出成绩;工作再忙,也要抽时间完成书稿修订,那是一段重要经历,应该善始善终。不久,先生去世了。这促使我决心再次修订,但是,几乎出于同样的原因,仍辜负了先生的期望。

其实,在学校读书时,我是个用功的学生,古籍阅览室几乎是我每天必到的地方,偌大的房间常常就一个读者,安静极了。南方天热,室内没有空调,一坐半天,全身浸在汗水里。那段时间读了些书,也做了些事:整理曲家文集约三十万字;发表文章六篇五万余字;写出学位论文近二十万字;协助先生编撰《全元戏曲》。而所有这些工作,先生都是一字一句校阅,写出眉批,或订正谬误,或提出新的研究思路与线索,或表扬精彩之处。应该说,那段学习生活紧张而充实,收获颇丰。

令我难忘的是,先生博识宽厚的师长风范。先生是著名学者,桃李满天下,却乐于与后辈晚进商量问题,从不把自己的意见强加于人。不仅如此,我在先生身边三年多,深切感受到老人家的关爱。我从塞外到南国读书,已有家室,老的老小的小,我的"助学金"不仅助学,还要养家,难处不少,而先生竟想得周全,"聘"我做他的"秘书",每月增加些收入。那在当时的确帮助我解决了实际问题。每逢年节,先生还把弟子请到家里吃饭。有时与师母相携,把节令食品送到学生宿舍。一九八七年六月,我辞别先生时,老人家艰难地从座位站起身,执意送到门口。望着先生动情的面容,我再也抑制不住自己,热泪夺眶而出。我赶紧跪下,给先生磕头……

自今年春节至五一,我沉下心,集中精力,终于完成修订工作。这部书稿是我从先生问学的结果,或好或差,都是那段逝去光阴的见证。也许现在可以告慰九泉之下的先生吧。

至于《马致远曲集校注》,迄今仍尘封于书柜中。这部校注是我步入学术生涯的处女作,其中还处处浸透着老师的心血,应当备加珍惜才是。因此,我准备在完成《金代文学文献集成》之后,再做最后修订,那也许是始于此而终于此的收官之作了。

二〇〇四年五月九日

原载《戏曲与俗文学研究》第二辑,社会科学文献出版社 2016 年版。

我的导师王起先生二三事

康保成

一九八四年二月,我从中原来到珠江之滨,实现了正式成为王起老师学生的宿愿!

不断有人问我:"王先生已八十高龄,他还能带你们么?"言外之意是很明白的。是啊,文科研究生以自学为主,何况是博士生!北京某名流的研究生告诉我说,他们平均每年和导师见面三到四次。毕业时,除班长外,有些导师竟叫不出学生的名字!

我能说什么呢?这位在学术界德高望重的老前辈,这位正在主编《全元戏曲》的学科带头人,这位社会活动频繁、事务冗杂的全国政协委员,为我们所花费的时间,倾注的心血,难道可以计算得出来吗?看看这些经他亲手批改的作业罢!圈圈点点,充满眉批夹注;甚至连错别字、标点符号也都逐一改正过来。两年多来,他为我们审阅批改过的作业、课程论文、古代剧本校注等,合计至少六十万字。此外,一次次语重心长的谈话，从专业学习到家庭生活，无一不在他老人家考虑之列。他反复告诉我们，搞古典文学研究，一是要注意功底，把基础打牢；一是要注意吸取新的理论，要站得高，视野开阔。这就为我们明确指出了努力方向。如果说我比刚进中大时有所进步的话，那首先应该归功于我敬爱的导师。

一九八四年我入学不久，郑州大学一位认识先生的教师来信对我说："王先生不仅是学识渊博的学者，同时也是一位忠厚长者。你不仅要向他学专业知识，还要向他学如何做人。"事实确是如此。

他作风民主，从来不把自己的意见强加给我们。他谦虚平易，没有一点学术权威的架子。有一次，他写完在全国古典戏曲讨论会上的发言稿，竟先找研究生座谈，征求意见。居然有一位同学不客气地指出稿子中有几处语病，先生当即改正。还有一次，我在学习中碰到一个小问题，确认是前人结论有误，而先生主编的一本书中也沿袭旧说，怎么办？我将写好的辨正文章交先生看，没想到他当即表示，我的看法是对的，并亲自对文章作了文字上的修改，推荐给《光明日报》发表。他做事认真，从无半点马虎。程千帆教授的博士生，毕业论文二十多万字；任中敏教授的博士生，毕业论文三十多万字，他都逐字逐句认真审阅，作了批注，写下鉴定意见。

他非常注意学术界的新动向、新成果。《文学评论》曾发表一篇《论文学的主体性》的文章，他反复看了几遍，并把自己或赞成或反对的意见批在上面，推荐给我们看。他以八十高龄还承担繁重的科研任务，而且从来不作挂名主编。以编《全元戏曲》为例，从体例制定，到版本选择，甚至具体的校点工作，他都亲自参加，所花费的劳动比其他任何人都多。一九八四年暑假，他在广州最难熬的高温季节主编了《古代戏曲论丛》第二辑，报酬却从不计较。

今年一月，我在上海遇见一位从兄弟院校刚毕业的博士生，他反复说："能跟王先生学习，你太幸福了！"

著名剧作家马少波同志对我们说："王季思的研究生，这本身就是一种荣誉称号。"

是啊，我们应该是没有遗憾了。但由于主观努力不够，自己未能在学业上有较大突破，实在有负师教。

原载《文教资料》1990年第2期，收录时经作者校读阅定。

王季思先生晚年的学术情怀

康保成

去年年底，姚小鸥教授在整理书籍、文稿的时候，翻出了当年采访王季思先生的一些原始材料，包括我的访谈记录稿和先生的手迹。其时恰逢王小盾兄约稿，希望能谈谈王季思先生治学的情况，不妨就从这次访谈说起吧。

一、三十年前的学术访谈

一九八八年冬季某日，尚在东北师大杨公骥先生门下攻读博士学位的姚小鸥兄，在我的陪同下拜访了居住在中山大学东北区马岗顶的王季思先生。当时先生年届八十三岁，但身体很好，兴致很高，先生在回顾自己的学术人生的同时，主要讲述了他近十年来的学术成果以及对学术、对人生的看法。访谈由我做记录，先生自己也亲手拟录了一个访谈提纲。

王季思先生亲笔拟录的谈话提纲如下：

从老大的十年回顾艰勤的一生

老大十年的成就,培养了四批研究生,出版了十部以上的专著,还写了不少诗词散文,我的《移家马岗顶》一诗抒发我晚年的心境:

曈曈晓日上东窗,又见先生校点忙。三面绿云新世界,半间书室小沧桑。关灯止读人何在,击节高吟客已亡。犹有老来堪慰处,门前花树正芬芳。

晚年心情的愉快,基础在于青壮年时期的艰勤拼搏。这艰勤拼搏的一生,可以三句诗来概括:"饭熟书还熟","艰勤壮时业","门前流水尚能西"。总之一句话,是得力于王安石二句诗:

志士无时亦少成,中才随世就功名。

上句说明个人抱负与时代条件的关系,次句说明个人应如何正确估计自己,对待形势。我个人体会,可分三点来谈:

中才——对个人的估计不能过高。它改变了我的天才观——天生我材必有用的天才观。

随世——确定了个人与形势的对应关系,不能超前,也不能甘居后进。它改变了我"为天地立心,为生命(民)立命,为往圣继绝学,为万世立(开)太平"的主观妄想。

就功名——确立了我积极用世的态度,改变了我"穷则独善其身,达则兼善天下"的士大夫处世哲学。这些想法不是主观自有的,也不是一成不变的,而是随着现实形势的发展,个人生活的经历逐步形成的。即使经历相似的同辈人,也往往不能理解，年轻一代自然更难体会。

下面是访谈记录稿：

王先生的谈话（记录稿）

我看了《新文化报》，一个省文化厅办这样一个报不容易。其中有的文章引起我的兴趣。比如一个副教授与一个老教授的对话，老学者与新学者的对话，谈他们对哲学的看法，很有好处。里面还谈到当前的文化思潮，社会风气。有的文章比较有份量。我们在改革开放过程中，在党风、民风方面，人们议论纷纷。文化部门应及时反映、讨论，通过报纸引起人们注意。在广州，报刊上刊登这方面的内容也有不少。可以互相交流，对精神文明建设起促进作用。

近十年来，我的一些著作被定为高校教材。还有一些著作即将被重版，影响扩大到海外。这十年来，还写了不少诗词散文，准备编成集子出版。晚年的心境，集中表现在一首诗中，我从中摘出一联，请学生张振林手书："三面绿云新世界，半间书室小沧桑。"

我从八岁以后，直到中学，辛亥革命以后，这段时间相对安定。我出生在一个藏书较富，有文化传统的地主家庭。龚自珍的两句诗："家家饭熟书还熟，羡煞承平好秀才。"这可以概括我少年时期安定的读书生活。

"艰勤壮时业"，这是梅尧臣的诗句。梅尧臣是安徽宣城人。

有一次，他在桐城的山路上遇到老虎，吓出一身冷汗。回去后同他妻子讲，山路荒凉可怕，今后不能冒险出门了。他妻子告诫他，正要趁年轻时发奋，他把妻子的嘱托概括成一句五言诗："艰勤壮时业"。此后他就非常努力，做事无所畏惧，这对我影响极深。在以后的学习工作中，我遇到困难产生消极情绪，总能从中汲取力量。

从五十到七十岁，这一阶段，在大学开宋元文学课。苏轼在一首词中说："谁道人生无再少，门前流水尚能西。"这是苏轼在黄州作的一首词。他在黄州名义上是团练副使，实际上却被监视。一次看到水向西流，中国的地势东低西高，水向东流，但这里却向西流。于是他发了感慨，说一个人年纪虽然大了，但是还可以保持青年人的状态。我现在年纪也大了，有时难免悲观，但想想苏轼的这句诗，这对于安定情绪很有作用。

还有，王安石的两句诗对我影响较大。王安石在《读唐书》诗中说："志士无时亦少成，中才随世就功名"。王安石当然是天才，但他把自己看成中才。年轻时读李白的诗："天生我材必有用，千金散尽还复来。"很欣赏。年轻人往往把自己估计过高，把自己看成是天才。但王安石的诗对骄傲自大很有教育作用。

随世——随着时代前进，有的天才因超越时代，往往在现实中不能立足。屈原、贾谊都是如此，结果是悲剧。我读《史记·屈贾列传》，见贾谊因才气逼人，受到汉文帝的重用，但也因此遭到众人嫉妒陷害，被疏远，后惨死，这令我非常感慨。

我们写文章、谈问题，力求平易近人，深入浅出。一些自视太高的人往往不行，自甘落后的人也往往不行。只有随着时代前进的人才可能为历史为时代做出自己的贡献。

我的做法，同辈有些人往往不能理解，可能认为我的做法是赶时髦，出风头。例如，华东师大一位老友对形势看法就比较悲观，与年轻人合不来。我今天还可以和年轻人合作。保成说过，现代文学研究在空间上占优势，古代文学研究在时间上占优势。这话我认为是对的。

今天我还想为整理古代遗产做工作，今后总会有人理解和利用，也会对历史起推动作用，但这样做不是为历史而历史，学历史的人要关心现实，对现代的东西也要学习。

二、对"访谈"的解读

经姚小鸥兄和我的共同回忆，这次访谈的背景是这样的：一九八八年，吉林省文化厅创办了《新文化报》，该报设立了"名人访谈"栏目，编辑部得悉姚小鸥兄要到中山大学访学，于是委托他以兼职记者的身份对王先生进行采访。由于事先我已经将小鸥兄带来的报纸请王先生看过，并讲明了访谈的目的，所以先生事先拟好了谈话提纲，并在正式谈话之前，先讲了对该报的印象。只不过这篇采访并没有见报。

八十年代后期，人们刚从"十年浩劫"中清醒过来，许多禁区被冲破，国内的新闻媒体比较开放，新创刊的《新文化报》亦如此。王先生说"我们在改革开放过程中，在党风、民风方面，人们议论纷纷"，指的就是此类报刊上发表的有关"党风""民风"的文章。同时，不少报刊还能深入讨论一些文化问题、哲学问题。王先生说："在广州，报刊上刊登这方面的内容也有不少。"指的应是以《南方周末》为代表的"南方报系"。

　　王先生拟定的谈话标题是《从老大的十年回顾艰勤的一生》，这"十年"即指从一九七八年到一九八八年，恰好是改革开放的十年，也是先生老有所为、收获颇丰的十年。他指导的"四批研究生"，指的是首批博士生（我和薛瑞兆兄，一九八七年春毕业）和此前毕业的三批硕士生。"十部以上专著"（目录略）对于先生这个年纪的人来说，在十年内有如此收获，可谓老树新花，分外夺目了。当时《全元戏曲》的编校工作已经启动，先生作为主编，除了整套书的谋篇布局之外，还要负责把好最后一关，把各分卷主编交来的稿子统统校对一遍。《移家马岗顶》一诗前两句："瞳瞳晓日上东窗，又见先生校点忙。"指的就是《全元戏曲》的校点。

　　此外先生谈话中所提到的此诗颔联："三面绿云新世界，半间书室小沧桑。"由中山大学中文系一九六一年毕业生、古文字学家张振林先生用隶书手书，一直悬挂在先生家的客厅醒目处，直到先生去世。

　　此外，先生另有一篇题为《半间书室小沧桑》的散文，回忆自上世纪三十年代在松江女中教书时的"翠叶庵"书房，到改革开放，中山大学落实政策，移家马岗顶，有了宽大的"玉轮轩"书房，其间半个世纪，半间书房经历了三次跌宕起伏，沧桑变化。文章说："从我书室的三次小沧桑看，同样表现事物的反复变化，反映了时代的风涛起伏。然而我今天重提松江沦陷或'十年浩劫'时，已激不起多少愤慨或悲凉，因为我已经从有限的人生体会到它的无限，从无情的历史体会到它的有情。"先生晚年的心境和情怀，于此可见一斑。

毋庸讳言，和许多同龄学者相比，先生是幸运的。虽然"文革"时，先生"被折腾得几乎丧生"，但落实政策之后，先生重新受到重视。不仅成为文科的首批博士生导师，而且成为首届国务院学科评议组成员，主持了教育部委托的"全国高校戏曲师资进修班"（其成果便是《中国十大古典悲剧集》和《中国十大古典喜剧集》），还担任了《中国大百科全书·戏曲曲艺卷》第一副主编（主编为张庚先生）。他指导的研究生，也已经毕业了四届。此时的王季思先生，已经从"文革"的阴影中走出来，进入了新的学术天地。

三、王先生晚年的学术情怀

整理完这次访谈的记录稿，再次翻阅《王季思全集》，发现先生的学术成果，除了早年的《西厢五剧注》等校注类成果之外，有理论深度或创新程度较高的学术论文大都发表在晚年。其中《从〈凤求凰〉到〈西厢记〉——兼谈如何评价古典文学中的爱情作品》《从〈昭君怨〉到〈汉宫秋〉——王昭君的悲剧形象》《〈中国十大古典悲剧集〉前言》《〈中国十大古典喜剧集〉前言》《元曲的时代精神和我们的时代感受》《汤显祖在〈牡丹亭〉里表现的恋爱观和生死观》等，堪称代表作。这些论文，充分反映了先生晚年的学术情怀。

先生晚年的学术研究，从个案走向宏观，理论色彩浓厚，创新意识明显，对于解读古典戏曲作品和相关文化现象具有指导意义。

众所周知，先生是《西厢记》研究权威，他以注经的态度和方法注《西厢记》，成就卓越，迄今无人超越。他对《西厢记》作者的考证，雄辩地证明了王实甫是《西厢记》的唯一作者。他在二十世纪五十年代写的《从〈莺莺传〉到〈西厢记〉》，是较早运用母题流变理论研究古典戏曲的优秀论文。这些，当然功不可没。但"文革"后，先生对《西厢记》的研究步入了一个新境界，其代表作便是《从〈凤求凰〉到〈西厢记〉——兼谈如何评价古典文学中的爱情作品》一文。

从本文标题便可以知道，先生的学术眼界更加阔大，探讨的问题也更加深入。以往探讨《西厢记》的本事，最远上溯到唐代的《莺莺传》，但本文却追溯到汉代的《凤求凰》。先生敏锐地捕捉到司马相如以琴声挑动卓文君的细节与《西厢记》中张生以琴曲《凤求凰》挑逗莺莺有内在联系。再从汉代顺流而下，涉及《西京杂记》里的《白头吟》故事，李白的乐府诗《白头吟》，元稹的《白头吟》《莺莺传》《悼亡》以及《董西厢》等。除崔张故事之外，本文所涉及的古代爱情作品还有：唐人小说《步非烟》、苏轼与贺铸的词、梁祝故事、元杂剧《百花亭》、南戏《荆钗记》、明清传奇《牡丹亭》《红梅记》《玉玦记》，近代戏曲作品《玉堂春》，明代小说《十美图》以及《红楼梦》等一系列作品。更为难得的是，先生熟练地将恩格斯《家庭、私有制和国家的起源》中概括的相关理论运用于对中国古代爱情作品的分析与评价，并大胆地使用了"性爱"这个词汇。

在很长一段时间里，我们的文学史和文学评论羞于谈"性"，先生在改革开放不久，率先在古代文学研究领域里标举"性爱"的旗帜，在当时可谓惊世骇俗。先生曾对研究生们说："爱情，恩格斯的著作中称为'性爱'。从男女两性关系来说，我认为这是比'爱情'更为准确的提法。过去封建道学先生将这个问题神秘化，似乎是提不得的，而小市民则片面追求黄色、庸俗的东西。这两种东西都是不对的。"

可以说，先生这篇讨论"性爱"的大作，既是上世纪八十年代学术研究无禁区的一个反映，同时也是先生在"文革"之后，深入钻研恩格斯的《家庭、私有制和国家的起源》一书的一个成果[1]。

根据摩尔根以及恩格斯的研究，先生把人类的"性爱"分成古代的性爱、现代的性爱与未来的性爱。先生总结说：古代的性爱"由父母主宰子女的婚姻，不考虑男女双方是否愿意"，"剥夺了青年男女选择配偶的自由"；现代的性爱"考虑到男女双方是否自愿，它要求男女平等，恋爱自由。""但男女双方在选择对象时不可能排除种种经济的考虑，如对方的工资、家庭等等"；未来的性爱"除了相互的爱慕以外，就再不会有别的动机了。"（恩格斯语）以此为准绳，先生判断从《凤求凰》到《西厢记》的矛盾冲突，是处于"萌芽状态的现代性爱和占据统治地位的古代性爱的矛盾。"[2]在这个基础上，先生进一步提出了古代优秀爱情作品的共同点：即以一夫一妻制、男女平等为原则，歌颂男女双方当事人互相爱慕、自由择偶的作品。这些都具有现代性爱性质。反之，违背当事人心愿，以家族利

---

[1]《王季思自传》："'文化大革命'一场风暴，我被折腾得几乎丧生。那几年我长期靠边站，书不能教，文章也不能写，就专心阅读马列主义的经典著作。我认真读了恩格斯的《家庭、私有制和国家的起源》一书，联系《西厢记》和其他爱情作品深入思考，写出了《从〈凤求凰〉到〈西厢记〉》这篇文章。"《王季思全集》第5卷，第367页。

[2] 王季思《从〈凤求凰〉到〈西厢记〉——兼谈如何评价古典文学中的爱情作品》，原载《文学遗产》（1980年第1期），引自《王季思全集》（第1卷，第124页）。

益、门第观念以及经济利益为主要择偶标准，或歌颂、认同男子三妻四妾，女子从一而终的作品，属于古代性爱范畴。可以说，先生的这一总结，对于评价古代爱情作品，具有普遍的指导意义。

爱情作品之外，先生关注的另一个领域，便是历史剧。众所周知，中国古代戏曲小说中有大量历史题材的作品，但这些作品很难完全尊重历史事实，甚至虚构的成分远远大于事实本身。元杂剧《汉宫秋》，将史书中王昭君的出塞和亲，改为昭君在胡汉边境，换上汉服，自沉于黑水河。可是这个颠覆了历史的作品却受到欢迎。再如《三国演义》里的曹操，从一个"很有本事"的政治家、军事家变成了人人唾弃的"奸雄"，并受到读者的普遍认同，乃至于有学者提出"为曹操翻案"（郭沫若语）的主张。究竟应该如何认识这些作品呢？先生在《从〈昭君怨〉到〈汉宫秋〉——王昭君的悲剧形象》一文中，对《汉宫秋》中王昭君悲剧形象的形成过程进行了一番梳理，指出：历史上的王昭君虽然扮演了"和亲"的角色，但史书以及民间作品表明，昭君出塞绝非自愿，"昭君的一辈子"都是在"汉元帝的绝对支配下抑郁地度过的"。加之元代"民族灾难的深重"，马致远"借他人酒杯，浇自己块垒"就成为"惟一抉择"。他进一步指出：在历史题材的作品中，"作家在塑造人物、提炼主题的时候，与其说是重现历史，毋宁说是通过历史人物和事件，重现当代人民的生活和斗争。"他说："千百年来人们的乐于欣赏，就是给这些作品开了一张合格证。[1]"这样一来，以往纠缠不休的历史真实与艺术真实的关系问题，便得到了根本的澄清。

中国有无悲剧的问题，也是长期以来聚讼纷纭的学术问题。王国维认为中国有悲剧，并提出：《赵氏孤儿》《窦娥冤》"置于世界大悲剧中亦无愧色"(《宋元戏曲史》)。但朱光潜、钱钟书等学者认为中国没有悲剧。其实最早提出《赵氏孤儿》是悲剧的，是法国的传教士马若瑟，他的法译本《赵氏孤儿》的题目就是：《赵氏孤儿：中国悲剧》(Tchao-chi-cou-eulh；ou, L'orphelin de la Maison de Tcheo, tragédie chinoise)，此后哈切特、伏尔泰、梅塔斯塔齐奥、谋飞等外文译本均对这一标题表示认同。王国维是否参考过这些译本不得而知，不过《宋元戏曲史》完全没有提到西方的悲剧以及悲剧理论，但王季思先生的悲剧理论却不可能无视古希腊悲剧、莎士比亚悲剧以及学术界的相关论争。他将中、欧不同的文化传统和作品进行深入的比较，指出："希腊悲剧接触到人类命运、战争、民主制度等问题，贯穿于悲剧中的冲突，主要是人的自由意志对命运的抗争。""但悲剧作品在不同民族、国家各自产生、发展时，

---

[1] 王季思《从〈昭君怨〉到〈汉宫秋〉——王昭君的悲剧形象》，原载《社会科学战线》(1979年第1期)，引自《王季思全集》(第2卷，第254-264页)。

由于历史条件的不同，民族性格的各异，在思想倾向、人物性格、情节结构等各个方面，又各自形成不同的艺术特征。"先生总结的中国悲剧的艺术特征如下：

首先，欧洲悲剧的主人公往往是"帝王将相""英雄人物"，而中国悲剧的主人公虽然也有诸如岳飞、周顺昌等英雄人物，但较多的是"普通人民特别是受压迫的妇女"。其次，和欧洲悲剧相比，中国悲剧的"美感教育作用"十分突出。再次，中国悲剧的结构完整且富有变化，它们"大都善于开展悲剧冲突，推进悲剧高潮，为剧中矛盾冲突的解决造成足够的情势，然后转向完满的结局。"先生指出："希腊悲剧有不少以团圆结束，但到莎士比亚以后，就大部分以剧中主人公的不幸收场。我国古典悲剧以大团圆结局的要比欧洲多。这种结局，有的是剧情发展的结果，是戏剧结构完整性的表现，有的还表现斗争必将取得胜利的乐观主义精神，但有的却表现折中调和的倾向，让一个干尽坏事的恶人跟悲剧主人公同庆团圆，这自然要削弱悲剧动人的力量。"最后第四点，中国古典戏曲以曲词作为主要抒情手段，因而悲剧中常有西方悲剧所缺乏的"悲壮动人的曲词"。

众所周知，中国戏剧具有起源早成熟晚的特点，而真正成熟的戏剧理论直到明末清初李渔的手上才得以完成，至于悲剧理论则基本可以说是一片空白。基于这个现实，先生晚年以西方悲剧理论和作品为参照，深入洞察民族文化和民族心理发展的细枝末节，总结出民族悲剧的艺术特征，初步建立了我国自己的悲剧理论体系。

先生对我国戏剧形态的发展也有一些推测，但往往被忽略了。我曾举出先生在《打诨、参禅与江西诗派》一文中即指出禅宗仪式和戏剧形式的关系，在校注《西厢记》时指出杂剧中提示动作的术语"科"来自道教科范。最近翻阅他晚年的著作，又发现他在谈元杂剧《汉宫秋》时，已经意识到汉魏时期已经有"萌芽状态的悲剧"，他是这样说的：

汉魏时期一些有故事内容的民间乐舞歌词，在演出时多是歌舞配合："歌以咏德，舞以象事。"（见沈约《宋书·乐志》）琴曲《昭君怨》和胡笳《明君别》看来也不例外。在乐曲演奏时，不但有伴唱的歌词，而且有表演事件经过的各种舞蹈动作。《古今乐录》说晋太康中，石崇的宠妓绿珠以善舞《明君》著称，可见西晋以前民间演唱昭君出塞的乐曲已为载歌载舞的综合艺术形式。这实际是以昭君故事为题材的处于萌芽状态的悲剧。

虽然这里没有明确说汉代已经有了歌舞戏，但这样的表述对于我们深入讨论戏曲的形成无疑很有启发。先生还在一篇杂文中说："李白《长干行》：'妾发初覆额，折花门前剧；郎骑竹马来，绕床弄青梅。'……人们没有注意到诗中的'剧'字，仅仅把它看作一般的儿童游戏，没有联系当时的戏剧演出。""女的站在门外的胡床上玩弄着花鼓，男的骑着竹马，玩弄着青梅，绕着这女孩子的胡床跑。这分明在模仿舞台上的一场爱情戏。"先生还"怀疑"《墙头马上》杂剧"是从唐代一直流传下来的"[1]。可惜的是，先生的这些吉光片羽式的论述，并没有受到学术界的关注。

先生晚年学术研究的另一个特点，是更为谦虚、豁达、从容、淡定。这既表现在他十年如一日，孜孜矻矻地伏案校对《全元戏曲》，也表现在他与晚辈合作编著《中国十大古典悲剧集》《喜剧集》《中国戏曲选》等著作中。毫无疑问，集体编书是会影响个人研究的。正如先生所说："集体编书对个人著作来说是有矛盾的，我个人的写作计划就多次为集体编书所打断，有的胎死腹中，有的半途夭折。"但他认为，"通过集体讨论，交换意见，彼此取长补短，共同提高"，还可以"培养出一批人才"，"形成老中青结合的梯队"。正是有了这样的胸怀，先生才多次主动放弃了自己的研究，和中青年学者一道编书、搞研究，从而在中山大学带出了一个为国内外同行所钦羡的戏曲研究梯队。

在我和先生的接触中，从未见他背后臧否人物，从未见他自以为是、盛气凌人，以导师自居，而完全就是一个忠厚长者。他常常在完成一篇论文的初稿以后，请研究生（硕士生和博士

---

[1] 王季思《从"摽梅"到"投荔"》，原载《南方周末》（1984年9月8日），引自《王季思全集》（第5卷，第277页）。

生）评论，并允许大家说三道四、横挑鼻子竖挑眼，而他总是对这些批评加以鼓励，并从中择取合理的部分。他把培养研究生看作是晚年最重要的两项工作之一，甚至把青年学者的成长看作是生命的延续。因而，先生也理所当然地受到了学生和晚辈学者的衷心爱戴。

一九九三年四月，在王先生最早的学生之一黄天骥教授的策划下，广州市政协与中山大学联合主办了"王季思教授从教七十周年庆祝大会"，他在答谢辞中先讲了"三个不后悔"：一是选择教师为职业不后悔，二是选择广东作为大半生的工作园地不后悔，三是新中国成立后，以马克思主义指导学术研究不后悔。他接着说："在这条道路上摸索前进的时候，我也经历了一些坑坑坎坎，也走过一些弯路，写过一些错误文章，既错批了自己，也伤害过别人。"最后，他把希望寄托在青年一代的身上，他送给后辈的一首诗说：

人生有限而无限，历史无情还有情。
薪尽火传光不绝，长留双眼看春星。[1]

---

[1] 王季思《白头更作岭南人》，原为在"王季思教授从教七十周年庆祝大会"上的答辞，原载《广州日报》（1993年4月29日）。引自《王季思全集》（第5卷，第411—413页）。

这和本文开头提到的那次访谈的内容,精神实质完全一致。

四、王先生晚年的反思与忏悔

先生晚年,常对自己以往的学术观点进行反思,进行自我解剖,这在老一辈学者中极为罕见。

一九八七年,南开大学宁宗一教授在《戏曲艺术》第三期发表了题为《另一种精神世界的透视——为关汉卿〈谢天香〉一辩》的论文。先生看后,当即写了一封长信给宁教授。信中除了对宁作给予热情的肯定之外,还反思自己以往"高度肯定《救风尘》,而对《谢天香》的成就一直估计不足",并引用梁任公的话:"我不惜以今日之我与昨日之我宣战"。宁先生收到此信非常感动,致信王先生希望公开发表此信,并得到先生首肯。于是,《戏曲艺术》一九八八年第一期,以《关于〈谢天香〉的通信》为题发表了这封长信和宁教授《致本刊编辑部》的信。宁先生说:"我从老人家的身上真切地了解到一位前辈学者的心胸、眼光、为人、学识,觉得他的心总是和我们这些后学的心息息相通的。"王先生的这封信,在收入他的论文集时题为《与宁宗一教授论关汉卿杂剧〈谢天香〉书》。

王先生的自我解剖,以《元曲的时代精神和我们的时代感受》最有代表性。先生说:"我们在重视元曲的政治倾向时,往往忽略它的娱乐性、艺术性,像戴善夫的《风光好》、乔梦符的

《金钱记》等轻喜剧就被忽视了。我们重视了作品的思想分析,对版本的校勘,文字的考订等工作又相对的忽视了。""我们强调元曲的战斗性、斗争性,没有看到它们也反映了元代社会的错综性、和谐性,这是古典文学领域一种'左'倾幼稚病的表现。"更加令人震撼的是下面这一段叙述:

> 我们……往往把他们长期从事革命斗争的经验运用到文艺领域里来……斗争越来越尖锐,思想越来越"左"倾,在文化教育领域造成的危害越来越大。……思想也跟着越来越"左",甚至对自己解放前后有些基本正确的做法,如独立思考,自由争论等,也未能坚持。这教训是十分深刻的。[1]

这是先生自己的反思与忏悔,同时也勇敢地把矛头指向了"文化大革命"。

王季思先生的学术与人生之路,是许多老一辈知识分子的缩影。他们因经历过战乱,对新中国寄予了无限的希望。《王季思全集》中的许多篇章,即使他晚年的一些论著,也还是笼罩在"阶级斗争"的阴影之下未能完全挣脱出来。正如先生所言:

---

[1] 王季思《元曲的时代精神和我们的时代感受》,原载《光明日报》(1985年4月9日),引自《王季思全集》(第1卷,第440—442页)。

"这教训是十分深刻的"。

不仅如此,由于受"反右"思想的影响,先生还做过一些伤害朋友的事。[1] 然而,历史的车轮滚滚向前,"物极必反"是自然规律。"文革"的一番折腾终使先生大彻大悟,他的自我反省也是真诚的。他在写给长女王田兰的信中说:"经历了半个世纪的风风雨雨,我们终于走到共同的道路上来了。""自己这一生虽然也写了些东西,出了些著作,培养过一些青年,可是出的废品,犯的错误,走过的弯路,可能更多更大。"大约在一九九〇年前后,王田兰大姐在先生家住过一段不短的时间,她曾经向我谈起过那个疾风暴雨的年代发生的"家事"。其中最令人难忘的一句话就是:"还不是跟党走!"

先生去世前不久,由白内障引起的视觉障碍使他丧失了阅读能力,但他依然以极大的热情关注着社会的发展。自己看不见,就请别人读。他是"活到老学到老"的典范。先生的长公子王兆凯大哥晚年陪伴在先生身边,经常读书给父亲听。先生写过一首七言绝句,题为《听兆凯读李锐著〈庐山会议实录〉有感》,全诗如下:

---

[1] 陆键东《历史的忧伤——董每戡的最后二十四年》(香港中和出版有限公司,2017年,第131页)写道,1957年7月31日下午,"董每戡的好友,中大中文系王起教授,从山东青岛千里写信到民盟中大支部,揭露不为人所知的董氏反党言行"。

铁券铮铮铁铸成，黄河如带见分明。
韩彭转眼遭屠杀，童子无知亦受刑。

当虚幻的光辉形象破灭之后，先生最终得到某种程度的醒悟和解脱。虽然这种醒悟仍不能如人意，但先生晚年的学术情怀还是值得后辈敬仰与品味。

原载《温州大学学报》2019年第3期，收录时经作者审订。

试谈王季思老师的治曲情怀
——纪念先生诞辰 111 周年

董上德

王季思(一九〇六——一九九六)老师,以其戏曲史研究、主编《全元戏曲》及《西厢记》校注等而享誉学界,到今年(二〇一七),冥寿一百一十一周年。他老人家离开我们也已经逾二十年了。

作为学生,我有亲聆謦欬之幸,在老师的晚年,经常出入其在康乐园的书斋玉轮轩;也曾陪同老师于一九八六年十月去山西临汾参加学术会议,顺道一起去永济县参观普救寺遗址,一起去太原游览晋祠,一起到黄河边看滔滔巨浪。

犹记得,一九八二年我刚考上研究生时,老师尚未搬到马岗顶寓所,住在外墙是红砖的三房一厅套间,那时,他主编的《中国十大古典悲剧集》《中国十大古典喜剧集》即将出版,老师嘱我好好读读这两部书,这可视为给我布置的第一次研究生作业。

平时,老师除了在家里给我们上课,还会聊起天下大事,聊起他与戏剧界人士的交往,聊起他跟夏承焘先生昔日同住一间宿舍时的趣事,聊起他读朱自清先生《经典常谈》的感悟,读《胡适日记》的心得。

那时候,老师刚刚迁居马岗顶不久,客厅挂着一副自撰联:"三面绿云新世界,半间书室小沧桑"。记得是张振林教授所书。厅里还有黄宾虹的山水(《翠叶庵读书图》)、齐白石的蟹(《群蟹图》),都是两位大师亲笔题赠老师的,当年能够时常亲近这些真迹,至今回想起来,依然感觉大饱眼福、机缘难得。

可以想见,那是一个读书论道的理想空间,客厅兼课室,师生间无话不谈;老师给我们上课时,年近八十,手里拿着一纸讲课提纲,声音略小,我和另一位同学(那一届就我们两个学生),都会挨近老师听他说话,听得多了,他的温州口音也就慢慢熟悉。老师说话,是温软的,他说完一个意思,会稍作停顿,嘴角含笑,目光慈祥,看看学生的反应,然后再接着说。遇到要查找什么书籍,学生还可以进入老师的书房兼卧室,在书架上找书翻阅,真正是沐浴在春风里。

老师是一位胸怀天下的学者,虽然人在书斋,却也眼观六路、耳听八方,你在他身边,他随时会跟你谈今天发生的新闻,以及他对新闻的看法。同时,老师又是一位将自己置身于历史与现实之间的"张力"之中的学者,历史意识和现实感受相互对应,在这种"对应"里寻找自己的存在感,并获得自己与现实的"联系方式"。这是老师跟一般的书斋学者的不同之处。

试举一例,《王季思全集》第六卷有一首【鹧鸪天】,其小序云:"白无咎的《鹦鹉曲》在元朝统一中国后一时大流行。他是借长江上一个不识字的渔父碰到一场风雨时的心态,表现自己乐天应变的心情。我在南京读书时,吴梅师曾以此意相告。一九九五年正值抗战胜利五十周年,七月七日,董生上德以完成《元人杂剧精品选集》的编著相告,喜而有作。"词的正文是:

满目青山鹦鹉洲,寒光一道大江流。中川雨过天容净,抖擞蓑衣把网收。《单刀会》,《汉宫秋》,《西厢五剧》足风流。和平岁月须珍惜,江汉渔歌在上头。(《王季思全集》,河北教育出版社,二〇〇五年,第六卷,第三百八十九页)

这首【鹧鸪天】,跟我有些关系。一九九五年七月,我和老师合编的《元曲精品》(即小序所称之《元人杂剧精品选集》)全部完工,此书是时代文艺出版社约请老师选编的,老师选定了剧目,命我校勘、注释并草拟前言,前言经老师修订。

完稿后,适逢抗战胜利五十周年,老师年届九十,回首平生,忘不了恩师吴梅先生的栽培,忘不了数十年的治曲生涯,忘不了将近一个世纪的变幻不定的时代风云;个体生命与家国命运密不可分,时光流逝,岁月不居,国家的兴盛,个人事业的发展,均来之不易,于是,积数十年的人生经验,领悟到"乐天应变"四字的神髓;而在风雨兼程的漫长岁月之后,"中川雨过天容净,抖擞蓑衣把网收",自己已经步入晚境,喜看国家和平，天清气朗，检点一下自己的治曲心得，那些时常念在心头的名剧，何尝不是曲折历史的写照、人民愿望的反映？"《单刀会》，《汉宫秋》，《西厢五剧》足风流。"一部元杂剧史，甚或是一部元杂剧的选本，却也布满了历史的烟尘、充满了民众的悲喜，其中不也有生灵涂炭之痛、身不由己之悲，以及"愿天下有情的都成了眷属"的渴望吗？研究戏曲，离不开对历史、国运与人生的考察和思索，也离不开对"过去"与"现在"的演化过程的贯通性研究，此乃老师这首词所要传达的核心意思，也是其治曲情怀的一种"晚年表达"。

老师作为学者，有一个自觉的意识，就是不做不闻天下事的"学究"。除了受到"五四"精神的感召之外，老师的家学及其本人的经历也起到较大的作用。

其祖父是一位诗人，给后辈留下来一部《雪蕉斋诗集》，老师从小就熟悉乃祖的诗作，曾有诗记其事："昔我从兄姊，读书前间屋。雪蕉斋集诗，童稚耳已熟。"渐渐长大，老师的父亲亲授陶诗、杜诗："十三学韵语，陶集亲课读。高韵何所知，吟讽意自足。十五授杜诗，忠爱致谆嘱。"而且，其父时常给儿女讲述他们的祖父正直与刚强的往事，老师曾写道："先祖因反对地方官贪污，被捕入狱，越狱后远走辽东，有《居辽念家中儿女》诗。"每逢清明祭祖，其父借此教育儿女不忘祖德、深切了解人世艰辛："父昔挈儿辈，竹岙上祖坟。先期办祭具，事事必躬亲。舟中诵祖诗，居辽念儿女。至性潜悲辛，春物为凄

苦。"(《竹岙扫墓三首》)

　　老师是在充满"诗学"的家庭文化氛围中长大的,尤其对民生的疾苦、国运的兴衰极为关注,他在自己的诗作里每每表达了一种悲悯苍生的情怀,以及嫉恶如仇的血性,如《米贵行》写道:"嗷嗷哀雁遍郊原,朝阳如水春不温。今朝米价又狂涨,十家五家泪暗吞。"而米价的腾贵,皆因"豪商奸吏恣勾结",他们挖空心思欺诈百姓,以卑鄙的手段搜刮民脂民膏,无耻地买官升迁:"君不见,左官印,右算盘,金愈多,位愈尊;抗战两字挂耳根。又不见,出包车,入官府;团团面,便便腹,四肢上下绫罗裹。"活画出一幅"百丑奸诈图",诗作的末尾以愤慨的语气写道:"一身何者非民膏,无米何不食其肉!"

　　老师青年及中年时期的诗歌创作,自觉学习乐府传统,歌吟悲苦,不平则鸣,不免显露直白的诗风和急切的个性。他经历了抗战岁月,终其一生,"抗战情结"一直郁结于心,难以解开,在他的不少诗作里屡屡展露,故此,他是将自己的学者生涯置于国运的起伏兴衰之中的。

　　他从早年的学术工作开始就立下志向,不做酸腐的"学究",不喜欢两耳不闻窗外事的"学究习气":"汉宋诸儒语太酸,'六经'日对古衣冠"(《龙川杂兴二首》,其二),这是他所不愿在新时代见到的景象;尽管他也接受过经学训练,尤其是亲近过经学大师孙诒让的遗著、遗稿,并受其影响,尽管他也曾经以治经的方式注释过《西厢记》,可是,老师本质上是不受"经学"

规范的，他的思想更是远远超越"经学"，尤其是他十分自觉地扬弃"酸腐"的"经学"。他的文风，他整理古籍的思路，他研究戏曲的出发点，都是经过"五四"的洗礼之后产生的，处处想到的是如何弘扬传统文化的精髓、如何有利于提升国民的文化素质、如何借鉴历史的经验教训。这是老师的学者情怀。

老师曾说，他年轻时候，其姐夫"每以我锋芒太露为戒"（见《用山谷韵寄仲陶》一诗附记）。这也是一种性情，故而，老师一生喜爱同样很有锋芒的关汉卿及其杂剧。他如此评论关汉卿："关汉卿的戏曲作品有不少是从当时社会现实汲取题材的。当元朝贵族统治中国的时候，中国封建社会内部的黑暗势力跟他们勾结起来沉重地压在中国人民的头上。中国人民内部有的屈服、逃避，有的起来反抗，更多的是暂时忍耐下来等待时机。关汉卿在作品里反映这些现象时，不是像照相机一样无动于衷地把这些不同人物的生活面貌摄影下来，而是热烈歌颂那些敢于对敌斗争的英雄，批判那些对黑暗势力屈服的软虫，大胆揭露当时骑在人民头上作威作福的各种丑恶的嘴脸。"（《关汉卿战斗的一生》，一九五八年）

过了这么长时间，今天读来，我觉得，不宜将老师的这番言词仅仅看作是"革命年代"的话语，固然，老师是掌握特定年代的话语方式的，可是，联系到他向来的情怀、视野和观点，他的这类言辞与其脾性颇为吻合，他在其诗词创作里是敢于以愤激的语句示人的，如《花蜣螂》："有虫花蜣螂，愈老性愈臭。

泥中团牛矢，六足挽之走。微独虫有然，人亦畏老寿。血气衰其前，嗜欲迫其后。一朝堕贪泉，沉溺难自救。洪季川，老而不死作赃官；吴孝乾，老而不死作汉奸。季川不老孝乾死，泰顺太平永嘉安。"篇末"附记"云："洪季川、吴孝乾都是我少年时的同学。一九四四年，日寇陷永嘉，吴孝乾当了汉奸。洪季川当时在泰顺做县长，贪赃狼藉。"其同学做了汉奸、贪官，不留情面，写诗痛骂，淋漓尽致，这就是老师率直而有血性的风格。他研究关汉卿的杂剧，与敢于"骂天骂地"的关汉卿颇有会心之处，这也是自然的事情。

说老师是"书生"，似乎未尝不可，但他"毕竟不是书生"，或者说，他不愿意仅仅做一个"书生"。他有现实观察，有政治热情，更有"家国情怀"，哪怕到了晚年，他还要写《元曲的时代精神和我们的时代感受》这样的论文。这种治曲思路是一贯的，它关乎一个学者与时代的联系。老师不愿意脱离时代去做"闭门造车"式的"学术"，他也不屑于做那种在历史黑暗角落里"捡破烂"的"学问"。

老师的学术人生是漫长而曲折的，虽有"一贯"的情怀，可也有不同阶段的"弯路"。他在七十六岁时写了一份《王季思自传》，于"附记"里就提及"我过去走过的弯路"，还自我反思得与失、对与错、是与非。他也活在中国知识分子共同遭遇的一段"痛史"之中，冷暖无常，荣辱交替。在其生命的最后十年里，则全力以赴，以残年病躯做一番"前无古人"的工作，带领我们一批学生编校《全元戏曲》，以便与《全唐诗》《全宋词》配套，可谓"名山事业"。记得在老师的有生之年，他看到了《全元戏曲》第一卷、第二卷的出版，我所珍藏的这两册书的扉页上均有老师亲笔题词。只是等到全书出齐，老师却已归道山，洵为憾事。

老师去世前两年，写过一篇《我所想象的21世纪》（一九九四年），如此命题，已经显得气度不凡，很难想象，这出自一位古典文学研究家之手，更难以想象还是出自一位垂垂老矣、将要走到生命尽头的"老先生"之手。文末有一段话："未来的21世纪，将是一个政治昌明、法制健全、世界各国和平相处，经济迅速发展，人民生活越来越丰富多彩的世界。我相信，不管历史发展还有什么曲折，我们的子孙将会生活在这样一个比我经历过的好得多的时代。"这就不是那种不问天下事的"书生"写得出来的。

老师毕竟是一位将家国情怀置于首位的戏曲史家。

附记：

此文写于二〇一七年。今承黄仕忠兄告知，他受温州方面委托，编纪念王季思先生的文章集，嘱我呈交拙稿。重看一遍，参考老师哲嗣则楚先生大文《忆父辈的诗友》（载《瓯风》第十四集，文汇出版社二〇一七年）略作修订。

董上德补笔于二〇二二年十二月七日。

师门琐忆

郑尚宪

一九八五年四月九日,我在南京大学校门口报栏上读到了王季思先生发表在《光明日报》上的长文——《元曲的时代精神和我们的时代感受》。文章那开阔的视野,高屋建瓴的气势,纵横捭阖的论说和富有感染力的文字表述,深深吸引了我。

在此之前,王先生的文章我大都读过。我本科阶段最早阅读的学术论文,就是他的《从〈凤求凰〉到〈西厢记〉》(《文学遗产》一九八〇年第一期),并因此购买了他校注的《西厢记》。王先生对《西厢记》的研究,让刚上大学二年级的我第一次领略了什么叫"学术之美",从而选定了自己的人生道路。

在研究生阶段,我购置了他的《玉轮轩曲论》《玉轮轩曲论新编》和《玉轮轩古典文学论集》,反复研读。我觉得他和同辈学者相比,最大的特点就是思想与时俱进,理论工具使用得心应手。许多学者用起来显得生硬别扭的方法、词汇,在他那里不但毫无违和之感,且有画龙点睛之妙。当时我即将硕士毕业,已有一定的学术基础和感悟能力,《元曲的时代精神和我们的时代感受》这篇宏文在我心中引发了强烈的震撼,尤其是"时代精神"和"时代感受"两个词,看似随手拈来,却字字千钧,真有醍醐灌顶之感。于是我产生了去跟王先生学习的念头。

第二年,王先生和黄天骥老师联合招收博士生。我当时研究生毕业留校刚刚一年,按照南京大学不成文的规定,是不允许报考的。但我实在不想错过这个机会,于是费了很大的劲,层层打报告,最后经过校长特批,终于同意让我报考。也就在这时,我才知道,自己仰慕已久的王季思先生其实就是我们大学教材《中国文学史》的主编之一王起,于是向往之心愈加迫切。

一九八六年的中国,交通还很不便利,中山大学研究生招生办体贴外地考生,让我七月初先在南京初试,委托南京大学研招办主持。八月初,中大研招办打电报通知我八月七日到校复试。此前一年多,我因美尼尔氏综合征和慢性胃肠炎反复发作,体质很差。因怕旅途劳顿,影响复试,我特地花了一个月的工资买了张飞机票,于八月五日晚上飞往广州(当时乘飞机是一件很奢侈的事情)。不料一下飞机还是病倒了,在机场宾馆折腾了一宿,第二天勉强捱到中大研招办报到之后,马上转去中大医院求医。当天下午,我拿了精心准备的备考笔记,想找个地方临阵磨枪,可是肚子胀得非常难受,一个字也看不下去。心想第二天的复试即使能够参加,肯定也考不好了,不免有些黯然。

就这样一个人坐在珠江边发呆，直到天黑。回到招待所时，服务员告诉我，王起先生和女儿来看我，见我不在，留了张纸条：

郑尚宪：

你好！

如方便，请于晚上八点左右去东北区10号二楼（离此地不远，在图书馆后面）。如不便，请打电话（797），我们再来看你。

再见

王起

一九八六．八．六

原来先生从研招办那里得知我生病，就来看我了。我本以为复试前不能见导师，现在看了纸条，很感意外，于是马上赶去先生府上。先生一见到我，就关切地问起病情。他大概看出我很焦虑，就宽慰我说，本来博士生入学是要严格复试的，但因为我初试考得不错，而且是程千帆先生和吴白匋先生联名推荐的，程先生不轻易推荐人，吴先生的推荐信写得很长很详细，而且他刚刚去厦门旅游，听到厦大中文系老师对我的一致赞许，因此决定直接录取，不要复试了。只是回校后听招生办说已给我发了通知，估计我已动身，那就来见个面谈谈也好。先生接着又说，你肠胃不好，这两天就不要去饭堂吃饭了，到家里来，让师母熬粥给你喝。我极为感动，不过还是婉言辞谢了。临走时，先生怕我初来乍到，夜间认不得路，还让师母下楼送我一程。

对于这次复试，我虽已做了充分准备，但毕竟还有些忐忑，听了先生体贴入微的话语，心里一块石头落地。当天晚上肚子也好一些了，于是一觉睡到天亮。第二天早上起来，去饭堂喝了两碗粥，感觉精神好多了。回到招待所，服务员又交给我一张纸条：

郑尚宪：

你好！

请在午饭前来我们家。王小雷 留字。

一九八六．八．七

到了先生家，先生问了我的身体情况，接着说黄天骥老师去湛江，要过两天才能回来，"你现在病好一些了，这几天时间不能浪费。我让小雷带你去借书。"于是小雷师妹带我去了古文献所找先生的助手林建，得到林建兄的热情接待。几天后见过黄天骥老师，先生让他的另一位助手师飚兄，帮我买到了一票难求的返程卧铺票。

当年九月份入学，我终于实现了成为先生亲炙弟子的愿望。此后三年，先生一直从学业和健康两方面无微不至地关心着我。我那几年身体特别不争气,三天两头生病,自嘲说是从南大医院"院士"转为中大医院"院士",最后一年甚至三度住院,从中大医院住到了珠江医院。我这个不省心的弟子,三年里让先生和师母多操了不少心,小雷师妹也曾多次和她闺蜜送来食品慰问。

我临去中大时,好多人都认为王先生年纪大了,肯定只是挂名,其实我们入学后,老先生对我们的学习抓得很紧。记得入学后不久,深圳粤剧团移植当时非常火爆的川剧《潘金莲》,先生带我们去看。事后我交了一篇作业《评粤剧〈潘金莲〉》。当天晚上八时许,我正在宿舍看书,突然师母来敲门,说先生来看我。我赶紧下楼,把先生扶上楼。先生刚坐定,就从口袋里掏出我的作业,说:"我很愉快地看了你的文章,写得不错,我作了些修改,你晚上誊清一下,明天早上交给我,我推荐去发表。"我接过来一看,上面密密麻麻地布满了红笔修改的字迹。当天晚上,我把文章誊抄清楚,第二天一早交给先生,几天后就在《深圳特区报》上发出来了。以后每回呈交作业或其他文章,先生都很快地批阅,然后把我们叫到家里,细加指点。

从中大毕业已经三十多年了,但跟随先生学习的情景犹历历在目:绿树掩映的"玉轮轩"里,我们围坐在先生身旁,听他讲评我们的习作,解答我们的疑惑,评说当时的学界动态和文坛热点,有时也闲谈。我们那时年轻,有时候说话没轻没重,只要不太出格,先生也不以为忤,总是微笑地看着我们,一脸的慈祥。(只有一次例外:一位师弟跟我争论某个问题,情急之下有些口不择言,课后先生把他留下来,批评了几句。师弟回来告诉我,我哈哈大笑,赶紧去跟先生解释,说师兄弟之间平时说笑打闹惯了,没关系的。)每当先生有了新想法,要写大块头文章,就会把我们召去,阐述他的思路,摆出材料,论证观点,然后让我们把录音整理出来,他再补充修改,形成定稿。年逾八旬的先生,就这样手把手地把我们带上学术研究之路。

更难忘的是校园里那一次又一次的散步。只要不刮风下雨,先生晚饭后都要在校园里散步,我们轮流去陪他。每次散步约一小时。这一小时内,我们谈学术,谈社会,谈人生,除了请教问题,有什么困惑、什么苦恼也都向他诉说。他以一个智慧老人的亲身经历和感悟开导、启迪我们。我最记得他说过,自己年轻时喜欢革命,不喜欢改革,更不喜欢改良,觉得改良太保守了,改革也不过瘾,还是革命来得痛快。但到老了回过头来看,还是改良好,改良比较温和,而且有纠偏余地,社会代价最低。而无论是革命还是改革,要是方向不对头或者用力过猛,都要有人,甚至整个国家民族付出惨痛代价。于是我想起元曲家张养浩那首著名的《山坡羊·潼关怀古》:"兴,百姓苦;亡,百姓苦!"

我们那时候年轻,心浮气躁,看到社会上一些不合理、不能理解的事情难免愤慨不平。他说,我活了八十几年了,从清朝、民国到共和国,经历的事情很多,挫折甚至磨难也不少。

总的来说，历史发展有它的惯性，虽然经常会有曲折，有洄流，但总是前进的，所以要把眼光放远大一些，要有耐性。我随口念了一句："青山遮不住，毕竟东流去。"先生点头赞许。

很多人都认为先生后半生在广州，除了"文革"受冲击以外，其他时段都顺风顺水。先生说："不是这样的。早年就有算命先生说我是'韭菜命'。"我问什么是"韭菜命"，先生说就像地里的韭菜一样，刚刚长好一茬，就被割了；过段时间再长一茬，再割……先生说，我当然不相信算命先生的话，但他这话其实说出了一个规律性的道理，即人生就是不断起伏、波浪式推进的过程，顺境和逆境总是交替出现，一个人不可能永远一帆风顺，也不可能一直倒霉。所以遇到顺境时不要高估自己，得意忘形；遇到逆境时要沉得住气，韬光养晦。

先生早年在东南大学读书时，胡小石先生曾告诫他："聪明人要下笨功夫。"对此金石良言，先生一辈子念念不忘，身体力行。我们读博时，先生不但多次说起这件事，还进一步阐发道："聪明人往往做不成大学问，反而是那些比较聪明的人做成了大学问。"我问他为什么。先生说聪明人学东西快，往往一学就上手，但正因为上手快，所以容易掉以轻心，浅尝辄止，于是成就有限；而比较聪明的人既具有成功的潜质，又自知不够聪明，所以会以勤补拙，持之以恒，久久为功，最终成就一番事业。

那三年里，我陪先生散过好多次步，听到许多至理名言，长了许多学问和见识。当然，有时也觉得有些话是老生常谈，不太当回事，但随着时间的推移，年龄的增长，阅历的累积，越来越觉得不少所谓的"老生常谈"，其实是社会经验的总结和人生智慧的结晶。老生之所以"常谈"，自有"常谈"的道理，只是我们自己少不更事，"当时只道是寻常"罢了。

先生推崇"学术者天下公器"的理念，非常重视学术交流，也多次和同行展开学术论争。早在厦大读本科时，我就在《西厢记》校注本后面的附录里读过他和自己的老师陈中凡先生关于《西厢记》作者问题的商榷；在南大读研究生时，又读到他跟萧涤非先生关于汉乐府《东门行》校点问题的两篇论争文章。先生在与萧先生反复辩难之后写道："我想我与萧先生对校勘问题的不同看法，可能跟彼此长期研究工作中的侧重面有关。因为我在校勘通俗戏曲刻本时所遇到的问题，在萧先生校勘前人诗文集时一般是不会遇到的。"我当时正在大量阅读古典戏曲名著，同时又为戏曲典籍中比比皆是的异文而深感困惑（这是以前读诗文没遇见过的），先生这一说法如拨云见日，使我茅塞顿开，从而确定了硕士论文选题《古典戏曲改本问题初探》。

先生是学界泰斗，我们在他门下时，经常有人寄书、寄文章向他请教，他会选择一些有代表性的发给我们，召集我们开展讨论。尤其是有人发文章或写信跟他商榷学术问题，他在作出回应前也一定要我们谈谈看法。

先生在开展学术论争中，极有涵养。别人批评他的文章或来信，只要有一得之见或一字之明，他都虚心接受并表示感谢，回应时往往以"我愉快地读了你的文章（来信）……"开头。即使不同意对方的观点，他也都很客气地阐明道理，绝不盛气凌人，言语极有分寸。

一九八六年，中华书局出版了中国艺术研究院刘念兹先生的《南戏新证》，该书着重考察了福建的古老剧种莆仙戏、梨园戏，以及浙江、江西、粤东等地的南戏遗存，试图"为南戏研究走出一条新路"，在当时很受推重。我看了以后，觉得有些提法不尽妥当，写了篇《〈南戏新证〉献疑》，就书中的一些问题和提法提出不同意见。先生予以首肯。后来我们去福建参加一个全国性的南戏研究会议，先生特地交代康保成师兄转告我，若在会上见到刘念兹先生，可以跟他切磋学术观点，但一定要注意态度和分寸，要对刘先生予以充分的尊重。

我博士毕业后，在江苏的《艺术百家》当编辑，有一天，先生寄来了湖南师范大学黄钧教授的一篇文章。文章就元杂剧《鲁斋郎》的作者问题，对他三十年前发表的某篇文章提出不同看法。先生特意推荐来《艺术百家》发表。主编看了先生的信，非常感动，说："大师之大，就体现在这里。"拍板将黄钧先生的文章马上付排，并将先生的推荐信一并发表（后来得知黄先生的文章已被别的刊物采用了，我们才撤稿）。

当博士生那三年，端午和中秋，先生一定会请我们到家里吃粽子和月饼，平时先生家的饭也没少吃。次数一多，我们也大致知道先生的口味。一九八九年元宵节晚上，学校食堂给寒假留校的学生发糯米粉，许多学生都不要，于是我们领了半口袋回宿舍。我按我们家乡的做法，领着大家搓了许多实心汤圆，在电炉上煮熟捞起来，趁热浇上猪油、花生碎和白糖，香气扑鼻。仕忠说先生肯定喜欢，于是骑车送一盘去给先生品尝。第二天一早，小雷来敲门，询问昨晚那元宵的做法，说："你们先生很爱吃。"

一九九二年八月，我妻子要去中山医科大学当访问学者。她厨艺较好，我让她精心制作一些细细的、酥酥的肉松带去给先生。先生很高兴，小雷给我写信时，他特地附上一笔："小钱做的肉松很好吃。"

先生是温州人，喜欢吃海鲜，尤其是螃蟹。可是当时大家都穷，吃不起。某天有朋友送了几只给林建，林建赶快拿去孝敬先生。先生吃得很开心，吃完感叹道："好久没有这么奢侈了！"林建告诉我这话时脸上带笑，眼角却噙着泪花。后来林兄想投身商海，对我说了一句掷地有声的话："等我发财了，天天请先生吃螃蟹！"多年过去了，每当面对满桌美食，尤其是螃蟹时，我都会想起那一幕，特别是林兄那坚定的语气和目光。后来看到先生在《我的老年心境》里说，温州有句俗语："人怕老来穷。"又有两句顺口溜："十个黄狗九个雄，十个教师九个穷。""我是教师，又已衰老，穷似乎是肯定了。""我在这个问题上曾遇到困难，但近来慢慢想开了。"一位名满天下的学术泰斗，垂暮之年竟如此困窘，又如此安之若素！

南京大学钱南扬先生和王先生同为吴梅先生高足，两位先生私交甚笃。钱先生沉默寡言，即使跟学生也很少交谈。我总认为老人家生性恬淡，与世无争。一九八七年四月，钱先生逝世，正在北京开会的王先生当即撰了一副挽联：

等身著作，下脚功名，公道竟何人，对此宁无愧怍；
白下春风，碧湖秋月，清游长已矣，哭君亦自伤怀。

我一九八二年考取南京大学研究生时，是钱南扬先生和吴白匋先生联合招收的，但入学后主要由吴先生指导。系领导一再告诫我们："钱老和吴老都是你们的导师，要一样尊重。"我本来对钱先生就十分敬仰，所以在南大四年（读研三年，留校一年），始终对钱先生执弟子礼甚恭，偶尔也曾"有事弟子服其劳"。一九八六年初夏，钱先生最后一次去上海女儿家度夏，我送他和师母去火车站。大师兄钱玮知道我报考王先生博士生后，主动提出让钱先生另加一封推荐信，说："父亲和王先生的关系不一般，他写封信去肯定管用。"我十分感激，但还是婉言辞谢了。这些情况王先生都知道，所以他一回广州就把我叫去，回顾了他和钱先生长达半个世纪的交往。最后告诉我，他之所以写那么一副挽联，是因为钱先生曾对他说过这么一句话："他们把我当下脚料。"我这才明白，原来钱先生内心郁积着多少愤懑，而这种愤懑，只有对王先生这样的知己才表露出来。据说追悼会上，这副挽联引起强烈反响。

一九九三年春节，因为妻子在中山医科大学当访问学者，我携女儿去广州过年。刚到中大，我就迫不及待地带女儿去拜见先生。自一九八九年六月拜别先生，三年半过去了。岁月无情，世事多舛，加上师母去世的打击，先生明显衰老了，即使从家里的饭厅到客厅，也要轮椅代步。可是一见到我女儿，先生就马上对边上的儿媳妇说:"她的名字叫映荷。"声音虽然微弱，但非常清晰。想起我写信告诉他女儿的名字，已是两年多前女儿刚出生时的事了。过两天，看到他在报刊上发表对刚刚上映的电影《大红灯笼高高挂》的整版评论（由康保成师兄记录并整理），从剧情到张艺谋的导演处理，再到巩俐的演技，评析得丝丝入扣，很难想象这是出自一位年近九旬的老者之口。

那个春节，广州阴冷潮湿，但先生家却非常温馨。先生的大儿子、大儿媳妇随侍在侧，三女儿王丽娜也从深圳回来，弟子们不时登门看望，有时还陪他打打麻将，练练手指。先生虽然手抖得厉害，视力很差，也不大讲话，但神情专注，头脑非常好使。记得有一次丽娜师姐刚打出一张牌，先生说声"和了"，一把将面前的一副好牌推倒，本以为胜券在握的师姐急得大叫："爸爸老奸巨猾！"先生无声地笑着，非常开心。

也是在那个春节，天气好时，先生就邀请我们去紫荆园饮早茶。一听说"王老爷爷请喝茶"，我两岁半的女儿就欢呼雀跃，一大早就兴冲冲地跟着我们去接先生，一会儿在后面帮着推轮椅,一会儿又跑到前面拉,跑前跑后,忙个不亦乐乎。喝茶的时候,相差八十四岁的一老一小紧挨在一起,一问一答,场面极为温馨。改日再去看望先生,他拿出一首《紫荆园饮茶》来:

一路紫荆花,荆园来饮茶。茶分龙井绿,花带凤城霞。
种树思梁栋,育苗为国家。小荷才露角,映日见新芽。

先生把小女的名字嵌入诗中,下面小字附记:"是日邀郑生尚宪夫妇同饮,其幼女名映荷,活泼可爱。"

先生一生爱生如子,学生无不铭感五内。一九九三年四月,广州市政协和中山大学联合举办了"王季思教授从教七十周年庆祝大会",出席大会的有两百五十多人。先生见到从全国各地赶来的弟子,非常高兴。庆祝大会之后,又移师中山市举办"王季思学术思想研讨会",并安排大家游览孙中山家乡翠亨村。那一天风和日丽,先生坐在轮椅上满面春风,让我们推着到处游走。不时有人上来要求合影,我们开玩笑说要收费。轮到华中师范大学的蒋松源教授来合影时,先生特地为我们做介绍,还说蒋老师是那一期师资培训班最年轻的。蒋老师本来是俯着身子跟先生说话的,这时候竟然蹲了下来,略带羞赧地说:"老师,我不年轻了!"摘掉帽子,低头让先生看他脑后那一片"地中海"。此时蒋老师已年过半百,孺慕之情,殷切感人。

回想当年在中大读书,我刚刚三十出头,转眼间我已年届古稀,先生离开我们也将近三十年了。但有关先生的一幕幕情景,先生的教诲,先生的关爱,却总是那么深刻和清晰,仿佛先生的身影就在眼前,声音犹在耳边。

二〇二二年十二月三十一日于厦门大学

关于《浪子、斗士关汉卿》的对话
——一次辅导课记略

谢柏良 记录

时间：1988年5月16日上午
地点：王先生的书室（玉轮轩）
学生：谢柏良（1986级博士研究生）

谢：先生，您早。接到您的电话就来了。前天下午您是否也给我打过电话？

王：昨天下午给你打过电话。你的《浪子、斗士关汉卿》我已经看完，想当面给你谈谈。总的看法是可以这样写，但还可以把理由说得更充分些。

谢：这部书稿写成并部分发表后，来自正反两方面的意见都有。意见的焦点在于，是否能在关汉卿本人史料缺乏的情况下，通过作品来认识和研究关汉卿；是否能从关剧现存十八种之外，再以四十八种关剧存目来进行总体研究？我一直为此感到困惑。

王：我看是可以的。过去我写《关汉卿战斗的一生》，就是从关汉卿的作品来探讨他的思想境界的。古代戏曲家绝大多数没有详尽的生平材料，正史既不载，其他旁证也不多。在这种情况下，通过作品来研究作家的思想倾向和艺术追求，就成为一种只能如此的研究方法了。戏曲家在描写历史故事或现实生活时，往往融入他本身的生活，流露出他本身的思想感情，从中即可看到他本人的影子。我们从《荐福碑》《岳阳楼》《陈抟高卧》三剧，可以窥见马致远从功名失意到出家成道的一生。从《扬州梦》《两世姻缘》两剧，可以窥测到乔吉与李楚仪等歌妓恋爱生活的一斑。对关汉卿的杂剧，特别是部分倾注全力写成的代表作，也可以这样看待。

过去研究关汉卿的学者，往往只注意到现存十八种关剧，很多文章有互相重复的地方，开拓的新意不够。你这里根据一些史料线索、野史笔记等材料，把六十六种关剧看成一个整体来进行分析，这种做法是可取的。最好能把这些本事的出处，都分别注出来。比方说《高凤飘麦》本事见于《后汉书》等书，就可以注出。从关剧《孙康映雪》《汉匡衡凿壁偷光》《终南山管宁割席》和《白衣相高凤飘麦》等存目联系起来看，关汉卿对于读书人经过艰苦学习，通过科考或者其他途径为国家做一番事业，还是相当欣赏，或者自己是曾经抱有这个愿望的。匡衡通过对策，讲《诗》，汉元帝提拔他当丞相。管宁后来也在魏正始年间参加了一些政治活动，都可以说明这一点。你的书稿，除了把鲜见的材料加上附注外，还要注意有的地方发挥太过的问题。最好改正一些讲得过头的话。我已经给你改过一些，有的地方打上了记号，是否合适，你自己再斟酌、考虑。

谢：这本书稿写得通俗一些、活泼一些。引用的材料除见于正史者外，传闻杂记都有。这样写是否妥当，是否缺少学术性？

王：我看了后感觉到文笔比较生动，思路比较新颖，可读性强，摆脱学院气较多。我们的学术研究工作，从清代乾嘉学派开始，一直到现代的陈寅恪先生，诂经论史，考证得比较缜密，但也失之于琐碎枯燥，文学研究本身的文学性不够。梁任公和郭沫若，文章写得较有气势，笔端常带情感，但有时又失之于不够细致。最好是把这两种做学问的类型都结合起来，取长补短，互相补充。

此外，研究关汉卿和古代戏剧家，材料实在太少。除了从作品入手讨论作家之外，一些合适的野史、笔记和传说也同样可以运用。这就涉及两种范畴的历史人物，一种是活在正史典籍中的历史人物，一种是活在民间传闻中的历史人物。我们往往过于看重正史典籍，常常忽视了在民间口耳相传的活的历史故实。其实司马迁写《史记》，就采用了不少神话传说和民间传说。陶朱公三徙成名，荆轲刺秦王的故事，都是比较典型的例子。司马光编《资治通鉴》，比司马迁的《史记》要谨严，但也吸收了一些传说故事。在戏剧作品中，关汉卿写柳永，田汉写关汉卿，所根据的材料也都是轶闻传说，但他们对人物的个性把握却是比较准确的。为文学人物写一本比较通俗的文学传记，在一定程度上也是允许采用一些民间素材的。罗曼·罗兰写过很多传记，文学性的色彩比较浓，历史面貌也比较真切。即使从欧洲的历史来看，古希腊的英雄史诗《伊利亚特》和《奥德赛》都是历史传说和文学创作的结合。人们从中可以了解古希腊的历史、社会和哲学。俄罗斯英雄史诗《伊戈尔远征记》也是这样，人们从中真切而生动地了解到公元一一八五年俄罗斯王公伊戈尔远征失败的史实。所以你研究关汉卿，把眼光放在全部关剧创作上，并从史书、札记等轶事传闻上找根据线索，把它们重新结构为一个整体从而进行比较全面的考察和讨论，得出自己的看法，这是可以的。

谢：比方说关汉卿的生卒年问题，说法不一，争论较多。我就选择了从金入元的说法，并把相关的词曲和轶事都组织起来了。我过去虽然这样做了，但在理论认识上，没有这样完整的考虑，没有一种历史与文学的通盘思考。所以写出来之后，也是顾虑重重。您刚才的看法，不仅对研究关汉卿有意义，而且对研究其他古代戏曲家，都在基本观念和研究方法上具备指导意义。

王：可以采用关汉卿是由金入元的说法。从文稿上看，你对关汉卿的现存十八种剧作是认真看过的，所以其中许多分析研究有你自己的独到处。过去我认为你研究戏曲理论比较熟悉一些，对具体作品可能分析不够；现在看过你的书稿后，我改变了原来的看法。把理论和作品实际结合起来分析，才更容易有理有据，使人信服。比如你对关剧三大悲剧、五大正剧和十大喜剧的类型划分，对现存十八种关剧有你的总体考虑。把《窦娥冤》《双赴梦》和《哭存孝》同样作为悲剧，结合起来分析，就能在比较中找出关汉卿悲剧的共性，能够使人们对关汉卿悲剧的世界意义有一些基本了解，对王国维关于《窦娥冤》可以列于世界大悲剧之林的提法有所阐明。你在第五章中概述了悲剧、喜剧和正剧的划分，接着以三章的篇幅，分论关汉卿三个具体的悲剧、喜剧和正剧，这就是从一般到个别，以个别证一般的做法。这三章的加进，使得书的结构平衡一些，总体研究和具体分析也结合得好一些。

谢：谈正剧是以《四春园》作为例证的。在您主编的《中国文学史》宋元部分，在张庚等人的《中国戏曲通史》里都是以《四春园》作为题名。但在一般辞书,《存目汇考》及《大百科全书·戏曲曲艺》册中，又都无一例外的是以《绯衣梦》为题的。这种同剧异名的情况如何解决？

王：用《绯衣梦》较好。但你既然按照一般教科书的提法用了《四春园》，也可加以说明，即两个剧名都分别出于同一剧目结尾时"题目"的上句或下句。

谢：十几万字的书稿，您都仔细看过，并且像过去看我的文章一样，在许多地方都逐字、逐句地改正过。

王：我用铅笔做了一些修改。有些地方打下了记号，目的是提供你参考。在最后取舍时，还得由你自己决定。你的文章，有青年人的朝气，文笔比较流畅，写得也比较快。文章写得快是好事，但也要注意快写慢改。在资料引用上要注意准确一些。总起来看，除了我上面讲的之外，这部书稿对关汉卿的评价也比较适度。除了把他当成一个伟大的戏剧家来看，也还指出他作为浪子的一些不可避免的历史局限性。在对《玉镜台》等剧的看法上也有新的见地。从整个研究路子和具体表达上，都有一些出新。因此，我认为可以拿出去出版问世。

谢：除了这本书稿的修改之外，我近来一直在考虑博士学位论文是以《中国戏曲批评史论》为题好，还是以《中国古典悲剧研究》为题好。前者已经做过许多工作，写了二十多万字的文章，基础较好，但选题是人家做过的。后者从总体上探讨中国古典悲剧，这工作做的人不多，做过的人也还没有进行到比较系统的全面研究的程度。我们中大编过《中国十大古典悲剧集》，也作过一些理论思考。

王：中大的学风，比较重视从具体作品出发，作较为认真细致的分析。黄天骥老师的《纳兰性德和他的词》是这样，我们其他一些同志的做法也是这样。尽管学术界可能会有不同的观点，但从具体作品出发，经过认真考察分析得出来的结论比较可靠。你前段时期研究戏曲理论多一些，现在回过来读一些作品，再进行一些理论总结，可能要更好一些。因此，我想你还是写中国古典悲剧方面的课题比较好。

谢：那好，就这样定下来了。以后在《浪子、斗士关汉卿》的修改中碰到问题，在毕业论文的大纲拟定中碰到难点，再来请您指导。再见。

附记

这是我看了博士生谢柏良的《浪子、斗士关汉卿》的专论后，找他商谈的记录。由谢柏良根据笔记整理成文。我一向认为师生之间以平等的态度互相交谈，是研究生辅导课的有效方式之一，从中可见一斑。

选自王季思《玉轮轩戏曲新论》，花城出版社，1993年版，第61-67页；谢柏梁《戏剧宗师关汉卿》上海书店出版社2002年版，用原记录稿作"代序"，题作"与王季思先生谈《戏剧宗师关汉卿》"，文字间有不同。谢柏良是谢柏梁在校时用名。

学者之域

黄仕忠

一九八六年秋至一九八九年夏，笔者于中山大学随文学史家、戏曲史家王季思先生（一九〇六——一九九六）攻读博士研究生。后留校，仍得时闻先生教诲。归则私记之。今值先生仙逝十周年，亦是先生百年寿诞之期，追思先生当年之所述，以为仍具现实意义，兹刊布数则，以作纪念。

名与实

尝侍季思先生侧，论及学人的名实问题。

先生曰：名与实，通常可以看到的，不外乎两种。一种是名实相副，另一种是名实不副。在名实相副的过程中，又存在两种情况，一种是实才至，名即归之，这当然是最好不过的了；第二种是实先至，而后名方随之，这种情形最为常见，是人生之常，不必慨叹。至于名实不副的，也有两种情况，一种是骤得声名，但实不仅不足以称之，而且看不到增长的可能性，所以别人视作名不副实，也就有了根据；第二种情况是看起来好像实不称其名，但不久之后，实也很快提升到足以与名相称的地步，可以称之为名至实符。这类情况最要注意区别。如果简单地以名不副实视之，就会失之于偏颇。

锐气与成熟

常闻前辈学者诚言板凳要坐十年冷，厚积须当薄发，私意也以少年老成之文章为自得，对侪辈的雄文，略不以为然。以此询季思师。

先生曰：也当有所区分。少年有少年之文，老者有老者之作。文章与气势相关。少年时当养其气。能用其锐气，则常有出人意料的见地，能发人所未发。因为少年人较少拘羁，思绪飞扬，脱略文字，所以时有所得。虽然其中也难免出现稚气的情况，但应当允许他们由不成熟走向成熟。如果一味强调老成持重，磨光了锐气，长此以往，恐怕还没有达到厚重的境地，却先见到萎靡不振的情状了。文章事本来就不应限于一种风格。风格的获得，应当以适合个性为标准。老年人返璞归真，举重若轻，以大手笔做小文章，因而达到一种很高的境界。年轻人应当知道这类文章，能够体悟到其中的妙处，知道平常话头中也可表达出余味不尽的境界，有华辞丽藻所不可及处。但，也不必一味模仿，亦步亦趋。另外，文章之道，别无他径，只有多练多写。厚积薄发，并不是说不写，只是说拿出来的都应是成熟的作品。就每个人的不同情况来说，谨厚者当鼓励其多作文，多练，敢于发表己见。而过于张扬者，则当提醒其返于厚重，不可一味使才。所以说，也无一定的规则。

思想与教条

季思师谓其少年时代，不满私塾的旧式教育，对日日诵读四书五经，深觉烦厌。后来读到中山先生关于三民主义的文章，感到耳目一新。塾师或学校屡加禁止，就用四书五经作封皮，以障耳目。但民国以后，在学校中，这类文字，又成了必须天天讲、月月讲的东西，成了不可责疑的纲纪，因而令人生厌。结果便以三民主义读本作封皮，用来遮掩进步书籍的阅读。所以，无论何种革命、先进的思想，一旦成为教条，成为不可怀疑的思想，成为唯一的真理，强制人日日诵习与接受，便成为阻碍人类思想发展与进步的障碍，最终也必然会被人们所抛弃。

专精与博学

予叹前辈学人之博学，我辈遥不可及，遂请问其途径。
先生曰：其实不必太过神秘。博，也是相对的。此事需得从长计议。倘用三五年时间，做一个领域，当能臻于学术之前沿。然后再用三二年时间，用于相邻的领域，亦必能成为专家。人生对于学术的追求，原是一辈子的事情。一个人，一生中若能有三十年用于学术，每三五年能成为一个领域的专家，如此持之以恒，待到耄耋之年，便自然是博学之士了。我的一生，历经战乱与许多政治运动，难得平静致学的时光。你们看起来应当能够处于一个安定之境，倘能认定目标，循序渐进，他日于学术之所得，必会超过我们。

予默识于心。

原载《中国研究生》2006年第5期。

我心飞扬
——回忆跟随季思师学习的时光

黄仕忠

一

一九八六年九月二十三日。我到中大报到，正式跟随王季思先生和黄天骥老师攻读博士学位。同届同学还有南京大学教师郑尚宪和华东师大应届硕士毕业生谢柏良。

一周后，国庆刚过，王先生赴山西临汾参加第二届古代戏曲学术研讨会，让我们也一起去。

这是一次有将近两百人参加的学术会议，规模宏大。据说前一年在郑州开的第一届，也是名家荟萃，俊彦齐集，规模盛大。但之后再也没了第三届。季思先生是古代戏曲学会的会长，也是会上几位资深学者之一。下榻后，他把我们三个博士生召去，特意叮嘱：你们年轻人，要与年轻人交朋友，那是一生的朋友。

听从先生的话，在这次会议上，我们结交了一大帮"一生的朋友"：刚从中央戏剧学院硕士毕业分配去北京戏曲学院的卜键,《文学遗产》的李伊白、南京大学的周维培、南开大学的陆林、安徽大学的朱万曙、北京大学的李简、中华书局的马欣来,同时还熟悉了中大同门董上德,学弟陈维昭、钟蕴晴、云亮,在暨大读研的小师妹王小雷,华师的周国雄老师,等等。二十多年后,我在大木康教授那里看到会议合影,发现那次他也在!

会议期间,我们一同到《西厢记》故事发生地——蒲州普救寺,寻访当年那位多情才子跳墙的踪迹,像张生一样,久久伫立黄河渡口,领略那浊浪排空的九曲风涛。归途中,在西安的碑林里感受那剥蚀的时光,在华清池边,想象贵妃出浴、力士捧靴、李白挥毫的身姿。我们还登上了华山,在西岳之巅仰天长啸,笑指日出,听野老闲话沉香太子劈山救母的传说。真可谓同学少年,意气风发。

二

黄天骥老师当时是系主任,行政事务十分繁忙,甫见面,黄老师就轻松地开起了玩笑:"我的任务是把你们招进来。你们的学习,我就交给王起老师了。"

我们这一届博士生,文理在内,全校才十一个人,都是恢复高考后上的大学。有这么好的平台,这么好的资料条件,又有这么好的导师带领,我们简直是放开了步子撒野,个个踌躇满志。

上世纪八十年代初，学术研究刚刚拨乱反正，回归正道，旧迹未尽，新途待拓，新观念、新方法纷至，我们在这个背景下打下了学术的基础，又个个力求走出自己的新路。尚宪从厦门大学考入南京大学，基础厚实，为人纯朴，其学谨守师训，老老实实地做着版本比勘研究；柏良从湖北师院考入华东师大，沾得海上风气，心高气雄，着力于构建自己的独特体系。我则谨奉老杭大"论考结合"的准则，力求将理论与实证融通。我之所为，正好介于两位师兄之间。三人秉性各异，风格不同，却可互济。两位导师经常是读到我们发表出来的文章，才给予评说的。他们微笑着颔首肯定，然后委婉地提出意见与建议。我们高高兴兴地接受了表扬的话语，却有意无意地漏过那些批评的词句。在那个神州复苏的八十年代，一切都是那么美好，那么生机勃勃，年轻的我们，意气风发，睥睨四海。

当时不定期地会举行精心安排的"辅导课"（研讨课）。地点就在王先生家的客厅，时间是一个上午或下午。所有讨论课，先生都全程参与，并发表意见。有几次是王先生亲自主讲。

那时还没树起"研究团队"的旗帜，实际则已形成。参加研讨课的，中年一代有苏寰中、黄天骥、吴国钦三位老师，年轻教师有罗斯宁、欧阳光、师飙、康保成、董上德，学生则是我们三位博士生，有时也有硕士同学参加。那时外部学术交流很少，这个群体却能经常展开内部研讨，对我们三位初窥学术门径的博士生来说，等于是得到了一次次的集体辅导，因而大开眼界，收获良多。

研讨课每次都有一个主题，有时是精选的戏曲史问题，有时取学界新发表的论文，或由老师主讲，或由同学承当。研讨中所有人都是自由发言，直率表达自己的见解，或是不同看法。我不仅观察到师长们各自的个性、风格以及学养，还能体会到年龄和经历的不同而产生的"代际"差异，观察到各人在理论掌握与逻辑思考等方面的特色，内心也颇有跃跃欲试的冲动。

有两次研讨课，给我印象深刻。

一次是王季思先生主讲悲剧，他提出中国古代戏曲的特征是"悲喜相乘"，并作了系统阐释。我听了，有一种每个毛孔都被打开的感觉，几乎浑身发抖，一时浮想联翩，十分激动。课后我将其整理成文，题作《悲喜相乘——中国古典悲、喜剧的艺术特征和审美意蕴》，成为先生晚年最重要的论文之一。发表时，先生特意附言："这是我的博士生黄仕忠根据我一次辅导课的讲授提纲和录音整理的。第四节里融入了他个人的一些见解。"我为先生整理的另一篇文章，先生也是特附一笔："这是黄仕忠同学根据我的提纲和谈话撰写的。在某些段落还融进他自己的见解，不见拼凑痕迹，这是不容易的。"其实我在整理时有改动、调整，加了我的浅见，先生却不以为忤，附言肯定。

另一次是黄天骥老师主讲元代钟嗣成的《录鬼簿》。黄老师没有写提纲，即席开讲。切入的角度十分特别，仿佛打开了一扇新的门户，令人思绪万千，更有许多新的角度与新的可能在我脑海中活跃了起来。我的书写速度比较快，把主要内容记录下来了，课后安排新入学的博士生作整理，就把笔记给了他们，可惜最后却未能成文。多年之后，我说起此事，黄老师也说，那天忽然灵感触动，纷至沓来，许多以前从来没想过的问题，一下子冒出来，又全部贯通了；可惜事忙，后来这种灵感消失，就再也记不起来了。我觉得十分遗憾，不然，学界应能收获一篇出色的论文。

入学第二年（一九八七）夏天，黄老师组织在佛山西樵山举办《长生殿》讨论会，不要求与会学者提交论文，"只带头脑来就可"。事先安排尚宪和我撰写研究综述。我们花了近一个月时间，认真阅读了所有能找到的有关《长生殿》的论文和著作，写出了三万多字的综述，印发给与会代表，也让我们对有关问题有了一个底。

会上的讨论精彩而激烈。每个问题，都引发不同的回应，引出更深入的思考，更激烈的争论。学者之间各执己见，互不相让，争得面红耳赤。也因为这样，很多细节，很多从来没有被关注的问题，被一一翻了出来，让人一新耳目。

我在记录时，也悄悄地观察着学者的个性。有的性急气盛，抢先发言，逻辑严密，言辞犀利，直入人心，例如南开大学的宁宗一教授；有的则是沉稳含蓄，到最后才发言，已经系统地梳理了前面的讨论，附以己见，给人条理清晰、滴水不漏的印象，例如华东师大的齐森华教授。

会后，我和尚宪根据录音记录成文字，编为《〈长生殿〉讨论集》，由文化艺术出版社出版。季思先生认真准备了提纲，作了二十多分钟的发言，会后他又审读记录，做了细致的补充。他说发言时口头表达跟不上思路，会有缺漏。这种认真的态度，给我留下了深刻的印象。

许多年之后，与会学者回忆起来，仍赞口不绝，称这才是真正的学术讨论会。

那时我们还在先生家里唱"堂会"，从昆曲、现代京剧到地方戏，众位师兄弟（妹）各显身手，连黄天骥老师也一展歌喉，演唱了粤剧，且有身段表演，让王先生十分开心。我也被推上场表演越剧《红楼梦》唱段，民乐专业出身的谢嫂子用二胡伴奏，这是我第一次随伴奏唱曲，一心想着配合，结果总慢半拍。尚宪小声对我说：你只管唱，她是有经验的，会随唱合乐。于是让我对演唱与伴奏的关系有了新的体悟。

三

博士三年，我们是在两位导师的关心与指导下，在一种亢奋的情绪中度过的。中大为博士生提供了单人间寝室，让我们不受干扰地安心学习，当时在全国也是独此一家。

入学时，每人都发给了一个经费本，每年八百元经费，都归个人支配，只要符合财务制度，经过导师签字，就可以自由开支。所以一九八七年暑期，我为散心而有西北之行，前后历时四十三天，经西安、麦积山、兰州、甘南拉不愣寺、西宁、柴达木，转敦煌，再往乌鲁木齐，游历了北疆和南疆。在柴达木往敦煌的戈壁沙滩上，草色遥看近却无，感悟到生命的艰难和个人的渺小；在无边的塔克拉玛干沙漠北沿和劈开漫漫黄沙蜿蜒千余里的黑色公路上，体会到心胸被撕开的感受。正是这次游历，我忽然找到了生命的节律，将混沌复杂的思绪化为有序；而回到广州寝室，首先看到的却是先生嘱师母写给我的安慰的便笺……

多年后，尚宪为我的论文集作序时写道：

绿树掩映的"玉轮轩"里，我们无数次围坐在两位恩师身旁，聆听谆谆教诲。初夏时分，我们趴在宿舍窗口，用细竹竿勾取洁白的玉兰花，给远方的亲友寄去缕缕芳香；秋冬时节，漫步江堤，看着夕阳将珠江染成一派通红，然后踏着暮色回到斗室，黄卷青灯读到深夜。元旦晚会上，我们不敷粉墨就昂然登场，在哄堂大笑声中，串演了一出"歪批三国"。

然而更难忘的，还是三年中那无数次竟夕长谈：在书堆纵横的桌上挪出一小块空间，摆上一把缺了嘴的茶壶，两个锈迹斑斑的小茶杯，泡上一壶从家乡带来的大叶茶，然后就海阔天空地聊将起来。我们聊人生，聊理想，聊家乡趣闻，聊往日师友。常常一聊聊到深更半夜，茶壶里倒出来的水早已淡白无味，而我们的谈兴却越来越浓。一个个想法在神聊中产生，一篇篇文章在聊天后出笼。无论我还是他，每当有了一个新的想法或读书有所得，第一个念头就是找对方聊聊，切磋切磋；每篇文章脱稿后，总要让对方第一个过目，提提意见。有时候干脆合作撰写。这种学问商量之乐，是常人难以体会的。

前些天，尚宪问我："有一次你穿着拖鞋去系办公室，被反映到黄天骥老师那里去了，不知道你是否还记得？"

我说："记得。那时十分放飞自我，'目中无人'，一头沉浸在自己的问题里，每天都在书堆里泡十来个小时。快中午了，才骑个单车，趿着拖鞋去系里看信，然后飞快返回，从来没留意别人会怎么看……那种'与人无关'的感觉，仿佛就在眼前：骑着单车，穿行中大，哪怕知道遇见的人是谁，但既然我们从来没有打过招呼，那就是不认识，对不？我不问候你，你也不用招呼我，大家都省事、省时间，多好！——于是飞驰而过，目不旁视，潇洒快活！"

我们很幸运，就是在这样神采飞扬的日子里，学习、生活、思考、成长，完成学业。

我在第二学年结束时，才确定以"负心婚变母题研究"作为博士论文选题。这是硕士时所做《琵琶记》研究为原点，往上追溯到《诗经》的《氓》《谷风》；往下则一直到一九八八年谌容《懒得离婚》，展开"文学社会学"的解读。这是受到王先生《从〈凤求凰〉到〈西厢记〉》《从〈昭君怨〉到〈汉宫秋〉》等论文的影响。这个选题背后有高考和知青返城所引发的社会问题——学术研究应当关注现实，也是先生一直强调的。

我们博士毕业时，正值那个动荡的夏日。先生十分担心国家的前途和命运，忧心忡忡。原定邀请北京、上海的学者来主持答辩，最后因故未成，临时改请本地学者。商议那日，先生老泪纵横，哽咽不能成声。此情此景，至今犹在眼前。

六月中旬，我们顺利通过答辩。不久，先生被要求"自愿退休"，从此不再招收研究生。就这样，我们三年的博士生生活，以及我心飞扬的八十年代，也从此落下了帷幕。

长留双眼看春星
——回忆晚年的王季思先生

黄仕忠

我是王季思先生带的最后一届学生,从一九八六年秋到一九九六年春,我自读博士到留校,追随先生度过他人生最后的十年。如今,先生离去已将近三十年,近来读亲朋所写忆念先生的文章,恍然间觉得先生那蹒跚的身影似乎并未远去,令我有重闻謦欬的感觉。于是掇拾思绪,写下我的忆念。

一

我读博士时,先生已年过八十,但仍然写了多篇超过一万字的论文:大多是自己列出提纲,然后通过讲述,与助手、学生合作撰写。我也曾根据先生的提纲与讲述,为他整理过两篇论文。一九九三年,先生与郑尚宪、我合作编集《中国当代十大悲剧集》《喜剧集》《正剧集》,选目都是先生在反复征求意见之后确定的;每集都有一篇超万字的序言,虽是我和尚宪起稿,但都经过先生的悉心指导和最后审定。

年过八五之后,先生还通过口述,写了一些短篇论文。最后的两年,则是在家人和学生陪伴下,写一些随笔和回忆文字,从千余字到数千字不等。这些随笔中,我印象最深的有两篇,一篇是《我的老年心境》,另一篇是《祸福交乘 冤亲平等》。后一篇,看题目,我以为会讲"宽恕",或是像鲁迅那样的"一个也不宽恕",先生却说:"我感激那些信任我赞助我的同志,也不忘记那些从反面激励我前进的朋友们。"

至于诗词短章,是先生一直都在写作的。在生命的最后几年,他连口述散文也变得艰难,但每年春节也仍然自拟春联,在元旦时吟咏新篇。例如一九九四年的春联:

放眼东方 万里晴光来晚岁
托身南国 一生学术有传人

一九九五年的春联是:

薪火相传 一生无大憾
中兴在望 双眼盼长青

从这些春联,可见他心心念念所想的,一是对学术的薪火相传,欣慰已得传人;二是对国家兴盛的期盼,泰然面对离去那一刻的到来。

甚至当他只能卧床,连翻身也不方便时,仍在床榻上吟咏诗句,让守护在身边的儿女记录下来,有时候也寄给朋友看,如林芷茵先生就收到过"半章"诗篇:"世味尝来惯,浮生认不真;药医不死病,佛渡有情人。"虽谈不上是华美的辞章,却依然可见不老的心声。

所以,先生的小女儿小雷说:"爸爸的最后几年,有意识地用诗词文章来证明他的生存。"

《南方日报》记者曾举这话问先生的长子兆凯,大哥的回答是:"生存意义啊?!现在问题是这样。你只要把他解放之前和解放之后的诗词作个对比,解放以前他的屁股是坐在哪里,他坐在百姓那边,平民那边,反映他们的疾苦;解放以后,写的那种,什么在灿烂的阳光下,今天是好日子,明天是好日子,后天还是好日子,这种应景的诗词,他本身也是很痛苦的。"(《王季思和陈寅恪走的是不同的路》,下文所引王兆凯语均同此,不另注)

小妹说的是"最后几年",这是女儿对父亲晚年心态的解读;大哥是《王季思全集》的整理者,他的回答,已转换到对先生一生写作的评说,其实并无矛盾。

我对小雷的说法深有同感。记得有一次我陪侍先生散步,他说,脑子要经常用,夏(承焘)先生晚年不写文章,脑子很快就退化了;我因为经常写些小文章和诗词,所以现在脑子还能转动。——夏先生晚年深受病患困扰,但心态的"放平",可能加疾了老年痴呆蔓延的速度。而王先生在晚年仍然努力吸收新的思想与知识,十分乐意与年轻人交往,感受那些勃郁的生气,因而在暮年仍焕发着生命的活力。

一九八九年六月,我们三名博士生毕业。一个月后,先生被要求"自愿退休",从此不能再招学生,但黄天骥老师仍然恭请先生来指导学生。那时先生行动已经不便,说话方音更重,写字手抖,但不仅继续校读完成了《全元戏曲》十二卷的编纂,而且对学生、对来访的年轻学者、对于团队建设,都是认真地提出指导意见,并一直保持着写作状态。

先生在给四十年代一同参与抗日演剧的林芷茵的信中说:"我去年(1989)暑假后也已退休,但《全元戏曲》有待完工,同时也还写点小诗短文。我以三句话自约:即退而不休,动而不劳,衰而不落。偶然写点东西,可以克服老年人的失落感。"(据林芷茵《一个人的世界》,宁波出版社,1997)

系友许石林记录一九九四年六月的一次拜访,也可作印证:

我对先生说:"您的徒子徒孙们目前只有一个愿望:祝您健康长寿!"

先生嘀嘀大笑。他说:"我每天坚持工作,现在手抖得厉害,不好写字。但是每个月至少写一篇文章、写一首诗或填一首词。发表出来,让中文系毕了业的学生看了,知道我还活着,还能

思考，还能写。"(《玉轮轩写意》，《东方文化》1995年第1期）

活着，便要活出意义，而不是畏惧死亡。他在《我的老年心境》中说："相信在我生命终止的最后一天，亦将含笑赴长眠。"
在这位耄耋老人看来，单纯只是肉体存在而不能思想，"生存"便失去了意义。所以在那"最后几年"，即使行走不便，甚至都不能下床了，他仍努力通过诗词文章来证明自身生命的存在，而不是"行尸走肉"。这便是先生晚年的心境。
我是在跟随先生学习的这段时间，逐渐明悟一个合格的学者应当如何自处。我十分幸运，在学术起步的阶段，跟随徐朔方先生和王季思先生学习，当时他们都已功成名就，但依然孜孜不倦，勤于写作，他们完全不需用学术来作稻粱谋，也不需要再向世人证明什么，纯粹是出于内心的需要，在寻求生命价值的自我实现；他们把学术内化为生命的组成部分，用写作来证明自身"存在"的价值，体现生命的意义。这让我深刻地认识到学术和人生的关系，从而能摆脱世俗功利的桎梏，克服浮躁的心态。

二

王先生对学生的关心爱护，对后学的奖掖扶助，更是众所周知、众口一词的。

我曾以跟随徐、王两先生分别学习三年的感受为例，比较两位先生指导研究生的异同。

徐先生其实是"自学成才"，自己悟通学术之路的，所以他主张不作干预，让研究生自己领悟；只有能领悟者，才有资格成为合格学者，否则便不当入此门。因而表扬少，批评多。又由于他是学欧美文学出身，已经融入一些现代人际观念、责任界限，见面时，他总是先问我学业方面有什么问题没有，以为这是导师的职责，而从不过问我个人和家庭的情况，也不让学生去帮他做任何家事，以至被人误解为"不近人情"。

王先生早年深深受惠于吴梅（字瞿安）先生，甚至在逃婚时曾住于其家。瞿安先生则藏书任用，悉心指导，竭力推荐。所以王先生对学生、晚辈一向宽厚，通常是先肯定鼓励，再批评建议，并且十分关心学生的生活，逢年过节时经常请学生到家里吃饭。由于表扬多而批评少，看起来似乎是只说好话而不作批评。王先生说，学生资质有高低，老师的责任，是让学生有所进步，不必要求皆有成就。——我现在对学生，更倾向于王先生的做法，但也会直言不讳地指出问题所在，所以实际上是对两位先生的做法作了折衷。

有一次，上海戏剧学院召开会议，寄函给先生，请他推荐人参加。由于当时中大的老师们都有事不能去，先生说：那就让仕忠去吧。——你还可以顺便回家探望父母。我听得先生此言，当时眼睛就湿润了。这就是我的老师呵，他对学生的关心就是这样细心周到！

康保成师兄是一九八四年入学的，他回忆当时的情况，说："不断有人问我：'王先生已八十高龄，他还能带你们么？'言外之意是很明白的。是啊，文科研究生以自学为主，何况是博士生！北京某名流的研究生告诉我说，他们平均每年和导师见面三到四次。毕业时，除班长外，有些导师竟叫不出学生的名字！"（《我的导师王起先生二三事》，《文教资料》1990年第2期）

说起来，博士制度设立后，第一二批导师，是由国务院学科组评出的，大都是泰斗级学者，但其中不少老先生年事太高，已无力指导，学生便处于"放羊（放养）"状态。有的先生记忆力严重衰退，已认不出自己的学生。王先生年事虽高，事务繁忙，门下学生众多，但头脑清晰，依然能为学生周到考虑，怎能不让人感动万分呢！我们想要对先生有所报答，也是发自内心的。但先生只说：你们若有所成就，便是最好的回报。

师生情如父子，而又异于父子。学生深感机会难得，求知若渴，虽片言只语，也视若拱璧，回味再三，犹恐愚钝，未解真意；偶得长者之赐，常怀涌泉相报之念。而儿辈则不同，或许会烦厌于父母的唠叨，以为老话过时，况父子遗传，性格相近，易生排斥，沟通维艰，于是做家长的不便多说，即使是为之绸缪，大多是悄然以行，儿女或不知，或是当时并不理解。——当然，学生多了，分润多了，儿女所得便显得少了；当无数学生、晚辈一次又一次地感念老师的恩泽，仿佛老师那里有一个取之不尽的宝库似的，也可能会让人觉得他为了学生已经掏尽了一切。

《南方日报》记者问先生长子王兆凯："王季思非常爱护学生，人所共知，不知道他对家庭的态度怎样？"

王兆凯："他把大部分的精力放在学问和教学上，放在扶助青年上。受过他提携的学生、年轻学者不少。他是个很有成就的学者，这是无可否认的。对子女的话，他没有花很多的精力去扶助或者引导。我们的专业是自己选择的，他从来没有建议。"

黄天骥老师说，先生的女儿曾经埋怨："爸爸就是爱学生，不爱子女。"先生嘿嘿一笑，不作辩解。（《余霞尚满天》）

我想起一九九〇年秋，姜师母患急病去世，有一天晚上我和先生的三公子则柯值班照看先生，有过长谈。则柯说，他初中就住校，直到上大学，都是自己想的办法，在成长过程中好像没有得到过父亲的关心。我读到他最近写的《与父亲在北大》，回忆起那些往事，可见父爱如山，舐犊情深，只是他当时年少，略不以为意。

我阅读先生哲嗣们的回忆文章，发现都曾一度感觉到爱的缺失。因为就在那个特殊的时段，悲痛的事件接踵而至：一九五七年初，师母徐碧霞被查出患有胃癌，先生带着她四处求医，忧心如焚。六月间，先生被教育部请到青岛讨论文学史编写，几乎是首次破天荒可以携带家属，先生高兴地安排在北京的长子、长媳到青岛来举行婚礼，证婚人都请好了，长子却在行前被划为右派，婚礼自然也吹了；幸而在艰难中，媳妇始终不离不弃，宁可开除团籍也不肯离婚。一九五八年秋，碧霞师母在重病一年多后，带着对长子的无比挂念，因疾病与操劳而不幸去世。离去前，坚持将家里的奥米格手表留给长子。这年三儿子则柯十六岁，小儿子则楚十三岁。持家的母亲原是维系这个大家庭的内在支柱，一朝倾折，仿佛天崩地塌。失去母爱的庇护，孩子们对父爱的渴求会变得特别强烈。而先生向来是"甩手掌柜"，家务事全都交托给妻子，而一旦痛失"会持家"（先生语）的爱妻，又要当爹又要当妈，那种"不知所措"的窘状，不知有几人有过理解，有过同情？

另一方面，这个时间点，正是反右运动如火如荼的时候。一九五七年五月下旬的"引蛇出洞"，系主任王起教授在座谈会上的发言，就已经滑到右派边缘，受到有关方面的警示。根据反右运动结束后党组织所作出的鉴定：王起"在反右初期，对运动的重要性认识不足，一段时间扭不过来。曾认为陈残云同志对董每戡'两副面孔，两种做法，两种法律'的谬论的批驳，有点过火。后来经党的教育和帮助，迅速地端正了态度，积极的参加了反右斗争，态度较坚决。"（《王起的表现材料》，1960年7月）后人已经无从知道当时党组织给予了怎样的"教育和帮助"；眼前病重的妻子、一大家子的生存，是沦为右派而家破人亡还是保全自己和家庭，这残酷的现实，是否对他"迅速地端正了态度"起到了决定性的影响?而"积极的参加",并表现出"态度较坚决",这期间是否也曾承受过内心的煎熬?往事似乎已经成为云烟,后人只知晓结果如此,至于那过程中必然存在的痛苦心绪,无人在意。

二女儿美娜回忆说:"妈妈病危像晴天霹雳,爸爸甚至不能自已,一次骑车回家撞到了树上。"

——骑着单车,眼前行进的道路一片迷茫,恍惚之中,车不由己,一头直接撞到了大树上——可以说给那个时候王起教授的状况,从一个侧面留下一份写照。

则楚说:"母亲的五个孩子都读了大学:大哥王兆凯考上北京钢铁学院,二姐王美娜考上清华大学,三姐王丽娜考上上海戏剧学院,三哥王则柯和我考上北京大学数学力学系。"(《我的母亲徐碧霞》)是父亲遮风挡雨,为儿女们提供了保障。而那些在运动中沉沦的人,他们的子女大都也随后一同沉沦了。

三

八十年代后期,我去北京访书,拜见师友时,有师长对我说:"你们王先生是圣之时者。"——黄天骥老师也在文章中记述了他曾听到同样的话。——"圣之时者",原是孟子评价孔子的话,说他是圣人中最识时务的,意思是批评王先生跟时代跟得太紧。

先生年轻时就接受"五四"新思想，勇于抗争，有叛逆的精神。他以注五经的方式注《西厢》，关注底层的通俗文学，本身就是这种新思想的体现。所以，跟上时代，与时俱进，是他毕生的追求。

一九五〇年代初，中山大学曾编纂了全国第一本用马列主义思想为指导的《中国文学史》，教授们为学习新思想，倡言"三年不看线装书"。广东也是孙中山先生的根据地，北伐的大本营——"文革"后更是"先行一步"，成为改革开放的前沿和窗口——或许其中有着共同的因子。这里毗邻香港，面向海外，易于接受新思想，勇于改变旧面貌。在我看来，先生南下广州后的作为，有其个性的因素，也有区域人文环境的影响。

先生一生都在努力进步。因为历经山河破碎，对国民党极其失望，才对共产党充满向往。一九三〇年代他在松江中学执教时的学生严慰冰，是陆定一的妻子，师生在解放后恢复了联系。陆与先生同岁，毕业于南洋公学，解放前后担任中宣部部长达二十年之久。一次我们散步时，先生说，他那时读陆定一的文章，觉得这些共产党人真有水平，比较之下，自己的思想水平很是不够，所以凡是自己的想法与政策、思想相左时，就习惯性地检讨自己，努力改变自己。直到经历"文革"，才开始有所反思，明白问题之所在。

先生的反思与自我批判，大量散见于晚年的文章与交谈中。早在八十年代中期，先生就在《光明日报》发文，强烈批评了党内一些领导文艺的同志,"把他们长期从事革命斗争的经验运用到文艺领域里来,从批判俞平伯的《红楼梦研究》起,到'文化大革命'的十年浩劫止,斗争越来越尖锐,思想越来越'左倾',在文化教育领域造成的危害越来越大。作为党外的一个民主人士,我当时以'听毛主席的话,跟共产党走'作为自己前进的方向。但是,思想也跟着越来'左',甚至对自己解放前后有些基本正确的做法,如独立思考、自由争论等,也未能坚持。这教训是十分深刻的。"(《元曲的时代精神和我们的时代感受》,1985年4月9日)

先生还说:"我一生做过许多错事,有些事想改也来不及了。"(许石林《玉轮轩写意》,《东方文化》1995年第二期)

又如一九八一年九月,先生请助手根据他提供的资料完成了一篇《王季思自传》,经过先生审订,发表在《文献》第十二辑(1982),文后,先生特别加了一段附记:"……问题是传文对我过去走过的弯路,如学术工作中的贪多务博,主次不分;在十年浩劫中的随风俯仰,缺乏定见等,没有指出。"这篇自传随后收录到《中国当代社会科学家》(第六辑,书目文献出版社,1983),先生又将"在十年浩劫中"改为"在历次运动中"。一九八八年三月二十八日,先生再次作了大幅度的修订,完全重写了结尾部分,在列出自己的著作之后,他写道:"在这些著作中,可以看到在我的前进过程中不免有迷失方向的时候和不切实际的想法。解放后的新形势,对知识分子追求人生理想、搞好专业工作是比较有利的，但由于教育、文化领域时'左'时右，特别是一九五七年以后愈来愈'左'的思潮，使我有时只能左右摇摆、跌跌撞撞地前进……"

一九九三年，中山大学举行"庆祝王季思先生从教七十周年大会"，大家纷纷赞扬他的成就与贡献，先生却在致"答辞"时说："在这条道路上摸索前进的时候，我也经历过一些坑坑坎坎，也走过一些弯路，写过一些错误文章，既批错了自己，也损害过别人。"（见《王季思从教七十周年纪念文集》）

我们可以看到，王先生在晚年对自己的过往，是不停地检讨自责，不断地自我批判，反复地声称"过去走过弯路""我一生做过许多错事""失去了独立思考"，每每表示忏悔。他其实"毕竟是书生"，我们却从来不见他有过一丝一毫的自我辩解，既没有原谅自己的过错，也从来不曾有推诿于时代、潮流的话语。

王先生是一位优秀的戏曲专家、文学史家，但并不是一个思想家。黄天骥老师在不同场合（包括与先生当面时）多次说："王先生在政治上是很幼稚的。"先生的哲嗣们曾多次提醒要看到先生的不足，其实学生们敬重王先生，并非看不到他的不足，也不是讳言其事，而是看问题的角度有所不同。世上从无"完人"，作为一个纯粹的学者，王先生一生在学术研究和教书育人方面所做出的成绩，就已经非常了不起。

南方日报记者问王兆凯："你最想让人记住王季思的是

什么?"

大哥回答说:"最想让人记住的,他是一个人、一个平凡的人、一个学者、一个出色的学者。凡人有的欲望他都有。他在学术上确实是下了功夫的,研究问题很透。他研究元曲的时候,会去研究《元典章》,就是元朝的法律。研究中国古典戏曲的现实意义是什么,研究古典戏曲,对我们研究今天的社会是有意义的,它在今天是有投影的,或者说是有影响在的。"

这说明大家对先生的理解与评价已经基本一致。

四

王兆凯更直言,王季思与陈寅恪走的是不同的道路:"就我来说,陈寅恪的形象远比王季思的高大。现在,就是要用'独立之精神,自由之思想'这两句话来挽救中国的知识分子,中国的知识界。"

一九五四年秋天,王家搬至东南区一号的一楼,与二楼的陈寅恪成为邻居。这是一栋独立的别墅,旧称"麻金墨屋",原住一户。后加墙作隔分,住两户。陈家住二楼,从北面大门进,出门左转有一条白水泥路,东至大路。王家住一楼,从南面的原后门出,另有一条小道出行(今已去掉,连成草坪),接南侧小道,经小道折往东,才能至大路。

二〇一一年时,记者问王兆凯:"两家关系怎么样?"时年七十九岁的大哥答道：

两家关系，《陈寅恪最后二十年》一书的作者不是写了嘛，"鸡犬相闻，老死不相往来"。

记者说：黄天骥教授回忆说，"当年，我去拜访他，他常提醒我说话声音要轻一点，以免影响楼上的陈老先生。我知道，他对陈寅恪教授由衷地敬佩"。

兆凯答：这个没有问题。但是王季思走的，和陈寅恪走的是不同的路。王季思走的是驯服的路。

兆凯大哥不幸被划为右派后，二十多年间经历了非人的遭遇，父子之间的政治观点有着较大的差异。陈寅恪先生当然是令人高山仰止，可是，不仅在中大只有一位陈先生，连整个中国也只有这一位呵！而拥有王季思同样想法与做法的，在那一代知识分子中，大概是属于多数吧。

则柯记道：因"院系调整"，以原中大医学院和原岭大医学院为班底组建了中山医学院，陈家的原邻居周寿恺教授迁居东山。我家迁来楼下，上下为邻，直到"文革"期间相继被逼迁出。（《与陈寅恪先生做邻居》）

陆键东兄在《陈寅恪的最后20年》中这样写道：

王与陈素昧平生。王起第一次接触陈寅恪是在1953年，那次学校专门组织中文、历史等文科数系的老师去听陈寅恪讲课，题目是"桃花源记"。陈、王两家来往不多。1957年之前陈、王两人偶尔有诗词唱和，之后则极少交往。王季思比喻为"鸡犬之声可闻，而老死不相往来"（据王起回忆，1993年10月7日），这大概也是当年知识分子身处的一种环境。

（三联书店，一九九五年版，第六十八页）

陆兄所记，都是事实。组合在一起，则给人许多想象的空间。

当时，陈寅恪失去周寿恺这位朝夕交往的好友，更显孤独。新搬来者，原本"素昧平生"，后来两家也"来往不多"。据王先生本人所说及后人所记，作为邻居的两家不是很亲近，应是事实。

另一方面，陈比王大十六岁，王尊陈为"教授中的教授"，敬而不近，也属正常。陆键东根据一九九三年十月七日对王起的采访，这样写道：一九五八年，"与陈寅恪共居一幢楼房的王起，不同意陈寅恪对《莺莺传》的一些解释，某日得允登门与陈寅恪切磋"，三十多年后，"王季思依然清晰地记得：陈寅恪听完他的说话之后没有表态。"——这"得允登门"的场面，可见王起"政治上的幼稚"，因为他认真地想做一次"正常"的学术交流，却在不正常的时代里选错了时间；当时作为被"拔白旗"对象的陈寅恪，感受到的可能是另一层意思，所以保持了沉默。

兆凯大哥直接引用了陆键东书中记录的话，来说明两家关系，作为直系子女，能够毫不讳言，十分可敬。但事情有时候可能不是那么简单。可能王先生的回答，也包含着些许微妙的意思。两家虽然居相邻，但要得到陈寅恪先生的认可，并非容易，当时在整个中大，能得以近距离交往的，不过冼玉清等三二人而已。

王季思先生在年轻时关注国家前途、民族沦亡、民生疾苦，他性情刚烈，也因这种性格，一度入狱、失学，一九四八年因与当局冲突，被迫离开浙江，远赴岭南。他的这种性格也遗传并影响了子女。长女田蓝受父亲影响，一九四八年从上海幼专奔赴华北解放区投身革命。长子兆凯在"鸣放"时积极建言，遂被打成"极右"，一生坎坷。则柯中年之后从研究数学转向经济学，在专业上独树一帜，被称为中国经济学的岭南一家，还写了大量经济学随笔，并撰文议论时事，可见对父亲的文脉传承。则楚调回广东后，在二十多年中，不断提出议案，为民生疾呼，受人关注。他们的身上，不仅流淌着先生的血脉，并且隐约可见先生言传身教的痕迹，只是他们自己反而可能没有太多感觉。

五

到了九十年代，我去北京，拜见同样的师友，他们纷纷向我表达对王先生的问候和敬意。

那次春夏之交的风波中，已经有六年党龄的王季思先生，用颤抖的手，在一份支持学生的请愿书上，郑重地签下了自己的名字。以故，这年冬天党员重新登记时，他的自我检查再三遭到质难，一直未获允许登记。记得已经快过年了，我拜见过先生后，师母私下小声和我说，先生坚持要写上自己支持学生爱国并没有错，不愿改口，所以这份检查改过好多遍，还是过不了关。我说，要不我们把那几句话改一下吧？过了几天，好像是过年的前一天，传来先生登记过关的消息，据说是省委作了指示，学校才执行的。

则楚回忆说："记得在一次政治风波之后，我批评父亲不该在不明党内斗争真相时，乱在支持学生的什么公开信上签名，说他年纪大，就讲讲好话得了。他很不高兴地说我是'滑头'。"

欧阳光也记道："一场风暴降临到年已八十五岁的老人身上，他被要求写检查，继而被延缓党员登记，当时我曾私下对先生表示关切，我清楚记得先生只是淡淡地说了四个字：'由它去吧。'"（《记王季思先生带我们拜访董每戡先生》）

在这里可见先生在晚年对于独立之精神的坚守。

小雷那时已经旅居美国，在父亲生命的最后时刻，专程回来陪伴，她后来在文章中这样记录先生最后那些时日：

让我更惊讶的是，那几天他常常望着天花板吃力地说："有风暴……你快走。斗你的时候……别说话。让他们……斗我。风暴……来了，你快走……"

爸爸一生历尽沧桑，一生中最黑暗的日子恐怕要数几乎置他于死地的"文革"。终日卧床，难免浮想"文革"噩梦。他一直盼我回家，希望我留在他身边，此时却耽心得让我早走。这荒唐的耽心让我流泪。

王先生晚年所写《自题玉轮轩》二首，其二曰：

人生有限而无限，历史无情而有情。
薪火相传光不绝，长留双眼看春星。

这是一个睿智的老人对于人生与历史的感悟，也是一个从教七十余年的老师，对于学术薪尽火传的期待。

我想，一个人的人生，漫长而又曲折；一个人的思想，若是经历过动荡岁月，必会如过山车那样高低跌宕。个人的命运，在时代的大浪中，是如此的卑微与渺小，如果我们不能看到人生的起伏波动与特定时代的关系，如果我们不能完整地看到全过程，恐怕都不免会失去真实。

【说明】

本文的撰写，主要参考了以下文献：

王兆凯：《王季思和陈寅恪走的是不同的路》(《南方日报》2011年11月25日）

王则柯:《与陈寅恪先生做邻居》(《上海书评》2017年2月19日)

王则楚:《回忆我的母亲徐碧霞》(《羊城晚报》2020年5月10日)

王小雷:《文字商量之乐》(香港《文汇报》1998年5月3日)

黄天骥:《余霞尚满天》(收于《中大往事》,南方日报出版社2014年版)

先生请学生吃饭

景李虎

考上博士研究生,欣喜忐忑。上大学时,文学史教科书,王起先生是编著者。某次写信与先生,竟斗胆模仿元杂剧《王粲登楼》里二净的口吻,称先生的学术成就于我"如雷贯腿",不知有没有冒犯先生。先生回信,并没有责怪于我。

上世纪九十年代,博士研究生数量较少,理科学生从早到晚做实验,文科学生要么泡图书馆,要么借一大堆书猫在宿舍。遇到节假日,便有些手足无措。

入学第一年,只我一个人。端午、中秋,先生便派小雷学姐到中区研究生宿舍,爬上十一楼,叫我去家里吃饭。我又是欣喜忐忑,骑着破旧单车,轻快穿行在高大樟树间的水泥小路上,瞄一眼绿油油的草地,感受小草躺着晒太阳的温暖与舒适。

恒义君入学,我俩成了群。中秋节到了,又是小雷学姐爬上十一楼:"先生请你们两位去家里吃饭。"

我和恒义君如幼儿园的孩子得了小红花,在同学面前趾高气扬。

登上木楼梯，杯盘已经摆好，先生已经坐在餐桌边的藤椅中，手边依旧是一杯家乡的黄酒。桌上，一瓶上好的白酒已经打开，我俩的酒杯已经斟满。

先生笑眯眯：过节了。读博士年龄都比较大，拖家带口，不容易。今天加了菜，请你们来吃饭。

我和恒义君，嘴上千恩万谢，眼睛来回扫描满桌的菜和那瓶上好的酒。

先生笑眯眯：我年轻的时候，是能喝酒的。但一次喝不了一瓶。你们俩多喝点，今天要把这瓶喝完才能走。来，干杯。

先生布置这作业，真是求之不得！

小雷学姐温润地依节律上菜，我和恒义君反客为主，自斟自饮，频频举杯。

喝着喝着，我俩就醺了。

说着说着，我俩声音就高了。

先生手边，依旧是一杯家乡的黄酒，不时抿一小口。

先生笑眯眯：你们俩多喝点。做学问，聪明人要下笨功夫。做学问，不单靠拼命，还要靠长命……

中大师友杂忆（节录）

周伟民　唐玲玲

我们于一九五三年秋季进入中山大学中文系学习，一九五七年秋季毕业离校。

一九五三至一九五七年，中大校园里极其平静，除了当中"反胡风""肃反"引起过微澜，康乐园里很是安静！记得当时全校在校学生不过七百多人，因为此前大学学生少，如我们中文系，由一九五三年夏天因院系调整到中大中文系的梅仲元，他在岭南大学中文系，三年级仅有他一人，中大当时教师却很多，因院系调整后中文系正教授就有四十多位，副教授、讲师和助教仅各一二位。

师生之间关系也极融洽。中大当时有两个运动场：西大和东大运动场。西大场主要是理科学生运动，东大场主要是文科学生运动。每天下午五时，两个运动场都龙腾虎跃，青年教师和男女学生们很多都到运动场上去。

元曲专家王起（字季思），当时任系主任，给我们讲写作课和元代文学。讲元代文学课时，经常带些精刻线装书来让我们观摩，领略中国古典的氛围。他常邀学界的名家来系里讲学，如词学大家夏承焘，在系里讲学的同时也在我们小班课堂上讲授宋词。王起老师十分注重培养学生的研究能力。比如，当时还在批判俞平伯研究《红楼梦》。一天晚上，我们正在宿舍晚自习。他拿着一张报纸，是一位四年级学生写的大块批判文章，亲自张贴在学生布告栏上，并到寝室通知我们学习。
……

二〇一五年十月二十七日于海南大学图书馆三楼工作室

原载中山大学校友会 2016 年 3 月 3 日网刊。

季思先生二三事

王灼林

王起（季思）先生是我的老师。一九五四年我入读中山大学中文系时，他是系主任，为我们讲授中国文学史的元曲部分。从此，直至毕业工作后，多有往还，时得教诲。其间，赠诗词、赠书，随从参与研讨会诸事，尤为难忘。下面，谨追记与王师有关诗词的三件事。

一

二十世纪七八十年代，王师任广东文学学会会长。我是该会的副秘书长，与一班王师的弟子、我的师兄弟协助开展省内高校中文系的文学教学和科研工作。一九八〇年十一月下旬，我跟随王师参加在武汉举行的中国古代文学理论研究会第二次学术研讨会。广东共有六人参加。除王师外，还有中大的邱世友、暨大的卓支中、华师的韩湖初、佛山师专的郭东培和我。

我们广东代表被安排在风景秀丽的东湖宾馆。大会曾组织全体与会者游览武昌东湖和东坡赤壁。在东湖屈子像前、赤壁下均与王师有合照。游览东坡赤壁时，大会组织诗词雅集，众多学者、教授纷纷吟诗赋词并即席挥毫。当时王师在笔记本上吟写出一词，题为《偕文论会诸公游赤壁》，并随手撕下，以手颤原因嘱我书写。我立时为之悚然，在众多长者面前即席挥毫，在我尚属破天荒第一次。然师命不可违，大胆之下竟然写满了整幅宣纸。

回到东湖宾馆，次日，我前往王师房间，请其为我书写该词定稿。王师欣然同意，在一张印有中山大学的便笺上写下该词。这两幅手迹，我珍藏至今。但这一首词还有后续。一九八二年十二月我在为协助王师筹办一九八三年在广东举办文论会第三次年会工作期间，王师赠我《王季思诗词录》。在该书的第二部分玉轮轩诗词的词录中，除改了题目和个别词句外，还加了附注。这应是此词的最后定稿了。下面先抄录全词，再摘录与初稿、二稿不同之处。

百战山河，淘洗出多少中华英物。一炬曹瞒何处也，长想东坡赤壁。笛韵悠悠，天风渺渺，吹起漫江雪。浩然赋就，千秋无此词杰。

因念年少轻狂，登高怀远，意气因公发。头白亲临觞咏地，但见烟波明灭。一谪黄州，再投琼海，宁损公毫髮？长吟归去，车窗还见眉月。

【附注】此词与钱仲联教授同赋。【念奴娇】首句依律当平起，或谓可改"山河百战"，则气势顿减。因不能以声害意，遂仍其旧。

初稿首句为"历史长河"。"中华英物"初稿作"中华人物"。"一炬曹瞒何处也"初稿为"破虏周郎何处也"。"漫江雪"初稿作"千江雪"。"登高怀远"初稿为"登高望远"。"意气因公发"初稿为"怀抱因公发"。"觞咏地"初作"形胜地"。"宁损公毫髪"原作"爽气生毛髪"。最后两句初稿是"明朝归去，开樽重对江月"。赠我的二稿，其实与原稿只隔了一个晚上，应是在宾馆改定的。与定稿的不同，只有两处，一是"形胜地"，二是末二句为"联吟归去"。老一辈的诗词作家，反复斟酌，修改再三，精益求精的要求，确是我辈楷模。

二

一九八三年、一九八四年为学会、研讨会事，常诣康乐村王府，承便曾恳请王师题写纪念册。王师首肯，欣然命笔，于是我的师友纪念册上便留下了珍贵的一页。

王师推崇坡翁，这一题赠虽用钢笔，亦显示出苏体的神韵，功力相当深厚。其题赠的两首七绝如下：

旧传萧瑟诗千首，新种葱茏竹万竿。肝胆照人冰雪彻，开轩正对玉轮寒。

人生有限而无限，历史无情还有情。薪尽火传光不绝，长留双眼看春星。

自题玉轮轩二绝

为灼林同志录。季思王起。一九八四．四．二十

这两首诗均见《王季思诗词录》中诗录的最后部分，应是一九八〇年后的作品了，因该书的后记注明一九八〇年十一月二十日，抄在我的纪念册上的与原诗只有一句不同。即原诗中的"冰雪照人肝胆彻"变为"肝胆照人冰雪彻"。似不应是笔误，我不敢妄议。

这是王师以轩名自题的诗作，充分表现了诗人的抱负和人格，可视为诗人的代表作。这是打倒"四人帮"、拨乱反正后，诗人精神大解放后的表现。诗中所表现的对人生、历史的深沉的哲学思考，对责任、使命的自我要求，我一直视之为圭臬和鞭策。

三

一九九三年十二月，我与在香港任教职的同窗梁元新君往

康乐园谒王师，因元新君与王师已分别四十年，特前往趋候。时王师已届八十八高龄。行动虽略迟缓，然神智清晰，我们通报姓名时，王师面泛笑容，甚表欢迎。

晤谈中，我们发现书案上有王师《鹧鸪天》一词的抄印件。为其某弟子书写在一张十行笺上。拜读之下，我们深为其中的"中兴岁月难高卧"句激励，乃恳索此件。并请署名。王师欣然以颤抖之笔劲书姓名见赠。后元新君在其创作的跋语中，以这样的词语作结："师生情谊，卅载风霜。再沐春风，喜得佳作，洵属一大喜事。"诚哉斯言！

尤为难得的是，该词成于一九九三年十二月十五日，我们是在十二月二十四日得到。在当时这绝对是新作了。原词如下：

鹧鸪天　午睡起偶成，寄克家　季思

花影移来明月魂，晚霞酝酿太阳恩，梦中恍见丹枫路，睡起难寻乌白村。

儿属稿，女誊文，忙忙碌碌又黄昏，中兴岁月难高卧，几度从君借镜看。

附记：克家长我一岁，数月前以诗见寄，有"狂来欲碎玻璃镜，还我青春火样红"之句；近接来信，谓"年届九十，将继续向一百二十岁目标前进"。虽未必能然，其精神抖擞，足资借鉴。我少长江南农村，道旁多植乌桕，溪谷每长枫林，秋冬之交,霜叶红酣可爱,时于梦寐中每忆及之。一九九三年十二月十五日于中山大学之玉轮轩。

　　克家,是臧克家,著名诗人。曾任《诗刊》主编,王师的诗友。
　　这首词除了表现友情、乡情外,更突出表现了王师虽年届高龄,仍笔耕不辍、勤奋不息的豪情。真个是"烈士暮年,壮心不已"。老一辈的勤奋乐观,确实是我等后学的榜样。

选自《南粤人物》,花城出版社 2018 年版。

季思师十年祭

洪柏昭

呜呼！程门寂寂，松槚萧萧，王起季思师之逝十年矣，予小子始为文而诔之，虽为时略晚，而前尘往事，历久弥新，固不能已于言也。

予自上世纪五十年代末卒业南开，任教暨大，次年即往中大从师治文学史及戏曲史。师时寓东南区一号，客厅中常集予等三四弟子，为言治学方法及专业知识，常勖以"板凳须坐十年冷，治学不容半句虚"之义。又谓："人生三十、四十而学术未闻焉，斯亦不足以成器也已。"予肃慎恭畏，朝乾夕惕，庶毋陨越而有负于师也。

予治戏曲文学，元曲读毕，有遍览《古本戏曲丛刊》之意，师慨然惠假其藏书，又指示从《绿牡丹》《红蕖记》等读起，冀领悟传奇关目结构之精巧及曲词之优美也。读曲必令作笔记，重个人独到之体会，而戒一般之概述。师或于其上作批语，或积问题而面谕，蒙昧之思，往往一朝顿化。予他日于治曲得有寸进，胥拜师此时之赐也。

岁辛丑夏，师奉教育部之命进京，与游国恩等主编《中国文学史》，历时数载。予返暨大，旋而"文革"之难起，音问难通，闻师备受折磨，肋骨亦被断数根，心痛如割，然无由致慰也。

"折戟沉沙"后，时局稍宽，予自干校归，亡顾利害，遄往中大谒师。师时被迫迁居陋隘斗室，景况萧条。闻予至，喜甚，据云此为外校来访之第一人，遂种下日后再履程门之机。

"文革"难息，师精神焕发，有招研究生及一系列著书计划。岁戊午春，遂邀予赴中大协助工作，初定三年。先后为首届硕士研究生及"中国戏曲史"教师进修班作记录、板书，参加修订游国恩等主编之《中国文学史》，又完成《元散曲选注》及《元明清散曲选》之编著。其后中大函商正式调用，以暨大不放，事遂不果。

此三年间，予常侍师侧，亲聆教诲。师导正指谬，示以周行；予虔虔服膺，兢兢践履；学术研究之途，遂于此而大窥。师之贶我也厚矣。

不宁惟是，藉会议、访学之机，师又介予多识学界前辈，戏曲如张庚、郭汉城、赵景深、钱南扬、俞振飞，诗词如萧涤非、季镇淮、陈中凡、程千帆、夏承焘、唐圭璋等，均曾亲炙；至于同辈俊彦，以师之故而得交结者，为数之夥，更无论矣。此于予之治学也，诚有莫大之助。

岁甲子，师之幼女小雷来从予为硕士弟子，此后两家交往益密。予谒师，师母姜海燕必留饭，且亲为下厨作一二小菜。师虽年迈体衰，亦必啜糯酒一杯，娓谈不倦也。

不意丙子新历四月六日，噩耗传来，师竟归道山矣。

师平生治学领域广泛，于专精戏曲史外，文学史无所不窥，诗词创作亦夙所擅长。早年《翠叶庵乐府》及庚申以前之《玉轮轩诗词》，已收入浙江人民社之《王季思诗词录》中；而此后之作，则见诸中大出版社之《玉轮轩后集》；总数不少。师于诗词重创新，重内容之厚实，而于艺术技巧亦孜孜讲求，故多沉郁深厚之作。

于诗，予尤爱其《自题玉轮轩二首》："旧传萧瑟诗千首，新种葱茏竹万竿。冰雪照人肝胆澈，开轩正对玉轮寒。""人生有限而无限，历史无情还有情。薪火相传光不绝，长留双眼看春星。"二诗概括师一生之经历、成就、抱负、胸次，前首美喻见意，后首富于哲理。

词则小调清新绵邈，长调豪纵悲慨，尤擅以《金缕曲》抒悲愤交集之情愫，《吊阮玲玉》《病起示海燕》《喜读〈天安门诗抄〉》《严慰冰〈南冠吟草〉读后感赋》《悼念姜海燕》诸阕，皆其尤者也。

师于我省诗词团体扶掖之功，亦称至伟。广州诗社、广东中华诗词学会均曾得其沾溉，亲扬旗帜，指示方向，作育人才。

其《一九八七年十二月二十七日，广州诗社雅集，赋示同社》云:"诗国流香远,词人寄意深。江山非旧日,时代要新音。摆脱小家气,激扬大雅吟。岭南春到早,好为写芳林。"

《念奴娇·广东中华诗词学会成立大会,以振兴岭南诗派与同志共勉》云:"岭南文史,是韩潮苏海,千年灌溉。美雨欧风滋拂处,万木争荣竞彩。黎宋先行,康梁继起,酝酿新诗派。梅州一老,名篇传播中外。 如今玉宇宏开,霞光灿烂,照耀金银界。试上越王台上望,海色天容难画。人物新风,江山新貌,春到花争发。相邀吟侣,高歌同庆华夏。"

二作对吾辈诗词界同人之策勉,固宜时时重温也。

哲人其逝,遗泽永芳;心香遥奠,魂兮尚飨!

丙戌春日,弟子洪柏昭于暨南大学

原载《纪念王季思、董每戡百年诞辰暨中国传统戏曲国际研讨会论文集》,中山大学中国非物质文化遗产研究中心、中山大学中文系2006年印本。

栽花与插柳
——王、董二师引导我的昆曲之路

余懋盛

五十多年前我从江西来到岭南康乐园求学，有幸师从王季思、董每戡二位先生攻读中国戏剧史，亲聆教诲，获益良多。

回忆大学四年亲聆教诲的点点滴滴，和离校后难忘的关怀与指点，令我不忘师训，永记师恩。

记得入学不久，我们先后听过容庚、詹安泰、王季思、董每戡等知名教授的中国文学史课，还有商承祚、黄海章、方孝岳等先生的专题课。我们这些青年学生由于兴趣爱好和研究重点各不相同，因此各有心仪与崇拜，便各找各的偶像与导师，进行着自己的知识淘金梦。大家陆续参加了体现先生学术专长的选修课。我则重点选修了董先生所开的中国戏剧史。

王先生是元曲专家，在《西厢记》的研究上成就很高，王、董二位先生自然成了我的偶像。两位先生研究各有侧重，各有所长。那时我和两位先生过从甚密，经常去登门求教。他们俩都出生在宋元南戏的诞生地——浙江温州，温州既孕育了盛极一时的南戏，不无巧合地也培育了两位研究中国戏曲史的大家。

王先生名起，字季思，我们那时比较习惯称呼他"王起先生"，他在诗词戏曲上造诣很深，知识渊博，我很早就读了他评注的《西厢记》和一些戏剧评论，他的著作颇有见地，给我很大启发。在老一辈教授中，他是比较顺应潮流，旗帜鲜明追求进步的学者。他以马列主义文艺理论去研究古代戏剧，取得了很好的效果，他兢兢业业担负起系主任的职责，成为学术带头人和服务者。

王先生那时给我们的印象，是微秃的头，微胖的脸，身材较魁梧，脸色白里泛红，显得非常健康。平日爱穿一身灰色的中山装，朴素大方，总露着微微笑容，和蔼可亲。

王先生在广东戏曲界颇有影响，深受敬仰，经常有在穗演出的剧团请他看戏、评戏。王先生也经常带上我去，因为我不仅参加了系里组织的戏剧学习小组，在故乡景德镇时接触地方戏曲也较多，京剧、越剧、赣剧、婺剧看过不少，无论高腔、皮黄、文南词各种声腔都能唱上几句，还在学校业余京剧团"票"过一两出戏，因此引起了王先生的关注。

他老非常真诚坦率对我说："余懋盛，我要你陪我去看戏，主要是要你注意他们的音乐，帮我参谋参谋，音乐上你比我懂。"

我说："王先生你莫取笑我。"

王先生笑着对我说："真的，吴梅先生的学生里头就是我不会唱曲，一开口就荒腔。"

老先生讲的唱曲，就是指唱昆曲，其实当时我对昆曲也是一知半解，王先生在一个学生面前如此坦率谦逊，是我始料未及。他这种虚怀若谷、实事求是的精神，永远是我们的楷模，令我更加崇敬。

王先生很注意培养学生的鉴赏能力，经常开展课外戏剧观摩评论活动。记得有一次王先生带领我们戏剧学习小组的同学们进广州城里面看了一场广东省潮剧院的潮剧《陈三五娘》的精彩演出。第二天潮剧院的剧组主创人员来到我们中文系听取意见，系里面把一楼一间大教室临时改成会场，王先生亲自主讲，对全剧演出作了系统而深入的阐述，一些对戏剧颇有见地的助教师长如胡忌等，也作了点评。

我们戏剧组的学生都坐在后排，聚精会神地听得津津有味，忽然王先生朝着我们后排的学生说："你们都看了戏，也讲点意见。"我们都哑口无言，傻笑着无人吭声。王先生便直接对我点将："这是我们学生戏剧组的余懋盛，叫他来讲点意见。"

王先生的点名使我措手不及，但又不能不讲，逼着我硬着头皮站起来作了个即兴发言。这个言不好发，当时虽然心里很紧张，但脑子还算清醒，便巧妙地避开王先生和其他师长在剧本主题思想、情节结构、人物性格、唱词文采方面的精辟阐述，不去班门弄斧，而是讲了我较熟悉的表演艺术，向他们提出了一些表演上的观感与意见。特别谈了花园扑蝶身段与水袖运用的建议。我的发言总算扬长避短地交了一份答卷，没有丢丑，还受到演员的欢迎。由此可见王先生很注重理论与实践相结合，随时利用机会培养和锻炼我们这些晚辈学生，增长我们的见识，提高我们的鉴赏能力。

王先生很器重人才，当年他对黄天骥、苏寰中这些学有所成的晚辈非常器重，精心点拨，大力培养，还与他们合作搞学术专著。胡忌兄原是自学成才，他在上海曾私受业于复旦大学赵景深教授，胡忌那时在戏曲研究上、昆曲度曲上都已小有成就。赵老向王先生推荐胡忌，王先生很重视人才，便接受胡来中大任教授助理，随王、董二位先生深造，还负责联系我们学生戏剧组的活动，辅导我们这些小师弟。

一九五六年提出了向科学进军，我开始在王先生指导下撰写了一篇研究王实甫《西厢记》的论文，参加系举办的科学讨论会。这是我第一次对中国古典戏曲进行研究的开蒙习作，立论并无创见新意，多为人云亦云。但学写过程中王老的著作给了我很大启发与教益。

王老对我们既严格要求，又无微不至的关心与呵护。他平日教导我们做学问要根基扎实，切忌好高骛远。要求我们要具备丰富的知识，掌握丰富的材料，要有科学的研究态度，要有严谨缜密的研究作风。还要耐得住寂寞，要靠日积月累，切忌急功近利，科学没有捷径可走。五十年代中大中文系的戏剧研究学术活动在王、董二师的带领下已形成一定气候和规模，既重视理论研究，又联系戏剧运动、戏改实践。

胡忌学长调来中大后,我奉王、董二师之命去配合胡兄整理车王府戏曲抄本。胡兄是一位自学成才的青年学者,也是一位昆曲迷。对这位小老师我是比较喜欢的,他的戏曲经历丰富多彩,他看过很多京剧、昆曲,他在上海、苏州认识很多昆曲艺人和曲友,年纪轻轻就在戏曲研究上有那么多研究成果,令我羡慕不已。他很多方面都值得我去仿效和学习。

于是五六年暑假,回景德镇探亲时,我不揣冒昧,毛遂自荐,到景德镇市赣剧团当了一回临时义工,仿效胡忌兄去多结识艺人,为赣剧从老艺人马火泉口中记录了昆曲《渔家乐》,这是我对传统戏曲发掘整理的尝试,也是对昆曲艺术的初次接触。

回校后我把记录《渔家乐》之事向董先生作了汇报,他听了非常赞许,认为很有价值。他问我抄了副本没有,我说来不及抄,只有一个手抄孤本交给了赣剧团。董先生感到很惋惜。他说:"你要是留下了副本,给我看看,兴许能帮你改正不少记录错讹地方。……如果留了一本,再根据演出实况,去芜存精,学习、整理、改编一下,尝试尝试,更有意义。"我恍然大悟,后悔地说:"我当时没有想那么多,记录下来就很满足了。"

董先生笑着安慰我说:"没关系,没关系,你能做到这样已经很不错了。我比你们年轻人考虑问题多一些,你想不到也很正常。做学问第一手资料很珍贵,有些是花钱也买不到的。"我说:"《渔家乐》是错过机会了,我想再找个剧本试试,先生看怎么样?"

董先生问我想搞什么戏，我说："想把《牡丹亭》改编一下，原本太长，现在都要求一个晚上演完，我想改编成一集的演出本，尽量做到通俗化一点。"

董先生迟疑了下说："难度比较大，这是部经典名剧，汤显祖的文采，昆曲的优美音乐和精致的表演艺术早已深入人心，历来就引起很多人关注。《牡丹亭》的精神要把握好很不容易，把握不好，改起来就不容易讨好。现在全国没有几个昆剧团，要想搞就不妨'改调歌之'，人家要求就不一样了。汤老夫子是你们江西戏剧的老祖师爷，他的《牡丹亭》并不是给昆曲写的……他写出《牡丹亭》后是由他家乡的宜黄戏班演出的，那时宜黄盛行海盐腔，《牡丹亭》应该是海盐腔首演的。昆腔的演出是根据汤老夫子的原本'改调歌之'的。昆剧并不全是他的原本，改动不小。以沈璟为首的吴江派一些昆曲作家、音乐家和演员都参加了'改调歌之'的改编。但是他们更多是形式主义的东西，对《牡丹亭》的精神意韵把握得并不如人意。除了沈璟改的《同梦记》，冯梦龙改动还要大，改名《风流梦》。汤老夫子是不认账的，所以才有了汤沈之争那场大争论。你今天干脆就再'改调歌之'成江西弋阳腔吧，这样改编起来可能麻烦少点。……你的通俗化目的也可试试。"

后来我就根据董先生这个设想，开始了《牡丹亭》剧本的改编。但也没有去真正"改调歌之"，因为我对弋阳腔音乐也知之甚少，无法驾驭，还是在原传奇本基础上整理改编，没有另选曲牌填词。我花了半年多课余时间，在五六年冬搞出了一个九场的改编本，董先生建议我把剧本寄给老剧作家江西省文化局局长石凌鹤先生看看，请他提提意见，再进行修改，看能否改成适合赣剧演出的本子。那已是五七年初了，我当时年轻气盛，不知天高地厚，竟然不揣冒昧把改本真的寄给了石局长。

不久一天，董先生郑重其事而又悄悄地找我谈话。"江西的石局长最近给冯乃超校长来了信，说他看了你给他的《牡丹亭》改编本很高兴，认为你改得不错，有一定文学功底。不过他也已用弋阳腔改了一个本子交江西省赣剧院投排。石局长在信中向冯校长要求，今年毕业分配把你分回江西给他，冯校长要我征求你自己的意见，是愿留在中大当研究生，还是回江西省文化局工作？"

我有点难以置信地说："留我当研究生吗？"

董先生微笑着又神秘地说道："学校领导同意中文系成立古典戏曲研究室，系里研究定了你读研究生，由我来带你。本来不能够告诉你的，因为石局长向冯校长要你，所以冯校长允许我给你说清楚，征求你的意见，做做你的工作。学校不准备放行，要你留下来。你好好考虑一下，这件事不能对任何人讲，要绝对保密！"回宿舍夜不能寐偷写一诗，不求工整的律，但表心中喜悦之情。"谆谆恩师语，山高水流长。一部《牡丹亭》，飞鸿过赣江。前宵故里佳音到，今日客乡喜报扬。啾啾蓬间雀，真个成凤凰？弋腔欲唱《还魂》曲，借风直上云外翔。叹我一双眼，未识参与商。惊闻九天讯，起坐喜欲狂。洪都乡音美，南国好风光。何去又何从？飞舰待远航。"

我经过再三考虑，决定同意留校。董先生要我作好准备，参加广东地方剧种史编纂工作。我开始把更多精力放在了收集广东地方戏的材料上。

可是春夏之交，风云突变，大鸣大放变成了反右运动，顿然间我认识的不少师友，一夜之间形象骤变，成了可怕的右派分子。董先生首当其冲，使我百思不得其解，让我这时陷入了迷茫和彷徨，感情上怎么也转不过弯来。当系里召开批董大会，董先生站在那里接受批判，几天未见，他突然苍老了许多，呆滞的眼神，憔悴的面容，心中油然生出一种怜悯和伤感。任会上有人慷慨陈词揭露"罪行"，引经据典批判"谬论"，我却忐忑不安，默默无言，百感交集，一直没有发言。后来形势所迫，万般无奈地作了我一次命运转折的陈情表白。特别是最后的结束语："董先生你的错误是很严重，你应该勇敢地承认错误，改正错误。只要你能改正错误，今后你还可以给我们上课，还是我们的老师。"此言一出，第二日校刊头版头条发了一篇檄文，文章大标题为："陆一帆、余懋盛被右派吓昏了头"。落了个同情右派、包庇右派、为右派歌功颂德，严重丧失立场。这当头棒喝并未惊醒我这不识时务的书呆子，虽写了检讨，但也没把这事太放在心上。

这时学校放暑假，我决定回老家一趟，回来准备毕业分配。

临行前董先生托人转告我去他家一趟,他有事找我。当晚我应约去了董先生家,董先生掏出二十元钱交给我,他说这是广东人民出版社出版《广东地方剧种史丛书》的约稿费,这套书有十二个专题,总共一百二十元,我负责撰写潮剧、汉剧两题,故分给我二十元。第一次得到约稿费,我一时高兴,有点得意忘形,信口开河,说了出去,后来被人说成我与董每戡勾勾搭搭,暗中往来,回家还向右派分子借钱,并向校党委汇报揭发,我却蒙在鼓里,我就再也无从交待事情真相,无法说清我与先生的关系。

后来董先生遣返湖南自谋生路,我也难逃干系,取消预备党员资格,留团察看,还取消了研究生安排,被分配到湖南南部一座小山城,当了一名语文教员,以示惩戒。那说不清的二十元约稿费,到了六十年代还是由王季思先生代我退还了出版社。一场历史误会,三十年后我才弄明白。俱往矣,无须说。

直到九十年代,才与母校天骥、伟文、卓然等学长联系上,恰逢我正创作昆剧《雾失楼台》,便找到天骥兄,设法征求健在的季思先师的意见,以便进一步修改。王先生不顾体弱多病,热情接见了我。

一九九〇年八月八日上午,我来到中山大学,先拜会黄天骥,由黄兄陪同到王季思老师府上征求《雾》剧意见,王先生看来身体不大好,有点虚弱。天骥兄解释说:"王先生身体只是行动不便,精神还可以。他对学生是最关心的,只要你们来他就很高兴。"

王先生笑着说:"是的,是的,我还好,就是腿脚不太方便。今年上半年美国邀请我去讲学,就因为行动不便,我没有答应。看书还可以,头脑也还清醒。你写的本子我看了,还不错,天骥你先谈谈。"

天骥说:"好吧,我先谈。等下王先生来指正。剧本我是一口气看完了,戏很顺畅,也很有戏。我虽然研究过秦观,戏曲也研究过一些,但真的要搞戏,我是外行。这个戏以少游为主线,每场以不同人物衬托,是此剧一大特色。苏东坡、佛印、碧桃、徐文美、文娟、包括老仆都各具特色,淡淡几笔,人物形象个个生动。我读秦观的词,女儿气较重,你的戏能否再强调一点秦少游这方面的性格,可能使秦观的形象更鲜明、更有特色。第一场碧桃与贾易斗酒这段戏,秦少游的具体行动和目的看得不太清楚,能否再交待明白一点?"

王老接过话题说:"余懋盛你这本戏写秦少游,去掉了苏小妹的俗套,写了碧桃、徐文美、文娟三个不同女性,也都有所本。你戏中写的那个文娟就是出自长沙义妓之说。元人杂剧有《王妙妙死哭秦少游》,文娟就不如叫王妙妙更好。这本戏要把秦少游的失落感贯串始终,受贬后秦的思想波动更强调一些,秦到郴州填【踏莎行】前,能否把他到郴州后的失落感强调到一定程度,再有感而发才填此词。这本戏开始时文辞稍嫌粗了点,但越到后来越有文采,戏也越顺畅,后半部的戏有特色，也有看头。我们中文系出了一批搞戏的，但大部分是搞理论、搞评论的。真正能搞戏，在搞戏剧创作的，只有你和郭启宏两人。他写了《南唐遗事》，你写了《雾失楼台》，都很有意义。黄梅戏严凤英的丈夫也要写大词人姜夔，但还没有写出来。听说你去年还写了柳永，不错，下次寄本来我看看。看来写这些文人戏是你和郭启宏的优势，我很高兴。你写的徐文美还可以写得更可爱一点，不要太妒了。"

黄天骥插话："徐文美还是写得不错的，她不仅妒，也写出了她很富同情心。"

王先生接着说："宋代文人挟妓是很平常的事，今天的人难以理解。你写秦少游同情妓女的悲惨身世，仗义相救，不是去寻花问柳，可以避免今人的误解，否则又会引起人们对扫黄的联想，看来你是费了思索的。你现在只写了秦少游对碧桃身世的同情，还可以写出他与碧桃艺术上的爱好相通。"

王先生思路清晰，对秦观的史料掌握丰富，他的点拨给我很大启发，开拓了思路，使此剧的修改日渐提高，老先生功力深厚学识渊博，是我们这些晚辈望尘莫及，深愧自己孤陋寡闻。

戚氏康乐园，树隐红楼小书轩。气爽秋高，叶鲜花艳，别有天。怅然，对明窗，先师旧貌可如前？当年一代风华，转眼早过三十年。五岭阻隔，天涯梦断，潇湘夜雨愁添。看艳阳高照，门阑雅趣，人静鸟喧。 回想求学少年，春晨秋暮，马后与鞍前。繁华夜，长堤戏院，几度管弦。意悬悬，评戏赏析，难忘座谈尴尬发言。无端罹祸，流落江湖，孑然寄身兰园。 秦观郴州行，文人佳话，千载流传。新编《雾失楼台》，赞"郴江幸自绕郴山"。恩师精心圈点，畅言斧正，哪顾衰暮年。感学长，拨冗访先贤，喜今日，尽展笑颜。追往事，故人已远，念当前，兰苑梦正圆。旧地重游，物是人非，沧海桑田。

这是我为纪念王先生而作，文虽糙，情却真。

二〇〇六年三月十日于郴州

原载《纪念王季思、董每戡百年诞辰暨中国传统戏曲国际研讨会论文集》，第42-48页，本次收录有删节。

王季思教授二三事

郭启宏

底座

  我有过许多老师。我敬爱他们，并不仅仅因为他们传授知识，或者年事已高。我总觉着他们身上有一种什么精神，使我强烈地怀念着。

  有一年秋天，我到南方出差，乘便到母校看望王季思老师。王季思老师又名王起，早已过古稀之年，前不久来信说，系里照顾他的身体，已经不让他教学生了，约我倘或南归须来谈谈。

  见面那天，我的前前后后的校友也来了，密密麻麻半屋子人，岁数大的已经五十开外，年轻的还不到二十。王老师很兴奋，留下同学们吃晚饭，自己还破戒喝了一点葡萄酒。

  不知是谁无意提起"四人帮"横行时期令人心酸的往事，我情不自禁地看着王老师稀疏的头发、龙钟的老态，特别是那双手，那双不知捏过多少支粉笔、写过多少页讲义，如今斟酒时却因无法控制而微微颤抖着的手,耳边响起一个声音:"我们的老师衰老多了!"老师似乎看出我的心思,又似乎全无察觉。

"这些年来,你们能为人民做出贡献,就是我最大的安慰。老师何所求?唯此而已!"

有人提议敬老师一杯。话题转到今天,王老师声音高了起来:"你们看我老了吗?我还要珍惜这有生之年哩!"

我建议老师多留下几部专著。他却摇了摇头:"我能写出几部?人生有限,事业无穷。根本的出路是把有限的人生变为无限的人生!"

"把有限的人生变为无限的人生……"我们都在琢磨着这句话的含义。

王老师微笑着,轻轻拉开抽屉,拿出几页文字,风趣地说:"长寿之秘诀、不死之灵方,就在这儿!"

大家凑上前去,边看边传,原来是一份培养研究生的计划!噢,我明白了,一批又一批的研究生,一辈又一辈的专门家,有限的点滴的知识,汇成无限的真理的长河。正是在这一意义上,生命与事业长存!

这时,喝彩声打断了我的思路,电视里正演着精彩的杂技"叠罗汉"。王老师即景生情,继续发挥:

"就说这叠罗汉吧,你看,由'底座',一层一层,达到'尖端'。我们的事业好比叠罗汉,没有'底座',哪来'尖端'?老师,就是这个'底座'!只有甘当'底座',让学生蹬着自己的肩膀上去的人，才配得上老师这个称号！"

诚挚的话震动着在座不同年龄、不同岗位的学生的心。我回味着叠罗汉的比喻，忽然想起英国科学家牛顿的一句名言："假若我能比别人瞭望得略为远些，那是因为我站在巨人们的肩膀上。"牛顿所由衷感激的巨人们，不就是叠罗汉的"底座"么？

我豁然开朗：呵，使我那样强烈地怀念着老师的，正是老师身上的这种崇高品德——"底座"精神！

我告别了老师，一个人在归途上踯躅。路灯兀立眼前，那敢与明月争辉的路灯，燃烧着自己，去照亮别人！工地映入眼内，那巍巍然的钢筋架，以自己的身子扛撑着大厦，让红砖绿瓦在阳光下金碧辉煌！江河也奔来眼底，那默默流淌、不舍昼夜的江河，敞开自己宽阔的胸膛，任万吨巨轮扬帆远航！就是脚下这条石子路，那甘愿铺垫路基的石子，不是也把荆棘丛莽挤到两旁，自己承担重荷，为上下求索的人们开拓前进的道路吗？眼前万物生机似乎都在反复谱写这"底座"精神。

呵，我有过许多老师！

康乐寻梦

听王季思先生说过，南朝大诗人谢灵运在这里居留过，故称康乐园。王季思先生是谢康乐的大同乡，也选择了这个地方，且居留了大半辈子。

此刻，我去看望先生，小校友梅子笑着跳着为我引路。

依旧是如茵的芳草地，依旧是幢幢的树影，依旧见得着飘忽的萤火，依旧听得到虫鸣和蛙喧，又隐约一位脚着谢公屐的古人，吟哦着"池塘生春草，园柳变鸣禽……"

先生九秩高龄，细弱的话音像缓流的山泉。激越归于平淡，依旧不息地滋润着园林。

我陪先生打麻将。先生借此活动双手，限时一百二十分钟，是未见诸笔墨的健身法。四方坐定，梅子立在先生身后，替先生摸牌。方城并不寂寞，谈往摭旧之际，先生时有妙语，分明一种钩沉的欢乐。梅子好奇地听着，却不敢大笑，温良如好妇。

告别了先生，梅子做了个深呼吸。我突然发现园中增添了许多景观。梅子为我一一介绍：永芳堂、梁銶琚堂、曾宪梓堂、英东体育场……

梅子是我同窗的女儿。从先生算起，我属第三代，她该是第五代了。先生的学派在我这里出了枝杈，我没当上研究生，到北方当了剧作家；在她那里也出了枝杈，她放弃已经考上的研究生，去当记者。前几天，报社派她来采访我。只听一串铃声，眼前一亮，小校友手握一束康乃馨。虽然早已耳闻，我仍然啧啧赞叹，如花的年华，竟然硕果累累，她有几篇文章得过奖哩！

我和小校友踏着月色，欣赏着康乐园之夜。我想到哲学和诗：历史老人凝重、恬淡，是哲学；春姑娘热烈、浪漫，是诗。

回望先生那悄然无声的楼屋，听梅子讲述她在网球决赛中轰轰烈烈的失败。我在思索，回到阔别三十年的康乐园，我寻到梦了么？忽焉豁然：梦属于过去，也属于未来。逝者如斯，何须惆怅，无论面对白发，还是面对红颜。

老师的益处

我常想，一个人来到世间，除了吃饭穿衣，最重要的事情恐怕是受教育。大概基于这种认识，中国人最讲尊师，因为老师是让学生得到教育的人。

王季思先生是我永远尊敬的老师。

王老师对我的教导，不仅仅在我求学时候，更在我毕业后数十年漫长的岁月中。可以说，王老师一直是我的剧作的指导老师！人们不知道王老师在我的剧作发表和上演后撰写了多篇评论文章，更加少有人知道王老师在此之前所倾注的心血。事实上，我的每一部可以拿出去的作品都经过王老师的指点，原稿中或疏或密地留下王老师的墨迹，更准确地说，是溶进了王老师的功力和爱。

我的成名作《司马迁》中有一场戏，叫《筹金》，初稿没有，后来加进去的，这场戏从立意到结构，甚至一些情节安排，都是王老师的创见。使我获得殊荣的《南唐遗事》又是一种情况，这部戏得益于王老师的学术研究成果和他所寄赠的资料。

我时常对着王老师评点的文字沉思，似乎一种认识的螺旋式上升的运动过程，到了某一个新的起点，在这个起点上，我重又开始上学，而王老师则为我作新的学术启蒙。

王老师不但指导我创作，更指导我做人。他希望我做一个学者化的剧作家。我曾经在某一部剧本中信手写了一句"凌迟处死"。王老师告诉我"凌迟"这刑法始于何时，又废于何时，指出我杜撰的这一句台词缺乏史实依据。又比如，历史上有一种以自我阉割谋取恩宠的现象，我不懂得这种现象还有专称，王老师告诉我，这种现象叫"自宫"……细微处可见大功夫！我深深感到，没有深厚的学术功底，是写不出大作品来的。

王老师总是强调道德文章，立戏须立人。一九八九年我从北京某大剧院的领导岗位上走下来，王老师为我能专心致志从事创作而高兴，他说他相信我会有好作品问世。不久以后，我写出一部反响尚可的作品——《李白》，他欣喜地撰写一副对联以示鼓励："月魄诗魂，字字带灵气；指奸斥佞，句句挟风雷。"

我是个极其普通的人，我经历过坎坷，但也得到了机遇。人生在世，能遇到季思师这样的恩师，此生便可无怨无悔。还是我们的曹禺院长说得对："老师对人的益处，不是一两句话说得完的。"

选自吴定宇主编《走近中大》，四川人民出版社 2000 年版，第 175–179 页。

握别
——我与季思师

郭启宏

记得那是一九九六年四月间的事，我的《司马相如》由上海昆剧团在上海逸夫剧场首演；次日，与媒体忙碌一阵之后，我和小师弟谢柏梁（季思师的关门弟子）终于有工夫坐下来闲聊。闲聊本无主题，可能由于师承，说到了王季思先生。我说我近年来几度去中山大学看望王先生，先生的健康状况越来越差，最近一次是上个月，先生已经不能起床；小谢说他好久没见着先生了，十分惦念。说着说着，我们都感伤起来，默默掉泪。

也许是一种感应，我很想给北京家中打电话，问问情况。等不到晚上，我拨通了家里的电话。儿子说王兆凯（季思师的长子）刚刚来过电话，季思师于昨晚九时逝世。我赶紧给兆凯大哥去电，没说两句话，忽然悲不能语，竟忘了询问遗体告别仪式的日期。那天晚上的演出，我只看了半场。

几天后，我飞抵广州。在先生的遗体告别会上，我奇怪自己当着先生遗容，居然没有掉泪，偏在会后与大师兄黄天骥相拥而泣。我心中有很多想法，我应该写一篇纪念文章的；可是几次举笔，又复放下，我竟然写不出一个字来；后来看到一些纪念文字，又动了念头，结果也还是蛙鸣蝉噪而已。我问自己，难道感情也会萎缩、剥蚀乃至夭折？一晃七八年，我心不安。

先生偏来入梦！梦中，先生坐在那把大家都熟悉的轮椅上，在他喜欢的那个叫作康乐园的校园里悠闲地观赏着，一会儿，先生又出现在他那自号玉轮轩的书房里，低头写着，还用他浓重的温州口音吟诵着，我惊呆了，原来先生还活着！我喜极，拼命地喊，先生却不理会，我急了，哭了……忽然醒来，是梦！脸上犹有泪痕，啊，一个让人惆怅的梦！

我于是想起我与季思师的半生缘。我能想起的几乎都是先生对我的关爱。

据说从前的师道有一个不成文的规矩，老师不能当面夸奖自己的学生。我不曾就此寻根究底，但我觉得季思师对我确乎如此。他对我的作品虽有肯定，但更多是摘误，还有严格的要求。我的每一部作品，都经过他笔下圈圈点点，天头常有他简短的评论、点拨，或者问号与叹号。即使他公开发表的评论我的作品的文章，也是拉开距离，以一个学者来评论一个作家的，既无居高临下，也无喧长护短。

天津学者宁宗一先生认为，季思先生体现的新学院派批评的特色，正是"他对所关注的对象从不作居高临下的训导和裁决，而是与作家、艺术家处于平等的地位和保持适当的距离，以一种自如而清醒的姿态面对批评与研究对象，寻找并与之建立起心灵的通路"，宁先生指出，季思先生这方面的"代表作是《郭启宏剧作选》的代序——《论郭启宏的新编历史剧》"。

事实上，季思师对我的厚爱是处处可见的。便如宁先生上述事例，一位导师亲手给他的弟子写评论，一而再，再而三，这已经极不寻常了！季思师还在我的话剧《李白》上演后，召集并指导中山大学中文系教师，以座谈会形式写出一篇评论长文，投寄《剧本》月刊，他自己余兴犹劲，更撰联以赠："月魄诗魂，字字带灵气；指奸斥佞，句句挟风雷。"

而在另一种场合，季思师对我的褒奖，则溢于言表。据中国评剧院张玮导演告诉我，季思师曾对张庚老说过，他在北京有个得意弟子，叫郭启宏。张庚说，"小郭？我们很熟，我还给他写过剧评，《司马迁》！"季思师笑了，"《司马迁》？我也写过评论的。"

季思师在家里，或者当着研究生的面，大概多次夸奖过我，以致王小雷（季思师的幼女）在给我的信中写道，家父夸你是"兼有作家天赋和学者功力的才子"。这些话，原本不该让我听到，可是我听到了。面对这许多夸奖，我很兴奋，却不敢沾沾自喜，那分明是鼓励，是鞭策。

我曾经读过季思师回忆他的老师吴梅先生的文章，该文谈起两件往事。季思师写道，"有一次，我向先生呈上了一篇习作，不久，先生将作业还给我，打开一看，只见上面批下这样一行字：'自万里（赵万里）、雨亭（孙雨亭）、维钊（陆维钊）之后，复得斯才，我心喜极。'我心里顿时一阵激动，我明白这是先生对后学者的鼓励。"另一次是吴梅先生向陈中凡先生推荐自己的学生，信中有"敝徒王君季思起，学殖渊通，词章楚楚，研讨词学，积有岁年"诸语，季思师认为这是"先生对我的厚爱与关切"。从吴梅先生到季思师，从季思师到我，两相对照，可见师道正是这般儿传承。

我忽然想起欧美人做过的试验，把测试后认为智商高的学生，另行编班，特殊教育，几年以后，果然成绩突出，超乎寻常。此际，试验者公布当初测试结果，这些学生的智商均属一般，绝无过人之处。试验的目的在于昭示表彰的作用。我想，我的资质不过中等，而真诚的夸奖足以使一个并非天才的头脑激发起未被知晓的潜质，且发挥到了极致。我以为每个人的一生都会有一个巅峰，在这个顶点上，所有的原因都起了作用，产生了效果，活跃的精力达到了平衡的境界，放射出绚丽夺目的光芒。我此生获有若许成就，得益于季思师，还有其他师友"对我的厚爱与关切"。

诚然，人的性格的最终定型在于自己，人生的轨迹也是由自己最终完成；但是，生活的多变与不可预知，又给人生道路涂抹了层层浓重的神秘的色彩。当初大学毕业之际，我是希望留在季思师身边当他的研究生的。那年代，研究生不是统一招考，而是在应届毕业生中遴选，按理说应由导师来挑拣，实际上却是系党总支最后拍板。当年，我报的是季思师的研究生，学友们凭感觉预测似无问题，可是分配的结果却出乎意料。

尽管后来我分配到北京文化局搞创作，岗位也很不错，但我为此事一直耿耿于怀。记得离校前最后一篇日记里，我抄录了梁斌《红旗谱》里朱老忠的一句话："出水才看两腿泥！"然后头也不回地离穗北上，看见长江黄河，我眼一热，几乎落泪，我为那磅礴的气势深深撼动，顿时觉得自己应该长大了。

事隔三十年后，我有次出差去了广州，从广州老同学吴世枫那里获知，当初研究生的名单里有我和他，后来都被换掉了，弃我的理由是"出身不好，父兄右派"。我静静地听着，时过境迁，我不愿意"过细"，何况当初说话管用的那些人，无论当初的系领导，还是季思师，对我都很好，就是我班的党支书赵希琢，当年可能是起点作用的，"文革"后重见面，他像对待年幼的小弟弟那样对待我，我只感到情热，更无其他。当然，这是后话。

我从不掩饰自己，我是个争强好胜的人，在毕业当年，我是立了誓的，就像《沙家浜》里没出场的阿庆，不混出个人样儿来，决不回来见亲人，我为此付出了长达十二年的代价。在那十二年里，我经历了整风整社、劳动锻炼、四清运动和"文化大革命"，更经历了贫困、孤独、无助和人格尊严的丧失。"文革"前，我听说母校中文系派来调查组，了解在京历届毕业生的状况，而我根本没有纳入调查组的视野，我依旧在京郊田间劳作。"文革"中，我听了一个内部传达，说是要彻底批臭资产阶级文艺的"三个高峰"——文艺复兴、启蒙运动和批判现实主义，我当晚一夜无眠，感到一个知识分子所坚持的最后一块"自留地"也给剥夺了，恐惧伴随着失落袭来，我几乎绝望，季思师教我的宋元文学还有什么用？没想到，一场轰轰烈烈的戏剧运动"挽救"了我！

《向阳商店》的创作和演出，给予我的最大的好处是让我由兹找回了一点自信。本文无意探讨这部戏的背景和影响，特别是这部戏在社会学方面的意义与价值，至于它是哪条藤上结的瓜，不该由我来回答，我感谢这部戏让我认识到自己原来是可以当编剧的！尤其是华北调演《向阳商店》轰动全国以后，我渐渐自信起来。就在此时，大学毕业十二年后，我觉得自己无复吴下阿蒙了，我给季思师写了一封信，并寄去《向阳商店》的最新修改稿，希望得到老师的指点。

季思师的回信出奇地快，兴奋之情跃然纸上。从此，接续了十二年前的师生缘。从日后的交往看，我何止读了一期研究生！前面说过，我的每一部作品，都经过他笔下圈圈点点，天头常有他简短的评论、点拨，或者问号与叹号；我还要说，我的《司马迁》里《筹金》一场原本就是他的构思。我曾经拿季思师文章里的叙述相对照，在《吴瞿安先生〈诗词戏曲集〉读后记》一文中，季思师写道，"想起先生（指吴梅先生）在中央大学批改我的两个杂剧时，圈圈点点，勾勾划划，甚至增补了一大段曲子","这种热心培养后学的精神","一直支持我后来的学习和工作"。情形何其相似乃尔！

　　季思师对我的戏剧创作特别倾注心血、抛掷心力。我猜想,可能与他当年从吴瞿安先生习曲有关,他曾经对我透露过,他希望有学生能继承他戏剧创作上的未竟之业。据说,季思师在中山大学给研究生讲课时,曾经夸奖过我的一篇谈论《西厢》的随笔——《读〈拷红〉,不亦快哉》,声称只有懂得创作的人才能从创作的角度谈得如此鲜活而精辟。他甚至希望他的研究生里面有人能够去研究郭启宏的戏剧。

　　也许出于特殊的期待,季思师要我在创作之际,要多作研究文字。一九八七年夏天,中山大学中文系邀请了国内研究《长生殿》的专家学者,举行了《长生殿》专题讨论会,我是与会者中极少数从事戏曲创作的人。西樵山一连五天的讨论,让我领略到"大隧之中,其乐也融融"的欢悦。

　　季思师喜好雀战,每晚两个钟头,练脑及手,至十点睡觉,由师母姜海燕老师接手,真个是换手如换刀,姜老师不到凌晨一两点不肯罢休,师母明天可以睡懒觉,我们却不能赖床,以此弟子们将麻将视若畏途,几乎每晚都把我隆重推出,"你从北京来,难得几回陪","师母喜欢和你玩牌",我仗着精力充沛,半推半就,只是几天下来,我也"废池乔木,犹厌言兵"了。临别宴会上,与会专家分南北两队,斗酒为季思师贺,我成了两队争夺的对象,各说各理,不可开交,最后似乎归了北队,雀战改捋战，热闹之极！

季思师每番来京，都要抽空看看北京新排的戏，尤其是北方昆曲，他就看了《西厢记》《牡丹亭》《三夫人》等；北京文化局有关部门也通过我邀请季思师指导相关的文化活动，比如说，给编导训练班讲讲课之类。记得有一次在宣武门外一个什么地方，与会者听不懂季思师浓重的温州口音，我主动上教坛替先生写板书，偶尔"翻译"几个"生词"。那天我感到很幸福，我着着实实过了一回助教瘾。

一九九一年，我们毕业三十周年，广州的同学发起本届学友回母校聚会，响应者众，我临时有事错失了这一机遇。听说聚会那天，母校的领导、师长都来了，季思师年事已高，也出席了，见面之际，季思师第一句话便问："郭启宏来了没有？"大家笑着回答，他颇感遗憾，这时，来自北京的女教授李献文开了句玩笑："王老师您偏心眼儿，您就知道郭启宏！"大家一听都善意地笑了。季思师却当了真，半天说不出话来。

一九九三年，季思师从教七十周年，中山大学为他举办了纪念活动，我作为受教学生代表在庆祝大会上发了言，并献上一曲《庆千秋》：

毕至咸归，向高山仰止，当代文宗。胸中学海，掌上词曲奇峰。毫挥处，白凤来仪，天马行空。最是巍峨高境界，一生绛帐春风。

今日青衿重聚，信恩同再造，情共酒浓。千篇百轴奉献，拼却颜红。无须问、忽忽辰光，渺渺苍穹。马岗顶，长松拔地，虬枝兀自葱茏。

以上不过是我与恩师交往的一斑，作为被老师器重的学生，我该如何评价自己的恩师呢？我想，宁宗一先生的意见是对的，一是"处于平等的地位"，一是"保持适当的距离"。我知道，学界有些人对季思师有过微词，季思师的一些亲属也不能完全认同他的某些做法，尽管他们也都肯定先生的为人和学术成就。我不想全面评价先生的人品，我只想谈论其中重要的一点，季思师最值得称道的是他有健康的思想。

健康的思想，首先是良知。良知以温和的方式提醒着我们，不要失去比例，不要过了分寸。我听说有一年春节，季思师去学生宿舍给同学们拜年，发现同学们对一位任课老师有意见。到了该老师上课，他提前去了，对同学们说："任课老师遭遇坎坷，二十年没有教课，今天能走上讲台，已经很不容易了！那时我担任系主任，也做了违心的事，实在不堪回首。"又说，"任课老师学识广博，如果大家耐心听讲，一定会大有收获。"讲课中，季思师几次走上教坛，为任课老师把黑板擦净。下课时，同学们一齐起立向任课老师致意，任课老师却对季思师深深地鞠了一躬，然后搀扶着老人家离开课室。

健康的思想，包含着对自身的反省。我曾经在《低飞高翔的鹰》一文里指出，我们应该剖析曹禺先生当初的生存状态，谴责造成如此生存状态的生存环境，而不是自觉着真理的斗士，顾盼自雄，去训导和裁决，鹰有时候飞得比鸡还低，但鹰永远是鹰。

这种分析同样适用于季思师。我看到《中国当代社会科学家》一书季思师的自传"附记"，他说明传文是助手整理的，同时郑重指出："传文对我过去走过的弯路，如在学术上贪多务博，主次不分；在历次运动中的随风俯仰，缺乏定见等，没有指出。尤其是我到大学教书后，安于书房生活，脱离广大群众，反映现实的诗歌与散文越来越少写。这是应该作为切身的教训来向读者说明的。"

说他"紧跟"也得，说他"取巧"也罢，面对先生这般反省文字，又该作何感想？以我的感受，季思师健康的思想集中表现出一种坦荡，或曰坦然面对。他是在"紧跟"，他说他要跟上时代，所以他主张研究古典词曲的人，要关心当今戏剧运动，要多看戏；他主张搞理论研究的人，要从事实际创作，使自己的论文有"切肤之感"。这些都基于一种反省意识，而不是讨好什么或者奉承谁。

以眼下的眼光看，中国老一代知识分子大多是通体透明的人。他们是以新生的欢悦来迎接共产党新中国的，他们在否定国民党旧中国的同时，也否定了自己走过的治学道路以及自己用过的治学方法，目之为资产阶级，他们满怀激情要用马列主义毛泽东思想指导学术研究，期望贡献出划时代的崭新的科研成果。二十世纪五十年代初期，中山大学中文系的教授们曾经提出一个口号，叫"学马列，五年不读线装书"，便是生动的写照。这些教授包括詹安泰、王季思，似乎还有董每戡或黄海章。今天的后来者也许要问：这些饱学之士何以如此"幼稚"？我已经失却困惑，超越疑问，我深感痛惜的是王季思、詹安泰这些学术巨擘"雾失楼台"，他们理应获得远比今日辉煌的学术成就。

  关于季思师的学术成就，我同意宁宗一教授所作的总结，他指出季思师"以深层理性的创见，标明了他对传统文化（特别是诗、词、曲）所作的阐释与判断，贡献最大。诸如他对诗艺、词学和曲论虽多作具体评述，然而其中关于艺术与美学的形而上之思，却一直处在我国古典文学研究领域的前沿"。宁宗一是一位独具创见的学者，他的总结应该是公允的；而他因为觉得积累不够甚或阙如，不能给予季思师在其他学术领域的高度评价，正是我深感痛惜之所在。我曾经拿饶宗颐先生与中山大学的王季思、董每戡、詹安泰诸教授相比较，结局令人唏嘘。当初詹先生曾推荐饶先生到中大执教，饶先生因病未能成行，去了香港，几十年后在许多学科和领域上均有建树，成就了世界性的一流学者、汉学权威。而王、董、詹诸位如何呢？王犹如斯，董、詹"右派"，更何以堪！

  依我个人见解，季思师的最高学术成就还是那部《集评校注〈西厢记〉》。从一九四四年的《西厢五剧注》（龙吟书屋出版），到一九四八年的《集评校注〈西厢记〉》（开明书店出版），这几年是季思师大有作为的几年，无愧"学殖渊通，词章楚楚"的声誉。记得我在校当年读季思师大著，羡煞"永嘉王季思校注"这几个字，梦想着有朝一日也冒出"饶平郭启宏校注"的字样，相信这不会是我一人的梦想。"有意思的是，季思师的这部著作产生在他不曾接受马列主义毛泽东思想的年代。这给我们提供了一个耐人寻味的思考——我们应该有什么样的治学思想？我们应该走什么样的治学道路？"

在古典词曲研究方面，我以为王国维的《宋元戏曲史》是一部开山之作。王氏致力于中西学术的会通与融合，因而达到了学术研究的极高水平。近现代学者中可与王国维比肩的是吴梅及其门墙桃李，诸如任中敏、卢冀野、唐圭璋、常任侠、赵万里、钱南扬、徐震堮、万云骏、程千帆和沈祖棻，当然，作为上述英才的师兄弟的王季思也在其列。他们构成近现代词曲研究的正宗，这一正宗，如今且是传统。

我常常思念老师，最忆是书斋。先是叫作"翠叶庵"的书斋。书斋里有一幅字，是夏承焘先生特地撰写的联语："三五夜月朗风清，与子同梦；九万里天空海阔，容我双飞。"这联语让我称羡不已，无来由想起俞伯牙和钟子期、羊角哀与左伯桃，想起陈蕃器重徐穉、鲍叔独知管仲，想起胶漆雷陈、鸡黍范张。次是后来的书斋"玉轮轩"，听说先生每见东轩月出，通室寒光，颇有意境，又因师母小字月娥，故以"玉轮"题轩。还有马岗顶新房子的书斋，似乎少了些诗意，却大且实用，我去得也最勤！

我常常思念老师，最忆是校园。这座以谢康乐命名的园林，牵动着诗人的神经，季思师在《遥寄谢灵运》诗中写道："我在你梦中得句的春草池边成长，又在你头颅落地的海珠桥畔栖身；我多么想在梦中拥抱你啊，从刀光剑影中感受你胸口的微温。"他更在从教七十周年庆祝大会的答辞上称："我选择广东作为我大半生教学的园地，这条路，走对了。"康乐园，先生与我共同的家园啊！

我常常思念老师，在老师垂暮时候，我放不下心中的牵挂，一年之间，数度去穗。有一次，人未入室，迎面是季思师自撰的门联："薪火相传，一生无大憾；中兴在望，双眼盼长青。"我看着看着，忽然有悲凉之感，先生在给自己做总结了！

先生是达观的，先生又是执着的，先生终生卸不下知识分子那份负荷感，他似乎始终没有看透，始终不觉得繁星和大海构成的大自然，比起"历史责任"来更可亲近。先生坐在轮椅上，话语更细弱，乡音更浓重。先生说起自己一生为国家为民族奋斗，今天的青年人不理解他，而今天的青年人重金钱，计较小利，他也不理解。我说好像鲁迅讲过，贫穷不利于创作，反之，果若衣食无愁，则金钱不该成为艺术家最重要的追求。先生点头，并感动起来，他说我是他学生中于创作最有成就的一人，他为我感到骄傲！啊，这是先生头一回当面夸奖我！可我忽然没了兴奋，我怕这是最后一回——"作总结"，我感动起来，我说我懂得一句老话，"一日为师，终身为父"，我早年丧父，我一直视先生为父。先生又落泪了，先生说，你写你哥哥的那篇文章非常好。我说是《悟已往之不谏》吧？先生点头。我说这些年来我一直在反省自己，我不怕将自己灵魂的不洁公诸社会，只求对得起自己的良心。先生说他一生写过不少错误的文章，我一听不知说什么好，忽然灵机一动，我说先生不是讲"一生无大憾"吗？先生嘴巴动了动，却听不清说什么。我依恋着告别了先生，于门口回头一望，先生还在目送着，我心中涌起一股凄楚，如《背影》。

又一次，时逢中秋，季思师已经不大说话了，我从潮州老家带去两盒潮州月饼，是我精心挑选过的。这潮式月饼自成体系，与广式月饼迥异，以我个人口味，自然是舍粤而取潮，所谓"到广不到潮，枉费走一遭"，大概也包括饮食文化。我希望季思师也能尝一尝，而且我固执地希望看见他尝到了才心满意足。那天，我问先生是否尝尝？他大概猜透了我的心思，缓缓地点了点头。我打开一盒，取出一块，切下四分之一，用小勺盛着，慢慢地喂食。我问他好不好吃，他又缓缓地点了点头，我感到他确实很满意，也考虑到他的肠胃消化能力，只能"浅尝辄止"。我服侍他休息后便告辞。

最后一面是先生谢世前一个月时候。同我一起前去看望先生的还有一位仰慕季思师的研究生，她带着季思师校注的《西厢记》，希望能得到先生的亲笔签字。见面之际，我大吃一惊，先生已经不能起床，语言几无。据兆凯大哥介绍，近时肠蠕动功能也衰弱了，一周多未排便。季思师自然不能签字，但他目示兆凯大哥，于是大哥取出印章，保姆捧来印泥，我选了连正带闲三枚印章，为这位未来学者的藏书盖上了一个时代的学术的印记。到了告辞的时候，我说了几句明知虚假的宽心话，季思师的手在被窝里抖动着，我走过去掖好被子，那手还在动，我问先生，是不是冷了，他轻轻摇头，这时兆凯大哥忽然明白了，悄悄地对我说，他要跟你握手，先生轻轻点头，我上前把手伸进被窝，握着先生的手，呀，这瘦削不堪的手！这手，曾经是年轻的学子的手，一位外号叫"王老虎"的青年人飞扬文采的手；这手，曾经是成熟的教授的手，握过多少支粉笔、写过多少页讲义的指点古今的手；这手，又是普通老年人的手，在倒茶、斟酒、摸牌时因为无法控制而微微颤抖的手；如今，这手……我留着一个遗憾，当我向先生讨求墨宝的时候，这手已经不能落霞浮浦、挥洒自如了。我久久不能言语，强忍着不敢落泪，满心苍凉同老师道别，与兆凯大哥一起走出"玉轮轩"，走出马岗顶。

七八年来，我时常扪心自问，古人所说的道德文章，我是如何修守的？季思师的学问我没学到，季思师的操行我也没学到，诸如他的洵美大度，他的仁厚谦和，他的反思，他的自省，一句话，他的健康的思想。倘若有人要我界定季思师的人品，那么我有可能这样说，先生既能把损伤和失落限定在人格尊严的界限之内，又能把消极与负面转化为对生活的挚爱和积极参与，他不失为中国优秀的知识分子。我以此感悟，我承认，我是有愧于季思师的教诲的。

——————

原载《传记文学》2004年第12期。

博大·精深·严谨·开拓
——王季思先生的学术思想

黄竹三

二十世纪五十年代后半期到六十年代初,我在中山大学中文系本科学习,当时季思先生为我们讲授中国文学史。他讲课认真、条理清晰,略带温州腔,有一种特殊的韵味,而观点独到,富有启发性,给同学们留下深刻的印象,是我们最崇敬的老师之一。大学毕业以后,我荣幸地考上季思先生的研究生,有缘跟随先生学习古代戏曲,得到先生的细心栽培,并引导我走上治学之路。康乐园中师从先生的八年,是我一生中最值得怀念的阶段。研究生学习期限结束,我服从国家分配,北赴黄土高坡,在山西一所高校任教。远离师门,但季思先生并没有忘记我这驽拙的学生,时时驰书赐教,同时还寄赠新作,使我学习上继续得到提高,而我也因此对先生的学术研究情况有所了解。二十多年来,我也时常借南下探亲或参加学术会议的机会,造府拜谒先生,聆听教诲。师从先生三十年,我深感先生学术思想博大精深,注意联系社会实际,不断汲取新的知识、观点，与时代共进，其研究具有鲜明的开拓、创新精神，而他治学严谨，扶掖后学，诲人不倦的学术作风，更感人至深。

一

先生学识丰富，研究领域宽广，举凡先秦文学、魏晋南北朝诗歌文论、唐诗、宋词、元曲、历代笔记小说和通俗文学，无不深究；作家作品评价、文体源流探索、古籍点评校注，无不精到；创作、理论并富，古今专述兼赅，而尤以古典戏曲为最。先生出身书香门第，自小熟读经史子集，博览群书，后来就读于南京东南大学，在著名学者吴梅先生和其他学术前辈的指导下，阅读了大量古代戏曲剧本、宋元笔记小说和其他古代文学作品，文史知识功底深厚，为其后来从事学术研究奠定了基础。

七十年来，先生一直从事古典文学的教学与研究，著述极丰，先后撰写了专著二十多部，论文数百篇，中国古代文学的众多领域，他都有所探索、论述。记得我在师从先生学习时，除了拜读他众多有关古代戏曲的著作和论文外，还读过他研究《诗经》、笔记小说、杜甫、李白、柳永、苏轼、李清照、江西诗派和王国维的文章。离校后又看到先生参与校注的《王安石诗文选》《聊斋志异选》以及谈先秦诸子、建安诗歌、金元散曲、古典文论、古典文学批判继承、戏曲话剧创新、写作学习等类文章。这些论著文章，涉及领域极广，充分显示了先生知识广阔、学术思想博大的特点。

先生学术思想的博大，不仅表现为研究领域的宽广，而且表现为他涉猎的学术门类众多。先生对中国古代各朝各代的典章故实、风俗民情、社会风尚、地域变迁、哲学思潮无不谙知，因而在论述古代文学时能与史实、时代结合，知人论世，旁征博引，剖析入微。比如谈先秦诸子的百家争鸣，就联系到殷周王朝的"官学"[1]；探讨魏晋南北朝的怪异小说，则指出与当时清谈之风特盛有关[2]；论述江西诗派的实质，则从打诨、参禅入手[3]；叙说柳永词风，又与宋代市井歌妓生活联结起来[4]。我们在阅读先生这些文章时，不仅获得对某一类文体、某一种文学现象、某一位作家作品的深切了解，而且从中还可以丰富历史、地理、哲学、民俗的种种知识。

先生数十年来，孜孜不倦致力于中国古代文学研究，特别对古代戏曲有很深造诣。他的研究探索，深入到剧本创作、风

---

[1] 王季思:《百家争鸣和先秦诸子的文学成就》,《王季思学术论著自选集》,北京师范学院出版社，1991年，第237页。

[2] 王季思:《中国笔记小说略述》,《战时中学生》,1940年第2期。

[3] 王季思:《打诨、参禅与江西诗派》,《之江文汇》,1948年第1期。

[4] 王季思:《怎样评价柳永的词》,《中山大学学报》,1959年第1-2期合刊。

格流派、源流演变、版本考述，以至语词诠释，所见无不精微独到。先生研究古代戏曲，最初是从《西厢记》入手的。早在东南大学学习期间，先生就阅读了大量元杂剧和明清传奇作品，特别对《西厢记》产生浓厚兴趣，在吴梅先生的教导和影响下，立下了研究古典戏曲的决心。吴梅"治曲当从元人入手"的教诲，决定了先生终生治学的目标。大学毕业后，十数年间，他一面从事教学，一面利用业余时间摘记元曲中的方言俗语，从笔记小说中钩寻元剧的本事来源，并选择了《西厢记》作为研究元曲的突破口。先生这一选择是有其社会原因的，这不仅因为《西厢记》是我国古代戏曲中一朵色彩艳丽的奇葩，数百年来以其故事动人、曲词优美获得了人们的喜爱，而且还因为它提出的"愿普天下有情的都成了眷属"的理想，曾经激励过社会上千万青年为争取婚姻自由、反对封建礼教而斗争。而在二十世纪三四十年代的旧中国，封建势力依然强大，封建礼教依然是束缚青年思想的桎梏，先生研究《西厢记》，目的在唤起青年一代反抗封建的叛逆精神。他首先对这一古典名剧进行整理校注，在四十年代初出版了《西厢五剧注》，其后，又在此基础上改成《西厢记校注》，深受读者欢迎，二十多年来，多次再版。这部力作，开近代古典戏剧名著校注的先声，除精确校勘外，对于剧中疑难词句、俗语、典章故实，根据历代诗文以及大量元人杂剧、话本、散曲例句乃至勾栏行院的习用语排比对勘，加以疏通证明，同时还简要指出明清注家臆测、曲解之处，旁征博引，解说入微，成为古典名剧校注的典范。在整理校注的基础上，先生对《西厢记》进行深入研究，先后发表了《〈西厢记〉叙说》《从〈莺莺传〉到〈西厢记〉》《关于〈西厢记〉的作者问题》《从〈凤求凰〉到〈西厢记〉》《〈西厢记〉的喜剧特色和结局》《我怎样研究〈西厢记〉》《〈西厢记〉的历史光波》等专著和文章，解决了《西厢记》研究中长期存疑、未能遽断的关于作者、剧作历史演变、艺术风格、结局等问题，被公认为是这一历史名剧的研究专家。

五十年代起，先生从《西厢记》这个"点"出发，扩而展之，对元杂剧这个"面"进而作全面探索，他对关汉卿、马致远、白朴等杂剧名家和《潇湘雨》《曲江池》《看钱奴》《赚蒯通》《留鞋记》等杂剧作品进行精辟分析、评价，继而探索元杂剧的悲剧、喜剧、水浒戏、风格流派、时代精神等问题，发表了一系列文章，成果斐然。而在元杂剧的研究中，以对关汉卿的研究最受时人瞩目。关汉卿是元代乃至中国古代的伟大戏剧家，这点今天已为学术界所公认，但过去人们对他评价不高，明代朱权《太和正音谱》就说他"乃可上可下之才"，这主要是从他剧作本色通俗语言着眼的，并不公允。建国初期，不少人还囿于旧说，甚至还有人把他的剧作视为"浪子文学"，而没有看到关剧蕴藏的敢于与封建统治抗争的战斗精神。为此，先生于一九五四年首先运用历史唯物主义观点，撰写了《关汉卿和他的杂剧》一文，着重评价了关汉卿剧作的思想、艺术成就，引起了人们的注意。此后，他又连续发表了《关汉卿及其作品〈窦娥冤〉和〈救风尘〉》《关汉卿的生活道路和创作道路》《谈关汉卿的〈鲁斋郎〉杂剧》《关汉卿戏曲的人物塑造》《〈诈妮子调风月〉写定本说明》《关汉卿战斗的一生》《从柳永的〈定风波〉到关汉卿的〈谢天香〉》等文章，对关汉卿的生平、思想、剧作以及历史地位予以中肯精确的评价，从而使人们认识到他是一位伟大的剧作家和光辉的历史文化名人。一九五八年，世界和平理事会把关汉卿定为世界文化名人并予隆重纪念，先生的力作《关汉卿战斗的一生》被译为日文和印尼文，在国外产生了重要影响。

先生的研究探索并没有就此止步，他在透彻研究元杂剧的基础上，又进而向整个中国古代戏曲进军。五十年代末，他把注意力转向明清戏曲，而研究的重点则是《琵琶记》和《桃花扇》。早在青少年时代，先生就对《琵琶记》产生浓厚兴趣，不仅仔细阅读剧本，而且还多次观看过他家乡温州地方社戏这一剧目的演出。五十年代中期，他又参加了全国的《琵琶记》学术讨论会，对这一内容复杂的剧作阐述了自己的见解。其后又专门撰写了《〈琵琶记〉的艺术动人力量》等文章。至于《桃花扇》，作为我国戏曲史上一部最成功的历史剧，过去人们对它不够重视，经先生潜心研究，决定把它介绍给读者，他和苏寰中、杨德平一道，对《桃》剧作了认真的校勘和注释，交人民文学出版社出版。而他为校注本出版撰写的前言，深入考察了我国古代以历史为题材的剧作在创作上的发展变化，从而揭示了《桃花扇》的历史价值，开创了历史剧研究的先河。自此之后，先生又进一步对中国古典戏曲的理论、语言、曲意、历史发展等问题阐述所见，写成众多文章，收入《新红集》《玉轮轩曲论》《玉轮轩曲论新编》等书中，其卓异的建树，使他成为我国古代戏曲研究的著名专家。

二

季思先生治学，作风严谨，凡有论述，一定广泛、详尽收集资料，根据所掌握的比较全面、确切的史料，引导、概括出科学的结论，绝不主观臆测，或凭部分资料作不切实际的引申，因而所论精当，能经受时间和事实的考验。比如《西厢记》的作者问题，以往明清论者有的认为是关汉卿，有的以为是王实甫，有的认为王实甫写了前四本，第五本是关汉卿所续，也有人反过来，说是关汉卿先写，王实甫续作，众说纷纭，但自金圣叹批本盛行之后，王作关续之说流传甚广，几乎成了定论。先生不囿旧说，他在通观了元稹《莺莺传》，秦观、毛滂《调笑转踏》，赵令畤《蝶恋花鼓子词》，董解元《西厢记诸宫调》等全部崔张故事的文学作品后，廓清它们之间的传承关系，并指出"全部西厢故事的发展在《西厢记诸宫调》里已定型下来"[1]，

---

[1] 王季思：《从〈莺莺传〉到〈西厢记〉》，上海古典文学出版社，1955年。

后人改编绝无只改编部分之理，首先解决了《西厢记》不存在续作的问题；同时又列举了关汉卿和王实甫的大量剧作、曲词，详加勘比，阐明他们作品的思想、风格与《西厢记》的异同[1]，从而论断《西厢记》的作者只能是王实甫而非关汉卿。先生之说一出，以其证据丰实、论断精当获得了学术界的承认，从而结束了文学史上一大公案。先生对古典戏曲名著的整理校注，同样重视例证的广博、对勘的妥善、考证的详实，使其诠释精确，为学界所公认。这种严谨的治学作风，显然是他青年时代受前辈学者孙诒让、吴梅等先生熏陶的结果。

先生的治学，还有一个显著之处，这就是在多方搜集资料、细心校勘考证的基础上，注重时代背景的联系和作品思想意义的阐发。他所撰写的有关关汉卿和《西厢记》的论文，如《关汉卿和他的杂剧》《关汉卿的创作道路》《〈西厢记〉叙说》《从〈凤求凰〉到〈西厢记〉——兼谈如何评价古典文学中的爱情作品》以及《如何评价李白——兼谈评价古典作家的一些问题》《苏轼试论》等，都明显地具有这一特色。这种深一层次的研究，不单纯就具体作家作品泛泛而论，而能正确地解释为什么在某一特定时代会出现这类作家作品，以及他们的创作所蕴含的深层社会价值，给人以深刻启迪。

---

[1]　王季思：《西厢记叙说》，《人民文学》，1954年第9期。

由于先生才高学博，治学范围宽广，因而在研究某一具体作家作品、探索一种文学现象时，能够将之与同时代或其他时代的作家作品和其他文学现象作比较，发现彼此之异同，进而从历史发展的角度考察，站在整体中国文学以至整体中国文化的高度予以审视，高屋建瓴，指出这一作家作品在文学发展史上的应有地位，显示这一文学现象所具有的历史文化意义。一个典型的例子是先生所作的《从柳永的〈定风波〉到关汉卿的〈谢天香〉》一文。宋词《定风波》和元杂剧《谢天香》，本是时代不同、体裁不一的文学作品，表面上看二者没有什么联系，但季思先生从它们都是描写妓女聪明才智和不幸遭遇这一共同点出发，把两部作品联结起来，揭示了宋元时期市井文学的发展，指出"在这二百多年的历史时期里，带有我国民族特征的市井文学，从歌词到戏曲，从弹唱到演唱，作品长度不止十倍地增长了，人物个性栩栩如生地在舞台上出现了。它不只是柳永或关汉卿个人的创作才能所能收效，而是宋元时期无数富有聪明才智而被歧视、被侮辱的女艺人和功名失意、流落市井的浪荡文人共同创作的结果。"这不仅正确评价了《定风波》词和《谢天香》杂剧应有的价值，同时还准确揭示了我国中世纪市井文学的实质。此外又如《从〈凤求凰〉到〈西厢记〉》《从〈昭君怨〉到〈汉宫秋〉》《从〈胡笳十八拍〉谈到〈蔡文姬〉》诸篇，也莫不如此。又如对元杂剧评价问题，先生在《元曲的时代精神和我们的时代感受》一文中指出，过去文学史家由于生活在从辛亥革命到全国解放的历史时期，列强瓜分的危机，帝国主义侵略的威胁，使他们对历史上的民族问题特别敏感，因此在考察元代的时代特征时，往往过分强调不同民族之间的冲突、斗争，强调元代统治者对汉族人民的压迫，而忽视了当时不同民族之间还有互相转化、互相融合的一面，以及当时北方契丹、女真、蒙古等族的尚武精神在歌曲、音乐上对汉文化的影响，从而对元杂剧的评价带来某些偏颇。先生在文中还指出，蒙古族入侵中原时，停止了将近八十年的科举考试，对中国封建文化的发展带来破坏性的后果，元代文人的历史、哲学著作、诗词、散文创作，前不能与唐宋相比，后不能与明清并论，但是，"人类社会在某方面的缺陷现象，往往在别一方面得到补偿。如果蒙古族在入侵中原后即继续开科取士，关汉卿、王实甫等文人都考取了状元、进士，做了官，元代前期就不可能出现戏曲创作繁荣的现象。马致远的著名散曲《秋思》套有一句名言'青山正补墙头缺'，从元代全部文化看，出现在当时封建文化墙头缺处的不是一般青山，而是我国戏曲史上的第一个高峰。明白了这一点，我们对当时蒙古族的入侵，科举制度的一度停顿，将不至从旧儒生的角度，逗留于'儒人颠倒不如人'的悲愤，而较为实际地从不同民族的互相转化、互相融合说明问题。"这就把元杂剧的创作摆在整体中国文化发展和民族关系的高度上来认识，检讨它的得失，从而使其评论更具哲理性，并具思辨色彩。

更可贵的是，先生治学不囿于旧派学者的方法，敢于开拓创新，能够切合时代脉搏，与社会发展共进，把古代文学、古代戏曲的研究和现实的需要紧密结合起来。前面已经说过，先生在三四十年代开始整理、研究《西厢记》，就是服从当时反封建斗争的需要。解放以后，他更注意学习马克思主义，力求运用唯物主义和辩证法观点来分析评价古代作家作品，总结历史经验，以适应新社会的革命需求。为此，他撰写了一系列文章，如《怎样评价柳永的词》《怎样探索汤显祖的曲意》《如何评价李白——兼谈评价古典作家的一些问题》《〈文心雕龙〉研究中的经验教训》《从〈凤求凰〉到〈西厢记〉——兼谈如何评价古典文学中的爱情作品》《关于批判继承古典文学遗产的一些意见》《话剧如何吸收传统戏曲的成就》等。这些文章，不仅总结了中国古代文学和古代戏曲的成就、经验、教训，指出我们今天从中可以继承哪些有益的东西，扬弃哪些有害的东西，以有助于我们今天的思想文化建设和创作借鉴，同时还针对某一时期学术研究领域的错误思潮和不恰当做法，予以辩驳澄清，拨乱反正。先生十分注意古代文学的推陈出新，古为今用，他一向主张对古典文学不能为研究而研究，而应当为适应现实的需要服务，所以，他热切支持古典戏曲的改编工作。马少波先生改编《西厢记》，他为之撰写了热情洋溢的评论文章；上海昆剧团上演《牡丹亭》，他为之真诚地提出自己的看法；广东粤剧团赴美国、加拿大演出，他为之撰写关于《昭君出塞》《搜书院》

《李慧娘》《焚香记》剧目的文章，以使改编演出成功。先生还对戏曲改革怀有很高热情，尽力支持新编历史剧的创作，鼓励戏曲舞台上进行的种种改革尝试，这种精神也是十分可贵的。

先生的学术研究为现实需要服务，还表现在对古典文学普及工作的重视。为此，他在进行精深学术研究的同时，撰写了许多艺术分析、鉴赏以及各种有助于理解古典文学、提高读者艺术素质的文章，诸如《词的欣赏》《漫谈李清照的词》《高歌卑贱者的胜利——〈西厢记·拷红〉赏析》《〈尼姑思凡〉的美感与写法》《历史著作与文艺作品》《宋元讲唱文学的特殊用语》《金元散曲的兴起与衰亡》《如何打通戏曲语言这一关》等。这些文章，短小精悍，通俗易懂，却又带有一定学术性，实际上开拓了他所从事的古典文学研究的新路子。从以上简略的介绍中，我们可以看到季思先生贯通古今、熔铸众学，博大、精深、严谨、开拓的学术思想。

三

季思先生一生，不仅勤奋治学，而且还把极大精力投入培养人才的工作中。扶掖后学，言传身教，我以为也是他学术思想体系内容的重要组成部分。

先生自二十年代始，即从事文史教学事业，先后在浙江、安徽、江苏、广东等地任教，孜孜迄今七十年，培育了大批人才。他的学生中,许多人今天已成为文艺界、教育界的重要骨干。先生培育的学生层次很多,除大学本科生外,五十年代起,还开始招收中国文学史和中国古代戏曲专业的研究生,八十年代,又接连招收这一专业的博士生,造就了众多戏曲研究专门人才。他还接受国家教育部门的委托,举办全国性的中国戏曲史高级进修班,使全国各地高等院校这一专业的师资在学术上得到迅速提高。先生深知,要振兴中华,关键在于培养更多能够负担"四化"建设的人才,因此,他在打倒"四人帮"以后,把更多精力用于辅导年轻教师和研究生方面。

先生扶掖后学,培养人才,很注意在科研实践中使他们得到提高。他一贯主张,年老教师和年轻学者共同参与科研项目,由老教师领头,年青一代参加,老中青结合。在老教师的具体指导下,年青一代可以在实践中练好基本功,学会治学的方法,这样,他们能够在学术上较快地得到提高。这种培育人才的路子,早在五十年代校注《桃花扇》时已经采用。记得在六十年代初,我们那届研究生在学习古代戏曲时,先生也曾让我们参与《中国戏曲选》的部分校注工作,使我们学到了许多东西;近十年中,他更带领一批中青年学者编纂《中国十大古典喜剧集》《中国十大古典悲剧集》《元杂剧选注》《中国戏曲选》《元散曲选注》《元明清散曲选注》《全元戏曲》等书,使得一批批中青年学者迅速成长,这在中国学术史上是应该记上一笔的。

先生还鼓励后学独立著书立说，而同时又予以无私帮助。他常常把自己珍藏的图书、资料，甚至多年来积累的卡片提供给研究某一课题的中青年学者，并帮助他们修改书稿，使他们更好更快地完成科研任务。这种事例不胜枚举。我的同窗郭启宏，自大学毕业后，北赴京华从事戏剧创作，多少年来，他每有所作，必奉寄先生请教，先生亦至诚提出意见，帮助启宏开掘作品的思想深度和提高其艺术品位，使他的剧作更增添灿烂的光辉。现在启宏同学以其力作评剧《成兆才》《评剧皇后》、京剧《司马迁》《王安石》、昆曲《南唐遗事》、话剧《李白》饮誉京华剧坛，而先生也为之撰写《谈京剧〈司马迁〉》《看了〈南唐遗事〉想起的》《郭启宏的新编历史剧》等文章，予以评论、鼓励。

我师从先生八年，别后时得教诲，对先生无私扶掖后学的崇高精神感触尤深。早在研究生时期，先生在指导我们学习的时候，就引导我们走治学之路，鼓励我们大胆撰写学术文章。我的第一篇学年论文，就是在先生督促下写成的，并得到先生逐字逐句的评点、修改；我所发表的第一篇学术文章，也是先生应报社之约而转让给我写的。而别后我在黄土高坡，一段时间被下放农村劳动，在重返教学岗位时，内心有些彷徨，先生得悉消息，专门为此来信，语重心长地嘱咐我一定要放下思想包袱，恢复从事学术研究的信心，并寄来他的文章手稿，让我重温如何选题立意、写作文章、修改文稿。先生这样热情关怀弟子、激励其前进的赤诚之心，真可与天共鉴。我就是在恩师的鼓励、鞭策下，重新走上治学之路的。我为青少年编写古典戏曲通俗读物《元杂剧故事新编》，一开始就得到先生的指导，为我审定选目，修改文稿，使之顺利出版。近十年来，我根据我处在山西南部古代戏曲繁盛之地的实际情况，专力从事戏曲文物研究和祭祀仪式剧研究，实际上也是早年季思先生和吴晓铃先生两位前辈指点的结果。我和山西师范大学戏曲文物研究所的同志编撰了《宋金元戏曲文物图论》，先生也慨然为之撰写前言，以资鼓励。这种扶掖后学的精神，充分表现了先生为发展祖国学术事业而贡献一切的崇高思想。

先生在一九八五年秋，曾寄赠我一幅题为《自题玉轮轩（先生的书斋名）绝句》的墨宝，其词云：

人生有限而无限，
历史无情而有情；
薪尽火传光不绝，
长留双眼看春星。

这首诗，先生也送给了许多学生，深情地表达了他对后辈的期望。先生深深感到，一个人的一生，精力是有限的，而学术事业则是无限的，只有培育出一批批专门人才，研究事业才能代代相传，辉光不绝，在这个意义上说，有限的人生才能变成无限。而"长留双眼看春星",则是先生对我们后学的激励,是他扶掖后学、为祖国学术事业无私奉献精神的体现。

原载山西师范大学戏曲文物研究所编《戏曲研究新论:祝贺黄竹三先生七十初度暨戏曲研究新思路漫谈会文集》,三晋出版社 2009 年版。

春风暖人　长者风范
——记王起先生

张小莹

一九八四年八月,我从外地调到中山大学古文献研究所工作。我来时正值该所草创时期,所里只有王起所长和刘烈茂副所长两人,我到该所任资料员。当我还未去报到时,我爱人就对我说:"王先生是研究戏曲的专家,他德高望重,很受学术界敬重,你很快就会见到一个学问渊博的老学者。"当时我想:"很有学问和地位的老专家一定是令人敬畏的吧?"

报到后仅过了两三天,刘副所长就亲自带我去拜访王先生。当时我心里很是惴惴然,很担心第一次见面自己会举止失措。我怀着这种心情跟着刘副所长来到中大东北区的马岗顶,王起先生的家就在这里。

这是一幢别墅式的二层楼房,王先生住在二楼。门前有个小园,疏落地点缀着一些花草,环境显得很幽雅。王先生出去了,刘副所长就领着我参观了王先生的整个房子。王先生的房子很宽敞,客厅的摆设十分素雅,给我印象很深的是后壁上悬挂的一对长联，这是本校中文系潘允中教授书赠王先生的。上联是："青春有志须勤学"，下联是："白发无情要著书"。望着这副对联，我想王先生一定是很勤奋的。刘副所长在这里毫无拘束，就像在自己家里一样，因此，我又想，也许王先生并不是那样令人生畏的吧？

又过了几天，刘副所长再约我去拜候王先生。这次我们先挂了电话，王先生已等候在家了，我们一上楼，他就稳步迎上来。

他是一位高大的老人，虽然当时已经七十八岁，可是气色很好，皮肤白而红润，可以想见他年轻的时候一定十分魁伟俊爽。

听人说，早年他是很喜欢打网球的，所以虽然年纪大了，身体仍然很好。王先生拉着我的手把我们让进了客厅。他手上的温暖传进我的心田，和蔼的态度使我心里原有的畏惧荡然无存。

我只觉得，在这位慈祥长者面前，自己变得像一个天真纯朴的小女孩。

我一一回答了王先生对我家庭情况的亲切询问，又满怀敬意地聆听他的谆谆教诲。他鼓励我好好干，为研究所的创建多做工作；又鼓励我要加强学习，还特别吩咐我要好好练字，说我的字有点潦草。我心里很觉钦佩，短短时间，王先生就了解了我的特点，知道作为一个搞资料工作的人，有一手端正的字是很有用的。我得到他赠送的这份见面礼后，果然比较注意练字，字体比以前端正多了。

许多熟悉王先生的人都告诉我：王先生是一个热心扶植后

学的贤者。通过几年来的接触，我确实体会到这一点。他不顾自己年事已高，带领和指导一批青年教师、硕士、博士研究生进行学术研究。无论哪一个请教于他，他必谆谆诱导，耐心指教。不管哪一个将自己写的文章拿给他阅改，他必一一仔细过目，并圈点批改。他还常常为青年学者的论著写序，对青年学人在学术上取得的成绩表示欣喜与鼓励。他还常常与青年教师合作著述，做他们科研道路上的领路人。我虽仅是一个资料员，在与王先生接触的几年中也受益匪浅。

一九八五年，我开始练习写些小文章，王先生知道了十分高兴。一天，他特意打电话让我到他家里。原来他把自己早年写的一些杂文一一找了出来，他把这些文稿交给我说："你看看这些文章，对你初学写作会有帮助的。"今年，当他的杂文集《求索小集》由广东人民出版社出版时，他又惠赠我一册，还在扉页上题了字，再次嘱咐我多看看这些小文章，练练笔。王先生对我的关怀使我很感动，在他的鼓励和帮助下，我写的一些文章陆续在一些刊物上发表，他知道后十分高兴，还让我把文章拿给他看。

后来我想把有关王先生的资料整理出来，王先生知道后又给了我极大帮助。我到他家请教时，每次他都不厌其烦地给我解答有关问题，还把历年报刊上他人写的有关他的文章及资料找出来交给我。有时由于他说的带温州口音的普通话我听不清，他就重复数次，直到我完全听清楚为止，或者用有点颤抖的手写下来让我看，从来不嫌麻烦。

王先生是十分爱惜人才的。我们所的林建老师是一个三十刚出头的年轻人，没有上过正规大学，但他是一个在古典文学研究领域肯钻研并有一定成就的年轻人。他在来我所工作前，就已出版过《李清照词评释》，还正在编选《廖燕诗文集》。一九八四年我所向社会公开招聘科研人才，他来应试，王先生就主张录用他。待他到所后，又吸收到自己领衔的《全元戏曲》编写组工作，并起用他做自己的助手。在王起先生的悉心指导下，林建老师很快就掌握了整理、校注古典戏曲的基本方法，短短的两三年内，就校点了元人杂剧三十多种，业务上提高很快。

王先生不但乐于扶持后学，他自己也相当勤奋。我第一次在他家客厅见到的那对长联"青春有志须努力，白发无情要著书"，即是他一生努力于学术研究的写照，十分确切地表达了他虽年事已高，但做学问仍永不歇息的精神。

今年王先生八十五岁高龄了，但每次我因取资料或办事去王先生家，总见他在那兼作书房的卧室里伏案勤奋笔耕，头伏得很低，几乎接近稿纸，书写好像很艰难。每次见到这种情形，我都很想对他说："王先生，您休息一下吧！"后来在一次与王师母的交谈中，我才知道王先生一只眼睛早年受伤，视力全失。现在他看书写文章全靠一只眼睛的视力，可以想象他写东西有多么困难！但他仍天天埋头著述，从不辍笔。王先生近年不但领衔主编《全元戏曲》，还不断地发表论文及其他文章。

我常为王先生抄写一些稿件，每当我抄写着这些凝聚着先生的心血和智慧的文稿时，我总是想：王先生这样一位有一定地位和名望的专家，尚以极大的决心和毅力著述不止，以极大的热情提携后学，年轻而又精力充沛的学者们有什么理由不加倍努力呢？

原载《文教资料》1990 年第 2 期（总第 188 期），署名陵谷。

季思师

郑佩鑫

上世纪五十年代当我在中山大学历史系读书时，历史系和中文系还不像现在井水不犯河水，谁都不理谁。那时文史系要交叉开课，历史系给中文系开中国通史课，中文系给历史系开中国古典文学选读课。当时给我们开古典文学选读课的有两位老师：黄海章和王季思，黄从先秦讲到魏晋南北朝，王从唐讲到明。黄和王都是著名的老教授，可见中文系对这门课还是很重视的。

王师备课认真，讲解作品深入浅出。他温州口音极重，咬字不准，但朗诵作品却抑扬顿挫，极富感染力。我们全班都爱听王师讲课，那时我是古典文学选读课代表，更被王师的讲课艺术深深地迷住了。我现在能背诵唐诗、宋词各百余首，《西厢记》《牡丹亭》中的精彩段落也能朗朗上口，这点古典文学基础主要是王季思老师给打下的。

在王老师给我们上课期间，我写了一篇《谈白居易的〈琵琶行〉》文章，送去请王师提意见。王师住东南区一号楼，楼上是史学大师陈寅恪一家居住，楼下是王师一家居住。我送稿子到王师家时，他刚冲过凉，穿着蓬松的睡衣坐在沙发上，他翻看了一下我的文章，说："两个星期后你来取吧！"当两个星期后我去取文章时，王师说还没有来得及看。我深知王师的教学、科研任务很重，他还担任中文系的系主任，行政任务也很重，他的时间是很宝贵的。直到两个月以后，我才从王师那里取回文章，但当我回去展看时，我被惊呆了。只见我的稿子被红笔改得一塌糊涂，真可说体无完肤！有许多地方被删削，甚至整段删落，有的地方前后颠倒，有的段落被合并或重新划分，许多不妥当的词句被改正了，甚至每一个标点符号他都作了认真的推敲、改动。对王师的改稿当初我不能接受，就把它扔到抽屉的角落，不再理它。

大约过了一个多月后，我的情绪平静了，才把改稿找出来认真地阅读，当我读过以后，不禁拍案叫绝：改得太好了！原文长五千多字，庞杂臃肿，不堪卒读；改稿只剩近三千字，但却流畅、简练、精当，显得有分量了。通过王师的批改，使我看清了原稿的缺点和不足，从而摸索到写文章的方法，逐渐地学会写文章了。

此后，大学三年级我写了学年论文《大成国的反清起义》，大学四年级又写了毕业论文《东晋南朝时期神灭论和神不灭论的斗争》。这两篇论文在我毕业后都发表了，说明它们都具有一定水平。我认为,年轻时我能写出达到发表水平的文章,这和王季思老师提高了我的写作能力有直接关系。

节选自作者《忆我的四位老师》,原载《春秋》2009年第6期。

我回母校讨诗笺

陈平原

一九九〇年一月,我回乡探亲,突发奇想,带上若干诗笺,回母校中山大学,请自己熟悉且敬佩的师长题诗或题词。时间很确定,有日记为证,一月二十一日分别拜访了吴宏聪、陈则光、饶鸿竞、王季思、卢叔度等诸位先生,除了请安、叙旧,再就是恭请题诗;二月五日探亲归来,重回中大,拜见这几位先生,收获五张精美的题赠诗笺。

前些天为编《怀想中大》而翻箱倒柜,重睹这五张诗笺,实在感慨万千。

我在中大的三位导师中,吴宏聪先生(一九一八—二〇一一)最长寿,我与其接触也最多。他给我的题词是:

在学习和追求真与美的领域里,我们可以永葆赤子之心。

吴先生一直从事中国现代文学研究,在西南联大念书时,曾以曹禺戏剧为毕业论文题目，这就难怪其题词与众不同——录爱因斯坦句，而不是"旧作一首"。

陈则光先生（一九一七——一九九二）题赠的诗是：

月沉柳岸隐吹笙，何处朱楼酒未醒。
莫道绿窗人寂寞，此声真合静中听。

在中大念书期间，我经常到访位于西区体育场旁的饶鸿竞先生（一九二一——一九九九）家。有时心血来潮，没有预约就登门，先生也不以为忤。饶先生世事洞明，且善解人意，与之聊天非常愉快。我拜访过中大诸多老师，与饶先生聊天时最放松，也最为坦诚。在我最困难的时候，饶先生的笃定与平静，让我明白很多书本上没有的事理。

先生录赠的这首"旧作"，不知作于何时、有无深意，我只是读后心旷神怡：

雨后千峰碧，桃花照眼新。
偷闲山里去，折取一枝春。

反右运动时被错划为右派的卢叔度先生（一九一五——一九九六），博学多才，主要讲授《诗经》《楚辞》以及先秦诸子课程，据说还精研易学，不过我请教的是他辑注晚清小说家吴趼人的《俏皮话》。正因学术背景及饱经沧桑，卢先生题赠的"旧作"，意境幽深外，更见作者性情之狂放与兀傲：

半生煮字难为米，铁笔雕虫昼夜磨。
狂慧每随惊梦断，庭西处士落秋河。

此绝句无论用典还是意境，依稀可见龚自珍的影子。

与卢先生因被打成右派而长期沉沦不同，五六十年代的王季思先生(一九〇六——一九九六)，基本上是一帆风顺的。作为著名戏曲史家，王起先生对于中大中文系的学术声誉有很大贡献。

我读大学时，王先生曾开课讲授旧体诗词写作，那时我正沉湎于西方文学及文艺理论，对此类"古董"不感兴趣。只是课程结束时，王先生送每位同学一册自著诗集，让我很歆羡。这回的题赠，依旧清新浅白，一看就懂：

一榻度昏朝，浓情闲里消。
群书束高阁，清梦出重霄。
魏玛何须羡，濠梁倘可邀。
殷勤谢歌德，知足自逍遥。
（自注：卧病经旬，以歌德谈话录自遣。）

毕业后，我多次回中大拜访师长，王季思先生与吴宏聪先生的住处相去不远，故经常"古今兼顾"。至于相关文字，除了一九八八年撰"学术随感录"时，曾提及先生名言"做学问不靠拼命靠长命"，再就是二〇〇四年十一月我在中山大学八十周年校庆论坛作专题演讲，刻意选择《中国戏剧研究的三种路向》这一题目，说好是向王季思、董每戡两位先生致敬。此文日后刊《中山大学学报》二〇一〇年第三期，被《新华文摘》《高等学校文科学术文摘》《中国社会科学文摘》等转载，且获教育部颁发的第六届高等学校科学研究优秀成果奖（人文社会科学）论文二等奖（二〇一三）。文章谈及王先生的学术贡献，至于怀念之情，因体例限制，只能在注释中略为提及。

八十年代的大学校园，学生人数少，师生关系比较密切。即便不是同一个专业，或毕业后联系不多，也都互相挂念。正因此，我回母校讨要诗笺，才会如此顺利。老师们不仅不推脱，还有开玩笑的，说这下子春节有事做了，因为得练习书法。

"乍暖还寒"时节，老师们借题诗给学生"压惊"，至今想起，仍是很感动。

闲来翻阅早年师友书赠的诗笺，感觉很温馨，也很忧伤——那个时代，那种风雅，那份师生情谊，今天大概很难存在了。

二〇一四年二月二十三日草于京西圆明园花园

原载《书城》2014年第6期，收录时经作者校读阅定。

穿越时光的追忆

吴承学

王季思先生门下弟子以及再传弟子很多,我一直不敢以学生的身份撰写纪念文章。最近,黄仕忠先生特地对我说,他要主编一本王先生纪念文集,希望我也写一篇纪念文章。他把纪念文集的目录发给我,上面已经给我预留了版面,他还给我寄来几篇范文。仕忠先生以巧妙独特的方式,给了我撰写这篇文章的机会。

于是,我开始回想起当年对王季思先生的种种印象。慢慢地,各种遥远的回忆开始拍打记忆的堤岸,渐渐亲近,追念如潮水涌起,不可遏止,越发变得清晰。

我很早就看过王先生的名字,那时是"文化大革命",一般家庭除了红宝书,基本没有什么书。我父亲年轻时喜欢文史,一九四五年加入杨家骆、马衡、顾颉刚、傅振伦组织的"大足石刻考察团",一九四九年后,回到潮州一中任教导主任,他的人生乐趣就是购书、读书。在那个荒芜的年代,我家里可以说藏书不少，其中有好几种中国文学史，印象最深的，就是中国社会科学院文学所和游国恩、王起（季思）先生等编著的两种《中国文学史》。可以说，从少年时代，我就对"王起"这个名字有一种莫名的崇敬。

一九七七年我考上中山大学，当年的古代文学课程教材就用游国恩、王季思先生等编著、人民文学出版社出版的四卷本《中国文学史》，其中一些章节如戏曲与散曲应该是出自王先生的手笔。当时全国高校中文系基本都使用这套书作为文学史课程教材，影响极大，那一代大学生，差不多都读过。如此说来，王先生当年不仅名满天下，桃李也满天下。古人说，读其书想见其为人，何况王先生就在中大中文系任教。我一进中大，就很想见到王先生，完全没有想到，我见到王先生，竟是在一个很特别的场合里。而当年这一幕，从此深深刻印在我的脑海中。

我们的古代文学课程分量最大，也最受期待。但直到二年级第二学期，才安排先秦两汉文学史。授课的是卢叔度老师。卢老师是一位学问渊博却在历次运动中身世坎坷的老教师，他讲的是粤西口音的广州话，不少同学一句都听不懂，就向校方要求换老师，引发一波小"舆情"。学校很重视，当时已七十多岁的古代文学教研室主任季思先生特地到课堂听课，课间休息时，坐在前排的王季思先生，起身走上讲台为卢老师擦黑板，擦完黑板，王先生转身郑重告诉我们，卢先生很有学问，只是因为二十多年没有机会上课，普通话不熟练。王先生还说自己的温州口音也不好懂，大家用心听卢老师讲课，慢慢就能听懂了。

这是我第一次见到王先生，他是专程为一位被学生投诉的老师鼓劲来的，也是为说服学生来的。印象中，王先生是一位高大壮硕的长者，皮肤白皙，脸色红润，精神矍铄，微带笑容，和蔼之中不失威严。后来，大家果然慢慢听懂了卢叔度老师的课，非常喜欢他。我还选择了卢老师做我的毕业论文指导老师。

大学四年级时，王先生终于给我们开了一门选修课"诗词鉴赏"，主要讲诗词名篇和诗词格律。王先生操着浓重的温州方言口音，讲课慢条斯理，有从容不迫的风度。王先生上课还配了一位青年教师当助手。期终考核是写一首古典诗歌，格式不论，长短不拘。可以是古诗，也可以是律诗或词曲。当年我的答卷是写一首题为《石狮歌》的古诗。石狮是中大康乐园马丁堂前一尊著名的大石狮雕像。据说这尊石狮是岭南大学时期，钟荣光先生从民间寻购来的。它蹲姿回首，口含飘带，其形象威武灵动充满生趣，颇有南方石雕艺术的特点。"文革"期间"破四旧"，毁掉了许多珍贵文物。这石狮来自旧社会，自然和旧思想、旧文化、旧风俗难脱干系，于是被从石座上推倒在地，以示令其永远不得翻身之意。"文革"结束后，迅速拨乱反正，石狮子也重新威风凛凛地挺立在马丁堂前。我的《石狮歌》就是为此而作的。王先生给我的作业写了批语，大致是说诗歌的优点在于有寄托。所谓寄托，应该指诗歌写的是石狮重新回到原来位置，令人联想起在历次运动中饱受磨难的铮铮铁骨者，终于又见天日，重新发挥作用。他的批语给了我莫大鼓励。

一九八二年我本科毕业，和来自郑州大学的孙立同学一起考上黄海章、邱世友先生招收的中国文学批评史专业硕士研究生，但这个专业在中山大学还没有进入招生的专业目录，所以又合并到各体文学专业，王季思先生是这个专业的负责人。一九八四年，我的硕士论文答辩，答辩委员会由王季思、卢叔度、苏寰中、邱世友、郑孟彤诸位老师组成，王先生是主席，秘书是年轻的张国风老师（后来做过国家图书馆古籍部主任）。我的论文题为《〈沧浪诗话〉研究》。严羽《沧浪诗话》涉及对江西诗派的批评，王先生对于宋代诗学尤其对江西诗派是很熟悉的，写过这方面的论文。他总体上肯定我的论文，尤其对文中所提出的《沧浪诗话》真正推崇的诗学倾向是李、杜而不是王、孟这个观点，表示有新意，有道理。因为此前学界流行的说法是严羽虽然推尊李、杜，实际上喜欢的是王、孟。王先生又针对文中有关严羽批评江西诗派的部分内容，提出一些修改建议。

一九八四年，中山大学古文献研究所成立。所长是王季思先生，副所长是刘烈茂老师。当时全国一些高校设立了古文献所或古籍所，它们是由全国高校古籍整理工作委员会直接领导，行政上和其他院系并列的研究机构。一九八四年十二月，我硕士毕业，承蒙王先生和刘老师的接受，我到了中山大学古文献所工作。那时，文献所刚刚建立不久，条件还相当简陋，就暂用马丁堂一楼西侧的几间房子，主要用来置放图书。所里的研究人员也刚招聘，有几位是从中学的优秀老师中招聘来的。后来陆续招收了一批古代文学、古代汉语文字学的优秀博士、硕士毕业生，如黄仕忠、麦耘、陈伟武、谭步云等先生。

当时中大文献所分为两个室，一个是岭南文学研究室，由陈永正老师负责，重点是《全粤诗》整理研究；一个是车王府研究室，由郭精锐老师负责。王先生安排我分到车王府研究室，重点是《车王府曲本》的整理与研究。这项工作，是由王季思先生建议而展开的。他非常重视这项工作，曾把车王府曲本誉为安阳甲骨、敦煌文书之后又一重大发现。不过，王先生知道我的学术兴趣主要在古典诗文和诗文批评方面，便鼓励我在完成车王府曲本的整理与研究任务之后，可以继续研究其他方面内容，也可积极参加全国性的学术会议，扩展学术交流。

当年，文献所每年资助研究人员到外地参加一次学术会议。我到古文献所短短两年时间，就参加了在福建邵武举办的"全国严羽学术讨论会"和在安徽屯溪举办的中国《文心雕龙》学会年会。还在《文学遗产》《学术研究》《汕头大学学报》发表了文章。除此之外，我与卢叔度教授合作点校整理了吴趼人讽刺小说四种《二十年目睹之怪现状》《最近社会龌龊史》《瞎编奇闻》《糊涂世界》，后来收在卢先生主编的《我佛山人文集》中，在花城出版社出版。

回想起来，我觉得古文献所是一个很好的工作环境和学习环境。那时既不用考核，也没有教学任务，基本没有什么压力，是一段自由自在的时光，也是一段充实获益的时光。

一九八七年初，我报考复旦大学中国文学批评史专业博士生，当时有点忐忑，因为自己在古文献所服务时间太短，担心不被批准。但我的申请很快就得到王先生和刘老师的大力支持。他们真诚希望我毕业之后，再回到古文献所工作，甚至建议我办理在职博士生手续，那样不仅保留工资收入，也省了毕业后找工作的麻烦。我当时对这些都不甚了了，担心在职要兼顾工作，无法一心一意读书，就办理了全脱产读博。现在想起来，是有点辜负两位领导的苦心和诚意了。

一九九〇年，我从复旦大学博士毕业，回到中山大学中文系，上古代文学和文学批评史课程。王先生主要是指导博士生，完成《全元戏曲》，已经很少到系里来。我曾几次去看望王先生，感觉王先生的温州口音越发浓重，且随着岁月流逝，原来高大强壮的王先生渐渐显出老态，也越发显得慈祥。

那时我家住在校外。曾经有一段时间，学校给吴国钦教授和我安排了一间午休的房子，就在爪哇堂。吴国钦老师是王先生早年的研究生，也是我大学期间的老师。我们一起午休时，他经常讲起王先生的精彩故事。爪哇堂浓荫蔽地，蝉鸣不已，吴老师穿越时代的讲述常常让我沉思。那些故事既令人佩服，也令人嘘唏。

大约在一九九五年，我陪同广东省古代文论学会领导邱世友、阮国华等教授去看望王先生，当时他已经非常衰弱，形容消瘦，吸着氧气，他是坐在轮椅上和大家合影的，他认真听着大家的汇报，脸上露出和蔼的笑容。这是我最后一次到马岗顶王先生家里拜访他。

我从一九七八年开始见到王先生，仰望他近二十年，但对先生的为人与学术只有很粗浅的了解和理解。王先生既有名家大师治学的共性，又有其特殊的个性。他在学术研究上，不断追求创新，至老不衰。比如，他把传统注经的方法，用到笺注《西厢记》上而一举成名，至今仍是这一领域不可绕过的经典。他主编的《中国十大古典喜剧集》《中国十大古典悲剧集》，就是运用西方文体分类概念的一种积极的尝试，这种分类至今仍有较大的影响。

在那一代学者中，王先生是很有个性、很有特色的一位古典学者。他并不是只埋头书斋、只关注学术的学者，他也很关心政治、时事。他洞明世事，通情达理，充满生活情趣。王先生为人与治学都根底深厚，又灵动脱通，能屈能伸。他并不是明哲保身的儒者，他的眼光是通达的，他努力以自己的力量去改造现实，也经常勉励和支持年轻人这样做。

可以说，在研究学术的同时，对于国家的关心，对于年轻人的关爱，这是王先生一生的追求。

康乐园情愫
——并纪念王起老师逝世 21 周年

王启光

我于一九八一年经中大民盟主委王起教授和体育教研室主任郭刁萍教授介绍，加入中国民主同盟。当年我同郭教授住在西南区六十九号东侧平房，两家共厅共厨共厕，亲如一家。王起教授是郭教授的网球老队友，因此我与他们建立了忘年之交。由于我对民盟前辈的敬仰和对组织的热爱，不久我被推选为民盟中大总支部副主委，后来谢颂凯主委调任佛山大学校长，我代理主委工作。过后改选端木正教授为民盟中大总支部主委，但端木正主委在校外兼职较多，是省民盟主委、省人大副主任，尔后又调任全国最高人民法院副院长。因此，中大民盟总支的工作仍由我负责。

当年中大民盟正处于兴旺时期，共有盟员一百二十二人，有高级职称者八十八人，他们之中有西南联大的骄骄学子、有留洋归来的博士、有本土国学名家，分别在各院系当领导者或学术带头人。马岗顶是他们聚居的地方，康乐园里的马岗顶，人杰地灵，它与白云山隔江遥相呼应，山高水长，岭南人选此地建校，是风水圣地，藏龙卧虎，必有英才辈出、栋梁擎天。马岗顶上有荔枝林，下有"野猪林"是原始野生丛林。可惜后来为建图书馆将荔枝林铲除，丛林也砍伐不少。而今汽车穿脊而过，废气弥漫满山坡，好不教人心酸。

校党委统战部和民主党派办公室就设在马岗顶，周围便是民盟同志的家，所以办公开会家访等活动，是我去得最勤最多的地方。东北区三百十八号是王起老先生的家，我是经常登门拜访的常客。

记得是一九九一年初夏，为庆祝民盟成立五十周年活动，民盟中大总支部举办盟史图片展览和出墙报，我到王起先生家去约稿，但他很忙，为完成《全元戏曲》的书稿，他上午写三小时，下午还要写二小时，已出版八卷，尚有四卷待完稿。但为了纪念民盟诞辰，他愉快接受此任务，写了《调寄鹧鸪天》一首：

风雨飘摇五十年，后贤何以观前贤？众擎易举山能撼，万马齐喑国岂安。今日事，异从前，要教沧海变桑田，莫愁前路风波险，破浪乘风共勉旃。

还写了一首《八五抒怀》：

八五衰翁何所求，一楼风月自春秋。风来罗帐飘花影，月出珠帘挂玉钩。腕弱渐看疏笔砚，眼昏正好肆神游。天时人事君休问，水到山前自转头。

当时我预感先生情绪有点低沉，便壮胆违天奉和先生一首：

先生八五欲何求，华灯伏案谱春秋；风掀珠箔送香入，月照林间似水流。全元戏曲传千首，唱尽人间喜和愁；愿散余辉歌盛世，未酬宿愿不回头。（见"中大盟讯"第十期1991年6月）

后来我还写了《九一年教师节有感》请先生指正：

康乐园里执教鞭，绿茵场上三十年；安贫守穷面黑壁，两袖清风扫粉尘。

我获得先生的教益良多。

现今，每当我打网球或游泳经过马岗顶时，看着一幢幢红楼，仿佛看到一个个老先辈的身影，他们虽已驾鹤仙逝，但留在我心中的是深切的怀念。最后奉上一首小诗："紫荆花开康乐园，课堂响彻教书声。夜闻杜鹃啼泣血，朝辞故人梦中情。"用以纪念王老师逝世二十一周年，寄托我缅怀先辈的哀思。

二〇一七年七月一日于中大蒲园

王季思：薪尽火传光不绝

夏和顺

一九八二年十月、十二月，王季思先生主编的《中国十大古典悲剧集》《中国十大古典喜剧集》由上海文艺出版社相继出版，并迅速成为畅销书风靡全国。十大古典悲剧包括关汉卿的《窦娥冤》、马致远的《汉宫秋》、纪君祥的《赵氏孤儿》以及洪昇的《长生殿》、孔尚任的《桃花扇》等；十大喜剧则包括关汉卿的《救风尘》、白朴的《墙头马上》、王实甫的《西厢记》等，都是耳熟能详的中国古典戏曲菁华。

中国古代戏曲多以题材和行当分类，或以地域分流派，从无悲剧喜剧之分。悲剧喜剧概念源自古希腊，其中悲剧作家以埃斯库罗斯、索福克勒斯、欧里庇得斯为代表，喜剧作家则以阿里斯托芬为代表，是西方主流戏剧的源头。到了近代，中国人也开始引用欧洲的悲剧喜剧美学概念来论述中国古典戏曲，比如王国维就曾说，《窦娥冤》和《赵氏孤儿》"即列之于世界大悲剧中亦无愧色"，此后也有人试图将中国古典戏曲按悲剧和喜剧归类，但并无成功范例。王季思主编的《中国十大古典悲剧集》和《中国十大古典喜剧集》出版后，对中国古典戏曲的悲喜剧归类为众多普通读者所接受，在中国戏曲发展和研究历史上具有重要意义。

王季思青年时代在东南大学求学，师从著名学者吴梅，后来因校注研究王实甫《西厢记》享誉海内外，逐渐成为古代文学史论和古典戏曲研究名家。他从一九四八年开始执教于中山大学，直到一九八九年夏天以八十三岁高龄退休。据中山大学中文系教授黄天骥回忆，即使"退休以后，他依然坚持工作。清晨起来，就坐在书桌旁忙个不休"。由于思想的开放和眼界的开阔，王季思晚年的学术成就丰硕，尤为引人注目，其中就包括他借鉴西方文艺美学思想梳理归类中国古典戏曲而成的这两部名著集。

王季思原来亦无悲剧喜剧概念。据易新农教授回忆，大概在一九七九年前后，有一次学术交流时，他告诉王先生：西方戏剧有悲剧喜剧之分，中国古代戏曲也可以分悲剧和喜剧。王先生很感兴趣。恰逢教育部委托中山大学举办中国戏剧史师资进修班，由王季思先生主持，王先生于是热情邀请易新农往该班讲学。培训班学员是各大学中文系古典文学专业的讲师和副教授，其中南开大学的宋绵有毕业于中山大学，与易新农同班，易新农当时的职称仅是讲师。

易新农说，他的专题讲座分两部分：首先介绍以亚里士多德《诗学》为代表的西方悲剧喜剧理论，比如亚里士多德说："悲剧是对于一个严肃的、完整的、有一定长度的行动的模仿……借以引起怜悯与恐惧，来使这种情感得到陶冶（净化）"，也有人认为希腊悲剧表述的是生命的尊严和意义。其次结合理论分析作家作品，重点介绍了古希腊三大悲剧家的代表作品，如《普罗米修斯》《安提戈涅》《美狄亚》，等等。黄天骥当时是副教授，他在培训班上讲授关汉卿戏曲。易新农说，他们在培训班上的讲课受到来自全国各地学员的广泛好评，特别是通过研讨古希腊悲喜剧，拓展了中国古典戏曲的教学和研究思路，王季思先生亦受到启发，他主编十大悲剧和十大喜剧的念头正是在这次培训班中萌生的。

  黄天骥教授说，王先生"特别喜欢和年轻人接近，他觉得，教学相长，老专家也能从后辈身上吸取自己缺乏的东西"。他还说，王季思先生有个习惯，"他写好文章后，无论是长篇论文还是诗词杂感，总要复印出来，请自己的学生提意见"。王季思先生为《十大悲剧集》和《十大喜剧集》分别作长篇前言，每篇洋洋万余字。易新农教授说，王先生写完初稿后亲自送上门来命其修正，他也毫不客气地提出十八条修改意见，王先生虚怀若谷，一一接受。王先生在《十大喜剧集》前言的结尾谦虚地写道："运用悲剧、喜剧的美学概念论述我国古典戏曲，是一个新的尝试，我们对欧洲悲剧、喜剧的理论既缺乏深入研究，对我国古典喜剧的艺术特征也探讨得不够。"然后他恳请专家和读者们指正。

  作为晚辈同事，易新农与王季思先生谊兼师友，一直保持密切交往，除问学请益外也经常嘘寒问暖，关心先生的身体和生活。一九九〇年春天，王先生偶患小恙，易新农教授前往探视，携去《歌德谈话录》一册，推荐先生一读。此后一段时间，王先生卧病在床，以翻阅《歌德谈话录》自遣，并深有感触。几天后他赋诗一首："一榻度昏朝，浓情闲里消。群书束高阁，清梦出重霄。魏玛何须羡，濠梁倘可邀。殷勤谢歌德，知足自逍遥。"他将这首"卧病经旬以《歌德谈话录》自遣"的五言诗抄录在宣纸短笺上，赠"新农同志存念"。所谓"殷勤谢歌德"，除了感谢这本《歌德谈话录》陪他度过病榻上的寂寞时光外，可能还有感谢包括歌德在内的西方作家、思想家对他晚年学术研究启发的意思，他也因此"知足自逍遥"。

谈起歌德和西方作家，易新农教授还想到英国小说家赫伯特·乔治·威尔斯的《盲人之国》，以及他与王季思先生一九七九年合写的《从〈盲人之国〉想到的》一文。

威尔斯著有科幻小说《时间机器》《隐身人》等，《盲人之国》是一部短篇，讲述主人公牛奈斯误入盲人之国，该国僻处山谷，国人不相信外面世界的精彩，并与牛奈斯发生冲突的故事。小说构思奇特，寓意深刻，讽刺那些在所谓进步时代假象下的孤陋寡闻和自以为是的人。王季思读了中山大学校友陈世伊的译文，认为他与易新农的观点不谋而合，于是两人合写《从〈盲人之国〉想到的》一文，署名季思、新农，刊发在《花城》文艺丛刊第四集。

上世纪七十年代末，迎来思想解放潮流，文化界在欢呼春天来临的同时爆发"歌德与缺德"的争论。所谓"歌德"不是那位德国文豪，而是指"歌功颂德"，抨击刚刚兴起的"伤痕文学"，称"不'歌德'者即'缺德'"。王季思与易新农当然不同意这种观点，他们的文章由《盲人之国》联系到现实，认为"打开黑暗的闸门，冲破因袭的封建思想传统的束缚，是今后一个相当长的时期内思想战线上一个重要任务"，并称"如果有人认为我们这篇稿子又是什么缺德之作，我们也不想多作辩解，倒是想劝他读一读威尔斯的这篇作品，从误入盲人国的牛奈斯身上吸取些有益的教训"。《花城》是刚刚创刊不久的文学期刊，文章发表后在全国引起反响，也有读者写信来批评作者是"缺德派"，但王季思先生不为所动，他还在《外国文学研究》一九八〇年第二期发表《放开眼界 摆脱束缚》一文，以书简的形式谈《盲人之国》，坚持自己的观点。

二〇二〇年一月，易新农教授米寿前夕，他将自己珍藏的王季思先生手泽，以及先生主编的《中国十大古典悲剧集》《中国十大古典喜剧集》初版本转赠笔者。惶恐之余益加感动，我想，易老师此举，也是王季思先生另一首诗中"薪尽火传光不绝，长留双眼看春星"的意思吧。

原载《羊城晚报》2020 年 3 月 11 日。

玉轮轩写意
——记王季思先生

许石林

去年六月的一天上午,我拜访了中山大学王季思教授。

王季思先生的寓所——玉轮轩,是中山大学林荫深处一栋小楼的二楼。小楼古香古色,沉稳中透出闲逸,安静而不孤绝,朴雅而有生气。那股闲逸之气,仿佛远远地以仙者的仁爱目光,看着身边的人和事。我在中山大学读书的那几年,经常看见王先生在家人或学生的陪伴搀扶下,在小楼周围的小路上散步。先生身材高大,背有点驼,散步的步子很快,但很小。远远地看见老人,走近了,总是觉得他脸上很生动。如果他正在给别人说什么,他的脸上就更生动了,洋溢着一种光彩。

正在散步的王季思先生和安谧的小楼、洁净的小路、门前芳草、户外大树以及芭蕉修竹、鸟啭蝉鸣……构成一幅画。这幅画点染了许许多多青年学子的梦,牵惹着多感的青年人的文化情怀。不久前,一些中大中文系的毕业生聚了聚,商量为即将到来的校庆做点什么。谈着谈着就谈到了学校的著名教授,这几乎是每次谈话必有的内容,仿佛几位教授的形象可以把学生对学校的感觉提纯一下似的。当然,我们谈到了王季思先生。

穿过轻绵的雨幕,我上了先生的小楼。王先生正在卧室的书桌边看书,颏下戴了一只大口罩。这使我想起黄天骥教授两年前写的《余霞尚满天——记王季思教授》中的一段话:"王老师今年八十六岁了,前年退休。不过退休以后,他依然坚持工作。清晨起来,就坐在书桌旁忙个不休。我们送去《全元戏曲》的校稿,他一个字一个字地认真审阅批改。老年人,嘴角容易流涎。为了避免弄脏书稿,他挂着大口罩伏在案上写着、读着。"王先生就这样校阅完了十二卷共六百多万字的《全元戏曲》。书稿完成了,他很高兴,说:"等书出版了,我请大家吃螃蟹。"

王先生是浙江温州人,生长在海边,爱吃螃蟹。凡是遇到什么高兴的事,就想吃蟹。我听一位老师讲过:王先生经常把一些系里的老师、学生请到家里去,吃螃蟹、饮花雕。先生是戏曲研究大师,持螯把盏,佐之以戏曲清唱,是很风雅的事。于是,你一段我一曲,京昆乱弹、梆子小调。无论字正腔圆,还是跑调走板,先生都请歌者饮酒,以示奖扬。

我对先生说:"您的家乡温州办一份杂志,请您当顾问。"

先生笑了:"只能是挂名的了,我顾不上问了。"

"《温州人》杂志约我写一篇关于您的文章。"

"写我的文章太多了,我没有什么好写的了。不要把我美化了。"先生认真地说。

去年五月三十日，香港《文汇报》以整版的篇幅刊登了介绍王季思先生的文章和图片。题为《中国戏曲研究大师王季思，被誉为当代金圣叹》的文章，勾勒了王先生的人生和治学经历。中大的历届学生们看了，都感到欣慰和自豪。许多学生，尤其是后来的如我辈者，其实并没有真正听过先生的课，没有得到过先生的亲自点拨，但毫无疑问都间接地承接先生的学问和精神于一脉。在大师经营的芳菲园里，都闻到了文化的芳香。

我对先生说："您的徒子徒孙们目前只有一个愿望：祝您健康长寿！"

先生嘀嘀大笑。他说："我每天坚持工作，现在手抖得厉害，不好写字。但是每个月至少写一篇文章、写一首诗或填一首词。发表出来，让中文系毕了业的学生看了，知道我还活着，还能思考，还能写。"

王先生的家乡温州，是我国古代戏曲的发源地之一，昆腔、乱弹、高腔等地方戏广为流传。戏曲成为温州人感受千古兴亡、体会世事人情的主要艺术形式。"戏"可以说成了温州文化的基因。王先生从小就喜欢看戏、听戏，一听见锣鼓声响，他就坐不住了。一九二五年，王先生在东南大学学习，师从著名学者吴梅先生。吴先生多才多艺，学识渊博，填词写戏，唱曲制谱，无一不精。王季思在吴梅先生的教育和影响下，选择了《西厢记》作为研究中国古代戏曲的突破口。

王先生治学、做人，真正吸纳和融汇了"五四"的优良精神。五四运动时期，先生正在浙江第十中学读书。和许多青年一样，从《新青年》《新潮》等刊物里，接受了民主思潮的洗礼。他做学问，注重与现实的联系，将现实生活的活力，开启深埋于古籍中的文化精魂。他说，希望人们从古戏中看到今天的影子和明天的希望。在王先生的文章中，灌注着他矢志不渝钻研学术的精神，又包含着关注现实参与生活的热情。先生近些年发表于报刊上的文章和诗词，就更体现这一特点。在我所看到的王先生的文章中，没有衰朽之气，没有颓废暗淡的情绪。他对生活的热情和乐观的信心，影响了很多人。

王先生的《西厢五剧注》一出版，曾经流行了三百多年的金圣叹批点《西厢记》就逐渐少人问津了。从五十年代到八十年代本书多次再版，发行一百多万册，影响十分广泛。一九六二年王先生奉调北京，与游国恩教授等共同主编《中国文学史》。这部教材从六十年代至今，一直被用作全国高等院校中文系教材。一代又一代学子，沿着游国恩、王季思等先生修筑的文化栈道，浏览着中国古代文学千姿百态的风光。

王先生的论文集《新红集》《玉轮轩曲论》《王轮轩古典文学论集》等都是学术界公认的戏曲和古典文学研究的重要著作。

王季思先生五十年代就担任中山大学中文系主任、中大校务委员会委员。自八十年代起，他一直是国务院古籍整理出版规划小组成员，并曾担任国务院学位委员会第一届学科评议组成员，第五、六届全国政协委员，中国古代戏曲学会会长，中国韵文学会会长，广东中华诗词学会会长等职。

前年四月，中山大学等单位联合举行了"王季思（王起）教授从教七十周年庆祝大会"，海内外人士欢聚一堂，桃李争芬竞艳，王先生十分高兴。他发表了热情的答词，他说："我七十年前选择做教师的职业，现在回想起来没有选错。"

每个人的生命中，都有个"诗状态"。这是一个极其脆薄的生命状态。生活的庸凡琐屑、命运的遭际坎坷，会把许多人的"诗状态"磨蚀了、吞没了、泯灭了。作为生命个体，放弃了这一"诗状态"之后，人生就索然寡淡了，或者促狭、庸俗了。但是有许多人永远呵护和保养着生命的"诗状态"，诗的手臂帮助他抵挡命运的打击，排解生活的烦忧。他的人生享受就在那认真的呵护和保养中实现了。许多文化大师能把脆薄的"诗状态"培养成坚韧厚实的生命韧带，王季思先生就是这样一位文化老人。

王先生是个诗人。你坐在他面前，不管他在干什么，你都能体会到他身上的诗意，获得诗的信息。先生从来都认真思考，把生命与社会现实、与未来紧紧地联系起来。诗的双翼驮起先生的思想，飞翔于自由的时空。先生的客厅里挂着一幅中堂，上书先生的词《鹧鸪天》：

万里晴光透碧霄，寰球渐见息烽飙。
朝阳软似黄绵袄，淑景鲜如五彩绡。

人意好，岁收饶，同心为国看今朝。

持盈防腐归中道，珍重中华百炼刀。

先生境界之高，眼界之宽，思想气质之清新热忱，让人振奋。先生的诗人气质不仅使他出入浩繁的古籍而仍能再生思想的新鲜血液，也使他的生活富有诗的色彩。先生自己研究《西厢记》，先从中获得反封建精神，并坚信"有情人终成眷属"的爱情理想。据说，他当年不满家庭为他安排的婚姻，与徐碧霞女士相恋，决定"私奔"，悄悄买了船票，准备乘江轮到上海。到了码头，遇见熟人，他停下与熟人寒暄几句，让徐女士先上了船。谁知汽笛一响，船儿离岸。王季思急了，飞奔向前，跃身一跳，跳上甲板。从此，"张生跳墙、王生跳船"成了温州人的一句口头禅。不知道今天的温州人还说不说？当年的船儿已朽、码头已换，但江水不断流，记载了一位温州青年浪漫的一跃！这一跃，一种人格理想便振翅高飞起来了。我相信从此以后，王先生在生活和治学当中，常常有这勇敢而潇洒的一跃！

一九九一年，画家施昌秀从金华来广州办画展。施先生也是温州人，画戏曲人物画。他让我带路拜访王季思先生。先生听说家乡来人，很高兴。见面一句温州话，先生还没坐下就扬头嗬嗬大笑起来了。他们谈得很热烈，说了些什么，我听不太懂。后来，先生给施昌秀出了三个题目，让他回去画。其中一个是一出关于司马相如与卓文君的戏——

司马相如接念:"你看我装龙像龙、装虎像虎。"
卓文君接念:"我只好嫁鸡随鸡、嫁狗随狗。"

先生还没说完,就自己先扬头大笑起来。

王先生九十高龄,身体虽不好,但思维相当敏捷。见过先生的人都这么说。先生对国内外新近发生的事十分熟悉。他是积极入世的,他的思想翻越小院的篱墙,关心的是社会进步、世界风云。先生有一首诗写于海湾战争那个时候,诗中有云——

安得天吴移海水,
把海湾战火一瓢沃?
归去也,三杯足。

先生的浪漫、壮怀,尽在其中。

他的灵魂中诗的韧带,经常弹跳出活泼的生命信息。先生研究戏曲,没有盘桓在才子佳人的粉红情笺中间,他不会像鲁迅讽刺袁子才那样:"身上穿一件罗纱大裰,和苏小小认认乡亲,过着飘飘然的生活,也就无聊了。"一九九〇年我毕业时,请先生留言,先生在我的本子扉页写下了两句诗:"祖国危难日,青年奋勉时。"

先生深知人的肉体生命是有限的,而精神生命则是无限的。他追求精神生命的无限,把培养后来人当作精神生命的延续。

先生说:"我一生做过许多错事,有些事想改也来不及了。"这是一种诗人情怀,诗人的心灵没有安宁的时候,我把先生的话向另一位老人说了,他感动地说:"这位老先生,真好!"

我毕业后分配在新闻单位工作,外地有好一点的剧团来广州演出,我总要请王先生看戏。王先生是爱热闹的,也喜欢和年轻人来往。安徽黄梅戏新剧《红楼梦》来广州在黄花岗剧院演出,我请先生来看戏。那天剧场电力不足,空调不开,先生坐在座位上不方便。剧院经理搬来一把藤椅让先生坐在过道里看。看完戏,王先生对几名学生说:你们要写文章的话,就多说优点吧,现在搞戏剧不容易。这不是先生的仁慈,而是他的智慧所在。九十年的人生戏剧、戏剧人生,先生深谙真谛。

王先生的客厅朴素、雅洁。墙上有齐白石先生给王先生画的螃蟹图,有黄宾虹先生的山水。先生的书房整整齐齐放满了书,每一个在客厅小坐的人都忍不住向书房多看两眼。那里是先生酿造生命芳香的作坊,先生的学术光芒和人格魅力在这里得到精心的组合和集装。

听王先生慢慢谈他的老师吴梅,谈他的好友游国恩、夏承焘、吴组缃……先生兴致很好,说话间总是爱扬头笑,这可以说是王季思先生的特征。先生笑的时候,很生动。

先生送了我一本新书《玉轮轩前集》。

上海余秋雨教授去年在广州做过一个演讲,他说过这样一段话:

一个城市应该有几位文化灵魂存在着,提携着这个城市的文化档次,影响着这个城市的文化精神。广州有这样的文化灵魂,如过去的陈寅恪先生、现在的王季思先生……

向王先生告辞的时候,我想起余先生这段话。

雨停了,空气清新甜润,回首再看玉轮轩,门两旁王季思先生亲拟的春联还清晰可认,风风雨雨居然没有揭去这两条薄薄的纸幅——

放眼东方　万里晴光来晚岁
托身南国　一生学术有传人

原载《东方文化》1995年第1期,收录时经作者校读阅定。

从学院派批评到新学院派批评
——谈王季思先生的学术追求与学术风范

宁宗一

"学院派"和"学院派批评"在一个相当长的时间里,名声并不佳。似乎一提到"学院派"就包含着贬意;而一提到"学院派批评"似乎就是僵化、教条和学究气的同义语。即使一些著名的批评专家也未能免俗。比如法国文学理论家阿尔贝·蒂博代(1874—1936)在他的批评学代表作《六说文学批评》中曾做了如下的分类:一种是由一般读者和报刊记者完成的"自发的批评"(即"趣味批评");一种是专家教授从事的"职业的批评"(即"理性批评");另外第三种就是文学大家所表述的"大师的批评"(即"直觉批评"),他们是源于创作实践的"寻美",带有一定的模糊性。蒂博代在对以大学教授和学者为主的"职业的批评",甚多嘲讽之词。他公然认为,"职业的批评"多老生常谈,死守规则,思想懒惰,缺乏敏锐的艺术感觉,迟疑症,沉闷的学究气,没有洞察力,等等。当然,蒂博代也不得不承认专家教授的批评,因为本人都具有良好的教养、深厚的历史感、知识体系化、视野开阔、持论平正通达等长处。其实，在这里，蒂博代恰恰没有看到"职业的批评"也即学者教授的批评最擅长的，正是文学史研究。或者说，文学史研究基本上是一种"职业的批评"。报刊记者或一般文学爱好者以及文学大师虽偶尔涉足此一领域，但主要研究成果无疑多出于大学教授学者之手。事实上，中国现代文学史上的批评家，如鲁迅、闻一多、朱自清、俞平伯、孙楷第、王瑶、何其芳、钱钟书等，莫不是专家教授的所谓"学院派"批评家。这说明，文学批评以及古典文学研究的生命内核，它的创造性价值，它的理论化、科学精神和追求新知的品格，主要是通过职业的、理性批评体现与实现的。为此，高举"学院派批评"旗帜者或跻身"学院派"中的学人，无需沮丧，甚或感到抬不起头来。

季思先生正是在这一点上是我们的典范。王先生在他的学术论著自选集的"自序"中说得再明晰不过了。他老人家一生与教书生涯结下了不解之缘。在总结自己的教学与科研上走过的道路的四点心得体会中，无不说明季思先生虽然以感悟为认知的基础，但在根本上仍然是以深层理性的创见，标明了他对传统文化（特别是诗、词、曲）所作的阐释与判断，贡献最大。诸如他对诗艺、词学和曲论虽多作具体评述，然而其中关于艺术与美学的形而上之思，却一直处在我国古典文学研究领域的前沿。

这里有三点值得我们注意：

第一，季思先生在知识和理论素养上，可以称之为广博、深湛，是学者、哲人。因此他的古典文学研究都能将鉴赏得来的感性提升到理性的高度，呈现批评的形而上色彩。所谓学者化，正是上述两方面的统一。因此，任何把学者化理解成从理论到理论的枯燥推理，理解为从高楼到深宅的掉书袋，都是一种误解。也可以说，批评家的哲学是带着生活原汁的、有生命的哲学。事实上，季思先生正是如此，在他的自选集"自序"第一点中就说："热爱人生，面向现实，是我做人的基本态度，也是我做学问的态度。"所谓"人生有忧患""往往能激发人的志气，锻炼人的才能，成就也更大"。从这一意义上看，季思先生的批评之树才是如此长青。

  第二，季思先生具有批评态度的诚实、认真和严谨，有批评的道德感和责任心，这就保证了他对文本阐释的客观公正。季思先生说："学术天下公器，真理愈辩愈明。在辩论中，要求出于公心，既虚心接受别人正确的意见，勇于改正自己的失误；对前人错误的成说，同代人有影响的误解，也敢于提出驳正。"纵观季思先生的代表论著，都是实践了他的这一高尚的学术风范。比如他就《牡丹亭》的生活底蕴对侯外庐先生的所谓"曲意"之驳难、关于《西厢记》作者的探讨，都证明了一点：健康的批评态度，正是健康的人格的体现。季思先生的学术研究从来没有吞吞吐吐、语焉不详，没有左顾右盼，更没有担心批评会引来反批评。这又进一步说明：文学史、戏曲史研究不只需要才气与艺术感觉，更需要丰富的学识与公正的评判，而后者正是学院派之所长。

第三，中国知识分子的兴奋点往往在政治上。然而相对地说，真正的学院派不介入直接的政治斗争，相对超脱的地位使其比较容易保持学术独立和思维自由。虽说在中国很难完全做到"为学术而学术"，但少一点借学术以言政治或发牢骚，为某一政治主张、文学集团辩护，还是能给读者相对公正的引导。

季思先生还是驾驭语言的能手。他的批评文体在叙述上的科学和优雅是学界公认的。这不仅表现在他重视对优秀批评文体传统的继承，还在于他对它以前的文体有创新的精神。这是因为批评文体背后，隐含的文本继承越多，则文本的语义厚度越强。季思先生自述："为读者着想，尤其是为青年读者着想，在写作上力求举一反三，深入浅出。……"这可能就是我们常说的"厚积薄发"。季思先生继承了鲁迅等大师的深刻、简约，又具有流畅、富丽等特色，这是我们这些后来者所崇仰的大家风范。

从大的文化视野来看，季思先生作为"学院派批评"的一位代表人物，他已完成了三项任务，即：

一、建立了自己的古典文学批评与文学史理论体系。季思先生对文化断裂的切实填补，打通文化壁垒和贯通古今中外的开拓，无疑是对中国文学史及其理论批评建设的重要贡献。

二、建立了自己的批评风度。批评风度在本质上是文化精神的人格体现。传统的中国文人风度，无论是儒学的温柔敦厚还是老庄的悠游高蹈，都体现着一种东方人的生命情态。尽管儒道之间学术立场有极大差异，但其中的智者，其诚朴任真的人生态度与作文态度,却是吻合的。季思先生的文论兼而有之，即褒贬从心，不作虚狂之论，充满了说真话的精神。他将传统的优秀文气融入当代的科学精神中，以独到的见解、独立的人格和独具的智慧去了悟、理解直至看透对象，因此他的文学史论及其诗词曲论，皆以新的风度步入批评的新境界。

三、建立了自己的批评学风和文风。此一点与前一点之不同，在于季思先生在学风上无"板筋化"，在文风上无"八股腔"。他的学风和文风的统一的鲜明标志是：智性、准确、清晰、创意和潇洒。季思先生宁可多保留学院气息和书生本色，也决不屈从令人生厌的党八股和洋八股。他确实善于从自然、晓畅的"百家争鸣"的气氛中坚持真理，修正失误，不断提高自己的学术水准。我们正是从这些方面，看到了我们应当学习的方向：即在探求真理的道路上，我们要铸造出胸怀广阔、目光远大、器度宽宏的学风。

如果我们对季思先生的学术追求和学术风范所论仅止于此，可能是大大不够的。必须看到，从"四人帮"粉碎以后，当代文学史理论建设要求我们进入中国文化精神的深层，并在一个更为开放的空间呈现我们民族传统的深积与当代科学的锐进。也因此，为了发展健康的、科学的文学史论，倡导中国自己的"新学院派批评"，乃是根据当代文学史研究和理论建设提出的具有战略意义的对策之一。

所谓"新学院派批评",或称"学者化批评",窃以为,它的特色应是批评的学术价值、科学态度、理论意识、革新精神和文体特征。这是一种既不谋求批评的话语专制,也力戒专横的学阀作风的批评,而是一种真诚、宽容的力求知识广博且志在不断探索新知的专业性批评,是一种将历史的、哲学的、审美的、道德的诸多因素融汇起来,激活当代人新鲜的智慧和创造力的批评。

应当承认,从"四人帮"粉碎以后,季思先生已年逾古稀,但他从未停步,他为自己开创了一个新的阅读空间,从而也就以自己的心态、批评的学理性、阐释的公允性、研究的规范性和文体的优雅性,展示了新时期文学史批评的新的美质。要而言之,是在这十多年中,季思先生已在为"新学院派批评"的建构,作出了重要贡献。这表现在以下几点:

一、具有崭新的学术的风范:认真的、自律的、尽可能完美的。这在《〈长生殿〉的思想倾向与艺术特色初探》一文中表现得极为鲜明。

二、决不用凝固的理论模式或死板的知识,先验地框住鲜活的艺术生命。相反,季思先生将自己关注的对象置于广阔的文化背景,进行庄重的历史的和美学的透视,从历史与当代的联系中,从本土与异域文化的比较中,从本学科与相关学科的互补中,发现和解答戏曲诸问题,论证和阐释知识命题。其代表作是由季思先生领衔撰写的《中国十大古典悲剧集》和《中国十大古典喜剧集》两篇前言。

三、将重心放在建设上，以"立"为中心，通过文化史论所欲照亮的，不仅仅是已经完成的艺术殿堂，且是将要遵循的艺术之路。

四、将思想家的冷静、艺术家的感悟和解剖学家的精心结合起来，用清爽的知性滤选阅读行为，进而转化为一种形而上的思索与明晰表述。

五、季思先生体现的"新学院派批评"的特色，还表现在他对所关注的对象从不作居高临下的训导和裁决，而是与作家、艺术家处于平等的地位和保持适当的距离，以一种自如而清醒的姿态面对批评与研究对象，寻找并与之建立起心灵的通路。代表作是《郭启宏剧作选》的代序——《论郭启宏的新编历史剧》。

六、季思先生为参与创建新学院派批评，他更多致力于文化资源的开掘和知识成果的梳理，使之从无序到有序，形成在有关领域中可资运作的、带有规范性的奠基与创建工作。由人民文学出版社古编室责编的、由季思先生领衔创制的《全元戏曲》是为代表。

七、"新学院派批评"以坚持真理、尊重科学、珍视知识为专业道德之律令。批评文章乃道德文章，而对志在探索的不同学派、不同学术观点，怀有学术雅量与宽容精神。王季思先生的《元曲的时代精神和我们的时代感受》一文是为代表。

八、季思先生为参与奠定新时期新学院派批评的学风，他始终保持学者型求实、谦逊的态度，不恃才逞傲，不玩五花八门的"流行色"，而是贯注以科学的实证风气，把传统的重妙悟、重意会和现代的重阐释、重解析、重言传有机地结合起来。不尚空谈与装扮，但求实在与厚重，并在文体上把那种"辉煌的枯燥"和"壮阔的简洁"，视作优雅的极致。

对于王季思先生的学术追求和学术风范，远不是我这篇极不成熟的小文能说清的。但是，我认为，季思先生的学术风范和达到之境界，象征着当代文学研究繁盛之域。至于"新学院派批评"之建构，可能还是向远域的瞩望，向新天的憧憬，而且它必然是"百家"当中之一家。然而我却愿意呼吁，在老一辈学者带领下，共行的开拓者应坚持批评界、研究界学者化的进程，直到蓝图变成阳光下的大厦，这将是令季思先生感到欣慰的，也是我等后生晚辈应当努力完成的。

作者附记：

本文是为王季思先生从教七十周年庆祝大会暨学术研讨会而写作的。在大会发言后又略作删改。

1993 年 4 月 24 日

原载《中华戏曲》总第十六辑，山西古籍出版社，1995 年。

我与王季思的交往

蒋星煜

在古典戏曲的领域里，王季思先生和我不约而同地都把研究的重点放在元杂剧《西厢记》和清传奇《桃花扇》这两部名著上，所不同者，他以注释为主，先后出版了《西厢记》和《桃花扇》的注释本，我则以考证为主，二十年来，为这两部名剧写了一百多篇论文。王季思先生是一九〇六年诞生的，比我年长十四岁，在戏曲研究方面起步甚早，是我所尊敬的一位前辈。

我和王季思先生第一次直接进行学术交流是一九八二年。那年四月，《中国戏曲剧种大辞典》的编写工作已经上马，我和三位同志一起南下广州。一方面和广东省戏剧研究所的研究人员一起讨论他们所写的粤剧、潮剧、广东汉剧等词目，一方面拜访王老，请他作些指示。当时王老跌伤了手，手上绷着绷带，他仍在府上接见了我们。

同年十一月，中国剧协和江西省文化局在南昌和抚州（临川）举行汤显祖逝世三百六十六周年的一系列学术活动。王季思先生和我都应邀参加了这次盛会。王季思先生作了《汤显祖在〈牡丹亭〉里表现的恋爱观和生死观》的专题报告。既有闪光的人文主义的思想，又符合历史唯物论和辩证唯物论，所举的例子包括中外古今的小说、戏剧名著名篇，他因为太熟悉了，信手拈来，无不恰到好处，讲得生动之至。从此，在我心目中，王季思先生的形象已经是一位富有雄辩才华的理论家，而不仅仅是一个严肃认真的注释家。

我和王老接触最多的一次是在一九八六年秋天，中国古代戏曲研究会在山西临汾市召开，山西师大有一个戏曲文物研究所，理所当然地成了主办单位。这一次研讨会的规模不小，国内的古典戏曲专家差不多都来了，日本来了山口大学的岩城秀夫教授，我国香港来了梁沛锦博士。所有的会外活动以及参观、访问、考察等，我和王老夫妇都在一起，戏曲文物研究所黄竹三所长特地安排了他们仅有的一辆小轿车为我们三个人的交通工具。我们一起探了洪洞县的苏三监狱，一起进入解州的全国最大的关帝庙，瞻仰了庙内的春秋楼和那显然是仿制品的青龙偃月刀，一起凭吊了王之涣哦吟出"欲穷千里目，更上一层楼"的蒲州的鹳雀楼遗址。

山西的西南角上有许多金代、元代的古墓，高出地上很多，墓内有的是人像的浮雕或彩色的壁画，而且墓主姓董的占了一大半。因此，我们曾经这样设想，也许写《西厢记诸宫调》的董解元就是这一带的落魄书生吧！

当然，最令人难忘的是永济县的普救寺之旅。我们两个为研究《西厢记》付出了大半生心血的书生，对当年张生与崔莺莺发生罗曼史的名山古刹是有特殊的感情的。可惜整个普救寺只剩留下巍然的一座莺莺塔，其他的殿宇楼阁在历代地震、战乱中早化成一片废墟。永济县委修复普救寺的蓝图和模型我们也都看了，知道两年之后，"禅房花木深"的旖旎风光即将重现，欣慰之情终于取代了惆怅。

回到永济县委招待所，县委的同志要我们留下墨迹。才思敏捷的王老从口袋里摸出一张小纸片，不知什么时候他已经写了两首诗，题为《普救寺偶题》：

白马将军义薄云，书生笔阵扫千军。
中条山色黄河水，长与莺娘驻好春。

青年心事慕崔张，曾继三王注乐章。
老去尚余绮思在，自携海燕过西厢。

王老这首诗对他何以喜爱《西厢记》作了一番回忆，说他青年时代就对张生、崔莺莺的相互爱慕为之神往。所以继"三王"之后再注这部古典名剧。虽说当时他已是八十老人，但仍有一颗年轻的心，所以偕同太太姜海燕再来这个因《西厢记》而驰名于世的古寺来寻梦怀古一番。

我是这两诗的第一个读者，恰恰又是像王老一样喜爱《西厢记》的人，感受自然很深切。这"莺娘"二字，王老也是依据《西厢记》原作，在《红娘请宴》一折中，张生曾唱："为甚俺莺娘心下十分顺？都则为君瑞胸中百万兵。"我认为王老用得妥帖之至。还有"三王"，这很有趣。《西厢记》和姓王的人确实关系特别密切，宋代王铚考证过《会真记》的背景与人物原型，元代王实甫写成了杂剧，明代先有王世贞为之题评，后有王骥德作了全面的校注，明末王思任又为汤、李、徐三先生合评本写了"序"。辛亥革命以后流行最广的注释本又是王季思先生的手笔，真是巧合也。但这里除王季思先生之外，已有五王，可能王老没有把王铚和王思任计算在内吧！

正当我在欣赏、玩味之际，王老提了一个要求，说是"我手抖得很，劳你的驾，代我写一写"。我恭敬不如从命，只好写了。落款是"王季思诗　蒋星煜书"。

到了第二年，亦即一九八七年，我们又有两次聚谈的机会。上半年的春夏之交，温州胡雪冈、徐顺平诸位专家教授发起了南戏研究会，就在温州开成立大会。王季思先生是温州人，又是南戏研究权威之一，担任了名誉会长。我承洛地先生相邀，也参加了盛会。在会上，遇见了老友徐朔方、冯其庸等，收获颇丰。会议结束后，王季思夫妇和我，还有其他十余位先生、女士一起到雁荡山中住了几天。雁荡山是东南的著名胜迹，大龙湫、小龙湫等佳景奇观均堪称一绝。我们在一起长途奔波、翻山越岭，王老虽然节奏稍慢，却从未掉队，而他诗兴大发，几乎每到了景点就出口成章。这对我是十分有力的促进，我也不计工拙地写了三首近似绝句，又非绝句的诗歌。当时没有敢拿出来示众，后来寄给北京《人民政协报》发了。

半年后，北京举行盛大的中国戏曲艺术国际学术研讨会[1]，王老和我都是代表。日本的中国戏曲研究权威田中谦二教授、波多野太郎教授等也来了，他们是王老的老朋友，也是我的好朋友，这也使我和王老有更多的交谈机会。

王老提交的论文是《从柳永的〈定风波〉到关汉卿的〈谢天香〉》，认为柳永和关汉卿都热情地歌颂了社会下层女性的才华。我提交的论文是《论"大行散乐"为"上厅行首"及其他》，即是我上年在山西洪洞县考察元代戏曲壁画的学术报告。当时在洪洞县，考察壁画时也是和王老一起去的，因各人的视角、论证不一定相同，所以我们没有用集体创作的方式写论文。

大会开始前夜，北方昆剧院名旦洪雪飞来访，约我观看郭启宏的力作《南唐遗事》，小周后一角即由洪雪飞主演。到了那一天晚上，在剧院贵宾室里，也遇到了王老，原来郭启宏是王老在中山大学的学生，所以他一定要来欣赏这位得意门生的作

---

[1] 蒋星煜先生此处记忆有误，"中国戏曲艺术国际学术研讨会"召开时间为1987年4月，温州的南戏会议召开时间为1987年5月，特此说明——编者注。

业。那天《南唐遗事》的效果很好,王老和我都大饱眼福,他当时就写了评论文章,发在《光明日报》,我写了一首五言诗,发于《戏剧电影报》。

我应上海辞书出版社之聘,主编《元曲鉴赏辞典》一书,从一九八六年到一九八八年,先后忙了三年之久。王老为此书任顾问,还亲自撰写了条目。在他带动之下,中山大学中文系所有讲授戏曲学科的教授、副教授如黄天骥、吴国钦诸先生都写了条目。

回顾二十年来,在我们的学术交流生涯中,王老对我是十分宽容的,无论关于《西厢记》或《桃花扇》的理解和注释,我都与王老进行过多次商榷,有时则作了补充和修正,王老不仅没有丝毫不愉快,而且基本上都接受了。在此且举一例。 中华书局上海编辑所影印明代槃薖硕人的《西厢定本》,请王季思先生写了"后记"。他在"后记"中认为:"改编者这种充分肯定前人的成就,又没有拜倒在前人脚下,既比较全面地考查了当时各种刻本,又敢于大胆创造的精神,是值得我们重视的。"我的看法正好与此完全相反,认为这一《西厢定本》不具备明清诸刻本的优点,没有避免明清诸刻本的缺点。而且用了一系列具体的例子,说明槃薖硕人把《西厢定本》推向了低级庸俗的境地。文章写就,我向王老写了信,说明已完成一篇评论,同时批评了《西厢定本》和王老的"后记",如他不反对,我将公开发表,以澄清一般读者的看法。他很快回了信,欢迎批评。我这篇《槃薖硕人〈西厢定本〉的"继承"和"创造"——敬质王季思先生》就在《社会科学战线》发表了，后来收入了我的《〈西厢记〉考证》一书。

我们彼此之间经常互送著作，他送给我的有他主编的《中国十大古典悲剧集》《中国十大古典喜剧集》和《中国戏曲选》以及他的《王季思学术论著自选集》。我送他的有《明刊本〈西厢记〉研究》《〈西厢记〉考证》《中国戏曲史钩沉》《中国戏曲史探微》《中国戏曲史索隐》和几本历史小说集。凡是较重要的著作都一无遗漏。

一九九三年初春，中山大学和广州市政协要举办"王季思先生从教七十周年庆祝大会"，我当然要前往祝贺，并准备在会上谈一谈王老对《西厢记》的重大贡献，就把发言提纲请人带交王老亲自审阅。王老很快给了我回音。他在来信中说："我想我对《西厢记》的研究，主要有两个方面：一是以乾嘉学者训诂考证的方法笺注《西厢记》，二是以马列主义的历史观点、文艺观点评价赏析《西厢记》。前者集中在解放前出版的《西厢五剧注》，后者集中在八十年代后写的《西厢记》论文。这两个问题谈透了，其他问题点到即可。你对《西厢记》版本研究我所素佩，更希望你提自己的心得体会，纠正我的不足之处。"我觉得这封信是王老的自我鉴定，十分重要。于是把我的提纲作了较大的改动。但是，届时我有事不能离开上海，所以未能及时到广州去向他祝寿，也就没有能按提纲去发言。

此后和王老暌隔多年，据说因夫人姜海燕病逝，王老在生活上缺少照料，健康便大不比前，基本上是卧床休养，有时语言谈吐都有困难。一九九六年,这位心态依旧十分年轻的前辈与我们永别了,不能在研究《西厢记》的道路上再引导我们了。

选自《蒋星煜文集》第 8 卷《文坛艺林备忘录》,上海人民出版社 2013 年版。

人生有限而无限,历史无情还有情
——悼念曲学宗师王季思先生

胡雪冈

> 薪火相传,一生无大憾。
> 中兴在望,双眼盼长青。
>
> ——王季思 一九九四年春联

当得知季思先生溘然长逝的消息,我急忙赶往邮局寄发唁电,但一纸电文实难能表达自己的沉痛悼念。

季思先生为当代声誉卓著的古代戏曲和古典文学研究专家和高等学府的教授。单就先生一九四八年夏从杭州之江文理学院调往广州中山大学中文系以后来说,连续四十六七年,先生直至九十高龄,讲话已经失声,行动必须靠人相扶和推动轮椅代步之时,这中间都从无停止过对学生及求教者的讲教、审稿和各种方式的辅导。

先生到中山大学后,历任本校中文系主任、博士生导师、中国古代戏曲学会会长、中国韵文学会副会长、南戏学会名誉会长等。先生虽然远在广州,还同早年一样,非常热情关怀家乡的文化事业、文学活动。八十岁时,他当得知故乡后学者创建"中山书画文艺社",并筹印《温州文采》一书(未印成)时,立即欣然复信,表示受任该社顾问和寄来一篇刚校改的诗稿。

先生著作等身,尤以晚年主编的《全元戏曲》为最。这部六百万字的巨著,对现存元代杂剧、南戏(包括残曲)几乎搜罗殆尽,不仅内容宏富,而且考证精密,实是中国戏曲研究之力作,亦是先生对中国戏曲的一大贡献。

先生从事教学七十余年,辛勤耕耘,培育了一批学有专长的教授、博士研究生,形成了老、中、青结合的学术梯队,使中山大学戏曲研究室成为戏曲史研究的阵地。在庆祝先生从教七十周年大会上,他的学生合送一方匾额,上书八个大字:"经师易得,人师难求"。这正是先生为人师表的真实写照,也是先生无私精神的生动体现。门墙桃李,竞放芬芳,这是先生留给后世的宝贵的精神财富。"薪尽火传光不绝,长留双眼看春星。"先生的遗愿永远铭刻在后学者心中。

先生治学严谨,研究领域广阔,从先秦到清代的各个历史时期文学典籍及各代表作家,如《诗经》、汉乐府、李白、苏轼、李清照、孔尚任、王国维,都有精到的论析,其中尤以元杂剧和《西厢记》的研究,享誉当世,具有国际影响。如一九五四年发表的《关汉卿和他的杂剧》,可说是第一篇对关汉卿作出全面评论的文章,也是第一次给关汉卿冠以"伟大作家"称号之作。实践证明，一九五八年关汉卿被世界和平理事会列为世界文化名人，并在全国举行关汉卿戏剧活动七百年纪念，正反映了先生高瞻远瞩、敢开学术风气之先的胆识。

先生从一九四四年在浙江大学龙泉分校，就开始致力于《西厢五剧注》工作，到一九五六年出版的《从〈莺莺传〉到〈西厢记〉》，十余年来都孜孜不倦地深入探索，从评论、定本、集评到注释，都不断有新的发现和突破。这以他自己的话来说，就是以治经之法来治戏曲，如注释部分，致力于方言俗语的考证，订正了《雍熙乐府》及前人的一些错误和曲解。

为了进一步探索我国戏曲、小说的历史发展情况，先生试从生产力与生产关系的观点来分析一定历史时期的爱情、婚姻问题。先生根据这一新认识写成的《从〈凤求凰〉到〈西厢记〉》一文，对《西厢记》等作品的理论研究提到了一个新的高度。此外，如《翠叶庵读曲琐记》《〈琵琶记〉的艺术动人力量》《怎样探索汤显祖的曲意》，都是先生学术研究的丰硕成果，将永远嘉惠学林，流泽后世。

更使我永远铭感的是先生对故乡温州南戏的关怀。在《玉轮轩曲论》的"后记"中，先生曾深情地说："我老家在浙江温州市的郊区，温州是宋元南戏的发源地。"一九八〇年我与徐顺平同志合作写了《谈谈早期南戏的几个问题》，发表后曾寄请先生教正。过不了几天即收到先生长达一千五百多字热情洋溢的回信，这要花费先生多少宝贵的时间。我想这不仅是先生对后学的奖掖，更是先生对故乡南戏研究的拳拳之心。信中既有言简意赅的精辟分析，认为温州"当时出现了与程朱理学对立的永嘉学派，与江西诗派对立的四灵诗派，而在戏剧上也出现了有意和杭州绯绿社争胜的九山书会"，又有对"外""贴"等角色名目的考证。先生如此的循循善诱、诲人不倦，至今仍使我时刻萦回脑际，终生难忘。先生这种真诚无私的精神，将永远受到后辈的景仰。

一九八七年五月，温州举行南戏学会成立大会，全国参加的专家学者多达四十余人，盛况空前。先生当时已八十多岁高龄，不仅远道而来，而且带领几位博士研究生与会，并发表语重心长的讲话："我们要从南戏以及各种声腔兴衰的历史中总结出经验教训，找出其中的规律来作为今天的借鉴，让南戏研究工作传薪续火，有新的开拓。"这给与会者很大的鼓舞。那次会上，先生被一致推选为南戏学会名誉会长。一九九二年接康保成副教授函告先生有再次来温的考虑，后据中山大学领导及先生家属的意见未能成行。先生晚年还是深深地眷恋着故乡温州。

最近几年，我不敢随便去信烦扰先生，只是通过他的学生代为问候请安，而先生也总面嘱学生写信时附笔向家乡亲友后学致意。直至一九九四年，先生还给我寄来为拙著《温州南戏考述》所写题签。

现在先生已经离我们而仙去，我国曲学界失去了一代宗师，我个人也失去了慈父般的指导者，展对遗墨，不禁泫然。

原载台北《温州会刊》第 12 卷第 4 期，1996 年 8 月 1 日。

回忆王季思先生

邓绍基

王季思先生和董每戡先生是久有令闻、蜚声遐迩的著名学者、著名教授。作为后学，我有幸识荆，是在一九五六年中国剧协在北京举行的《琵琶记》讨论会上，那时是我大学毕业进入中国科学院文学研究所工作的第二年。

我在大学学习时，拜读过王先生的《集评校注西厢记》（开明版），那是我的业师赵景深教授指定我阅读的。

一九五二年，上海大公报的"戏剧与电影"副刊开展了一次围绕《西厢记》的改编而生发的讨论。先是苏联莫斯科演出的改编本以崔、张双双私奔作为结束，上海的越剧改编本则以"惊梦"作为结束，这时还有人主张以《会真记》的"始乱终弃"作为结局。我参加了这场讨论，用笔名在大公报上发表过一篇短文。

讨论戏剧改编，必然涉及原著，我原先阅读的是《六十种曲》本，向景深师请教时，他命我读王先生的校注本。那时我是大二学生，第一次读到有那么多注释文字的戏曲剧本，收获良多，印象很深。过了两年，我又在《人民文学》杂志上读到王先生的《西厢记叙说》，这是一篇着重从题材故事的历史演变来论说王实甫《西厢记》的论文，也是通过这种论说来回答当时改编工作中出现的若干偏颇。王先生在文中说："对于崔、张故事的历史发展有比较全面的认识，是做好改编工作的一个重要前提。"我想，王先生这番话其实也就是重视研究历史与研究现状的内在辩证关系。

一九五五年，王季思先生的《从〈莺莺传〉到〈西厢记〉》专著由上海古典文学出版社印刷出版，这本全面论说《西厢记》的专著我读过多遍，一直珍藏。上个世纪八十年代，我参加《元代文学史》编写工作，忝为主编，改定《西厢记》一章时，它依旧是我重要的参考书，多有引用和借鉴。

我到文学研究所工作后，曾听何其芳所长不止一次称赞王先生的《西厢记》研究。何其芳所长曾任《人民文学》编委，王先生的《西厢记叙说》发表以前，他们之间有过书信往还，有过讨论。何其芳所长有一次对我们几个年轻人说：作为一位著名学者，王先生的渊博学问和谦虚精神都使他深受感动。他以此来教育我们，要善于向前辈专家学习。

一九五九年，文学研究所与人民大学合办文艺理论研究班，当时讲课老师都是北京各单位的专家，例如美学讲座的授课人蔡仪、朱光潜、王朝闻和李泽厚，外国文学讲座的季羡林、戈宝权、冯至、卞之琳和叶君健等，中国古代文学讲座的余冠英（讲《诗经》）、游国恩（讲《楚辞》）、钱钟书（讲《宋诗》）、冯至（讲杜甫）等。惟独《西厢记》讲座，何其芳所长力主请王季思先生。

我的同事何西来教授在一篇回忆文章《我在"文研班"的读书生活》中曾有记事："王先生从广州专程赴京为我们上课，往还乘的都是飞机，这在当时要花重金的。只要学问好，讲课效果好，班主任何其芳是不惜工本的。王先生的课不负众望，讲得极精彩。"何西来教授的这段文字实际上描绘出一个文坛佳话。

是的，就我所知，王先生与文学研究所的前辈专家之间同方合志，久敬益亲。在何其芳所长去世前一个月，曾致信王季思先生，讨论王先生的《如何评价李白》，这篇论文的初稿是一九七七年四月五日完成的，何所长于同年六月七日收到信稿一个多月后回信，原因是他心绞痛大发作，住院抢救才缓解。复信中赞扬王先生的论文写得好，提了一些建议，并为文中的观点提供了马克思说的"有才智的人们总是通过一条条看不见的线和人民联系在一起"一句话，供王先生参考。何所长晚年常据德文本校阅通行的《马克思恩格斯全集》中文本，上述那句话就是他据德文本校改后的文字，于此等处也可见出他们之间的亲切交情。何所长写这封信后四十七天，就与世长辞。次年第一期的《广东文艺》上刊登了此信的摘要，当是王季思先生为了纪念亡友而作的安排。

一九八〇年，文学研究所"何其芳遗著整理小组"在征得王先生同意后，把这封信收进《何其芳文集》中，题为《致王季思信》。《何其芳文集》是编年体，最后一年即一九七七年，只收了两篇文章，《致王季思信》是其中的一篇。

一九八〇年四月，为文学史编写事，我到中山大学谒见王季思先生，拜访中文系诸位先生，知闻王先生正主持编选古典悲剧集和古典喜剧集，到了一九八一年和一九八二年，我先后读到它们的前言，在受益领教同时也有若干感想。

二十年以后，二〇〇一年八月，我终于在为参加文学研究所与清华大学联合举办的"文化视野与中国文学研究"国际学术研讨会而提交的一个发言提纲中，说出了蓄积了十年之久的感想，我是这样说的："中国文学走向国外，国外学者研究中国文学，随之而来，才有不同文化语境及相互影响问题。生长于国外的或者说从西方文学的历史实际中生长出来的观念、方法能否完全适用于中国文学，曾经是个长期有争议的问题。但我们应注意一种深刻的现象，当人们运用西方的悲剧和喜剧观念来研究中国古典戏剧的时候，有人觉得难以合榫而放弃了，有人想削足适履而遭到讥弹，有人在西方观念的启示下，发明了中国特色的悲剧和喜剧分类法。"这里我指的就是王季思先生的两篇前言。原打算在发言中说及这两篇前言，但由于身体原因，我只参加了该次讨论会的开幕式和闭幕式，没有能够发言，但发言提纲却被散发了，有三家报刊的会议综合报导中都引用了这段文字，文中只说"有人"，在客观上可能造成我不尊重王先生的印象。于是我在同年年末为湖北大学朱伟明学人《中国古典喜剧史论》所作的序文中作了十分明确的交代：作为一种戏剧观念和美学理论，"悲剧""喜剧"这种艺术名称来源于西方。晚近学人虽有采用，但结合着我国戏剧史的实际而作系统论述的论著却为罕见。

上个世纪八十年代初，我初至广州，访问中山大学，那时有一批来自国内各大学的学人汇聚在前辈专家王季思先生门下研讨戏曲史，承蒙王先生和中文系主任吴宏聪先生的安排，我有幸与他们一起座谈，受教匪浅。那时我就知道，在王季思先生主持下，围绕着两个戏曲选本的选注工作，他们正在进行中国古典悲剧和古典喜剧的研究。后来我见到了那两个选本——《中国十大古典悲剧集》和《中国十大古典喜剧集》，这两个选本都冠以王季思先生的长篇前言，拜读后，我确认这是自"五四"以来最全面而又系统地探讨论述中国悲喜剧的论文。在《中国十大古典喜剧集》的前言中有这么一段话："运用欧洲的戏剧理论来研究中国古典戏曲是有益的、必要的，但又不能生搬硬套，而要从自己民族的戏曲艺术实践出发，进行研究和总结，同时借鉴欧洲的戏剧理论，作为自己的参考。"

正是本着这样的精神，那两篇前言中对我国古典悲喜剧的具体特征作了界定与论析，同时体现出既参照运用西方理论而又不教条搬弄的实事求是学风。这两篇前言曾受到比较广泛的重视，也产生过重要的影响。

二〇〇四年夏季，北京市人民政府委托北京大学举办"北京论坛"国际研讨会，主题是"文明和谐与共同繁荣"，中国文学分会讨论的主题是"文学艺术的对话与共生"。我有幸被邀与会，我提交的文章题目是《王国维关于元代戏曲'有悲剧在其中'说的历史意义》。我在文章中介绍了王国维《宋元戏曲史》中的一段话："而元（剧）则有悲剧在其中，就其存在者言之，如《汉宫秋》《梧桐雨》《西蜀梦》《火烧介之推》《张千替杀妻》等……其最有悲剧之性质者，则如关汉卿之《窦娥冤》，纪君祥之《赵氏孤儿》，剧中虽有恶人交构其间，而其蹈汤赴火者，仍出于其主人翁之意志，即列之于世界大悲剧中，亦无愧色也。"

我说"仍出于其主人翁之意志"这句话当是有针对性的。因为希腊悲剧都着重表现主人公的英雄行为、高大形象和壮烈气势的。

我又说：王国维此处所说的"悲剧"当然是指戏剧类型之一，而非泛称。西方是有引以为荣的悲剧的，但如果刻板地套用西方悲剧含义，那就会得出中国戏曲没有悲剧的结论。遗憾的是，那时无论是西方还是东方，都存在这类看法。而王国维的这种观点，有别于中国无悲剧的说法，所以王氏这一观点是有重要意义的。

我还说：王国维关于《赵氏孤儿》和《窦娥冤》是"世界大悲剧"的见解相对于把"三一律"与"悲剧"捆在一起的西

方学人所持的西方悲剧理论而言，具有明显的"中国个性"，这也和王国维关于西洋思想"非与我中国固有之思想相化"主张相契合。但王国维并没有在理论上对中国悲剧做进一步的阐说。

我又说：在《宋元戏曲史》出版以后，结合着中国戏剧史的实际，借鉴西方的悲剧或喜剧理论，探讨中国悲剧或喜剧的文章不时出现，到了上个世纪八十年代，中国出版了《中国十大古典悲剧集》和《中国十大古典喜剧集》，这两个选本都冠以王季思先生的长篇前言，拜读后，我确信这是自王国维以来最全面而又系统地探讨论述中国悲剧和喜剧的论文。

事实上，这两篇前言早已不胫而走，多有好评。但我觉得，我在"北京论坛（二〇〇四）"上再次重复我在《中国古典喜剧史论序》中说过的话，而把"自'五四'以来"改作"自王国维以来"是十分必要的。

王季思先生发愿校注《西厢记》是在大学读书期间（《〈集评校注西厢记〉前记》），他说他"比较能够集中精力写学术论著是从一九四一年到浙大龙泉分校任教开始的"（《王季思自选集·自序》），他的《西厢记》校注本也是在浙大龙泉分校完成的（《第四次〈西厢记〉前记》）。他的《龙川杂兴》诗云："校书觅句有新功，几日园林风雨中。""附注"中说："当时讲课之余，惟以校注元人杂剧、浏览明清小说自遣。"

王季思先生从青年时代就有志于校注元杂剧，并以此为乐事，到晚年主持编校《全元戏曲》，不妨说，他与元杂剧结缘一生。《全元戏曲》一并出齐之际,我在一篇题为《喜见〈全元戏曲〉出版》的短文中说:元杂剧的汇集刊刻始于明人。近人编辑元杂剧总集则始自二十世纪三十年代。这项工程到了八十年代更添后劲,而汇集杂剧、南戏而成《全元戏曲》,则为首创,嘉惠学林,功德无量。

我在那篇短文中还说:整理出版戏曲总集,无论校勘、标点,均属不易,须靠种种学识作支撑。《全元戏曲》向读者提供的不只是一部"工具书",也提供了诸多学识。它是近年来文学古籍整理工作的一个新收获。王季思先生是著名的戏曲史研究家,他虽去世,但中山大学中文系仍拥有诸多戏曲研究家,是我国戏曲史研究中心之一。这部足以传世的《全元戏曲》的出版,不仅显示了他们的重要业绩,相信也会对元剧研究起到推动作用。

二〇〇六年三月

原载《纪念王季思、董每戡百年诞辰暨中国传统戏曲国际研讨会论文集》。

感念王季思先生

吴新雷

王老早年毕业于南京大学前身东南大学国文系，当时的系主任是三十多年后我做研究生时的导师陈中凡教授。王老对母校的感情很深，每次到南京时，都要到南大来看望中凡师，我因侍奉左右，所以也就跟王老稔熟了。

我曾多次跟王老一起参与学术活动。向他老人家学习求教，获益良多。如一九八六年十月中旬到山西临汾参加"第二届全国古代戏曲学术讨论会"，我向王老天天请益，会后还同游《西厢记》故苑普救寺，在莺莺塔下拍了合影！

一九八七年二月下旬，多蒙王老抬举，邀我到中山大学中文系，和徐朔方先生、李修生先生联袂参加了康保成、薛瑞兆的博士论文答辩会。

一九九三年十月下旬，我带着拙著《中国戏曲史论》的书稿，到广州玉轮轩王老寓邸拜谒呈示，承蒙他老人家关爱，喜为作序。王老在序文终了一段中说："我在东南大学求学时，从吴梅先生学词曲。东南大学是中央大学即今南京大学的前身，新雷同志毕业于南京大学中文系，在研究生阶段，又是受业于曾任东南大学国文系第一届系主任的陈中凡先生，和在吴梅先生门下治南戏的钱南扬先生、治词学的唐圭璋先生，可见其学术根蒂，师承有自。""深喜师门之后起有人，诸先师之遗泽长在，因乐于向读者介绍他的成就。"——得此美言，我感激涕零！念念不忘、永世缅怀呵！

　　二〇二二年十二月十五日，九十翁吴新雷叩首感言。

长留双眼看春星
——我所知道的王季思先生

沈 沉

闲来整理相册，发现几张温籍著名戏曲理论家王季思先生在温州的旧照，夜雨梦回，心潮澎湃，逝去的往事又一次浮上心头。

从闻名到识面

我最早知道王季思的名字，还是在读高小的时候。那时的温州是抗战大后方，市面相对安定。上海著名京剧旦角海碧霞辗转来到温州献艺，使温州的戏迷们欣喜若狂，南市大戏院门庭若市，一票难求。王季思在《东南日报》发表了如下一首诗："昨闻日寇陷长沙，南市今来海碧霞，亡国无关我辈事，明朝听唱《后庭花》。"这首诗对于那些在抗战时期不顾国家安危，一味沉浸在醉生梦死中的人们，无疑是当头棒喝。这首诗在学生中传播很广，我也因此记住了王季思的名字。

一九七八年冬，季思先生回乡探亲，温州方面借机举办讲座，请他讲《西厢记》的问题，听众多半是高中语文教师和剧团编导。温州军分区得悉此事，要求正在培训的文化干事也来听课，原先准备在窦妇桥师专的一间教室，如今听众暴增，便转移到工商联礼堂。季思先生的普通话实在不敢恭维，说的是地道的温州官话，考虑到有的人可能会听不懂，温二中教师陈冰原自告奋勇上台充当翻译，还架起黑板连续书写。我也就是这个时候认识他。

指明南戏研究方向

一九八四年初，我奉调温州市艺术研究所，接手《南戏探讨集》的编辑工作，并着手筹划成立南戏学会与开展高则诚研究。因资历尚浅，我特向季思先生讨教。承他不弃，给我写了好几封信，不厌其烦热心指点，特别是对南戏研究的方向提出自己独到的见解，认为不应该为研究而研究，应该紧贴现实——一个相当普遍的倾向是问题越钻越深，文章越写越长，脱离现实的倾向越来越重。早期在温州流行的南戏如《王魁》《赵贞女》《琵琶记》以及《僧祖杰》等都是深刻反映现实的，因此才受到广大观众的欢迎。戏曲首先是演给观众看的，不能仅仅作为一种古典文学作品来考证、评价（当然，这种工作也要有人去做），而置当前舞台演出问题于不顾。在这经济体制改革、沿海城市对外开放、戏曲话剧都面临危机之际，要把这个会开得生动活泼，在会议的目标与方法上都要有所革新，不能再搞古典文学学会的老一套。我初步想到两个问题：

一是如何从南戏的兴衰中总结历史经验教训，作为我们今天的借鉴？二是如何从五十年代戏曲汇演及《琵琶记》讨论中吸取"双百"方针的有益经验，为繁荣当前的舞台演出，促进当前的戏曲研究工作提供条件？

这只是一个初步的想法，供筹备小组参考，为了把这个会开得生动活泼，我希望能有戏曲演出配合，同时邀请部分改编或新编戏曲的同志参加。

季思先生这段话为我们指明了南戏研究的方向。上世纪九十年代，温州启动南戏新编系列工程，温州剧作家改编了"荆、刘、拜、杀"等多部传统南戏。二〇〇〇年，温州举办"南戏国际学术研讨会暨新编南戏系列剧目展演"，全国及各国的南戏研究专家学者与各大媒体记者一百二十余人参加会议。会议期间演出新编的《荆钗记》《白兔记》《拜月亭》《杀狗记》《洗马桥》及《张协状元》六个剧目，这些剧目后来参加各届戏剧节连获大奖，其中《张协状元》还获得"文华奖"和"中国戏曲学会奖"等十多项国家大奖。二〇〇七年冬又举办了"纪念高则诚诞辰七百周年暨《琵琶记》国际学术研讨会"，近百名专家学者参加会议，会议期间由永嘉昆剧团演新编的《琵琶记》，会后出版了《琵琶记研讨会论文集》。正是我们按照季思先生指明的方向前进，这才在南戏研究领域中创出一条新路。

关怀永昆

一九八五年四月，我参加在郑州召开的中国古代戏曲学会成立大会，季思先生当选为会长，中国艺术研究院院长张庚也参加会议。这段时间我正在为如何振兴永嘉昆剧的事奔走，打听到中国艺术研究院刚买了一辆录像车，很想面谒张庚院长借此车为永昆老艺人录像。考虑到我人微言轻，直接去找张院长恐怕不妥，便请季思先生代为引见，季思先生一口答应。

次日晚饭后，我到他的房间，只见张庚院长已坐在那里，我将永嘉昆剧的历史、声腔与表演特点，以及目前的处境等情况，讲了大约四十来分钟。最后我斗胆提出请张院长安排录像车为永昆老艺人录像，张院长说，按照目前的录像速度，为全国各剧种老艺人录像，大约需要十年时间。但他承诺，由于永昆在中国戏剧史上的特殊地位，他可以把永昆排在最前面。

这年冬天，录像车在副研究员刘沪生、导演李愚等随同下，浩浩荡荡来到永嘉。那时永嘉上塘的电力紧张，录像只能在午夜以后进行，总共录了五个剧目。

一九八七年五月，温州市举办首届南戏学术研讨会，季思先生应邀赴会，夫人姜海燕随行。这次会议最大的一项举措，是成立国内第一个"南戏学会"，王季思任名誉会长，徐朔方任会长。为了使与会的学者们领略地方戏曲的魅力，我们事先安排了瓯剧与永昆两场演出，瓯剧演出的是素负盛名的《阳河摘印》；永昆演出五个折子戏：《见娘》《吃糠》《追舟》《当巾》和《斩窦娥》。季思先生也是时隔多年后第一次看到家乡的戏曲，更是赞不绝口。

金缕曲里伉俪情

一九九〇年的一天，我正从杭州归来，突接广州友人电话，说是季思先生夫人姜海燕病逝。闻听噩耗，我神魂若失，不能自已，是日灯下草成《金缕曲·惊悉师母仙逝，奉季思先生》：

一钵梅花酒，奠灵前、盈盈清泪，青衫湿透。相爱何如长相伴，未老遽然撒手，愁相对、月明空牖。冷雨凄桐敲永夜，问人生到此怎回首？

万千恨，从谁剖？人间绝少百年友，倏忽间、星移物换，乌飞兔走。人祸天灾竟相迫，讣告门前日有，忍抛却、几多鸳偶？他日蓬瀛重识面，道海枯石烂情依旧。期来世，再厮守。

没过多久，收到先生短简，内有一阕《金缕曲·庚午中秋悼海燕》并小序：

海燕以壬戌六月十五日生，小名月娥。今年海燕六十九初度，与坐玉轮轩东廊待月，为诵赵秋舲咏月曲："我初三瞧你眉儿斗；十三窥你妆儿就；廿三觑你庞儿瘦；都在今宵前后。何况人生，怎不西风败柳！"回首前情，不胜悲慨。海燕最爱诵我自题玉轮轩句："薪尽火传光不灭，长留双眼看春星。"因以此意作结，勉自振拔。

中路为夫妇，说不尽、恩恩怨怨，风风雨雨。回首前尘三十载，苦雨都成甘露。凭阿母慈云低护。儿女如今粗解事，有几多心事思倾吐，无一语，匆匆去。

东廊又见月轮出，想霜娥、轻拂舞袖，盈盈起步。我向霜娥低低唤，娥也可曾闻否？早云掩、团团桂树。云过月明天不老，怎人间月落无寻处？谁为诵，春星句？

此词读之令人酸鼻。

原载《温州日报》2014年2月12日。

悼念王季思先生

徐顺平

王季思先生于一九九六年四月六日晚逝世，至今已十二天了，我的心情极其沉重悲痛！

季思先生是我国著名的戏曲研究家、古代文学史家。我五十年代在大学读书时读他的《西厢记校注》，精辟深豁，深受启发，深怀敬仰。六十年代初我在胡士莹先生指导下研究戏曲，更对他与董每戡先生从事戏曲研究的两大家，敬慕有加，读了他们的许多论著。粉碎"四人帮"后，我与胡雪冈先生合作研究南戏，在《戏剧艺术》等杂志发表研究文章，先生看到后，即写信表示鼓励。

一九七九年二月，先生从广州回乡省亲。二月十一日上午，我在温州海员俱乐部听先生讲《西厢记·拷红》；二月十三日下午又听他讲《窦娥冤》，深刻细腻地分析了人物思想、性格风貌，特别善于将人物放在时代环境中来加以阐析，精到、深刻、细腻，使人进入美学境界欣赏，深受启悟。

一九八七年五月，南戏学会在温州成立，在此前后我与他多次书信来往，他强调南戏研究要与现实舞台艺术相结合。他来参加会议，会议安排他住华侨饭店。五月三日，我到麻行轮船码头迎接，相见倍感亲切。当晚我又去旅馆看望他，向他请教研究中遇到的难题，得到他一一指教。先生在温州前后居住十天，所得教益匪浅。五月十二日，我又到麻行码头为他送别，握手依依，情难言表。谁知这一别即成诀别，悲乎痛矣！

拙著《温州历史概述》，打印呈寄先生教正，他阅后非常高兴，来信鼓励我出单行本，还说："可作乡土教材，也可供旅游者浏览，将为乡邦文献生色。"他还对我的《"书会"的性质及其演变》一文表示赞同，并云材料搜集丰富，很有说服力。

一九九五年八月，我在给先生信中回忆说："一九八七年五月十二日晨，先生离温返穗，我在朔门江边送别，扶先生上船，一种依依惜别的心情在胸中翻腾，汽笛声响了，我下船立在江滨，目送先生渐渐离乡远去！……"当时先生已年迈体弱，一直牵挂于怀。平常我寄先生信，很快便得到他复函，可此信一直未见复音。

至今年元旦，我又给先生寄了一信，得先生长子王兆凯遵其父所嘱于一月二十一日给我复函，说："元旦惠书收悉，父亲已九十高龄，身体极度衰弱，生活不能自理。一九九五年四次住院，其中三次下病危通知书，他白内障严重、手抖，早已不能阅读、写作。偶有诗作，由他口授由我笔录的，由于失声，过程十分艰难。"

接此信，我心情十分沉重，对季思先生的健康十分担忧。直至今天惊闻噩耗，悲痛不安。作《悼念王季思先生》诗一首：

校注西厢著玉轮，诗坛曲海赞贤人。
东瓯相会贻求索，南国传音勉撰文。
几度来鸿乡意重，一潮江水别情深。
羊城捐馆莺娘哭，雁影匆匆惠爱存。

先生早年离别家乡，数十年来地北天南，然对故乡深深热爱，对研究发扬故乡的历史文化十分关注，对培养关怀故乡的人才十分热心。先生之心与故乡人民、故乡历史文化、故乡山水风光紧紧联系在一起，先生之心与故乡永存！

选自《岁月留痕》，2009年印本。

戏曲大师　千古流风
——追忆王季思先生

黄世中

王起（一九〇六—一九九六），字季思，以字行，温州瓯海上田村人，逝前为中山大学教授。先生一生献给中国戏曲史研究，是继王国维、吴梅之后，将所谓"淫辞滥调"之戏曲推上学术殿堂的杰出学者。

先生曾寄读浙江十中（今温州中学），后转至瑞安县立中学（今瑞安中学）高中毕业。一九二五年二十岁考入南京东南大学中文系，师从戏曲大师吴梅教授。吴梅教授为辛亥革命前后的文学团体南社成员，作诗、填词、唱戏、订谱，样样精通，为中国最后一位能用元人曲律写作杂剧的戏曲作家。

吴梅教授非常赏识这位入室弟子，一次在先生的作业卷子后批道："自万里（国家图书馆版本学家）、宇霆（曾任陕西师大教授）、维钊（曾任浙江美院教授、书法家）去后，复得斯才，我心喜甚！"先生曾在一篇文章中回忆从师学习的教训："吴先生为了让我们懂点戏曲的音律，曾教我们唱昆曲。吴先生吹笛，我们按谱跟着唱。可是我一唱不行，就不愿再唱了。我后来搞戏曲，对宫调、音律都不甚了了。至今想起，还深以为憾。"此言虽是实话，亦可见先生谦逊之品格。除了宫调、曲律外，先生尽承吴梅教授之学，并在戏曲史研究诸方面多有突破，所谓"青于蓝"也。

一九二九年二十四岁，先生毕业于东南大学，先后在浙江、安徽、江苏几所中学任教。课余时间，作了许多读书札记，如金元戏曲特殊用语注释；考查了《西厢记》《窦娥冤》《白兔记》等故事的演变；收录了王实甫、关汉卿、高则诚等杂剧及南戏作家的生平资料。

一九三七年三十二岁，先生正拟开始撰述时，上海"八一三"抗战爆发，激战三个多月后，上海沦陷。先生当时正在松江女子中学任教，只好舍弃私人图书及资料、札记，带着一部《西厢记》匆匆南归温州。

抗战期间，先生先后在温州师范学校和浙江大学龙泉分校任教，未久即出版了《西厢五剧注》。这是先生第一部学术著作，也是他的成名作。解放后多次再版、重印（改名为《〈西厢记〉校注》），成为研究《西厢》与元人杂剧必读的参考书。

此后，先生又先后发表了《〈西厢记〉叙说》《关于〈西厢记〉作者的问题》《关于〈西厢记〉作者的进一步探讨》《从〈凤求凰〉到〈西厢记〉》等，考订了王实甫的生平，论述了《西厢记》故事的历史演变、《西厢记》的思想性与艺术性；并在《西厢》作者异议的讨论中，维护了王实甫的著作权。明初贾仲明吊王实甫，作《凌波仙》云："作词章，风韵美，士林中等辈伏低。新杂剧，旧传奇，《西厢记》天下夺魁。"先生研究古典戏曲，首选《西厢记》，亦戏曲史研究的"夺魁"之举。

中国古今戏曲，从来就没有像《西厢记》对世人影响之巨大，迄今所知，明代就有一百十种刊本；清代，虽乾隆十八年（1753）、同治七年（1868）两度"禁毁"，其刊本亦至七十种之多。自十八世纪末至今，已有日、法、英、意、俄十多种译本。而近百年来，除京、昆外，全国地方戏剧种几乎都改编、演出过《西厢记》，先生的《〈西厢记〉校注》为导演和演员们提供了必不可缺的入戏感悟。难怪学界同仁戏谑说，先生"靠崔莺莺起家"，或言"靠崔莺莺吃饭"。然而，这个"家"实在是不大好"起"，这碗"饭"也实在不大好"吃"。上世纪二三十年代，先生的老师吴梅教授执教戏曲时，就曾为研究经学的教授们所不容。先生在浙江大学龙泉分校时，出版《西厢五剧注》，宣扬所谓"诲淫"文学，自然要遭到攻击，有人指责他"不配在大学里教书"。先生当时曾有七绝一首："汉宋诸儒语太酸，六经日对古衣冠。一般饱暖思淫欲,又检《红楼》说部看。"以"淫欲"反说爱情，回答那些封建卫道者。

中国是一个封建社会特别漫长的国家，封建专制也特别严酷，封建礼教之"男女授受不亲"影响深远，青年男女无法获得真正的爱情，爱情文学也被恶谥为"淫秽"，像《西厢》《红楼》这类歌颂青年男女纯真相恋的戏曲、小说，自不能登大雅之堂。戏曲、小说作家，二十四史都没有为他们立传。先生不仅考订了王实甫的生平，并且为《西厢》作注，高度评价《西厢》的思想与艺术，可谓为《元史》补写了一篇《王实甫传》。如果没有超前的进步的思想，是谁也不敢靠崔莺莺吃这碗"饭"的，遑论因此"起家"！实际上是崔莺莺靠先生传扬得更久远，崔莺莺地下有知，应该十分感激先生。

除《〈西厢记〉校注》外，先生还校注了清代传奇《桃花扇》，主编了《中国戏曲选》《中国十大古典悲剧集》和《中国十大古典喜剧集》，结集出版了《玉轮轩曲论》《玉轮轩古典文学论集》，参与主编了四卷本《中国文学史》等。"文革"前，曾与夏承焘先生一起被聘为《文学研究》（后改为《文学评论》）编委。上世纪八十年代初，被聘为国务院学位委员会评议组成员。

回忆二十二年前，先生来温州师范学院讲学，讲题为《从〈凤求凰〉到〈西厢记〉》，全方位考察了中国古代的爱情文学，谈笑风生，思想深刻，见解独特，影响我决心将此前撰写的研究爱情诗的论文，以《古代诗人情感心态研究》为书名结集出版。听完讲座后，我又就金（圣叹）批《西厢记》第五本有关问题求教于先生，先生以为《西厢》版本当取"暖红室"刊为佳。翌年，为中文系资料室赴苏州古籍书店购书时，即以高价贾归。一九九〇年，与原温州师范学院党委书记（今诗词学会会长）张桂生同志赴海口、三亚参加山水文学研讨会，特取道广州，曾至先生康乐园玉轮轩拜访，时先生夫人逝世未久，先生至深圳儿女家暂住。当晚，与先生小女恳聊，知先生身体甚健，皆感欣慰。

一九九六年先生逝世，享年九十有一。据悉先生遗愿：遗体火化，骨灰一半撒进珠江，一半携归故里，撒入瓯江。歌曰："二江之水，天汉归同；斯人已逝，千古流风。"谨以此敬悼王季思先生逝世十周年。

原载《温州大学报》总第278期，2007年1月30日。

露华桃李溢清芬
——悼念文学史、戏曲史大师王季思

梁　冰

华南春早。当南京尚在乍暖还寒之际,广州已是繁花似锦。我正为年来多病的季思先生平安度过又一个冬天而庆幸,忽然噩耗传来,他竟于四月六日走完九十一岁的人生旅程,离开他的亲人、他的知友、他的满园桃李以及为之奋斗一生的学术研究和教学事业,撒手人寰。回忆先生的学术成就和人格风范,历历往事如在眼前,不禁为之唏嘘。

三年前,也是这样的春天,也是乍暖还寒的四月,我应广州市政协和中山大学邀请,专程赴粤出席"王季思先生从教七十周年庆祝大会"暨"中国古典文学、古代戏曲教学与研究如何适应时代需要"学术研讨会。行装甫卸,即去拜望季思先生。他住在中山大学东北区十号楼,位于孙中山先生铜像东面岭南路的马岗顶,草木葱茏,曲径通幽。未进大门,先看见一副大红对联:"玉凤腾霄江山增气象,金鸡报晓岁序庆更新",落款是

"季思撰，林建书"。显然是春节时贴上去的。立刻令人感到小楼主人的开朗胸襟和乐观心情。

季思先生知道我祖籍广东，早就在信中说过："有便南归，盼能一晤。"所以见我去时非常高兴，开口就说："你是中山人，来得太好了。这次的学术会议就要到中山市的翠亨村去开。"我说："王先生真是好记性！"他大笑。

当时他已八八高龄，却十分健谈，只是声音微弱，中气不足，加之步履不便，白内障严重，手也抖得厉害。谈话中，他说："你远道而来，应该在大会上讲讲话。"又说："我送你一本小书。"于是，由我搀扶他从客厅走到兼卧室的书房，取出一本刚出版的《玉轮轩戏曲新论》，用颤抖的手十分吃力地戴上口罩[1]，十分吃力地题写了扉页，签上"季思"两字，再用颤抖的手郑重地递给我。现在回想当时情景，恍如昨日，倍增感激、怀念之情。

季思先生名起，是宋元南戏的发源地浙江温州人，生于永嘉，但同江苏有着特殊的感情。早在二十年代，他曾就读于南京东南大学、中央大学，受业于吴梅先生，古老的秦淮河，映照过他青年时代的身影。一九八一年三月，《中国大百科全书·戏曲卷》在南京举行编委会筹备会议时，季思先生旧地重游，中

---

[1] 季思先生晚年体弱，口涎失禁，埋头读书、审稿或写作时，均需戴上口罩，以防沾湿书、稿。

山陵、美龄宫的林荫小道，留有他晨昏漫步的足迹。同年十一月，在吴梅先生的故里苏州召开《戏曲卷》部分分支学科（戏曲史和戏曲文学）审稿会议，他又一次亲近过姑苏城的塔影和寒山寺的钟声。

季思先生非常关心植根于江苏的古老剧种昆剧，一九八三年十一月，《中国大百科全书·戏曲卷》在山东威海举行编委会议期间，在下榻的东山宾馆，在黄昏的渤海之滨，甚至在从蓬莱到烟台的隆隆列车上，他曾同我一次次谈到关于改编《浣纱记》的设想；回到广州后，又亲自拟订了改编提纲寄我，并附长信详加说明。他在信中着重指出："江苏的同志要演好西施，应以《浣纱记》作基础改编，这就同时纪念了梁辰鱼。'婚姻之事极小，国家之事极大，岂以一女之微，而负万姓之望'（见《迎施》出）。梁辰鱼第一次明确地提出了这个爱国主义的主题，是了不起的。从这个主题出发，以吴越两国兴亡为历史背景，以范蠡谏越侵吴，西施苏台卫宫，突出了这两个英雄人物的精神境界，使他们的舞台形象面貌一新。范蠡的形象将集张良、诸葛亮于一身，西施则可与希腊史诗中的海伦比美。"（后来他把这封信收入一九八八年出版的《玉轮轩曲论三编》）

当时我曾告诉他：江苏省昆剧院于一九八一年作过改编《浣纱记》的尝试，曾以《西施》为剧名，在苏南、苏北各地城乡演出，受到出乎意料的欢迎，为缩短这个古老剧种同新时代观众的距离作出了有益的探索。但由于主创人员都比较年轻，热情丰满而经验不足，同季思先生高屋建瓴的指导思想及改编提纲相对照，尚有待进一步努力。后来他又曾给我来信说："有关《浣纱记》的改编问题，我曾指导广东的一位女同志来编，可惜她后来因车祸去世了。我希望你在江苏物色一些别的作家来实现。我的提纲可以作参考。不过写之前应该先认真看一下《浣纱记》《吴越春秋》以及《史记》里的有关记载。"接信后，我向两位熟悉昆剧而颇有才华的中青年作家转达过先生的建议和希望，但由于诸多原因未能实现。

昆剧是诞生于江苏的剧种，西施的故事主要发生在江苏，梁辰鱼又是江苏人，改编《浣纱记》是江苏义不容辞的责任。我相信，人才济济的江苏戏剧界一定会作出新的努力，以告慰季思先生在天之灵。

季思先生为人谦逊温和，虚怀若谷，在学术研究上则坚持真理，旗帜鲜明，决不模棱两可。一九八二年江苏省昆剧院在苏州举行的"两省一市昆剧会演"中演出《牡丹亭》（上集）后，获得专家、观众的充分肯定，但却有人以"不加修改地"演唱"黄色唱词"为名，写信向中央有关部门告状，使这个戏受到不应有的批评。

当时郑山尊同志曾撰文加以回答，并将文章函寄季思先生。先生仗义执言，明确表示："《牡丹亭》在《游园惊梦》中偶涉性爱，也写得比较含蓄。如果对这样一点描写都大惊小怪，那么《西厢》《红楼》中的某些章节都不能让青年人看了，这就非回到封建礼教统治时期不可。"嗣后还将这封信公开发表。季思先生这种严肃、正直的治学态度、学术观点和他的人品、文品贯穿在他的全部研究工作中,从而就学术界、文艺界的许多重大问题从理论到实践,从原则到具体,都提出了一系列精辟见解。

记得他曾同我谈过"百花齐放、百家争鸣"的方针。他说:"人类改造自然,不采取合理的办法,自然会向人报复;人们改造社会,不采取合理的办法,也会得到报应。百花齐放是艺术上和平竞赛的有效渠道;百家争鸣是学术上民主讨论的合理做法。双百方针的长期被扼杀,它招致的报应是艺苑里的百花凋零,学界里的万马齐喑。十一届三中全会以来,虽逐步有所好转,而余风流毒仍不易根除。"

关于理论与实际的关系,他主张学术研究必须坚持这两者的结合,决不能脱离实际而孤芳自赏,以致跳进故纸堆中不能自拔,也不应把我国源远流长、至今仍"活"在人民群众中的古典文学、古代戏曲同收藏在博物馆里的秦砖汉瓦相提并论。

对于学术论文,他主张明快、精炼,反对空洞、冗长;他曾经谈到他自己的有些文章篇幅"比较短,看惯长篇论文的同志可能不满足。但也有一点好处,是不大引经据典、加头添足,看来比较明快"。

对于文艺评论,他主张同文艺创作一样,要注意文学性、艺术性,反对晦涩难懂、佶屈聱牙、滥用术语、故弄玄虚。认为它同其他科学论文不同,"需要笔带感情"。

具体到古典戏曲论文,认为"不能为古而古,要引导读者联系舞台,面向现实,方能摆脱当前大专院校文科论著的学院气"。他还主张古代戏曲研究必须把研究对象放在一定历史条件的大背景下和当时政治经济的大环境中,从诸多社会因素的内在联系上进行科学的考察、分析、判断,不能形而上学地用孤立、静止、片面、表面的观点就事论事。

关于文艺创作,他极其强调正确的世界观、价值观以及生活积累、创作方法对于作家、艺术家的重要性。认为"艺术家的作品,特别是那些具有代表性的不朽作品,乃是艺术家生命的表现",是他们鲜明爱憎的感情结晶,甚至应该"可以从这些作品里听到他们伤心的叹息和得意时爽朗的笑声"。

至于戏曲作家,不仅要熟悉生活、尊重生活,还要熟悉舞台,尊重戏曲的艺术规律,不断提高文学素养,锤炼写作技巧。为此,必须深入形形色色的社会生活,大量掌握人民的口头词汇,提高驾驭语言文字的能力。

关于戏曲语言,他主张"向我国戏曲史上的重要作家如关汉卿、王实甫、马致远等学习",学习他们作品中戏曲语言的通俗性、生动性和善于刻画人物内心世界的本领,表达人物在特定情况下的思想、行动以至姿态、神情,这才有可能具备"吸引人、感动人"的"戏剧性"。

对于一些充满铜臭气的庸俗文艺、色情文艺,他深恶痛绝。他说:"色情的商品化必然带来市场文艺的庸俗化。如果说柳永、关汉卿替当时的歌舞妓打广告作宣传，还表现了他们对封建统治思想的蔑视态度，今天市场文艺中的黄色作品就只能腐蚀我们社会主义市场的健康肌体。"

我想，季思先生的这些主张，对于我们是十分可贵的教导。

季思先生非常关心江苏的戏剧事业。一九九二年，江苏文艺出版社决定编辑、出版《中国当代十大喜剧集》《十大正剧集》和《十大悲剧集》，恳请季思先生出任主编。他不顾年高体弱和繁重的研究、教学任务，慨然应允。在他的主持、指导下，从数以千计的上演剧目中反复挑选，拟出初选剧目名单向国内专家征求意见。几经斟酌取舍，最后选定其中的三十个。这是继季思先生主编的两部"古典十大"之后的又一浩大工程和开创性工作，是季思先生对我国戏剧创作和戏剧理论研究工作的又一卓越贡献，也是对江苏文艺出版事业的热情关怀和鼎力支持。

据编辑部同志介绍，从确立全书体例、编选原则到改定《前言》《后记》，都浸透了季思先生的心血。在整个编选过程中，他曾多次给我来信，对选家、选目以至同一选目的不同演出本都有很好的设想。

在一次来信中，他在提出对一些具体选目的调整意见后说："总之，剧作的时代精神、艺术特点、作家和剧种的覆盖面，都得周详考虑。"在其后的又一封来信中不无惋惜地表示："三个当代剧集选目，经编辑部反复讨论，并征求国内专家意见，大多数已经确定，惟有的剧目未被采录，终成憾事。"季思先生的严谨作风和对作者、读者的高度负责精神，于此可见一斑。

追溯到一九八四年，中国戏剧家协会江苏分会、江苏省文化厅和苏州市文化局、苏州市文联在苏州举办"纪念吴梅先生诞辰一百周年学术讨论会"，也曾得到季思先生无微不至的关注。会前他给我写信说："接来函，知纪念吴梅先生的筹备工作在积极进行中，至为快慰。所提纪念活动的三个方面，俱甚恰当。届时我一定去参加。我还希望能邀请任半塘、钱南扬、唐圭璋、徐震堮、万云骏、吴白匋、常任侠、程千帆等吴先生的老学生们来参加，如不能来，也希望他们能写点纪念文字。中年研究戏曲有成就的如徐朔方、吴国钦、吴新雷、王卫民等多属吴先生的再传或私淑弟子，也可邀请一批。"

后来我函告他，纪念会拟请匡（亚明）老主持，总报告拟请季思先生担任。他很快回信说："承告纪念会筹备就绪，不胜快慰。活动内容我完全赞同。承推担任会上的总报告——全面介绍吴梅先生的一生及其学术成就，义不容辞，当勉力承担。作为他的老学生，不能不感到兴奋。"愉悦之情，溢于言表。

那次活动，凡季思先生建议邀请的学者，我们都尽力照办，而且还邀请了赵景深等先生，形成了一次具有重要历史意义的高水准的学术盛会。唯一遗憾的是由于会务工作和邮递的耽误，季思先生没能及时收到从苏州办事机构发去的正式邀请书。当我以长途电话促驾时，又逢广州机票紧张，因而未能赶到。这是十分愧对先生的一大憾事。十多年来，每念及此，歉疚之心，无时或释。

季思先生自青年时期起，从教七十余年，培养了一批又一批人才，桃李满天下。而且，他把戏剧界的一些有成就、有进取心的中青年演员也看作他的校外弟子，对他们教导有加，爱护备至。许多演员也愿意向他倾诉自己的困惑与苦恼，同他谈心，向他求教。

在他和我的通信中，曾多次谈到关心演员艺术成长和品德修养的问题。他认为有的演员"天赋较好，又善于学习，在艺术上大有前途。但是他们所取得的成绩也容易引起一些人的嫉妒，在前进的道路上遇到困难、挫折是难免的"。因此，他们应该善于处理各种矛盾，才能化不利为有利，做到更健康地成长。

他指出："我们的任何文艺工作都是为社会主义祖国创造精神文明。作为主要演员，必须在这个目标之下，团结全体同志（包括伴奏、美工甚至勤杂人员），同心同德，共同奋进。"因为"一台戏的成功演出，是综合各种艺术因素的成果，而主要演员独享其名。这时候特别需要冷静，需要坚定，不但在艺术上要勇于攀登高峰，同时在品德上注意修养，要关心整个剧团的和衷共济，而尽可能把个人一时的得失看得轻一点。演好一个戏是艺术，化消极因素为积极因素也是艺术，而且是更重要的艺术"。这些语重心长的话，对于演员、尤其是主要演员具有普遍教育意义。

此外，他还经常在百忙中为演员们解困释疑。他的一篇重要学术论著《戏曲中的"女生""男旦"和古剧角色的由来》，就是由于一位演员的提问而引起的。他曾就此给我来信说："艺术上的品种，多一点总比少一点好。男旦、女生是我国戏剧表演上的特殊品种，产生过梅、荀、尚、程及孟小冬、徐玉兰等著名艺人。这点应该在理论上加以澄清。"

季思先生是德韶望重的学者，又是热情洋溢的诗人。一九四一年即出版过《越风》诗集。一九八一年出版了《王季思诗词录》。一九八三年深秋，《中国大百科全书·戏曲卷》经过三载奋战终于修成，集会威海总结经验时，季思先生同张庚、郭汉城同志共同主持了会议。编委会下榻的东山宾馆背山面海，与清末北洋水师大本营刘公岛咫尺可见，海涛声清晰可闻。当时，季思先生曾赋《五律》一首示我："入梦涛声美，开窗空气甜。新编划时代，高馆聚英贤。海色连天碧，岚光映日鲜。山川遗烈在，珍重祖生鞭。"显然，面对祖国锦绣山川，缅怀包括甲午海战英烈们在内的、世世代代为捍卫祖国尊严和民族荣誉而前仆后继的中华儿女，季思先生是以《晋书·刘琨传》中"枕戈待旦，志枭逆虏，常恐祖生先我着鞭"的典故自勉并勉励大家。同时，季思先生还为早年参加辛亥革命、曾任山东军政府登黄都督的革命戏曲家刘艺舟作《凌波曲》一首，内有"革命军旗帜照登莱，大都督声威震海台，豹子头风采依然在……刘艺舟文武全才"句（"登黄""登莱"指文登、黄县、蓬莱；"海台"指威海、烟台;"豹子头风采"指刘艺舟于反袁革命失败后,逃亡日本,以演出《林冲》一剧著名)。一腔爱国热忱,一片赤子之心跃然纸上。

季思先生治学严谨,一丝不苟,性格则乐天风趣,常怀一颗童心。他兴趣广泛,爱好体育,早年曾就读于东南大学体育系(后转入文学系)。足球踢过中锋,网球也不含糊。直至晚年,每逢电视播放国内外重大赛事,他都不轻易放过;观看中国女排出战或精彩足球比赛时,经常手舞足蹈,忘情高呼。他爱吃螃蟹,凡有特别高兴的事或一部书稿出版,都会想到吃蟹。连给马少波同志的一首诗中,也没有忘记写上"转眼秋风菱蟹熟,相期把盏赏芳辰"。

有一次在北京见面,我送他和夫人姜海燕先生一件饰有螃蟹标本的小巧工艺品。别后他从花城来信时特别开玩笑说:"小蟹别来无恙,幸勿为念。"一九九一年,《王季思学术论著自选集》出版,先生收到一万元稿费,曾即兴填《水调歌头》一阕:"我亦万元户,书稿是来龙。年年苦爬格子,乐亦在其中。……转羡林间雀,自在鸣春风。……万贯何足道,一笑谢诸公。"可见其豁达、幽默。

季思先生治学之余,也喜欢怡情于山水之间。一次会后,我陪他和海燕夫人暨孙浩然、吴白匋先生结伴遍游青岛、蓬莱、烟台名胜,先生时有吟哦,每天都沉浸在兴奋之中,仿佛回到了青年时代。

季思先生已经离我们而去，这是无可弥补的损失，也是无法回避的现实。然而他的道德文章将永远激励我们前进。他曾说:"人生有限，事业无穷。我有长寿之秘诀，不死的灵方。"这里所说的"秘诀""灵方"就是致力于培养一批批人才，让事业代代相传。"霜魄玉轮扬异彩，露华桃李溢清芬"（见马少波同志《威海赠王季思教授》诗），从这个意义上说，季思先生是不死的!

原载《剧影月报》1996年第4期。

德高望重的长者
——追忆王季思先生二三事

江巨荣

不才自一九六二年师从赵景深先生学习元明清文学和中国戏曲之后，就不断听到赵先生说及王先生的道德文章，称赞王先生的《西厢记》研究和元明清戏曲研究的成就。在先生的启示下，我不久就购买了上海古籍出版社出版的王先生校注本《西厢记》和人民文学出版社出版的以游国恩、王起领衔的《中国文学史》。

王先生注释的《西厢记》广征博引，精准博识，极大地提高了我学习《西厢记》及元杂剧的兴趣，是我最喜爱的一本案头书；王先生撰写的《中国文学史》部分，以建国后的新思想、新认识分析评述元明清戏曲、散曲和小说名著，在已有研究成果的基础上，观念新颖，自成系统，在文学史著作中别开生面，也是我们常用的参考书。听过赵先生对这位同行专家的介绍，又拜读了王先生的著作，可以说，王先生的大名早已如雷贯耳，仰慕之情积蓄已久。可是因为当年沪粤两隔及此后的政治运动，我没有拜识王先生、请教王先生的机会。

粉碎"四人帮",改革开放,万物复苏。一九七九年学术研究开始起步,我有了第一次拜识王先生的机会。当时复旦大学中文系有一个以赵先生为首、陆树仑先生具体负责的鲁迅《中国小说史略》注释小组,一九七九年完成了注释初稿,人民文学出版社已将此稿印制出来。考虑到此稿开始于"文革"中,思想观念受到极"左"思潮影响,参加者又多为年轻人,学养不够,一定有这样那样的错误,于是委派华东师范大学著名的小说研究家郭豫适、复旦的丁锡根和我,一起到中山大学、广西师大、西北大学、武汉大学、南京师大、安徽大学、扬州师院等高校,请教专家,征求意见。

我们第一站就到中山大学中文系。四月九日,中大古典文学教研室安排老师与我们座谈。中大老师发表了许多重要的意见,很受教益。但不知何故,王先生没有来。我们都很想见王先生,希望多听王老的意见。当天晚上,中大老师陪我们去王老府上,见到了王先生。

我见到王先生的第一印象,是其身材高大,面貌慈祥,说话温文尔雅,有古学者之风。我已不记得当时王先生与我们具体谈了些什么,印象里他精神状态已从十年浩劫中摆脱出来,表示十分重视鲁迅《中国小说史略》研究,对学术研究逐渐开展充满了期待。离别王府,心想:学者风范固当如此吧。

与王先生的第二次近距离接触在一九八一年十一月。我受赵先生委派参加《中国大百科全书·戏曲曲艺卷》编审会。大百科全书《戏曲卷》工作开展已久，作为该书主要负责人的赵先生，承担了《明清传奇与杂剧》一个大条和若干中小条目。赵先生因健康原因，把这个大条的起草工作交给我。在赵先生的启发下，利用先生丰富的藏书，费时几个月，经过多次讨论修改，这年十月，这篇近万字的初稿算是完成，并已交稿。其他专家所撰大条也在这时完成。此时大百科《戏曲曲艺卷》的责编刘辉先生告知，大百科定于十一月中旬在苏州召开审稿会，主要讨论并审定牵动此书大局的大条目，因此赵先生决定让我去。我诚惶诚恐，抱着学习的心情去听取专家意见。

会议非常隆重，张庚、郭汉城、王季思、徐朔方、刘念兹、刘世德、吴白匋、俞琳、颜长珂、傅晓航、龚和德等专家全都出席。会期八天，每天一个重点，都是上午看材料，下午讨论。记得分别讨论了《戏曲的起源与形成》《元杂剧》《王实甫》《高明》《明清传奇与杂剧》等大条目。

我们的条目是在最后一天会议上讨论的。现在已不记得各位专家、包括王季思先生对该稿提过哪些意见，但记忆清楚的是，会议给了我一次极其难得的学习机会。我从张庚先生所撰《戏曲的起源与形成》、王季思先生所撰《元杂剧》《王实甫》条目中汲取了丰富营养。苏州回来即向赵先生汇报，赵先生指示按专家意见作了一些补充修改。

讨论结束后，会务安排了一次苏州郊区灵岩山、天平山游。苏州是春秋时吴越争霸重要的政治中心和决胜的战场，许多戏曲小说都以此为题材，影响深远。我不止一次游过灵岩山和天平山，那多是游山玩水；这次是与多位专家学者一起游览，氛围与感受自很不同。游览是散漫的，三三五五，各凭兴趣。因为与王先生已比较熟悉，我就较多地追陪在王先生左右。他谈起赵先生，也问起复旦戏曲研究的情况，我也作简单的汇报。

在游览灵岩山时，记得王先生联系《浣纱记》，就游览所到遗址，说及吴王、西施馆娃宫、响屧廊、浣花池及勾践被俘囚于石室的故事。这些遗迹，可见历史的影子。放眼看太湖、石湖，先生还说及《浣纱记》中"打围"和"采莲"舞台演出的情境。具体的谈话都已忘记，但王先生现场指点、循循善诱后辈的情景还在目前。作为一次特殊的灵岩山游，这是不会忘记的。

第三次接触王老的机会在一九八二年十月下旬江西抚州纪念汤显祖逝世三百六十六周年的会议上。这次纪念会由江西省政府和文化部、中国戏剧家协会联合举办，规格高，规模大，参加人数很多。老专家几乎全数出席，中青年也不少。我们复旦中文系就有陆树仑等四五人有幸与会。会上会下都有机会见到王先生，王先生仍是一贯的和蔼、谦谦君子的学者风采。二十二日参观新建汤显祖纪念馆时，王老见到我们，即和大家亲切交谈；见到陆先生指导的日本高级进修生参加会议，非常高兴，还就她关心的问题予以指导。这都是我亲自感受到的。

纪念会有一天的学术报告会。三位专家作了三场精彩报告：徐朔方先生作《关于汤显祖的世界观》、王老作《汤显祖在〈牡丹亭〉里表现的恋爱观和生死观》、陈瘦竹先生作《异曲同工》（谈的是汤显祖与莎士比亚的比较）。三个报告抓住汤显祖研究中大家最为关心的问题，提出了极具启发性和指导性的见解，收获很大。

王老谈《牡丹亭》表现的恋爱观与生死观，从非常具体的校园风波切入，谈到如何树立现代恋爱观。又结合《牡丹亭》所写"一生爱好是天然""月落重生灯再红""牡丹亭上三生路"中"一生""重生""三生"这三句话、三个词汇连接贯穿，讲授剧作的思想与艺术，十分生动鲜明，有血有肉。这些都与以往常见的作品思想分析、艺术分析不同，给听众耳目一新之感。如此读活《牡丹亭》，很受启发，更加佩服王先生的学识及讲授中别具一格、收放自如的风采。

第四次接近王先生在一九八三年十一月。这时大百科《戏曲卷》已经完成，该书领导在山东烟台召开了一次总结会，有《戏曲卷》领导、编委、主要作者参加。赵先生是本卷第一副主任委员，早在九月已收到开会邀请，他因故不能出席，已在九月二十四日复信刘辉，命我代他参加。十月底我奉命前往。在会上再次见到张庚、郭汉城、马彦祥、马少波等领导及艺术研究院的诸多名家学者。也再次见到王先生。

十一月一日开会，七日结束。第一天的会议，有刘辉所作《戏曲卷》编撰工作大事记的报告，有颜长珂先生通读了全书后，概述《戏曲卷》的特点，并从更高标准看其中存在的不足的报告。然后大家发言。王先生在会上热情洋溢地肯定了《戏曲卷》的成功。对我国第一部戏曲百科的出版，王先生表达了内心的喜悦。这反映了所有作者的心声，我们都深受鼓舞。

十一月四日的会议安排王先生首先发言。王先生具体谈了书中某些条目的得与失，如条目长短处理，及某些词条文字概括的一些问题，都切中肯綮。

令人印象特别深刻的，是王先生在肯定《大百科戏曲卷》时，即席赋诗一首，云："入梦涛声美，开窗空气甜。新编划时代，高馆聚英贤。海色连天碧，岚光映日鲜。山川英烈在，珍重祖生鞭。"王老的诗写的是当前景，当前事，有描写会议居住的环境令人心旷神怡，有为《戏曲卷》的完成而欢欣鼓舞，还有因为前一日参观了刘公岛，触发了对甲午战事的回忆，而抒发历史感慨和对英烈的怀念。王老的爱国情怀感动了大家，朗读好诗后，大家热烈鼓掌。我也即时把这首诗记录在小本上保存下来。后来看到它，时时刻刻可以感受到王先生当年风采和即席赋诗的精神面貌。

王先生离开我们已经多年了，仅我在上世纪八十年代几次短暂的接触、聆听教诲中，即深深地感到，王先生学识深厚，新旧贯通。气度豁达，热心儒雅。关爱后辈，和蔼可亲。王先生是我心目中德高望重的长者。

二〇二二年十二月十六日

一条读书札记牵引出来的机缘

孙崇涛

我的母校瑞安中学,创办于一八九六年,已有百多年的悠久历史。校庆之日,学校晒"老账本"启导师生,陈列、展出历届校友优秀事迹及成果,激励师生继往开来。

在我高中快毕业的一九五七年上半年,母校举办校庆。那时学校还没有"校史室",校史资料借用"教工之家"厅堂展出。图书展品平摊在桌面上,参观者可以随手拿来翻阅。爱好文科的我,特别留意校友中文史学者提供的资料。展品中一本崭新的《文学研究》期刊吸引了我,拿来翻看,是三月份刚出版的创刊号,扉页上署着赠送者的名字:王季思。刊物里头刊有三十多名编委名单,差不多囊括了当时中国文学理论界各门类顶尖名家,王季思的名字就列其中(我后来的大学业师夏承焘教授也列其中)。

这本六十年前的期刊,使我最早认识了"老校友"王季思先生。

从此，王季思（一九〇六——一九九六）这名字深深地刻印在我的脑海里，我时时关注起有关他的信息和他的著作。我从校史资料中了解到，王季思名起，温州人，民国十一年（1922）母校旧制初中毕业，较我母校初中毕业（1954），足足早了三十二年，算是校友中的老前辈、同乡中的大伯辈。时任广州中山大学中文系教授，主攻中国戏曲史，《西厢记》研究是其最重要的学术成就。

我就读杭大中文系时，中国古代小说、戏曲研究一直是我关注的学术重点。王先生的论著，特别是他有关《西厢记》的论著，见之必读。他的《西厢记》校注本是我的案头读本，《西厢记叙说》《从〈莺莺传〉到〈西厢记〉》等论文被我视作为中国古典戏曲研究论著的范本。我曾把王先生这本书看作为中国古典戏曲论著的范本。

业师夏承焘教授是王先生的同乡好友与同事，年轻时二人都曾任教于温州瓯海中学和杭州之江大学。我担任夏老师课程代表时，经常去夏老师家联系教学事务。夏老师跟我闲聊间，常会提到王季思先生，笑称他为"王老虎"。还说，"王老虎"力气大得很哩，班级、学校跟外头发生纠纷，就请他出山。

我原以为"王老虎"这个外号出处，是指王先生人高马大，爱好体育，身上有些拳脚功夫，对侵犯者具有威慑力量。也有一种讲法是说，王先生人高马大，读书期间，一回趴在课桌上午睡，外头阳光照射，投影到墙上，像只大老虎，于是就有了

"王老虎"这个雅号。这些都是"野版本",都有依据,不妨并存。而我从夏老师凡说到"王老虎"时都会表露出诡秘的笑容中,读出了"王老虎"的雅号好像还有第三种版本的含义。

经过了解知道,原来王先生夫人徐碧霞婚前曾有旧式婚约,后来王先生与她发生恋情,冲破家庭牢笼,二人"私奔"结合。上世纪四五十年代,越剧《王老虎抢亲》风靡一时,王先生姓王,大家打趣说,王先生夫人是从别人手中"抢"得的,就给了他"王老虎"这个雅号。

又据说,当日二人"私奔",为躲避路上遇见熟人,有意一先一后分头走路。不巧,王先生途中遇上一个熟人,拉他搭讪。这时乘坐的轮船正要开启,王先生匆匆告别熟人,快步追上船只,纵身一跃,跳上了已经离岸好远的船板。后来王先生研究《西厢记》闻名中外,同仁又戏言道:"爱情力量无穷,《西厢记》里'张生跳墙',研究者'王生跳船',古今同理。"

文学研究者具有类似作品所写生活的体验是件好事,研究者选择研究对象的兴趣,也往往会跟他的生活经历与体验挂上钩。王先生对这一点毫不避讳。一九七八年冬,王先生应邀到家乡温州讲学,主办者请他讲《西厢记》。那天我也去听取。王先生上台开讲的头一句话就是:"我年轻时对才子佳人很感兴趣,所以后来去研究《西厢记》。"台下传来一阵窃窃的笑声。

王先生最为人称道的人品,是他长期无私地奖掖、提携后学的精神。中山大学之所以成为我国古代戏曲研究中心,最重要的因素，就是中文系有王先生领衔和当家。从上世纪五十年代至今，"中大"中文系拥有四至五代研究中国古代戏曲的阶梯式的骨干人才，他们都是王门徒子徒孙。大家在王先生带领下，精诚团结，攻坚不辍，学术成果迭出。如今分散全国各地的古典戏曲学人中，也有不少是王门弟子。在中国古代戏曲研究领域，王先生是名符其实的桃李满天下。

不仅对学生、门徒和相识者，就连素昧平生者，只要你求教王先生，他都会不厌其烦地给你指导、帮助。如果他认为你是个可造就之才，在机遇降临之时，他就会设法将机遇"惠顾"到你身上，使你顺利走向戏曲研究门径。本人跟王先生原本素昧平生，后来之所以从一名普通中学教员走向戏曲专业研究之路，就是因得到王先生"惠顾"机遇的结果。

这事说来话长，也够"传奇"。

"十年动乱"结束，教育界渐渐恢复了正常秩序。我教书的"平化中学"及后来改制的"平氮中学"（"平阳县氮肥厂'五七'中学"），先后撤离工宣队，重新恢复"平阳一中"建制。中断多年的"高考"，也于一九七七年恢复，大学秩序逐渐回归旧规。"文革"间被当成反动学术权威，屡屡挨斗、遭打，以致被打断肋骨，险些丧命的王季思先生浴火重生，"文革"甫一结束，他即披挂上阵，重新走上教坛，并热情投身学术活动。

学术界开始复苏。当时思想理论界，出现频率最多的一个词，就是"反思"。大家在"反思"中发表种种"拨乱反正"的学术见解，反省、澄清"十年动乱"造成的种种极"左"思潮。

我通过报刊索引了解到，一向紧跟时代步伐的王季思先生，也在发表学术论文"反思"了。如发表于一九七七年第四期《中山大学学报（哲学社会科学版）》的《如何评价李白——兼谈评价古典作家的一些问题》，从题目判断，就属于这类"反思"文章。

我的大学同班好友郭在贻，毕业留校任教。一九七七年我因事去杭州，见他时，闲聊中他告诉我这样一件事：王季思最近给杭大某人士写信，严肃批评了杭大学报刊登的一些文章仍在传布"文革"极"左"思想。这也是王先生的"反思"行为，它很符合王先生的个性和行事风格。"学问乃天下公器"，这是王先生的一向主张。他习惯对学术界、教育界需要努力和改进的地方，或者看不惯的现象，通过口头、书信和发表文章等方式，直率提出自己的批评和建议。

我对王先生的学问和为人仰慕已久，很早就想给这位前辈校友和曲学大家写信讨教问题，只是考虑到自己是个小地方普通的语文教师，才疏学浅，在学界籍籍无名，去跟大家"切磋"，未免不自量力，因此迟迟不敢动笔。

我在研读魏晋小说和唐宋传奇小说，撰写《中国小说史札记》过程中，曾有这样一个思考，也可说是"发现"，这就是写进《札记》的第十则：《〈世说〉"韩寿"条恐为"西厢"故事所本》。其大意如下："西厢"故事题材演化的起点，并不是学术界公认的唐代元稹传奇小说《莺莺传》，而在早此数百年前的南朝宋时笔记小说《世说新语》"惑溺"门所记"韩寿偷香"故事里，就已包含雏形。《世说》"韩寿偷香"所写男女偷情、私自结合的故事情节，如邂逅、吟咏、传柬、逾墙、私媾、拷婢等，跟元王实甫杂剧《西厢记》及其蓝本金诸宫调《董解元西厢记》，有着惊人的相似。说明后二者以及此前的《莺莺传》，都有曾接受与撷取"韩寿偷香"故事成分的可能。从魏晋六朝小说汲取营养，是唐宋传奇小说和后世戏曲创作被人忽视的一种普遍现象，因此研究《西厢》"崔张故事"演化，应该顾及这一点。

王先生有关《西厢记》演化的诸多论著，皆主《西厢记》素材源自《莺莺传》之说，并在学术界产生很深影响，几乎成为无人质疑的定论，被写进各种文学史和戏曲史。我感到有必要把我的想法整理成文，寄给王先生请教。

通过长期了解，使我知道，王先生是个襟怀开阔的人，乐于奖掖后学，并为人所称道，这打消了我的顾虑。一九七八年夏天，我从自己的小说、戏曲札记中，整理、抄录了四篇有关古代戏曲研究的文章，一起寄往中山大学中文系，请转交王季思先生。我在附信里说明，这些都是自己年轻读书的不成熟想法，希望得到先生批评与指正。

所寄的四文中，表达我寄文主要意图的，就是阐述以上见解的《"韩寿偷香"与"崔张故事"》一文（后来发表时，改题为《"西厢"题材别论》，并收见拙著《戏曲十论》及《海内外中国戏剧史家自选集·孙崇涛卷》）。其他三篇是凑数的，分别是:《〈窦娥冤〉杂剧简论》《徐渭的戏剧主张——评〈南词叙录〉》《关于"四大传奇"的作者问题》。

我知道，研究《西厢记》演化是王先生学术研究中最得意之笔，也是他一生用力最勤的命题。我的见解，就某种意义来说，等于挖了王先生学术成果的"祖坟"。如果他赞同我的见解，就等于否定了自己长年努力的结果，一切得从头来过。这对任何人来说，都很困难。

不久，我收到了王先生写于七月五日的回信。信中首先肯定我年轻时能长期坚持阅读古典戏曲并写出这些文章很不容易，希望我今后在这方面继续努力。然后对我所寄四文，表述了如下评价:"谈《窦娥冤》一篇一般了些。《"韩寿偷香"与"崔张故事"》意义不大。谈《南词叙录》一篇较好，问题在未能联系他的戏剧创作来谈。谈南戏作者一篇也写得好，比较全面地考查了有关资料，提出自己的看法。问题在逗留于为考证而考证，未能提到人民创造历史的原则高度来看。"看得出来，王先生对我所寄的四文看得比较认真。信中还说了一些有关文人创作与民间创作关系的话，并举出相关的例子。

王先生信的末尾表态和建议，是他奖掖后学的惯用做派:"我希望你把这两篇论文认真改一改再寄给我，如改得较满意，将为介绍有关刊物发表。"

尽管我有关《西厢》题材演化见解未能得到王先生首肯——这是预料之中的事，王先生还在我的该文稿纸末端，写了"受韩寿偷香故事影响的是《金钱记》"的批语，令我颇感纳闷。但是王先生的来信，还是叫我极度兴奋。得到我国曲学大家直接且认真的指教，紧闭而幽深的曲学大门，似向我敞开了一道光缝，对身处乡间的我看来，是多么明丽，多么炫目！

那时"平中"师生来信，被传达室陈列在玻璃窗口，供大家认领。王先生寄信的中山大学信封，让没见过世面的学生见到很感惊奇，认为自己老师跟堂堂中山大学中文系打上交道，是件非常了不起的事，就把它当做天大喜事，跑来通知我去取信。

对我来说，这还真是一桩喜事。特别是王先生信末嘱咐我改稿并打算推荐发表的话，完全是出乎我的意料。此前，我发表过一些"豆腐干"大小的通讯和比"豆腐干"大不了多少的文艺短评、创作、供演过一些"写中心"的文艺节目，也东涂西抹地写了不少只供自己看的读书札记，压根儿没有正经八百地撰写和发表像样的"学术论文"。王先生来信的嘱咐，鼓起了我的勇气，把我推向非继续干下去不可的境地。我真的要好好用功一番，使"喜讯"变成"喜事"，头脑中还时不时浮现自己的"大作"见诸学术报刊，全校师生为之惊呼，自己洋洋得意的幻影。

选自《戏缘——孙崇清自述》，山西教育出版社 2015 年 7 月。

王季思随来随送的签名本

孙崇涛

已故中山大学王季思教授(一九〇六—一九九六)有个广为人知的外号：王老虎。这外号的来源有大同小异的传闻版本，但都不离两个基本"元素"：一是王先生人高马大的体型联想；二是与风靡一时的越剧《王老虎抢亲》剧名的链接。这些都跟本文主题无关，对错无需辨析。我想说的是，这个"王老虎"外号并不体现王先生的生命本质特征，若要给先生起个更为贴切的外号，我以为莫如把他比称为"大母鸡"。

王先生在中大从教数十年，大力奖掖后辈，倾心培育人才，致使学坛代有才人出，王门子弟遍神州。这是王先生曲学成就亮丽之外的另一道人生辉煌。他在中大至少亲手孵育出三代曲学新母鸡。新母鸡变壮母鸡、老母鸡，再孵育出第四代、第五代、第六代……代代不绝的小母鸡、小鸡仔，如此周而复始，"旧传萧瑟诗千首，新种葱茏竹万竿"（王季思《自题玉轮轩绝句》），使中大长期延续着中国古代戏曲研究中心之一的地位不倒。

除了在中大圈养的"家鸡"外,先生还在全国各地物色、培育了诸多的非"中山牌"的散养"野鸡"。本人也算其中一只,详情已记于拙作《戏缘——孙崇涛自述》一书,不赘。

王先生这种"大母鸡"的特殊身份和地位,决定着他长期地处在群鸡环身、百鸡齐鸣、叽叽喳喳、热闹非凡的人生常态之中。于是他给别人赠送签名本著作,也应运而生出一种与众不同的方式:随来随送。

先生也给我"随来随送"过几种签名本著作,不及一一翻检查找,手到擒来便是两种。一是手写的,一是印盖的,二者说来都有来头。

先说手写的。经过多年的酝酿和筹备,"南戏学会"于一九八七年五月在温州华侨饭店举办的全国南戏学术讨论会期间正式成立,推选徐朔方先生担任会长,王先生担任名誉会长,胡雪冈、洛地、我等十来人为"干事"——这是迄今唯一公认、合乎程序产生的南戏全国性学术组织,后来有人在温州另组并自任会长的同名学会,与它无关。五月五日,讨论会结束,学会组织成员合影留念。

散会晚上有空,我和许多与会代表都去王先生房间看望先生和夫人姜海燕老师。房内人来人往,络绎不绝。我进得房内,想到先生年事已高,回家乡的机会不多了,为了给他增添一点"乡愁"情调,我便用温州话跟他搭讪。不料姜老师连忙过来制止道:"哎呀,请你灰(勿)讲温州话好吧!"我马上领悟,在群"鸡"汇聚的场合，讲比外国语还要难懂的温州话，即意味以个人私密对公众坦诚的抗拒，这也是"大母鸡"王先生所不愿意看到的。我赶紧改口说普通话。

王先生端坐桌旁等客上门赠书，桌上摞起一叠带来的新书《求索小集》（广东人民出版社一九八六年二月版）。见我到来，他便颤抖着手一笔一画地给我签赠图书："崇涛同志存念，季思，1987.5.5。"先生双手颤抖的老毛病这时已很严重，据说许多书信还得靠小女儿小雷代笔，但从先生给我题签字迹的清晰与优美来看，他是花了很大努力完成的。《求索小集》是本不足十二万字的小书，但书的内容丰富和表达文采，书前"内容介绍"有很好的概括：

本书是作者自解放以来所写杂文的结集。文章涉及的范围较广，包括文学教育、治学方法、古诗词和现代文学作品评论、语文学习，以及怀念友人等方面的短文，共三十余篇。其中除少数篇章外，绝大部分直接或间接与我国古典文学相联系。文章品类多样，风格各异，时有宏观概论，纵情而谈；时作微观解剖，探幽索隐。文笔因题旨而异，或慷慨激昂，或抒情婉转，或议论风生，或循循善诱，立意新颖，说理精辟；文笔流畅，引人入胜。是一部不可多得的文学小品文集。

这则图书简介也是先生晚年生活与精神状态的概括。它亦如先生在书的《后记》中所说：它多少记下了我解放后在人生道路上，也在专业范围内的探索和追求。

先生的人生观始终保持着积极的"向前看"态度。他说：我是教师，我在人生道路上探索前进的途径和目标。我面对的是青年，他们是祖国的未来，我必须引导他们向前看，看到祖国灿烂的前景，也看到个人光明的前途（《后记》）。而他所肩负的教育任务——中国古代文学与古代戏曲教学，却偏偏是引导学生"向后看"的。解决这一矛盾与纠结的途径，就是用先进的思想与理论去识别古代文学中的积极因素，"借以达到古为今用的目的"。这种积极的人生观，使得先生晚年永葆着乐观、豁达的心态，甚至坦言："相信在我生命终止的最后一天，我将含笑赴长眠"（《我的老年心境》）。一个时时刻刻准备用笑容去拥抱死亡的乐观者，他必然长命无疑。

另外说印盖的。时空跳到六年后的一九九三年广州，先生已步入米寿之年（虚龄八十八岁）。广州市政协与中山大学联合主办的"王季思先生从教七十周年庆祝大会"于四月十二日在中山大学永芳堂隆重举办。我平生第一回去广州，就是奔着这个大会而去，而且不是申请公差名义而去，是采取个人自费、独行的方式。我不想代表任何人，我要完完全全地代表我个人。只有这样，才足以表达我对先生的敬仰和感恩之情——包括先生离世之后，中大两次举办的跟先生相关联的纪念暨研讨活动，我也都如此。

宽大的永芳堂聚集起满满当当的参会代表和各地来宾。大会开始，我把目光锁定先生进入会场的模样和方式。只见他坐在轮椅上被人推入会场，我发觉别后六年的他变化不小。即使在这大喜之日，也难掩他衰老、委顿、疲弱之态。他对全场齐声响起的欢迎掌声，采用力所能及的回应是：频频抱拳致谢。光阴催人变老变衰的自然规律无法违抗，三年前感情至笃的伴侣、又是生活和工作得力帮手的姜老师遽然离世的严重打击，更加速了先生的变老变衰乃至变"小"。午宴时，我见坐在餐桌上的先生胸前被人系起围布。这种围布，在先生家乡温州有个特别名称，叫"拉下兜"，"拉"音 la，即"落"，义为涎水、口水。"拉下兜"，把口中流下的涎水"兜"住。它是婴儿必备的附加服件。看到先生"退化"至此，我有点想笑，但，没法能笑。

整个活动的主题和气氛是热烈的，激越的，和先生的人生主旋律同频共振。两天活动中，有许多感人很深的场面。

大会献匾仪式上，匾题"经师易求，人师难得"八个大字，醒目提神，浓缩了学生对先生的评价与感戴，也丈量了先生的人生高度与深度，引人深思，引人起敬。

追忆会上，中共地下党学生赖春泉，讲述广州黎明前夜自己面临将被枪决的生死关头，先生挺身而出，用人头做押，保他出狱，把他从死神那里拉了回来的经历时，感动得老泪纵横，泣不成声。

研讨会上，先生中大大弟子黄天骥教授，回顾恩师敬业重教、爱生如子、全心全意献身教育的业绩时，再次深情地诵读起先生给他论文集的题诗：

人生有限而无限，
历史无情还有情；
薪尽火传光不灭，
长留双眼看春星。

先生也用他惯用的"随来随送"方式，给每位到会来客赠送新著《玉轮轩戏曲新论》（花城出版社一九九三年三月版）。

这是先生继《玉轮轩曲论》三编之后另一本戏曲论集，篇幅不大，却是他自感"有其特殊的意义"的得意之作。理由是：本书"融入了与我合作的中青年教师以及我所辅导的博士生见解，显示了师生之间平等讨论问题的学术商量之乐"（《前记》）。一向主张学问乃"天下之公器"的先生，自然把跟后辈一起锻造"公器"而感到无比欢欣。遗憾的是，在这本赠书上，已不见了先生那熟悉的亲笔签名、题字了，用"王起季思"四字印章代替。见此我想起先生有嘴难言、有腿难行、有手难提的身体现状，心中溢生无限的酸楚。

大会最后一天的活动是去中山县参观孙中山先生故居。我从先生亲属手中"抢"得了给先生推轮椅的"差使",以弥补两天来集体活动中没法走近先生的缺憾。已经没有办法再跟先生做尽情的口头交流了,我默默地推着、推着,一路在回想自己跟他长达三十六年(一九五七——一九九三)从通信"神交"到多次"面交"的过往经历和种种难忘的场景,只是感到推的不像是坐在轮椅上的先生,仿佛是在推着一部书,一部又厚又重的人生大书……

二〇一九年五月十五日,北京

原载《温州读书报》2019 年第 6 期。

同门情深
——记我所经历的王季思先生与钱南扬先生的交往

俞为民

我最早知道王季思先生，还是在上大学时，读到他参编的人民文学出版社一九六三年出版的《中国文学史》，书上作者的署名是王起，当时我还不知道王起就是王季思先生，直到考上研究生、师从钱南扬先生后，才知道王起就是王季思先生，而且还与钱先生是同门，也是吴梅先生的弟子。

据钱先生说，他与王先生有着很深的交谊，在抗战期间，为避战乱，钱南扬先生在浙江丽水碧湖的浙江省立联合高级中学任教，王季思在附近的浙江大学龙泉分校任教，两人经常往来。当时王季思先生正在对《西厢记》作校注和研究，王先生常就《西厢记》的一些问题与钱先生作讨论。王先生的《西厢五剧注》完稿后，还请钱先生作序，钱先生在《序》中对王先生的治学十分推重，称赞道："永嘉王子季思，与余同游吴先生之门，既得填词之法于吴先生，复私淑王氏（国维），究心曲学，用力颇勤。"

当钱南扬先生调来南京大学工作后，王先生每次来南京，都要去看望钱先生。我们研究生毕业论文答辩时，钱先生还聘请了王先生为论文答辩委员，但当时因路远不便，是将论文寄送给王先生评审的，他人没有来南京，故没有机会见到王先生。

我第一次见到王先生的时间是在一九八一年，那时我已研究生毕业留校，给钱先生当助手。那年王先生来南京参加《中国大百科全书·戏曲曲艺卷》的编委会会议，钱先生得知王先生要来看望他，就通知我来见一下王先生。因此，那天我早早来到钱先生家里等着王先生前来。见到王先生后，钱先生将我向王先生作了介绍，王先生听说我现留在南大中文系做钱先生的助手，便鼓励我利用这么好的机会和条件，一边帮助钱先生做一些事，一边可以继续跟着钱先生学习。

在这次见面后，又在学术会议上几次见到过王季思先生，如一九八六年在山西师范大学举办的中国古代戏曲学会第二次年会期间，还与王先生在与《西厢记》有关的普救寺前合影；在一九八七年成立南戏学会时，也与王先生见过面并在温州雁荡山合影。虽然与王季思先生接触不多，但他与钱南扬先生的交往，给我留下了很深的影响，至今还记忆犹新。

我国在"文革"结束后，恢复了学位制和博士生招生，第一批博士生导师须由国务院学位委员会审批。当时王季思先生也是首届国务院学位委员会的成员，参与了首批博士生导师的审批。由于南京大学中文系在向国务院学位委员会申报博士生导师名单时，没有将钱南扬先生列入上报名单中，故钱南扬先生失去了获批博导的机会。

当时南京大学的国务院学位委员会的成员也参加了这次会议，后据参加会议的这位老师回来向学校汇报说，当时在讨论南京大学的博士生导师人选时，因没有看到钱南扬先生的名字，王季思先生对此很是不解，在会上直言，戏曲研究是南京大学的传统学科，钱南扬先生又是戏曲学术界的著名教授，不知南京大学为什么不上报钱南扬先生。因此，他向主管部门提议，如本单位不提名的，能否也可提交会议审议。后得到主管部门的同意。因在评审时需要有介绍钱南扬先生的材料，而会上没有介绍钱南扬先生的材料，也来不及向南京大学索取，南京大学本单位的委员又不熟悉钱先生专业方面的情况，故王先生自己在会上介绍了钱先生在戏曲研究上的成就，但最终因材料准备不足，加上大多数委员对钱南扬先生不熟悉，故投票结果没有过半数，未获通过。由此可见王季思先生对钱南扬先生的推重，以及两人之间的情谊了。

第二年，全国各高校首次开始招收博士生，钱先生就让我去报考王先生，还特地写信给王先生，向他作了推荐。我便向中山大学研究生处报名，中山大学也给我寄来了考生报名登记表。但王先生接到钱先生的信后，即回信要钱先生转告我，不要报考中大，等下次审批增列博导时，南京大学肯定会上报钱先生的，到时可报考钱先生的博士生，还是跟钱先生好好学习。

这样我也只好放弃了报考王先生博士生的计划。为了纪念此事，我至今还保存着那份报考中大博士生的报名登记表。

而王季思先生虽不让我报考他的博士生，但还是关心我学业上的发展和进步，那时因国内学术刊物很少，发表文章是十分困难的，对青年学者来说更是如此。一九八三年，当时王先生以《中山大学学报》副刊的形式创办了《古代戏曲论丛》的学术刊物，他为了提携我，来信让我寄篇文稿给他，安排在《论丛》上发表。接到王先生的来信后，我甚为感动，立即精心撰写了《重评〈长生殿〉的主题》一文，后来在《古代戏曲论丛》第二辑上刊出。在王季思先生对我的提携中，我也深深地感受到，这也蕴含着他对钱南扬先生的一份情谊，因为他所提携的是钱南扬先生的学生。

我所经历的王季思先生与钱南扬先生之间交往的另一件事，是在一九八四年，上海文艺出版社要重版钱南扬先生的《谜史》一书，在重版时，需要对《谜史》作一些修订，其中要收录几篇钱先生发表在一九三〇年中山大学《民俗》杂志上的文章，我在北京和上海图书馆都没有找到这一杂志，后想到《民俗》杂志是上个世纪三十年代顾颉刚先生在中山大学任教时创办的刊物，就去信麻烦王季思先生，请他帮助在中大图书馆查找。没过多久，王先生就将文章复印后寄来了。而且，王先生还欣然为《谜史》一书的重版写了序,述及了与钱先生的交往，推重钱先生的学识。

但对学术上的事，王季思先生又不讲情面了。

我和另一位师兄是钱南扬先生的第一届硕士生，我们的硕士毕业论文答辩时聘请了王季思先生作为答辩委员，王季思先生并没有顾及钱先生的面子，而放宽了对我们论文的评审要求，他对我们两人的论文都提出了意见。

我的论文题目是《王骥德〈曲律〉研究》，王先生指出我最后的《王骥德年谱》太简略，资料不够翔实。而他对钱先生的另一位学生的论文的意见更为严厉，竟然不予通过答辩。当时参加答辩的另外两位委员是吴新雷先生和胡忌先生，他们因看到王先生的意见，也都只好投了不予通过答辩的票。后来那位师兄到了第二年，论文修改后再来提交答辩。

今天当我们怀念王季思先生，忆及他与钱南扬先生的交谊时，前辈学者之间的真诚情谊，值得我们崇敬和学习。

我与王季思先生

吴 敢

一九八二年七月,我从徐州师范学院中文系(今江苏师范大学文学院)硕士毕业。八月,国家决定招收首届博士研究生,吴奔星师要我着手准备报考。

我收到中山大学、四川大学、苏州大学、扬州师范学院、东北师范大学的研招办五份招生简章,专业比较接近的是中山大学和扬州师范学院。中山大学的导师为王起(王季思)先生,招收专业为中国各体文学,研究方向为中国戏曲史;扬州师范学院的导师为任中敏(任二北)先生,招收专业为中国古代文学,研究方向为隋唐燕乐。这是国家首批博士学位授予权单位,王季思先生、任中敏先生为中山大学、扬州师范学院文科争得了荣誉。遗憾的是,这两个学校都要求外语考英语或日语,我外语学的是俄语,因此没能报考。我虽然没有忝列其门下,但对后来号称吴梅学派的中国古代戏曲研究派系脉络却有了一番了解。

接着我到徐州市文化局工作，就没能再做努力，去争取攻读博士学位（当时没有在职学位制度）。

一九八五年四月十二日至十七日，"中国古代戏曲学术讨论会"在郑州市召开。四月十二日下午，会议开幕，邓绍基主持，胡世厚（河南省社科院副主席）介绍筹备情况，王季思、张庚等先后讲话，吴小如、李修生作大会发言。在开幕式上还宣读了孙楷第、钱南扬、任中敏的贺信。赵景深原定与会，不料此前于一九八五年一月七日逝世，开幕式给予默悼。四月十六日上午，中国古代戏曲学会成立大会召开，王季思、赵景深当选为会长，因赵景深先生已经辞世，王季思先生便是唯一的会长。学会顾问是王昆仑、任中敏、钱南扬、孙楷第、吴晓铃、张庚、郭汉城。副会长是徐朔方、邓绍基、章培恒、胡世厚。可以看出，吴梅学派与前海学派占有重要位置，起到关键作用。

中国古代戏曲学会与稍后成立的以张庚先生为会长的中国戏曲学会，是中国戏剧界最主要的两个群众团体，它们在古代戏曲研究领域和当代文化界具有举足轻重的分量。其开创意义，已由延续至今的学会年会、名目繁多的戏剧活动以及数以万计的研究成果、数以千计的各类汇演所证实。

我与中国大百科全书出版社刘辉兄住紫荆山宾馆一个标准间，刘辉当选为理事，又是《中国大百科全书·戏曲曲艺卷》的责编，而王季思先生是该书副主编，他们过从甚密，也算是有师生之谊。会间，刘辉兄带我拜访了王季思先生。王先生很平易近人，对后生寄予希望，勉励我们助力戏曲研究。这是我第一次也是唯一一次面对面见到王季思先生，述说了没有投其门下的遗憾，王先生说刚才刘辉不是介绍了你在小说戏曲方面的起步吗，只要刻苦实干，在哪里都能做出成绩。

中国戏曲学会一九八五年十月经文化部批准，一九八七年四月二十八日在北京成立，会长：张庚；副会长：郭汉城、刘厚生、赵寻、冯其庸、袁雪芬、徐朔方、薛若琳、俞琳、马少波、徐晓钟、陈恭敏。王季思、任中敏、王朝闻、阿甲、张君秋、英若诚、俞振飞、曹禺等为顾问。一个任会长，另一个就任顾问，王季思和张庚可为现当代戏曲界的代表。

一九八八年六月十四日至十七日，中国戏曲学会第一届常务理事扩大会在徐州召开。会议由徐州市文化局承办，我时任徐州市文化局局长，很希望能为戏曲界名流和前辈服务，张庚、郭汉城先生等出席，遗憾的是王季思先生没有与会。

一九九九年九月十三日至十六日，"世纪之交中国古代戏曲与古代文化国际学术讨论会"在广州市中山大学与东莞市常平镇召开，时王季思先生已经仙游三年。王季思主编、中山大学戏曲学科全员辑校的《全元戏曲》于一九九九年二月由人民文学出版社出版，该会实为其首发式。我发言的题目是《全元戏曲·赵氏孤儿记辑校商榷》，《赵氏孤儿剧目研究》是我的硕士论文，自认有实力，但有点不合时宜，遭到黄仕忠等师友再商榷。

徐朔方先生在《论王实甫〈西厢记〉杂剧的创作年代》（载

《说戏曲》，上海古籍出版社二〇〇〇年十二月一版）"后记"中说："王季思老师逝世已久，我虽还视息人间，但也垂垂老矣。王老师生前对我奖掖有加，而这篇文章不得不一再批评他的《西厢记》作者的时代说。这也许可以说是学习他对业师陈中凡先生的批评。现在虽然已经不可能向他请教了，我想他的在天之灵，如同他生前一样包容广大，一定不会认为我是忤逆……研究古代戏曲，要跳出王国维的框框，同样需要跳出《录鬼簿》的框框。"徐先生以学问为生，以读书为乐，不囿于前贤，不困于师长，深得王季思先生真传，我的发言也是效法徐先生，追仿王先生云耳。

二〇〇六年三月二十四日至二十七日，"纪念王季思、董每戡百年诞辰暨中国传统戏曲国际学术研讨会"在广州召开。二十五日上午，开幕、合影后举行分会场会议，第一分会场为戏曲学术史与戏曲文献专题，郑元祉、黄仕忠主持；第二分会场为非物质文化遗产与地方戏专题，曾永义、康保成主持；第三分会场为王季思、董每戡教授追思会，苏寰中、吴国钦主持。我发言的题目是《说尾声》，系康保成兄用意安排，盖我发言为会议最后一个也。

二〇二二年十二月十日于彭城敏宝轩

王季思先生访问华东师范大学

赵山林

一九八五年九月至一九八六年六月，华东师范大学中文系接受教育部委托，举办古典文学助教进修班，从全国各地高校招收五十多名学员进班学习。本校古典文学专家徐中玉、施蛰存、苏渊雷、万云骏、马兴荣、叶百丰、郭豫适、齐森华、高建中等先生授课，还从外校、外单位聘请章培恒、王运熙、顾易生、蒋凡、陈伯海、蒋星煜、徐扶明、彭飞、赵昌平、吴熊和、谈凤梁、吴新雷、王永健等先生授课。我们深感荣幸的是，王季思先生也曾来班授课。

那是一九八五年十一月底，王季思先生应扬州师范学院任半塘先生之邀，参加任先生指导的博士生王小盾毕业论文答辩会。途经上海时，为了探访青少年时期的几位老朋友，王先生在华东师大逗留了三天。中文系领导知道了，抓住大好机会，邀请王先生给助教班讲一次。

当时，古典文学助教进修班事务由系主任齐森华老师负责，我的师兄高建中老师担任班主任，方正耀老师（现在美国）和我担任副班主任。方正耀负责内务，我负责外务，即根据齐森华、高建中两位老师的统筹，到校外去请专家前来上课。

王先生和师母是乘飞机来上海的，飞机抵达虹桥机场已经是万家灯火。我到机场去恭迎先生和师母，把他们安顿到学校招待所住下。先生和师母没有吃晚饭，我到学校后门夜市买了两碗小馄饨，先生和师母连汤带水吃得津津有味，还连说真好吃，我也就放心了。

第二天上午，我把先生和师母送进助教班教室，全体学员热烈鼓掌欢迎。我因为自己要去上课，就提前告退了，未能在现场听到先生这次演讲，殊为可惜，但是先生给了我一份手写的讲稿复印件，让我得以学习。

王先生这次演讲的题目是《从大观园吹来的信风》（今收录于《王季思全集》第五卷《杂文集》，河北教育出版社二〇〇五年版，以下引述，均据此），演讲说到不久前，偶然在东方宾馆的友谊厅里见到作家梁信，从他的《赤壁大战》电影剧本谈到《红楼梦》连续电视剧，又连带评论起大观园里的人物来。在北京，听说某大学学生试图在大观园中选择假想的对象，选中薛宝钗的要比选中林黛玉的多得多，贾探春得票也不少，还有选中平儿的。这使王先生有点惊奇。梁信说："林黛玉一天到晚闹病，脾气又大，今天的年轻人受不了。"接着谈到当前城市经济改革的形势，又扯到大观园里去。王先生说深圳如果要在大观园里征聘女强人，王熙凤有条件。梁信说东方宾馆如果要请经理，探春可以当。

根据助教班当时听讲的朋友回忆：王先生提到《红楼梦》，与讲课内容中"如何区分古典文学作品中人物评价的古今标准"问题有关。先生说：北京某大学学生投票在《红楼梦》少女中选女朋友，薛宝钗得票最多，其次是贾探春。探春被称为"女强人"，在今天就是女企业家，但"女强人"在古代小说中本是"女强盗头"的意思。几乎没有人选林黛玉，大概因为林黛玉脾气大，小年轻受不了……这番话引起满堂大笑，课堂里洋溢着活跃的气氛。

王先生在演讲中回忆上世纪二十年代自己在大学里亲身经历的一场争论，说当时有的同学欣赏黛玉、晴雯的性格，同情她们的悲剧结局；有的同学称赞宝钗的贤惠，袭人的懂事。旗鼓相当，各不相让。后来王先生跟一位爱读《红楼梦》的教授谈起，那位教授说："黛玉死得可怜，宝钗活着受罪，她们的命运都值得同情。"在这场争论中，王先生虽然也倾向黛玉派，却觉得那位教授说得也有道理。

以《红楼梦》为例，王先生分析说：历史上产生的文学作品，是当时社会现实的反映，其中一些典型人物，以其个性的鲜明和形象的生动，深入人心。人类历史在螺旋形地曲折上升时，往往出现跟过去某一历史时期类似的现象，这时人们就可能从现实生活中联想起古典文学作品中的类似人物。五四运动后的青年知识分子在现实生活中已敏感到封建婚姻的不合理，自然会联想起黛玉、宝钗的悲剧命运。八十年代的广州、深圳地区在经济建设中涌现出一批女强人，这才使人们联想起协理宁国府的王熙凤，兴利除积弊的贾探春。这从一方面说是现实生活在这部古典文学作品中的一点投影，并非空穴来风；从另一方面说是从大观园吹来的带有现实信息的信风。"风乍起，吹皱一池春水，干卿何事"，它跟现实生活究竟是两回事。

回顾几十年来研究古典文学的历程，王先生概括说：研究古典文学，归根到底是古为今用。为了使今天的读者有一部接近原著而又吸收后人研究成果的《红楼梦》本子，版本校勘的工作需要有人做。为了把《红楼梦》作者的生活环境、历史背景弄清楚，历史考证的工作，同样需要有人做。但我们如仅仅着眼于它的不同版本，仅仅着眼于对作者的历史考证，而对书中人物故事在现实生活中所引起的反响漠不关心，不管他们的主观意图如何，客观效果只能是引导读者脱离现实，钻进故纸堆。反之，我们如把从大观园吹来的一阵风跟现实生活等同起来看，硬要在解放后的现实生活里找母权社会的女首领，或从宁国府里找女当家，物色经济改革中的女强人，那就未免捕风捉影，把戏言看成实录。在历次的文化改革运动中，我们上过当，吃过亏，今天也不该重复。

王先生讲的这些，既有几十年的切身体会，又有理论上的深入思考，高屋建瓴，听讲学员都觉得深受启发。

王先生平易近人，关爱后辈，交谈中问起我的专业学习，我汇报说正在搜集历代歌咏戏剧的诗词，达四千首以上。还说起当时在华东师大学习的硕士生谢柏梁正在搜集元明以来的戏曲序跋，将近千篇。王先生对我们的工作热情肯定，说这是很不容易的。他说：研究中国戏曲史，首先要集中戏曲作品的原著、各家论述戏曲的专著、散见各家诗文集中有关戏曲的篇章这三方面的资料。前两方面的资料从《元曲选》《六十种曲》至建国后的《古本戏曲丛刊》，从《曲苑》《新曲苑》至建国后的《中国古典戏曲论著集成》，规模略具。只有第三方面的资料还没有人搜集。因此，王先生当时就鼓励我们尽快把这方面的资料搜集好。

一九八七年，我完成《历代咏剧诗歌选注》，即将在书目文献出版社出版。我把底稿寄给王先生，斗胆恭请先生惠赐大序。先生审阅了这部底稿，在所赐的大序（见一九八八年版卷首，以下引文同）中谈了对咏剧诗歌价值的三点感受：

第一点是，"从部分诗歌里对艺人表演、演出场地及观众反映得到了实感。戏曲是表演艺术，考察中国戏曲的发展，不能满足于剧本的案头欣赏。限于当时的科技水平，演员的声音笑貌既不能传真及远；曲终人散，演出的场景和观众的反映更不易追寻。这选本里从关汉卿《赠朱帘秀》、杜仁杰《庄家不识勾阑》到康有为《观演十二金牌召还岳武穆》、易顺鼎《听小叫天演白帝城》，字里行间引起后人对前代戏曲演出实况的丰富联想。"

第二点是,"在戏曲理论批评方面得到了专著以外的重要印证。如祝允明《观苏卿持节剧》:'勿云戏剧微,激义足我师。'高度肯定了那些激扬正气的戏曲的教育作用;杜于皇《看苦戏》:'心伤情理绝,事急鬼神来。'相当准确地概括了中国悲剧的艺术特征;江盈科《汤理问邀看荆钗记》:'传奇演出是《荆钗》,恰少欢会多离哀;极意描写逼真境,四座太息仍徘徊。或云此戏本伪撰,当日龟龄(指《荆钗记》剧中人物王十朋)无此变;便如说梦向痴人,添出一番闲识见。'说明艺术要求逼真,不必与史书强求一致,已多少体会到艺术真实和历史真实的不同特征。"

第三点是,"对戏曲作家和艺人的交游,戏曲作家和诗文作家的交游,增进了了解。如关汉卿和女优朱帘秀的交游,汤显祖对宜伶罗章二的指点,都是重要的戏曲史资料,被保存在他们的诗歌里。马致远的《汉宫秋》、白仁甫的《梧桐雨》只在同时人元淮的诗集里留下点儿印记。明中叶后梁伯龙的《浣纱记》一出,李攀龙、王世贞都有诗相赠。清初洪、孔二家的传奇一出,诗文作家的题咏就连篇累牍,蔚为大观。凡此种种,证明戏曲创作和舞台演出的日渐繁荣,必将引起诗文作家愈来愈大的关注。"[1]

---

[1] 王季思《序》,赵山林选注《历代咏剧诗歌选注》,书目文献出版社1988年版,第2页。

王先生在谈了以上三点看法之后，还进一步勉励说："这只是个人的感受，全书对研究中国戏曲史、戏曲理论者的效益远不止此。"

王先生高度肯定咏剧诗歌对于中国戏曲史、戏曲理论研究的重要价值，对我的工作给予了极大的鼓励，但是作为《历代咏剧诗歌选注》的选注者，我本人的水平是很不够的，因此本书存在不少疏漏和不足之处。为此，王先生指出了一些可商之处，并从版本校勘和诗歌注释两个方面具体地作了指点。王先生的教导语重心长，句句是金玉良言，我是应当永远铭记的。

王先生一九八五年十一月在华东师大逗留期间，去探访了两位青少年时期的老同学，一位是数学家、曾任华东师大副校长的李锐夫先生，一位是古典文学专家、世界语专家、曾任华东师大古籍整理研究所所长的徐震堮（字声越）先生。一九八七年，王先生在《历代咏剧诗歌选注序》中满怀深情地写道："回忆两年前我到华东师大访问时，我青少年时期的老同学李锐夫先生刚动了手术从医院出来，另一位老同学徐声越先生已在医院里卧床不起。锐夫在大学读书时即已出版天文学方面的专著，为竺可桢教授所赏识。声越大学毕业后不久，即出版了《声越诗词录》，为王伯沆、吴瞿安二教授所称道。他们都是我平生敬畏的朋友。风晨月夕，回忆平昔从游之乐，不可复得，不能无所感伤。"（第三至四页）几十年同窗好友，深情厚谊，溢于言表。

随后，王先生更将眼光移向未来："看到面前赵山林的著作，又想起他当时向我介绍的华东师大的硕士生谢柏梁也已考取中山大学的博士生，他搜集的《历代戏曲题跋集》也即将完稿。这些著作不但为他们本身的继续研究打基础，还将为后人在这个学科领域的探索提供条件。学术研究工作同其他人类文明事业一样，总是代代相承，后浪推前浪，不断前进。瞻望前途，又不禁转悲为喜焉。"

　　王先生高瞻远瞩，他老人家博大的胸襟，殷切的期望，也是我们这些后辈应当永远铭记的。

走近王季思先生

翁敏华

一九八一年十月八日至二十一日，我与师兄史良昭，跟随导师陈古虞先生，到中山大学旁听王季思先生的第一届硕士研究生学位论文答辩。这是我平生第一次到岭南，第一次到中大，第一次见到王季思先生。中国高校一九七七年恢复高考，一九七八年即开始招收研究生。当时我在皖南的白茅岭农场当劳改干部，自觉不喜欢也不适应这份工作，一心想回归文学本土。听到消息我马上回了一次上海母校，弄到七七级文科教材《中国文学史》（四本），带到农场，奋力通读。这套由人民文学出版社一九六〇年代出版的文学史，有五位主编，人称"游国恩、王起"版。我一九七八年投考了华东师大词曲专业，落榜；第二年再考上海师大元明清曲学专业，故研读那套文学史的后两本更认真、细致，也觉得后半部分内容读起来更通顺、更畅快、更有文采。看这一部分的主编署名王起，就记住了。考上研究生后，才知道王起就是王季思先生，是我导师章荑荪先生的师兄，他们共同师从曲学大师吴梅先生，是这位大学曲学学科创始人的嫡传弟子，是中国高校戏剧戏曲学（借用现在的学科分类）的第二代传人。如此说来，我们就是第三代了，"继绝学"之第三代了。

就这样，我走近了王季思先生，且一下子走得很近很近：到中大第一晚，我投宿在季思先生的家里。因为中大招待所那天没有女生床位。我心中欣喜难已。等陈先生与良昭离开，先生把我安排在他的书房，还留了本他的诗集给我解闷。哦！这就是诗情画意的"玉轮轩"了："冰雪照人肝胆澈，开轩正对玉轮寒。"可惜那天阴天，隔着窗玻璃，没看到一轮玉盘。只见小床蚊帐，枕头枕巾，干干净净。我躺下，翻看诗集，迟迟不能入睡，一味地祈求：老一辈学人的智慧才能与情怀，但愿能传染一点给我，让我们这代被耽误的知青老三届出身的学人，能够快速地成长进步，以不辜负时代使命。

翌日一早，朦胧中感到有人到书房床下取东西，后来才知道，是季思先生取他的运动鞋去跑步。他七十五岁高龄了，还每天早起跑步。就像他《岭南春》诗中所写："校园隔道紫荆开，多少健儿晨跑来。"其中就有他这一位白发健儿。

王先生在中国恢复研究生制度的第一年，即招收了四名研究生：罗斯宁、湛伟恩、王星琦、欧阳光。一女三男。女生罗斯宁十二号报告论文，十三号答辩，我笔记本上记录："报告从容不迫，论述条理清晰。这位一心放在读书问学上的师姐让人钦佩。今上午共回答了十二个问题，态度认真，准备充分，既不强硬，也不轻易放弃。"他们研究生答辩，每人都用两天。那时候是真有时间啊！要是今天，四个研究生也许半天就结束。"从前慢，两天只够一人答辩。"——可以给木心诗写续篇。我和史师兄还是研二学生，要第二年才轮到答辩，还从没领教过答辩的场面。这样严谨的、细细道道的答辩，让我们对王季思先生更加心怀敬仰、对学问更加态度认真起来。

走近王先生，我们看到，这样的一位可尊可敬的大师级著名教授，原来如此的和蔼可亲：长长的脸上挂着微笑，轻声轻气地跟我们说话，或问我们话。他问我是哪里人，我明白问的是籍贯，就答"浙江宁波"，先生笑了，说浙江民间有一句老话，说"温州人会读书，宁波人会做生意。"我当时心里还有点不以为然，心想温州人才会做生意呢，全国各地乃至世界各地，哪里都有做生意的温州人啊！后来书读多了，看到历史上温州出了许许多多有名的读书士子，古代的谢灵运、王十朋、高明等，现代的夏鼐、夏承焘、郑西村、郑张尚芳，还有我的师兄叶长海、同事潘悟云，都是一生用心、成绩斐然的读书人。王季思更是其中的佼佼者。

除了学术上的崇拜敬仰，我们还喜欢听他的传奇人生故事。他的学生们跟我们说：王老师年轻时逃婚私奔，拒绝指派的小脚女人，跟相爱的读书女郎（那小脚女人堂妹）私奔，是位十足的五四以后新青年。正好初见面王老赠我诗集，我晚上就在他书房读将起来，捕捉其中的情感色彩。我看到，王老许多青春诗篇是写给一位名"碧霞"的女子的，如"偕碧霞孤屿谒文信公祠"的【贺新郎】，有"海枯石烂情难灭""指江水，誓同穴"语，料碧霞就是王老携手私奔的爱人。第二天证实，果然。

记得羊城归来后，我写作了一篇小散文《榕树礼赞》，文笔学杨朔，题目学茅盾，将王老比作岭南第一树种榕树，我在文中描绘了榕树根的三种姿态：树干底部的盘根错节、紧贴躯干的人参模样、气根悬空的随风飘扬，说榕树"张扬"起来可以独木成林，可校园里的榕树却都"收"着，谦让着，"并不随时随地炫耀自己的独特功能，在姹紫嫣红争奇斗艳中，你只是以一棵普通树的模样，静静伫立，与众花木携手并肩，共同构筑葱郁鲜艳的岭南风光。"我写到王老的学术经历，"在王起先生求学时，中国的曲学研究，还处于'原荒'年代。"是他的导师吴梅先生，把自古被之管弦可歌可唱的这门学科，生生地带进了教苑，让高校师生获知还有这样一门美丽的"险学"值得继承，必须继承，须分秒必争地继承。

王季思一生没有做官，没有做生意，一心一意继承吴梅的遗志，以五四运动后的新学术观念研究曲学，教书育人，创造了新曲学的岭南流派。当年王老已七十五岁，"但精神还十分健旺，思路还清晰敏捷。十年动乱结束了，没有了那可怕的'雷击'（曾被打穿横膈膜），老人家像榕树一样恢复了生命活力，仍然可以著书立说，可以汇旧出新，仍然能够撑出方圆数里的

'绿厦'。"

我在王先生的书桌上看到许多稿约，许多聘书，许多学术会议的邀请书。但他把主要精力放在培养研究生上，讲课、改稿、手把手地教授校勘注释之学，一本选集，让研究生们参与校注，比他自个儿搞累得多。然看着身边的"气根"钻地扎根，发芽抽枝，开花结果，老人家比自己获得荣誉高兴百倍。"季思先生'聪明人下笨功夫'的教导，不正是一种榕树精神么？"

《榕树礼赞》后来发表在《上海师大报》上。可能还给季思先生寄过一份。这么幼稚的东西！

当时我已定下自己的硕士论文研究宋元南戏。王先生很赞同。他说：研究生论文有两种，一种是研究作家作品，一种是研究文艺史或理论问题，"你的题目属于后者。"他教导我说：论文题目不要太大，或可集中在《琵琶记》上，或者《拜月亭》上，由此"高峰"回望南戏发展途径上的"众山"，千万不要平均使用力量。我告诉他打算回沪时一路探访南戏的历史踪迹，从广州而汕头而泉州而温州，与宋元南戏当年的流传走向，逆而行之。他很高兴，为我给汕头的李国平、泉州的曾金铮等先生写了信。

北返途中，我受季思先生的影响，已经反映出来了。竟首先不在戏曲研究，而是乐府民歌。我一路走一路涂写，多数幼稚得拿不出手。经过金华时，等车遇雨，"谁家女儿衣时髦，怨天尤人骂声高。何处'丰田'冒雨到,骂天女儿脸上笑。拽上车门行复止,隔窗犹送'祝雨词':但愿雨落大复大,汝等皆成落汤鸡!雨中雕像默默站,眼中喷火对'丰田'。天却有情天雨敛,云开转晴众开颜。料想适才骂天女,此刻骂天语更喧!"笔记本上此处还注有几个小字:"学习《翠叶庵乐府·姑嫂店》,韵随意转"。

广州之行给我的促进可谓大矣!回沪后我就紧锣密鼓地开写我的学位论文了,整个寒假待在学校宿舍没回家,冷得斯哈斯哈地每天写作。一九八二年五月下旬,我在苏州第二次见到季思先生时,已经能把定稿的、打印好的论文,赠送他老人家,向他征求意见了。

那次去苏州,是去观摩"两省一市昆曲会演"的。能再次见到王季思先生,喜出望外。那天去他住处拜访,他正在写论文,《从"牡丹亭"改编看昆剧的前途》,肯定上海昆剧团的改编,他说时代变了,一部戏连演几天不能再受欢迎了,但经典又不能不流传下去,改编是在所难免的。上海将洋洋大观的《牡丹亭》改成三小时剧,是一大功劳。一些曲词也改得很好,如"神仙眷"句。汇演结束那天,先生对我的临别赠言是:"一个人的爱好可以广,应该广,不广的话应该扩展,但方向一定要确立,不能随便乱转。上世纪五六十年代许多搞古代文学的人纷纷转向现代文学,现在又后悔了,要求转回来,这样一转二转,损失就大了,这都是因为不坚定造成的。"

这段赠言，对于我这个做事没长性，东一榔头西一棒子的人来说，警示作用是一辈子的。

王老连知青小说家"张抗抗"都十分熟悉，此亦可作为他自己多彩而专注人生的注释。

王先生回到广州，看了我的论文，十分肯定，就颤颤巍巍地给我写信让我考他的博士生（先生当时写字手抖，与我目前一样）。我开始也十分心动，一边准备答辩，一边复习英语。后来，除了老公，娘家人婆家人都反对，令我动摇。上海人其实是很务实的，比如我的读研，多半是为了解决夫妻两地生活。如今，好不容易解决的两地生活，若是考博成功，生活又要动荡，很多人都来劝我。上师大中文系主任张斌先生，更是语重心长地劝我留校任教，说系里师资青黄不接，非常需要。"你考上硕士生时，系里要求你读研期间不得怀孕生子，你做到了，现在你都三十三岁了，应该考虑要个孩子了。"这一劝是最往我心里去的。于是，我辜负了王季思先生的厚望，没去应考，故我这一辈子，没能成长为一名文学博士，后来亦没能做成一个母亲，抱憾终身。

走近王季思先生，后来又走开了，渐行渐远。但我在传承曲学、教书育人方面，一直以季思先生为榜样。每招一届研究生，第一堂课上总要传达"做学问就是聪明人下笨功夫"的王氏语录，并加上我自己的演绎。我向先生学习，力争每篇论文都写出新意，新材料新视角或新观点，并勇于纠错，纠正自己此前的不足。如今,连我也已退休数年了,向晚年的先生学习,依然笔耕不辍。先生在《自题玉轮轩》中说:"人生有限而无限,历史无情还有情。薪火相传光不绝,长留双眼看春星。"王季思先生是我们人生的楷模。

怀念座师王季思先生

王小盾

王季思先生是我的座师。一九八五年十一月末,他受邀来到扬州,主持我的博士学位论文答辩会。我和他接触时间不长,只有短短几天,但在我的人生中,这却是难以忘怀的一段。

王季思先生是在一个特殊时刻来到扬州的。这一年,是"文革"后恢复研究生招生制度的第七年。经过一九八二年硕士研究生毕业的初潮,一九八五年,迎来中国自产博士的首次丰收。我很荣幸,成为其中一员。不过,我的毕业过程却不顺利。在我上交学位论文《隋唐五代燕乐杂言歌辞研究》七个月后,一九八五年十一月,我就读的扬州师范学院才作出相关安排。推迟答辩的主要原因,可能是对于博士生毕业这件事,因为无经验,导师和学校的理解有差异。扬州师范学院为此求助南京师范学院的唐圭璋教授。唐先生说:"你们只要请王季思先生来当答辩委员会主席就行。他来扬州了,什么问题都好解决。"

唐先生的建议是有道理的。他是导师任半塘(字中敏)先生的好朋友，两人交往很密切。[1]人们通常认为唐先生的特点是没脾气，称他"唐菩萨"。但任先生给我看过他的来信，嬉笑怒骂，都成文章（比如信中有句云"苟全性命于乱世，不求闻达于诸猴"），让我感觉是豪爽而宽大的人，绵里藏针，充满智慧。王季思先生的个性可能略有不同；但他和任、唐两位一样，都是词曲学家吴梅（一八八四——一九三九）先生的弟子。任先生出生在一八九七年，长唐圭璋先生四岁，长王季思先生九岁，同年辈。从上世纪二十年代初期算起，三人的交情长达六十多年，经历了种种动乱。不消说，彼此也深知各自的脾性。果然，王季思先生很愉快地接受了邀请，并为这次出行作了充分准备。首先，他花了整整一个星期时间，认真审读我提交的学位论文；其次，他按中山大学的规定，在出行前做了全面体检；最后，他设计了一个比较从容的行程，先在南京作了一天停留，见了唐先生和南京大学的钱南扬先生。一九八五年十一月二十九日中午，他和师母姜海燕一起到达扬州，放下行李便前往任先生寓所，会见了这位睽违多年的学长。

我的学位论文答辩是在十一月三十日举行的。这天是周六，来了不少人，包括校领导和一些媒体人。在答辩委员席上就坐

---

[1] 关于任先生和唐先生的交往，有很多有趣的故事。我曾写过一篇《任中敏先生的〈全宋词〉批注》，载《扬州大学学报》1997年第1期，可参看。

的，除王季思先生和任半塘先生外，有来自复旦大学的王运熙教授，来自四川教育学院的龙晦教授，来自南京师范学院的孙望教授、金启华教授、曹济平教授。唐圭璋教授未来，而委托曹济平教授做代表。答辩持续了四小时，很紧凑，也很严肃。答辩委员事先看到任先生张贴在休息室的大字报，其上有云"答辩委员必须作风正派，严格把关"云云，以及"坚决废除'唐词'意识"云云[1]，有火药味，受刺激，因此提问很尖锐。我按任先生一贯教导，未敢含糊，而作了针锋相对的回答。这样就使答辩气氛更加严峻。最后投票，任先生投出弃权票，另有一票反对、一票作废，成绩颇为凄惨。不过，我总算勉强过关了，大家（特别是王先生）都松了一口气。

现在想来，这次论文答辩会是很难为王季思先生的。那时他已经八十岁了，经历了长途跋涉，作为主持人又不断遇到意外。比如，谁能想到，论文答辩会会从观看任先生的大字报开始呢？这几张大字报显然打乱了答辩委员们的提问思路。之所以出现废票，便可能是因为投票人紧张；当然，也因为扬州师范学院准备不足，而使用了硕士论文答辩的票，票面含糊。另外有一件事也

---

[1] 任先生重视这次答辩，把它当成严肃的学术活动，所以写了八张大字报。"坚决废除'唐词'意识"云云是针对唐圭璋先生的，意思是：即使是老朋友，主"唐词"或主"唐曲"，有学术分歧，就要摆出来辩明。"严格把关"云云则似乎针对王季思先生。

是超出常规的：当时扬州师范学院全院只有一名教授，按教育部规章，无资格进行博士学位评定。为此，所有答辩委员都在扬州多住了一天，代行学位评定委员会的职责。这许多问题都需要王季思先生来解决，但他似乎早有思想准备。答辩那天，我是面向王先生回答问题的，我注意到，他一直目光炯炯，没有一点倦意。

十二月二日，周一，是答辩委员离校的日子。王季思先生没有离开，而是托人约我"谈谈"。大约九点半钟，我到达他的住处，见师母姜海燕已经沏好香茶，便知这是一次重要的交谈。记得王先生先是把准备好的《隋唐五代燕乐杂言歌辞研究》油印本交给我，嘱我参看他写的批语，来修订学位论文。稿上密密麻麻的字迹，让我感动。然后，他同我讨论关于唐代音乐与文学之关系的一些问题——比如，唐代人的"雅""俗"观念，其文学意义与音乐意义有何不同？诗人们呼唤"大雅"，音乐家为什么要偏爱作为雅乐对立面的"燕乐"？如何分析这两者之间的关系？又比如，文学本是文学家的事业，你（指我）为什么要强调妓女在文学改革（诗体变为词体）中的作用？文学史的认识和社会学的认识有何不同？到中午，师母拿出绍兴花雕酒，摆开几碟菜肴，我们的交谈于是轻松起来，话题涉及我毕业以后的去向，也涉及处世之道。我告诉王季思先生：任先生对扬州师范学院的人文环境评价不高，建议我"择枝而栖"。王季思先生则说："不管到哪里，都要向周围的人学习。依我的经验，聪明人生存得不好，不如平庸的人。所以聪明的人要注意学习平庸的人。'平庸'当中有生存智慧。"

吃完午饭,稍事休息,王季思先生命我带他去拜访徐沁君先生,主要讨论在《全元戏曲》一书中如何吸收《新校元刊杂剧三十种》的问题。徐先生此时七十五岁,解除"历史反革命"的身份才六年,评上副教授也不久,见王季思先生来访,自然喜出望外。他后来对我说:虽然《新校元刊杂剧三十种》是他的心血,但被《全元戏曲》采用,很正常,很合理,本来用不着授权的。王季思先生来访,让他看到了一个大学者的高尚品格。

十二月三日,王季思先生夫妇离开扬州,我也开始办理离校手续。十二月十一日,我到达上海,在上海师范大学报到,获得教职。十二月二十五日,我读完王季思先生写在博士论文打印稿上的全部批注,写信向他汇报学习体会,原稿则请他的首届博士生——来上海访学的康保成君——带回广州。次年(一九八六年)十二月九日,我到广州查阅书籍,往中山大学拜见王先生,也再次见到康保成等友人。后来,我和王门弟子一直保持了不同寻常的友谊。

到今天,王季思先生已经去世二十七年了。亲接謦欬的那一幕,却让我难以忘怀。如何理解王季思先生同我这样一个未出茅庐的年轻人的诚恳交谈呢?有人说可能是"惜才",但我不这样想,而把这事看作王先生善良本性的显露。许多事实表明,那几场毁坏人性的革命,在王季思先生身上,产生的作用是相反的:一九七六年以后,他更多地反省自己,认为自己"失去了独立思考""做过许多错事",而试图挽回。他本是一个正直的人，早年曾经入狱，失学；一九四八年因与国民党当局冲突而来到岭南。但从一九五七年开始，他的锐气被一层一层磨去了，"思想越来越左"。通过反省，他对这一切建立了深刻的认识。一九八五年，我见到他的时候，应该是他的仁厚本性越益饱满的时候。比如他会见徐沁君先生，主要意图就是给他宽慰。而且，王先生的认识一直在深化。一九九五年春节，他写下这样一幅联语："中兴在望双眼盼长青"，意思是：他看到了国家的希望，但对此并不肯定；对他而言，"长青"仍然是一个梦想。

我有幸陪侍任半塘先生近三年，因而稍稍了解他、唐圭璋先生、王季思先生这一代学人。他们三人性格迥异：任先生刚烈，唐先生委婉，王先生热情；但他们却同样真诚，精神世界都很丰富，有超越个人利害的远思。王季思先生关于"平庸"的感触，即应该来自他对任先生的观察。任先生是宁折不弯的人，一生吃尽苦头，灾祸连连。王先生没办法劝慰他，但希望我能有所规避。据他女儿王小雷介绍：王先生在生命的最后时刻，反复嘱咐子女逃离"风暴"。他给予我的，正是这种出于保护之责的叮咛。

从某个角度说，上世纪五十年代以来的社会氛围，是较成功地影响了一代人的。这就是我和稍晚的一代。我们已经很不同于前代学者了：不像他们那样有关怀，有责任心，相反，比较怯懦和自私；不像他们那样真诚，讲操守，相反，不拒绝投机。我们心安理得地享受和平富足，陶醉在肤浅的名利之中。在这个时候，怀念王季思先生，对我来说，乃有特别的意义。

拜见王季思

徐城北

饭桌旁，坐在我旁边的，是广州中山大学研究生院副院长黄天骥教授。我刚刚为研究生班介绍了一些北方文化界和京剧的情况，他们便饭招待。同桌的几位老师，有的是黄教授的师弟，有的则是黄的学生，但他们也都先后得到过王季思老人的教诲。这样一来，他们和黄的关系就不太好"论"（北京人读这儿的"论"字为"Lin"）了。

话题自然由王季思教授开启。国内戏曲界一向有"北张南王"的说法。"北张"是张庚，"南王"则是王季思。我父母和张庚是半个世纪的老友，我曾在张庚先生为院长的学校读过书，因此张庚先生在给我的一本书写序时称我是他的学生。这让我受宠若惊，因为我读书时，张先生并没有给本科生开课。对于"南王"，我同样是敬仰的，但研究京剧的人很难"渡江"，就更别说飞抵南粤了。前年秋天，当我头一次南行广州时，就有热心朋友为我联系了去中山大学讲课。我很愿意去，其潜在目的是借机拜见一下王季老。

黄教授很懂得也很支持我的心思，他预先就在电话里告诉我，已然和王季老讲好，等我到了学校先到王季老家中小坐，然后再去讲课。次日上午，我刚到中山大学时，黄教授劈面便讲："不巧，王老发低烧，正在校医室打吊针。"我心一愣，以为拜见已成泡影。不料，黄教授就像熟朋友那样一把抓住我的胳膊："走，咱们到校医室去，先见一面，你跟先生合张影。"略顿，又说："这两天忙，我也好几天没见先生了。"

走在校园中。景色真美，绿草如茵，小楼或灰或红，视线触及之处，无不宛然如画。天骥兄（是从刚才他抓我胳膊的一刹那，就不知不觉改了称呼）推着一辆破自行车与我偕行。我打量了一下，这车真像相声中说的——除了铃不响，剩下哪儿都响。黄也笑说，"这样才好，让小偷都不屑一顾嘛……"

很快，在一条小径的拐弯处，见到一辆轮椅车缓缓向前，车上坐着一位戴着口罩的长者，面色苍白中又见潮红。不用说，这就是我渴望拜见的王季老了。推车的是位女士，天骥兄凑到我耳边低声说："那是他最小的女儿，定居美国，是回来探亲的……"

黄抢上几步，凑到王季老耳边讲了些什么，王季老便远远就向我伸出手来。黄又像电影导演般指示那位三十岁的女孩让开片刻，自己把车推到一个背景比较有层次的风景区，随手又把老人的口罩摘了下来。黄让我站在推车位置。——"啪、啪"，照相机快门连续闪动，我心中又是满足又是不安，连忙为老人戴上了口罩……

饭桌前，这些最近的往事，一幕幕在我心头闪现，天骥兄递过来一本厚厚的著作——《王季思从教七十周年纪念文集》，随即又对同桌几位说道："我看先生这病麻烦，总打吊针非常伤身体。特别是晚上没人陪……"

我问："家里还有什么人呢？"

"孩子很多，但没一个在身边。他在国外的孩子曾经提出来，问能不能家里花一些钱，请中文系的本科生或者研究生，轮流派人来值夜？"

我回忆刚才见到的王季老，"他好像身体很重……"

"就是，钱不钱的是小事儿，而是担不起这个责任。"

我问："像王季老这样的名教授，在中山大学恐怕没几位了吧。难道不能向省市政府直接打报告，申请一笔特别经费，高价聘请特护到家里照顾？"

黄久久无言，"话是这么说，可办起来就难了。因为像先生这样的老人，在学校里不止一位。当然，要论个人的成就、名声，能赶上先生的不多……"

我也无言，我想起北京那一大批有贡献的父辈友人。为了给他们庆寿，为了表彰他们的功业，单位都不惜钱财大办活动——大场面、大铺排、请高层领导人出席、发消息、见报、上电视……可是活动一完，一切销声匿迹，以后生活中的困难都得自理了。当然国家也难，想把一切包下来也是不现实的。

我正沉思着，忽听天骥兄向其他几位同桌者宣布："看来，先生一旦真的——"又是一个略顿，"那就只有咱们几个轮班上了，当然，现在还不到时候。"

我投去一个问询的目光。

黄解释说，"我们这些学生，从前就已经轮过班。但那是另一种轮班——每星期轮流陪老师打半天麻将牌。让老人伸出双手在桌儿上洗牌，手指一动，脑子当中相应的部分也在动。今后的轮班，要伺候先生的大小便和翻身擦洗。目前，我们每个学生都有一副沉重的工作担子，家里也离不开。但是我们必须有所准备，到了需要轮班的时候，也就只能撇开一切。为了能轮班得长久一些，大家得认真锻炼身体，比如我每天都坚持游泳……"

我很感动。王季老的养生方式只能是被动进行了。如天骥兄，如王季老的这些学生，居然想出陪同打麻将的办法，通过手指的动作去活跃老师的大脑——也真难为他们了。养生最好还是早一些主动进行。记得有一次去北京大学看望金克木教授，刚进校门就秋雨连绵，最后走进金老家中，您猜午后的他正在干什么？孤单单一个人，坐在沙发中"摆"围棋谱。当年，他用这办法治好了严重的神经衰弱，现在他又以此了解韩国棋手的最新发展。我还想起了上海同济大学的陈从周教授。他在年高之后是通过昆曲养生的，上海昆剧团诸位台柱，无不得到过他的教益。但从陈先生讲，他感到更重要的，是通过这些演员间接从昆曲中获取文化上的活力。不同年龄的人有不同的文化关注，用文化来养生当是最高级又最省事的办法。如果不同年龄的人能在这上边有所沟通，便会有利于文化的延续。围棋、昆曲都是雅而又雅的文化，打麻将貌似俗气，可在王季老学生们的手里，不是又化俗为雅——甚至都有点神圣了，难道不是吗？

话题还回到王季老身上。报载，他老人家已于日前仙逝。遥望南天，我掬诚祝愿这位一生编著超过一千万字的戏曲大师从此安息，同时也想到就在前年秋天之后的这一年半当中，天骥兄他们肯定也辛苦了。想象中，天骥兄那灰白而凌乱的头发，似还在眼前晃动。

选自徐城北著《直上三楼》，宁夏人民出版社2010年版。

戏剧大家的桑梓深情
——回忆王季思先生

徐宏图

我出版的第一本书《青楼集笺注》，就是在王季思先生的直接点拨与指导下完成的。

书的起草始于一九八〇年，那时我还在温州平阳鳌江中学教书，任高中语文教研组组长。业余研读元杂剧，在反复阅读王先生的《西厢记》校注本之后，我在通读《元曲选》及其外编的基础上，也模仿着对马致远《汉宫秋》、关汉卿《金线池》、杨显之《潇湘雨》、李直夫《虎头牌》、乔孟符《金钱记》及无名氏《杀狗劝夫》等六种杂剧的部分折、出作了校注，并在通读其他剧目时遇到前人漏注或解之不详的曲辞予以补证，汇编成册，取名《曲辞释补》，约二十万字，交给浙江人民出版社，后因订单不够而没有出版，改为以论文形式发表。

这期间，当读至元夏庭芝撰写的《青楼集》时，我立即被书中所写的一百五十多位元杂剧演员，主要是女演员的高超技艺与悲惨的命运所吸引与感动，同时又读到了郑振铎先生的《清代燕都梨园史料序》所说"演员们的活动，也常是主宰着戏曲技术的发展。演员是传播、发扬戏曲文学之最有力者。读剧本者少，而看演戏者多。往往有一二位演员的关系而变更了听众的嗜好与风尚的"。深感演员在戏曲发展史上的作用当不亚于作家与作品，于是转而关心起元杂剧的演员来，从元明清三代的文献（主要是文人笔记）中寻找他们的踪迹。

果然不出所料，找到了大量与《青楼集》提及的坤角演员有关的史料。例如与关汉卿关系密切的朱帘秀，王季思主编的《元散曲选注》在介绍关汉卿的散曲《赠朱帘秀》时也有评语说："关汉卿是玉京书会的杰出作家，他写的杂剧大多数由旦角主演。朱帘秀是著名的戏曲女演员，《青楼集》说她'杂剧为当今独步'。他们同时在大都活动。可以想见，朱帘秀主演关汉卿的《望江亭》《救风尘》等新作时，该多么眉飞色舞，神采焕发；而关汉卿在写那些聪慧绝伦而身世不堪的妓女的杂剧时，又怎样从朱帘秀等优秀女艺人身上找到原型，汲取素材。这套散曲记录了一代戏曲作家与女演员的亲切关系，是我国文艺史上极其珍贵的历史文献。"

其实，何止是朱帘秀，其他如曹娥秀、顺时秀、连枝秀、樊事真、王巧儿、李芝秀、张奔儿、汪怜怜、顾山山、喜温柔等，均可以找到许多有关她们的演剧与身世史料，几乎每个人均可以写篇小传。我深为她们的精湛伎艺与才情所折服，同时也为她们卑下的地位与悲惨命运而感伤，她们中的多数人，最后不得不带着"色艺两绝",或"削发为尼",或"毁容拒嫁",以至"郁郁而卒""憔悴而死",何等可惜!

当积累到有十多万字资料时,我受王先生那句"聪慧绝伦而身世不堪"名言的启发,写了一篇《精湛的伎艺,悲惨的命运——读〈青楼集〉》的长篇论文,请孙崇涛先生转寄给我们的乡贤、元曲研究大家、时任中山大学教授的王季思先生,并向他请教如何进一步研究《青楼集》。

王先生很快就复信说:"来信并徐君读《青楼集》稿俱收。《青楼集》是值得研究的,徐君于教学之暇为此搜集不少资料,联系原著,有所论述,很不容易。他从原著中概括出这些艺人伎艺的精湛与命运的悲惨,是抓住了要点的。问题在……能够提到我们今天的历史科学与文艺理论的高度加以说明之处却很少。此意望转告徐君,希望他在原稿基础上再作认真的修改。"

又附另纸提出建议说:"就徐君目前基础说,似可就《青楼集》所载女艺人,把有关她们的资料按名次集中起来,有所说明或考释,这些容易做到,对研究元剧的同志也有用。"

王先生的话使我茅塞顿开,恍然大悟,决定按王先生的意见重新布局编排,撰写一本《青楼集笺注》。虽然《青楼集》篇幅很短,只有一卷,正文仅六七千字,记述比较简略,但是它所记述的部分艺人和涉及的某些戏曲作家、散曲作家、诗人及"名公士夫",却在别的一些元明史籍、文集、笔记等著作里,还可以找到相关的记载或者旁证材料。这就为本书作进一步的补证、笺释和注解，提供一定的有利条件。

《青楼集笺注》的内容重点之一，就是做了这方面的补证、笺释、注解工作，旨在为读者和研究者进一步考索、研究《青楼集》内容提供参考。其中"笺释"的重点，是针对整条标目内容，或题解，或校正，或释义，或补充有关记载，或附识旁证材料，略仿古人笺《毛诗》，"表明毛意，记识其事"之意。"校注"则是对个别正文词句、文字的诠释和校勘。本书由我起草，经孙崇涛先生改定，由中国戏剧出版社出版，全书十七点二万字，是原文的二十六倍多。

接着，因受本书的启发，又使我们萌生了撰写中国戏曲优伶史的念头。其时我已从鳌江中学调入浙江省艺术研究所，科研条件比以前好多了。于是即以元代的杂剧与戏文演员为基础，上溯先秦古优，下至京剧"三鼎甲"之程长庚、余三胜、张二奎，起草了一本《戏曲优伶史》。也经孙崇涛先生改定，纳入张庚、郭汉城主编的《戏曲史论丛书》，于一九九五年由文化艺术出版社出版。上述二书都得益于王季思先生的指导。

原载《温州日报》2017年6月2日。

《文学遗产》"优秀论文奖"获奖随感

张伯伟

一九八二年五月，南京大学举行八十周年校庆纪念活动，许多校友从国内外回到母校。也就是在这个时候，我第一次见到了许多学术界的前辈，其中之一便是王季思先生。

记得季思先生给我们作报告，自述其研究道路并介绍其研究经验。他的报告大约一个多小时，但是给我留下深刻印象以至于终生难忘的是这样一段：季思先生回忆起当年在中央大学（南京大学的前身）求学的情形，讲到他写了一篇自己觉得较为满意的论文，呈交胡小石先生批阅。几天以后，胡先生把他叫到家里，让他从这个书架、那个书架搬下一些书，接着指出其论文中的某些不足，最后对他说："季思啊，聪明人要下笨工夫。"

我当时就坐在季思先生的对面，看他含着热泪讲述这句话，心中受到了强烈的震撼。"聪明人要下笨工夫"如同禅宗大师的当头棒喝，让我为之心动。当时，我是硕士一年级的学生。多少年后，当自己忝为人师，需要回答同学有关治学之道的问题时，我总是会提到这件事和这句话。如果说，我后来在学术研究上多少能有一些收获的话，那是与在求学之初就懂得了"下笨工夫"的重要性分不开的。

"聪明人要下笨工夫"，其实也是中国传统的治学要义之一。《朱子语类》卷二的《总论为学之方》，就曾再三强调这一意见："凡人便是生知之资，也须下困学、勉行底工夫，方得。""今之学者，本是困知、勉行底资质，却要学他生知、安行底工夫。便是生知、安行底资质，亦用下困知、勉行底工夫，况是困知、勉行底资质！""大抵为学虽有聪明之资，必须做迟钝工夫，始得。既是迟钝之资，却做聪明底样工夫，如何得！"我在南京大学所受到的教育，其基本点之一用老师对我的话说，就是要"厚其学殖，不为空洞之言。""筑起坚固的古典堡垒，由此走向现代学术。"（闲堂师语）如果说，一个民族的学术有其民族的大传统，一所学校的学风有其自身的小传统的话，那么，很幸运的是，我所受到的小传统的教育和感染，从季刚先生、小石先生到闲堂师、勋初师，与中国人治学的大传统是血脉相承并有所发展的。

在《文学遗产》上刊出的《元代诗学伪书考》一文，勉强可以归入"下笨工夫"之列，尽管其工夫还远远不够。这篇文章能够刊出并获奖，标志着编辑部和各位评委对于"下笨工夫"工作的意义和价值的肯定。我想特别表达的是，有幸得到以"王季思古代文学研究基金"命名的"《文学遗产》优秀论文奖",就不禁回想起十六年前的往事,季思先生充满感情地讲述"聪明人要下笨工夫"的一幕仿佛就在眼前,而此刻内心所重新感受到的震撼也丝毫不亚于当年。对我个人来说,这样的一篇文章获得这样的一项奖励,无疑是我的学术道路上值得纪念的一次可贵的遇合。这种心情在一定程度上减轻了由获奖所带来的惭愧,为此,我要向造就了这次"可贵的遇合"的《文学遗产》编辑部和各位评委表示衷心的感谢!

一九九八年九月四日于南秀村寓所

原载《文学遗产》1999年第1期。

回忆表姐夫王季思二三事

吴晓香

我是在西班牙得知表姐夫王季思仙逝的消息的。今年四月间，我到葡萄牙旅游，当我回到西班牙巴伦西亚市时，翻阅华文报——《欧洲时报》，在"今日广东"专页中，"中山大学教授王季思在穗仙逝"的消息立时映进眼帘。噩耗传来，在万分悲痛之余，又勾起我的回忆。往事历历在目，恍若发生于昨日。

王季思教授的原配夫人是我大舅父的女儿徐宝珠，也就是我的姑表姐，所以我称王季思教授为表姐夫。他生于清光绪三十二年（1906），比我年长十一岁（我现年八十），仙逝时年届九十一岁（虚岁），算得上一个长寿翁。王季思姐夫一生从事词曲的研究和教学工作，被学术界公认为国学大师，桃李满天下，他的不少学生已成为国内外知名人士。

我九岁时，母亲就弃我而逝，由父亲和大嫂、二嫂把我抚育成人。外婆怜我年少丧母，十分宠爱我；宝珠姐也视我如亲妹妹，抚爱有加。因有这层关系，王季思姐夫也对我特别关心，他夫妇俩常到我家走动，我的学名"晚香"还是他给我取的。

我生于一九一七年九月，母亲为祈求我一生"幸福"，特地到永宁宫为我"求"来一个奶名，叫"永菊"。王季思姐夫说，九月是菊花盛开的季节，取"菊"为名倒很贴切，只是过于"直"、"露"了些；有句诗云："犹有黄花晚节香"，还是叫"晚香"好，含蓄、不俗。后来我就取学名为"晚香"。

十三岁那年，我小学毕业，报考瓯海中学的一切手续，都是王季思姐夫帮我办理的。此后，他一有空就常来我家看望，关心我的学习进度，并为我买来辅导读本和我喜爱的古典文学作品、诗词专集，使我获益匪浅，为我在初中毕业后师从著名画家施公敏先生习画奠定了基础。嗣后，施公敏先生受聘赴杭州美专任教，我只得在家自习，并研读王季思姐夫送的诗词读本。

宝珠表姐因患鼻癌医治无效先于表姐夫逝世，育有一子一女。子名则桓，现名大兆，在香港《文汇报》任高级编辑，享誉新闻界。女名田兰，一九四八年从上海幼专奔赴华北解放区投身革命，现已离休定居北京。宝珠姐有知，当可含笑于九泉。

王季思姐夫后又与我三舅父的女儿、也是我的表姐徐碧霞蒂结连理。我三舅父虽出身于上海法政大学，但封建意识严重，以父母之命、媒妁之言将碧霞姐许配给同城周某为妻，直到行毕婚礼将入洞房时，始知新郎另有所欢，对方系他大学时的女同学。新郎也因父命难违，虚应场面。从此，碧霞姐一直空守闺房。

当时，碧霞姐在温州中学读书，适值王季思姐夫从东南大学毕业，回温中任教，既是亲戚又是师生情谊。宝珠姐和姐夫对碧霞姐的处境深表同情。后来王季思姐夫到松江女中任教，碧霞姐也随同前往，途经苏州访问导师吴梅（瞿安）先生时，得到吴先生的启示与支持，王季思姐夫后与碧霞姐结为秦晋之好。碧霞姐通文理，成为季思姐夫从事著述的得力助手。

我丈夫陈夔龙早年毕业于上海大夏大学，后又东渡日本东京明治大学留学，抗日战争爆发后归国。抗战时曾参加永嘉县（现温州市）战时青年服务团，从事抗日救亡工作，后在温州二中任教。一九五七年他在反右运动中受到冲击，被下放农村劳动。此时，我在五马一小（现为广场路小学）附设的幼儿园担任主任，每月工资仅四十二元，家有三子四女，丈夫一走，生活负担更重。考虑再三，我请求上级准我下放温州针织厂。后被派到制袜车间担任班长兼广播室播音员、职工教师。生活的重担压得我几乎透不过气来，我想起了在中山大学任教的王季思姐夫，和在该校图书馆任职的碧霞姐，于是给他们去信倾诉我的困境，并希望得到他们的援助。

不到半个月时间，厂党委找我谈话，并交给我一张汇款单，金额三十元，具名"中山大学王季思"。表姐夫这笔款并不是直接汇给我，而是汇由厂党委转交；他知道，在当时的政治氛围下，这样做对我只有好处，同时也表明了他的阶级立场。此时此境，这三十元是何等的珍贵！它浸透了王季思姐夫的殷殷深情，我全家为这雪里送炭的三十元感动不已。

由于表姐夫王季思的这笔汇款，引起了厂领导对我家困境的关注，厂内职工也深表同情。随后，厂工会发给我二十元补助金，十四位党员干部和职工也捐助二十四元，他们这些充满真诚的举动，使我感动得热泪夺眶而出，播音时连声音都沙哑了。那时，针织行业正忙于出口兔毛衫，工人们日夜加紧生产，我也一周三班跟班劳动，我想，我应该以此来报答王季思姐夫以及厂领导、工人姐妹对我的关怀。

岁月流逝，一晃数十年过去了。我的子女均已长大成人，各立门庭；有的还在异国创业，事业有成，生活美满。我没有忘记那笔无比珍贵的三十元，没有忘记在艰苦年代帮助过我家的表姐夫王季思教授。现在我家的景况好了，我想，我应该对他有所表示。一九九四年秋，我本拟偕同子女前往广州登门致谢；不巧，恰值我身体不适，以致未能成行。后由我二儿翔植（现居西班牙）送去人民币三百元。这年，表姐夫已年届八十九高龄，正可用这笔钱买点滋补品补补身体；我也总算偿还了一笔"人情债"，心里好过多了。

可是，事情却出乎我的意料。半个月后，从广州寄来了一封信，除告诉我款收到外，还附来一张收据。面对这张收据，我的心情久久不能平静。原来，王季思姐夫以我的名义将此款捐献给"希望工程"，收据上端端正正地写着我的名字。从这里，使我又一次感受到王季思姐夫崇高的品德和他对教育事业始终如一的关怀之情。

  王季思教授在外从教七十年，很少在家乡驻足，但他对故乡的思念却无时或释。一九九五年春，有位曾是表姐夫的学生，后留在中山大学任教的教师回温州探亲，说起表姐夫很想吃家乡的海产品"龟脚"和"泥螺"。我得悉这位老师回广州时将乘坐飞机，途中耽搁时间短，于是我特地托人从瑞安买来上述海产品，请他转交给王季思姐夫。

  想不到，这次竟是我与表姐夫王季思教授最后的一次交往了。

一九九六年国庆节前夕于西班牙

原载《瓯海文史资料》第六辑，1996年版。

二舅父王季思

林翘翘

去年是二舅父王季思去世十周年,河北教育出版社出版了《王季思全集》。表弟王兆凯给我寄来了一部共六卷。翻看着文集中的诗文,思绪万千,舅舅高大的身影似在眼前,一幕幕往事在脑海闪现。

二舅父王季思,温州梧埏区上田村人,生前在广州中山大学执教近五十年,曾任中山大学中文系主任,一生从事古典文学、诗词、戏曲研究,是国内著名的戏曲研究专家。

我能记事时,二舅父在外省中学教书。每逢假期回家,我随母亲回外公家时就能见到他。他和蔼可亲,有空就教我们一群小孩背诗。他念一句,我们跟着念一句,念了几遍,一首诗就背下来了。夏日夜晚,舅舅在院子东墙脚下纳凉,经常写诗让我们背诵,起名"墙脚诗"。这些诗通俗易懂,朗朗上口,我们非常喜欢。一首诗念上两三遍就记住了。当年我们最喜欢的是"娘边女儿曲",只要有人一提起"一岁贴在娘胸口",大家便会跟上"二岁三岁扶娘走；四五六，百无忧，着衣喂饭娘亲手；七八九，百无愁，寸步不离娘前后；十一十二娘梳头，十三十四娘教绣；十五嫁作东村妇，处处伤心不自由。半升米，一锅粥；公嫌稀，婆嫌厚，小姑快口快如刀：娘家只吃烂蒸豆。告小姑，饶一口，娘边女儿骨边肉，提起娘家双泪流！"背到最后一句，我们也伤心落泪了。

外公家的东墙角，是我和表姐妹儿时玩耍的地方。冬日我们在那儿晒太阳取暖，夏夜全家在那儿纳凉。舅舅写诗吟词时，我们追赶萤火虫，抬头数星星，寻找着北斗七星、牛郎织女，尽享无忧无虑的快乐时光。现在想起来，仍能感到那种温馨。

抗日战争时期，有将近一年的时间我是和二舅父一家在龙川三临中度过的。当时二舅父在浙江大学龙泉分校任教。一九四四年八月，舅舅在家过暑假时温州沦陷，回龙泉的交通被阻，他无法返校，滞留在乡下。此时，二舅父的朋友、三临中校长陈仲武先生诚挚地邀请二舅父去三临中任教。舅舅接受了邀请，决定携二舅母和大儿子则椿同去。而我就读的永嘉中学也因温州沦陷迁移到江北岩头，但我却逃难到大茶山，于是请求舅舅带我到三临中借读，舅舅把我带上了。

三临中所在的瑞安县龙川，是个四面环山的小镇，一条溪流从镇中穿过，学校的教室、学生宿舍坐落在溪流的南边。学校安排我们住在溪流北边一座竹木结构的二层小楼上，舅父舅母住一间，我住在隔壁，则椿表弟则住到了学生集体宿舍。

龙川的生活比较艰苦。抗战后期，物资匮乏，物价飞涨，老百姓生活很艰辛，学生也不例外。三临中学生全部公费，伙食较差，吃的是糙米饭就咸菜、青菜，很少肉腥，不少学生营养不良。我们是自己开伙，学校派工友帮我们挑水劈柴，做饭买菜炒菜等家务全由舅妈操劳，我只能在课余帮把手。舅舅爱喝酒，那时，炒土豆、烧豆腐就是上等下酒菜了。舅舅以苦为乐，常常喝得有滋有味。

舅舅的到来，受到师生的热烈欢迎。舅舅除了给高中学生上课外，还给部分对古典文学、诗词有兴趣的学生开讲座。每次讲座，课堂爆满，门外窗外站满了听讲者，盛况空前。舅舅备课认真，讲课深入浅出，活泼生动，博得同学的赞扬。时隔四十多年，上世纪八十年代后期，当年三临中的学生、班长白植品来看望我时，仍对舅舅当年的讲课称赞不已。他说听季思先生的课，打下了古典文学的基础，受益一辈子。

舅舅在龙川除教课外，坚持从事研究，抽空看书，做卡片，写笔记。每当夜半我醒来时，总会看见隔壁房间透过来的昏暗灯光，我知道舅舅仍在伏案工作。

舅舅热爱运动，喜欢打网球。学校操场很简陋，但仍能看到他和学生在操场上奔跑的身影。舅舅也爱四处走动，对周围山川游兴很浓。我曾陪他爬过几座小山丘，但山名和当时的情景全忘了，只是对百丈漈印象深刻。百丈漈离龙川不远，沿途山路崎岖。那一次除我以外，还有几位学生做伴。一路上，舅舅吟诗、讲历史、说典故、谈笑风生，大家兴致很高，也不觉得山路崎岖难走了，说话间就到了百丈漈。那瀑布非常壮观，远看一条宽阔的白练从天挂下，阳光下闪烁耀眼。走近瀑布，轰隆声震耳，飞溅的白沫水珠扑面而来。大家都欢呼起来，高声朗读李白的诗句："飞流直下三千尺，疑是银河落九天！"遗憾的是瀑布四周都是悬崖峭壁，无法攀登，瀑布下潭水很深，也不敢下去戏水。但我们玩得很开心，尽兴而归。

我在龙川三临中借读的时间不长，但受益匪浅。多年以后，我也成了一名教师。当我备课上课时，就时时受到二舅父那种认真备课、教书育人精神的鞭策，不敢懈怠。

一九四五年八月日本投降，三临中解散。舅舅回杭州浙江大学，一九四八年应聘到广州中山大学任教。我则回到永中继续读书。一九四六年高中毕业，考入南京国立药专，一九四八年投奔解放区参加革命，从此和舅舅断了联系。

和舅舅再次见面，是在全国解放后上世纪五十年代末。那时我在北京工作。舅舅仍在中山大学，已是名教授了，常来北京开会，参加各种学术活动。五六十年代，他和北京大学中文系教授合作，编写大学中文系教科书和中国文学史。七八十年代，他担任过全国政协委员、国务院学科评议组成员、《中国大百科全书·戏曲曲艺卷》副主编。他来北京时，我常去他下榻的宾馆看望他，聊聊家常。他仍是那样和蔼可亲，问长问短，关心我的一切。

一九八九年八月，舅舅的大女婿夏文俊因病在北京去世，他担心女儿田兰悲痛伤身，邀她到广州散散心，并要我做伴。春节过后，我们去了广州。那时广州街头仍有浓浓的春节气氛，大街小巷到处是鲜花，大大小小的盆栽金橘挂满了黄灿灿的小橘子，格外引人注目。

中山大学校园内，树木茂密，芳草茵茵，一片翠绿。舅舅住在校园东南角的教授宿舍区。区内绿树丛中，一幢幢两层小楼，优雅别致。舅舅住在其中一幢楼的楼上，比较宽敞，有客厅、书房、卧室、餐厅等。客厅陈设很简单，几张沙发，一张躺椅，两个茶几都很陈旧了。引人注目的是一面墙上挂着启功、黄宾虹等名家的书画。客厅两边是三间藏书房，一排排的书架上摞满了线装书。舅舅的卧室兼书房的一面墙顶天立地地立着一大排书架，装满了文史类的书籍。

几年不见，舅舅衰老了许多，行动已不大方便，很少外出，只能在客厅里拄着拐杖，迈着小碎步走动。手开始颤抖了，口水也控制不住，常常沿着口角流下来。舅舅的胃口还好，温州人的饮食爱好一点儿也没有改变，喜爱海鲜和鱼生、泥螺、虾酱等咸货。表弟常买螃蟹，虽不肥，舅舅仍爱吃。中晚餐舅舅仍要喝点酒，但已不喝烈性的白酒，改为花雕和加饭了。舅舅的记忆力仍好，对于我们儿时的一些事情和解放前老家的情况，竟然比我们记得还清楚。思维也很清晰。他能很有条理地论述和分析改革开放以来的情况和问题，和我们一起探讨。每天他都读书看报工作，每月要写点诗词和文章。我早起在中山大学校园里锻炼归来时，舅舅已在伏案工作了。舅舅家里经常有客人，有来看望他的老同事老朋友，有中青年教师和学生，或向他请教问题，或来讨论学术。舅舅谈兴很浓，书房里常传出爽朗的笑声。舅舅在晚年仍然老有所学，老有所为，关心学生和年轻教师的成长。

我在舅舅家住了二十几天，白天和田兰同舅舅聊聊天，晚上间或陪他打两圈麻将，散散心。我逛了广州市容和五羊公园，瞻仰了中山纪念堂，凭吊了黄花岗七十二烈士墓。因家里有事，就先田兰回北京了。没想到，这竟是我和舅舅的最后一次相聚。

二〇〇七年夏

选自《流年碎忆》，文汇出版社 2017 年 6 月版。

王季思

唐 湜

王起（一九〇六——一九九六），字季思，生于温州郊区（原永嘉县梧埏区）金田乡上田村一个有古典文化传统的家庭，藏书不少。他从小就读了不少"经史子集"一类古典作品，也背熟了一些名篇，还私下看了不少戏曲、小说。

一母同胞九人，一早逝外，存有兄弟四人，姐妹四人。大哥名国荣，字希逸，他行二，名国桐，投考大学时，他拿了大哥的王起证书与自己的国桐证书报考了两个大学。王起考上了东南大学，他就去南京东大入学，学名王起；而大哥就以字行，名希逸了。

温州是宋元南戏的故乡，乡间每年演出社戏一二次，甚或三四次。他小时最爱看戏，常演的剧目，如《琵琶记·吃糠》《荆钗记·见娘》《西厢记·拷红》，他看得最多最熟，印象最深。

他在省立第十中学读三年级时，因为参加温州的五四运动，与同学们常上街宣传抵制日货，被校方勒令退学，只好转学瑞安县立中学，寄居在孙诒让（仲容）家。孙家藏书很多，一般不能借阅，但偶尔也能从下一代手里看到仲容的部分手校本和讨论学术的信札。深佩他们学问的渊博和治学态度的严谨。

一九二五年他考入南京东南大学中文系。词曲课由曲学大师吴梅教授指导。他课外常向吴梅请教，向他借书。吴梅的百嘉室收藏明嘉靖、隆庆间刻本的传奇达百种以上，他就在那儿看过李玉的《一（文钱）、人（兽关）、永（团圆）、占（花魁）》与吴炳的《粲花五种》。他还参加吴梅组织的潜社，从事诗词与散曲习作。并在闻一多教授指导下从事话剧与新诗的习作，但主要的是想从事治曲。当时吴梅对他说："治曲当从元人入手。"这话影响了他一生的学术事业。

一九二七年东南大学停办，王季思在家乡的瓯海中学任教。因参与国民党左派活动，反对西山会议派，在"四一二"事变后，与十中学生蔡雄、苏中常一起被捕。后经亲友保释重返南京。东大已改名第四中山大学，后又改名中央大学。毕业之后在浙、皖、苏几所中学教书，在松江女中最久。他添购了一些图书，从元曲中的方言俗语，也从笔记小说中探索元剧本事的来源。但"八一三"战事起，上海沦陷，他的书房"翠叶庵"也被炮火摧毁。他仓皇出走，只带了《元曲选》与《西厢记》。

回温后，先与杭州美专一些流亡温州的学生组织宣传队深入山区，宣传抗日。后在省立处州中学任教。有一位同事郭莽西离校失业，他介绍他为书店办一《战时中学生》月刊，并帮他筹备创刊，写了一些文章。不久郭去金华的国民出版社当编纂。这时候，他以多年之功完成了《西厢五剧注》，由郭办的龙吟书屋出版，风行一时，压倒了一向流行的金圣叹评本《西厢记》。因为他对《西厢》的作者与曲文作了详尽的考证、校勘与方言俗语的详尽注释。尤其是文中方言俗语的注释，这些方言中甚至有些蒙古语、汉蒙混合语、各地民间口语、歌谣，不像典故可以查书，他是硬读了大量金元杂剧、说唱散曲、笔记小说、歌谣，把方言俗语连同例句相互对读比照，才得出正确的含义。这本《西厢五剧注》以暖红室覆刻凌濛初本为底本，吸收了多本的长处。一九四八年，修订注释，整理定名为《集评校注西厢记》，由上海开明书店出版。一九五四年经第三次修订，由上海新文艺出版社出版《西厢记校注》第一版。由于一九五八年弘治等本发现，又重加校补，由中华书局出版新一版《西厢记校注》。一九六三年又重印六次。一九七八年发表《第四次西厢记校改本补记》。多次重印新版，各版都有所丰富、补充或改正。各版共印了一百多万册，影响很大。

从四十年代初开始，直到一九四八年之春，他相继在浙大龙泉分校、杭州浙江大学、杭州之江文理学院教书。一九四八年夏从杭州调广州中山大学任教授，一面从事古典文学的教学，一面继续研究古代戏曲作家及其作品。陆续写有关《西厢记》的学术论文十六篇左右。

建国后，他不断研读马列主义著作，运用马列主义与毛泽东思想来分析、评论中国古代文学。一九五五年《从〈莺莺传〉

到〈西厢记〉》一文已从男女平等、自由恋爱的观点来分析《西厢》的思想主题、人物性格、语言文采等方面的成就。

"文革"期间靠边站,更深入学习恩格斯《家庭、私有制和国家的起源》等马列经典著作,写出了《从〈凤求凰〉到〈西厢记〉》一文,更从《凤求凰》《昭君怨》到《白头吟》《莺莺传》,又从"董西厢"直到"王西厢"的主题发展、人物塑造、艺术语言与情节构思方面的创造性发展,分析了爱情、婚姻在各个不同历史时代的形式与不同的实质内容。

一九六二年王季思应教育部之聘,与游国恩等教授共同主编《中国文学史》,对国家的学术事业作出贡献。

建国以来,他撰写了有关关汉卿、王实甫与高则诚《琵琶记》、孔尚任的《桃花扇》的论文。从他的《玉轮轩曲论》等论著中可以看出他研究戏曲的思想轨迹。他还校定关汉卿戏曲集,写了《关汉卿和他的杂剧》,一九五四年发表于《人民文学》。他第一个断定:"即就(关汉卿)这仅传的十五种杂剧看,它的内容包涵的丰富和艺术创作上的造就,确是达到了空前的高度;不但使他同时的马致远、白仁甫为之黯然失色;即明清两代的南戏传奇作者,也没有人能够全面越过他的成就。"由于他首先确认关汉卿是元代最杰出的杂剧作家,使关汉卿在一九五八年被世界和平理事会确定为世界文化名人,受到世界人民的纪念。这时候,他的治学范围还扩大到古典诗词方面,对李白、苏轼、柳永、李清照等都写过出色专文,结集成《玉轮轩古典文学论集》。

从八十年代开始，他还主编《中国十大古典悲剧集》《中国十大古典喜剧集》，因此他成为国务院古籍整理规划小组成员，也成为国务院学位委员会第一届学科评议组成员。他为培养青年付出了心力，也从青年一代的美好心灵中吸取精神营养。近四十年来，他与学生们合作，写出了《桃花扇校注》《十大悲剧》《十大喜剧》《元杂剧选》《元散曲选》《中国戏曲选》，带出了一批又一批学术骨干。

他又是一个诗人，早年就主张对古典诗词进行改革，试写新体（格律）诗。一九四一年有《越风》集出版，后并入《翠叶庵乐府》。后来又编成《玉轮轩诗词》。合成一编《王季思诗词录》，于一九八一年由浙江人民出版社出版。

文化大革命时，被凶残地殴打，打断了两根肋骨，使肠子蹿上胸腔，在医院折腾了几个月才捡回了一条生命。"文革"后他仍带领着他的那群博士、硕士研究生们要把"文革"中失去的时间夺回来。十年中他们一起编出了三百多万字的书稿出版。他亲自动脑筋选目、定本，参与校勘、注释、眉批、集评，撰写或修订题解、前言。可以说，这最后十多年是他最辛苦，也是最愉快，最能出成果的时期，出书、育人最丰富的黄金的晚年！

———————

选自《温州历史人物》，作家出版社1998年版。

一生献给中国戏曲学
——忆舅父王季思

唐湜

季思舅父于四月六日在广州溘然去世。

季思舅父兄弟姐妹八个,我母亲排行第四,季思舅父第五,在四个舅父中,他是我的二舅父。外祖父父子虽两代秀才,可家道并不宽裕。二舅父考上东南大学,三舅父国桢,四舅父国桐就只能念小学,当学徒了。

他上大学中文系时,曲学大师吴梅教授已由北京大学转来东南大学;他就与卢冀野、任二北、唐圭璋、常任侠一起或先后跟着老师拍起了曲子。吴梅不仅以填词、作曲、写杂剧闻名一时,而且唱、念、做无不工妙。在北大任教时,北方昆剧名宿韩世昌、白云生等也都拜在他门下请教。在南京,他也聚集生徒一起在讲室里拍曲高歌,舅父告诉过我,先生常带着男女学生在秦淮河的画舫上一起捺笛"笙歌"兴高采烈。舅父小时就爱看戏,那几年该是他"一生儿"里最"销魂"的时光。

我在上小学、初中时,暑假中常随母亲去外婆家消夏。舅父那时在外地中学教书，也常回家度夏，总带了不少古典戏曲集，如臧晋叔的《元曲选》之类大部头线装书回来，让我囫囵吞枣地吞下了不少。我也常听他放唱片，听杨小楼们唱《训子·刀会》《梳妆·掷戟》或《游园》《夜奔》，一位表弟学得比较好，我只略能哼几句《懒画眉》《新水令》，可也能大致体会到南北曲风格的雄豪或柔美，更沉醉于那种结合旋律的文采的美妙，对古代文士的文采风流神往不已！我在上田村他家的东楼上也读过几个他写的北杂剧，是东大改为中央大学后铅印的散页剧曲习作，当是他在大学里写的"课业"，近似他老师写的那些新杂剧。

大学毕业后，季思舅父先回家乡，在省立第十中学教书。后长期在松江女中任教，曾在松江建立起他的"翠叶庵"书房，藏有读古曲摘录的卡片，研究的参考书也不少。可惜全毁于日寇炮火之下。"八一三"战事起，舅父回乡参加抗战工作。当时他有个小学教员出身的旧友吴国钤任永嘉县（温州）国民党特派员，邀他当县党部秘书，他却支持一些年轻人收集武器，武装人民，组织人民自卫队，并因此与国民党的专员蒋志英大起冲突，在一个大会上公然对骂，而不得不离乡出走。

离开温州后，他来到丽水在处州中学教书。一九三九年初，我也到了丽水，由他介绍去专署政工室工作，那半年多，我星期日常到他家吃午饭。他记着吴梅老师的话，"治曲当从元曲入手"，那时在储存、整理资料，要写一部《西厢五剧注》，是以乾嘉学派的考据方法来注释元人杂剧。这剧里曲文中典故不少，可以查查古书解释清楚，为难的是曲白中有不少蒙古话、北方各地的方言俗语，没地方查考。舅父只好广泛阅读元明人的杂剧、散曲、小令、歌谣、笔记小说，来相互对证，找出它们的含义，有时为了一个古怪的词儿，如《水浒》里朱贵的绰号"旱地忽律"那样的蒙古语，就得大海捞针样在"词山曲海"里搜罗个十天半个月，还不一定能有个结果。要知道那时还是抗战初，工具书奇缺，他是硬下苦功夫，一点一滴地储蓄资料，去写这第一本元杂剧注释的。

他小时与同村的戴家祥教授一起，在瑞安朴学大师孙诒让家寄居读书（他们与孙家是世交），翻读过一些玉海楼有大师眉批的书与手稿，知道大师是如何以乾嘉学派的考证方法作学问的，现在就用这方法来解开元杂剧中的语言之谜。

几年后他来浙大龙泉分校教书，《西厢五剧注》才整理完毕，写出定稿，由一位过去教书的同事郭莽西先生经营的龙吟书屋出版。出版后轰动一时。因为那时厚古薄今，只有为四书五经作集注、集传的，哪会有人为元人杂剧作注释？何况作这破天荒的第一本元杂剧注释，又是那么艰难万分！因此，它一出现就压倒了金圣叹批本，后来陆续增订八次，由开明、中华、人民文学出版社重印了几十次，百余万册；对以后的戏曲校注无疑是第一个辉煌的范本。

抗战胜利后，舅父转到之江大学教书，又转到广州中山大学。解放前夕，中大的一位学生、地下党员被逮捕，据说已秘密判了死刑。地下党派人找他，请他这个老国民党员出面保释这位同学。他答应了，并立即保出了这个学生。当时是特务横行的白色恐怖世界，去为已判了死刑的学生保释是有一定危险的，也许还是特务的一个诡计，可他由于正义感，毅然担承了这个任务。

解放后，因为戏曲联系广大观众，受到国家重视，成了"显学"，他的渊博的戏曲学也更受到重视了，他被推为中文系主任，并一度以文学院代表任中山大学校务委员会副主任。并参加了民盟，出任广州民盟主委。发表了不少学术研究论文，成为当时文坛上最活跃的学者、教授。后来还入了党。

一九五六年，周扬同志发起编写作大学教本的《中国文学史》，宋元明清那一段戏曲分量很重，他是最好的主编人选。他与游国恩、萧涤非等五教授一起主编了《中国文学史》这部经典性大著作，参加编写的还有各地其他教授与北大当时的研究生，如现在的北大中文系主任孙玉石教授等参加讨论、编写，经历多年，才由人民文学出版社出版。

之后，依照这一经验，他带了一批研究生，在他领导的中山大学戏曲研究室和古文献研究所一起工作，由他主编出版了《中国十大古典悲剧集》与《中国十大古典喜剧集》《中国戏曲选》《元杂剧选注》《元散曲选注》《元明清散曲选》《全元戏曲》等大、中型学术著作，也与人合力写出《桃花扇校注》。这些重要的著作都由他领头创意规划，运用他的研究生或后辈同事的集体力量与自己合力完成，又由他亲自严加审核定稿，交出版社出版的，学术意义很大。

直至耄耋之年，他还继《玉轮轩曲论》之后写出了《玉轮轩曲论新编》《玉轮轩戏曲新论》等论著，也有一定影响。至于他以前考定《西厢记》作者，写出了一系列研究《西厢记》的重要专著与论文，如《从〈莺莺传〉到〈西厢记〉》（上海古典文学出版社，一九五五年出版），《从〈凤求凰〉到〈西厢记〉》（《文学遗产》一九八〇年一期）与一系列论关汉卿与汤显祖的论著，更带头阐明了这些剧诗的历史内容与战斗意义，也培育了一大批新一代的戏曲学者，继续进行传统戏曲的研究，阐扬其伟大的战斗性与深刻的艺术性。

季思舅父一生为人正直，生活简朴，在古典文学研究，特别是戏曲研究领域内写了百万字的论著，有着光辉的意义。前几年寄来《王季思学术论著自选集》（一九九一年北京师院出版社版）、《王季思从教七十周年纪念文集》（中山大学出版社一九九三年版）与《玉轮轩前后集》，从后面所附的《著作年表》与《学术论著简表》看来，他对国家与人民是作出了十分丰富的重大学术贡献的，他的逝世是我们国家学术界的重大损失。

原载《温州晚报》1996 年 10 月 22 日。

王季思和陈寅恪走的是不同的路

王兆凯

王兆凯,一个精神矍铄、性情率直、说话中气十足的七十九岁老人。"是什么就是什么。我们对人要负责任,无论是活着的人还是去世的。"十月二十四日,王兆凯向记者细述父亲的家庭、婚姻、事业,甚至包括他认为的王季思的不足之处。不虚美、不隐恶,从王兆凯的话锋中依稀可以感受当年"王老虎"的性情。由于有些内容事关他人隐私,故略去不表。

王季思自白

我最喜欢的一句格言:并力一向,千里杀将

我最反感的一句话:人无横财不富,马无夜草不肥

我最珍视的品德:乐于助人

我最讨厌的现象:以权谋私

我最想推荐的一本书:《西厢记》

我最喜欢的一首歌:《十五的月亮》

我最喜欢的花卉：水仙花

我最喜欢的一项体育运动：网球

我最喜欢的颜色：绿色

大部分精力放在学问上

南方日报：王季思非常爱护学生人所共知，不知道他对家庭的态度怎样？

王兆凯：他把大部分的精力放在学问和教学上，放在扶助青年上。受过他提携的学生、年轻学者不少。他是个很有成就的学者，这是无可否认的。

对子女的话，他没有花很多的精力去扶助或者引导。我们的专业是自己选择的，他从来没有建议。只有最小的女儿王小雷，因为父亲和她的母亲年岁差距比较大，所以对她特别疼爱。

另外，你说这个人是爱国主义者、民族主义者，这我都不否认。你说他是一个很好的老师，他带出了一支队伍，带出了一个班子，这些都不可否认。但你说他是一个对感情很负责任的人，你要这么说，我也不反对，但我是不认可的。

南方日报：王季思病榻上的很多诗歌是你誊录的。

王兆凯：是，他已经不能写了，眼睛看不见，手抖写不了。我就听，含糊不清的话也能听懂，然后写下来，念给他听，是不是那么回事？哪些字错了，再改。再念给他听，没有问题，就发到报刊。不管写得好不好，人家都出。

南方日报：王小雷在《文字商量之乐》一文中说"爸爸的最后几年有意识地用诗词文章来证明他的生存"。

王兆凯：生存意义啊？！现在问题是这样。你只要把他解放之前和解放之后的诗词作个对比，解放以前他的屁股是坐在哪里，他坐在百姓那边，平民那边，反映他们的疾苦，解放以后，写的那种，什么在灿烂的阳光下，今天是好日子，明天是好日子，后天还是好日子，这种应景的诗词，他本身也是很痛苦的。

南方日报：王季思也说他在大学教书之后，脱离了广大群众，反映现实的诗作越来越少。

王兆凯：对，他（解放之后）写的那些诗词寄给报馆，他说写的是应景之作，不得已而为之，能不发表更好。我昨天还整理了，他亲笔写在那里。他没有办法。他以前是个创作很多的人，前线去，底层也去，也有人赞同，也有人反对，但没有说这样不能写，那样不能写。

"王老虎"因反内战被解聘

南方日报：王季思年轻的时候被人称为"王老虎"。

王兆凯：王老虎呢，是当年王季思和夏承焘住浙大龙泉分校一个房间，王季思中午睡着了，趴在桌上，影子投在墙上，夏承焘用粉笔画出来就像个老虎，然后就传出去了。

南方日报：王季思的脾气和这个外号，还是比较接近的。

王兆凯：年轻的时候应该是的。一九四二年，他在浙大龙泉分校，做训导主任，训导主任是管思想、管行为的。光复之后，一九四六年，浙大龙泉分校搬回去。很多人还认为，分校的师资水平比本校差多了，其实荒唐得很。龙泉分校出了王季思、夏承焘、徐震堮……不光老师过硬，学生也过硬啊，现在很多学生在华东师大（任教）。当然，你可以说这是文人相轻。

南方日报：他一九四八年离开杭州南下广州，是不是文人相轻的原因？

王兆凯：不是。当时，浙大的教授，因为通货膨胀，但工资没有适当的调整，因此搞了罢教，然后到街上去摆摊，卖皮鞋、卖长衫、反饥饿、反内战、要求调整工资，要求提薪。那个时候，（这些教授）写过一些什么宣言，罢教宣言、停课宣言，要求解决待遇问题。他是经常写文章的，也是一个好的写手，大部分都是他起草的，最后就被解聘了。然后到之江大学去了，之江大学是教会学校，但是学术水平就谈不上了。中大刘节就是温州人，大家彼此了解，就邀请他过来，中大也接受他。

凡人有的欲望他都有

南方日报：请您看看这个，这是南方日报七月八日刊出的第二批世纪广东学人名单的报纸名单。

王兆凯:"移一时之风气,示来者以规则"。这个很难的。要大力提倡的是陈寅恪的"独立之精神,自由之思想"。我现在思考的应该是,知识分子是怎样被驯化的?

你们年轻人不知道我们走过的路,我今年七十九岁,王则柯六十九岁……像现在的朝鲜,是解放还是奴役……沈从文去故宫搞文物,曹禺再也写不出《雷雨》。

中大东南区一号,大钟楼对面,楼上就是陈寅恪,楼下就是王起王季思,你知道吗?

南方日报:两家关系怎么样?

王兆凯:两家关系,《陈寅恪最后二十年》一书的作者不是写了嘛,"鸡犬相闻,老死不相往来"。就我来说,陈寅恪的形象远比王季思的高大。现在,就是要用"独立之精神,自由之思想"这两句话来挽救中国的知识分子,中国的知识界。

南方日报:黄天骥教授回忆说,"当年,我去拜访他,他常提醒我说话声音要轻一点,以免影响楼上的陈老先生。我知道,他对陈寅恪教授由衷地敬佩"。

王兆凯:这个没有问题。但是王季思走的,和陈寅恪走的是不同的路。王季思走的是驯服的路。

南方日报:你认为王季思是驯服的路?他自己不认为是这样的。

王兆凯:他没有办法,因为他知道,以前他被浙大解聘了,可以到之江大学,可以到中大;如果解放后中大解聘他了,没有一个大学会接收他。

南方日报:那为什么他在"文革"会被打成"反动学术权威"?

王兆凯:那是一种驯服的手段。也就是说你是有辫子的。你不要忘了你参加过国民党,你曾经是国民党县党部秘书。

南方日报:你最想让人记住王季思的是什么?

王兆凯:最想让人记住的,他是一个人、一个平凡的人、一个学者、一个出色的学者。凡人有的欲望他都有。

他在学术上确实是下了功夫的,研究问题很透。他研究元曲的时候,会去研究《元典章》,就是元朝的法律。研究中国古典戏曲的现实意义是什么,研究古典戏曲,对我们研究今天的社会是有意义的,它在今天是有投影的,或者说是有影响在的。

原载《南方日报》2011年11月25日,收录时经作者校读阅定。

父爱伴我终生

王美娜

抗战末期,爸爸从外地回到温州永嘉乡下的家。一天傍晚,雨过天晴,空气清爽,晚霞诱人,爸爸特别兴奋,带我到田间去散步。爸爸问我喜欢那晚霞吗?我说:"我想要一件那样颜色的跳舞衣。"爸爸说:"等抗战胜利后,爸爸给你买一件。"后来温州沦陷,妈妈怀了弟弟则楚,行动不便,爸爸就带了二哥大兆和我到浙南山区龙川的中学任教,让我们继续上小学。龙川气候阴霾多雨,犹如多灾多难的沦陷区。同样有一天,雨过天晴,爸爸虽也带我到田间走了走,却高兴不起来。他思念在沦陷区的家人。以后就写了那首诗《我家娇女吟》,抒发了对身边二女的爱和对沦陷区亲人的思念。我每每读起,都深深地感受到那字里行间美丽的父爱。附:

我家娇女吟

吾家美娜年十岁,一种娇痴世无比:

惯搜断锦剪鞋花,巧织残绒作帽穗。
美娜爱唱歌,歌声清如水;
萍间细浪生,柳下轻风起。
美娜爱跳舞,舞学燕翩翩:
侧身冲花雨,衣角卷春烟。
今年六月我东归,美娜要做跳舞衣。
我指雨后霞,问她"可美丽?
你要哪一块,爸爸剪给你。"
美娜谓爸爸,要剪剪两块:
"要那银红水绉作下幅,要那雪青软缎裁上衣。"
七月鬼子到永嘉,大家小家乱如麻。
美娜对着城里嘟嘟嘴,爸爸听懂这无声的话。
自我来龙川,十日九风雨。
一雨便思家,家人知何许?
今朝山嘴忽放晴,彩云浴日倍鲜明。
美娜对此定更恼,跳舞衣儿做未成。
美娜美娜莫懊恼,天然颜色人难到;
但愿东洋小鬼早出局,爸和你飞上霞天跳一曲。

(后收入父亲《玉轮轩前集》,第 169 页)

我们的父母非常重视子女的教育,不分男女。抗战刚胜利,父母就送我到温州的三希小学住校读书。每当周末,我步行回家，途中要路过不远处的坟地，坟地里有一个棚，像江南河上小船的半圆柱形的棚，傍晚时分望去，里面有两个黑色的人影在动，我很害怕，加快了步伐，又似后面有人跟。我匆匆回到家，倚在父亲的怀里，叙说那经历。父亲抚慰我说：鬼是没有的，以后再经过时你就眼盯着坟地走。这样做了果然就不害怕了。

在兄弟姐妹中，我的智商较差，成绩也差。爸爸是很爱才的，然而他对我这个女儿却格外地爱护。这给了我极大的温暖和力量，使我加倍地努力。记得小学六年级时，几位上海亲戚来访，全家和他们一起去游西湖，我却执意独自留在家里复习功课备考中学。后来我考上了杭州弘道女中。那是一九四八年夏，父亲受聘广州中山大学，全家迁往广州中大。为了我的学业，父母让我独自一人留在杭州，在弘道女中住校读初一。我好想家。一次爸爸让他的朋友来学校看我，我见了熟人就转过身去抹眼泪。女中管理很严，我常常晚上在熄灯以后，还要在严实的被窝里用电筒照着书本读书。就这样成绩还是平平的。

学期结束了，我辗转上海四叔家，然后坐船到福州的三叔家，父亲亲自到福州来接我。我们乘坐小飞机到香港，再坐火车到广州。我转学到在广州的惠爱路和文明路之间中大一校区的中大附中续读。我们家也在那区里。次年，父亲举家搬到石牌中大校区，我在附中寄宿，直到一九五四年中学毕业。解放后，为了追求进步，我热心社会工作，占去很多时间，学习成绩总是刚刚及格。记得初三学期结束时，我战战兢兢地把成绩单交给父母，等待着他们那不满意的言语，却等来了："美娜是很用功的。"我的泪水夺眶而出，接过成绩单跑到别的房间里索性哭个痛快，也痛下决心。我就是这样在双亲的爱抚鼓励下，以加倍的用功考上清华的。

中学毕业时我准备考中戏，还准备了小品。一次我问爸爸一个文学问题，他耐心又深入浅出地给我讲解，我像是上了一堂非常生动的课，顿时对文学产生兴趣。我多希望经常享受父亲的教导。然而一切都晚了。由于种种客观的原因，我最后被安排了考工科。我北上读书。从此就学习和生活在了遥远的北方，就此无缘文学。我自小学五年开始就住校，很少走读，那次父亲的讲解，是我唯一的一次接受这个文豪家庭的文学熏陶。

一九五八年夏，我接到家信，说妈妈得胃癌病重，很想见我，我当即决定请假回广州，也因此错过了毕业实习。我赶到病房看到妈妈那瘦得皮包骨的身体，情不自禁地跪在妈妈床边拉着她的手哭了起来。妈妈反而安慰我说：刚动了手术，好多了。我问了医生，他说打开胸腔后，癌已转移，晚期了，恐怕坚持不到一个月了，尽量给她做好吃的。我每天从早到晚陪伴在妈妈身边，为她带去她喜欢吃的鸡汤、猪肝汤等。当时爸爸在参加人大或政协会议，抽空就来看望妈妈。爸爸和妈妈是自由恋爱的，他们冲破封建枷锁，不顾长辈的反对，私奔到松江女中成立了家庭，自然感情很深，妈妈病危像晴天霹雳，爸爸甚至不能自已,一次骑车回家撞到了树上。被打成右派的大哥,只能请假来看望几天,身不由己地回单位了。弟妹们都还小,我就成了这个家的主心骨了。家事和后事繁多,我忙得顾不上悲哀了。可后来返京,每每暑期回家时,一想到妈妈就总也哭不够,好像要把那因烦事而没有释放的悲伤放个痛快。爸爸总安慰我。一次爸爸坐在我身边搂着我说:"你不能老这样,特别是你现在身有孕,会影响胎儿的。"母亲走后,父亲对我们格外地亲,好像要把失去的母爱也补给我们。

一九六九年末,我接继母来信说父亲的胃串到了锁骨,要动大手术。在那个恐怖的年代,我被打成学校里最大的资产阶级知识分子、反动学术权威的女儿和漏网右派,我看着信(那时的信都是寄到单位的)都不敢在众人面前流露悲情,跑到厕所里去流泪,更无法提请假的事。我默默地在心里为父亲祷告,愿他平安。

一九七二年寒假,形势稍好,知道父亲已从军管返家了。我趁寒假带了两个孩子(女儿九岁,儿子四岁)从冰天雪地的哈尔滨坐了四十多小时(当时买不起卧票)的火车,到了绿叶葱葱的广州。不料爸爸出现在月台上,亲自来接我们,我真是喜出望外。在我想象中他动了大手术才两年多,还断了两根肋骨,不知会怎样呢。我们住在父亲家,他照顾我们无微不至。他给我钱,让我去买海鲜,可就是没有卖的。父亲说:那些海鲜都哪儿去了?我买了一只大活鹅。父亲让我到附近的一家烧烤店去加工，加工费才两毛钱，其实他们要的是那厚厚的鹅绒毛。我把一只热乎乎香喷喷的烤鹅拿到家时，把两个孩子乐坏了，全家乐融融，父亲拿出绍兴花雕酒来助兴。一次，我的小钱夹被小偷偷走，里面有六块多钱，在那个穷困年代，我心疼了，父亲让我把多年攒下的旧报纸和酒瓶等拿去卖给废品站，用卖得的钱补上我的损失。我要带孩子回哈尔滨了，父亲心疼我来时的那双肿胀的腿脚，给钱让我买了两张卧铺票。我的鼻头一酸，泪水涌出来了。

一九九〇年八月底，继母去世。我要调到广州工作，好兼顾照料爸爸。由于父亲的学生的努力和我附中校友的帮忙，广州方面很快给我和我先生寄来"手续"，但因我先生正任哈尔滨量具厂厂长（一个近万人的大厂），一时难以脱身，手续办得较慢。爸爸无人照顾，急需中，番禺的大哥嫂调广州去了。哥嫂对爸爸照顾很周到，但我这个爸爸疼爱的女儿却没能在爸爸最需要的岁月尽孝，我感到不能原谅的愧疚。这以后我每年暑假都去看望父亲。父亲常吩咐哥嫂为我买海鲜，说我在北方吃不到。他常对我提起已故多年的妈妈，说："你妈妈不但很会持家，邻里关系也很好，一九五八年，为她送葬的队伍很长，很多人我都不认识。"他心里有着妈妈，让我感到亲切和温暖。一次我攒了些钱，共两千元，对爸爸讲，我一直也没有尽孝，这是我的一点点心意，爸爸顿时失声红着眼圈对我讲，你们不容易，我不需要，你来看我就很高兴了。

一九九五年夏，我到广州去，和父亲整整生活了一个半月。这是我一九五四年上大学后在爸爸身边生活最长的时段。即使在爸爸不能说话的情况下，我懂得爸爸的眼神，依然感受到爸爸对我的深爱。

一九九六年四月六日，在波士顿读书的妹妹小雷来郊区我女儿家，告诉我爸爸去世的噩耗。她把我接到波士顿，我们在公园和饭店里，相互流泪哭泣和安慰。然而我四月下旬回国的减价机票不能更改。小雷刚从广州回来不久，我俩都有些身不由己，没能及时去为父亲送行。这使我一想起来就愧疚心痛，是我永远的遗憾。

按父亲的遗嘱，他的骨灰的一半埋在广州，另一半埋在温州。我分别去了这两处看望了爸爸。在温州我带去了他很喜欢的花雕酒和绿豆糕。我默默地怀念，泪水和花雕酒一起洒在了坟土中。

后来我移居美国。我请书法家薛士圻为我抄写爸爸的《我家娇女诗》，并加以裱糊，挂在我的住房的墙上。

父亲的爱越沉淀越厚重。最近八十八岁耄耋的我试着背诵《我家娇女吟》。我要把一字一句牢牢地印在心里，直到走完人生。我斟酌着每句每词，越背越感受到诗的美丽和用词的功力。

啊！父爱如山，伴我终生。

没有退路的路

王丽娜

一九三〇年冬,浙江温州朔门外瓯江码头,停泊着一艘"飞鲸"轮。甲板上的旅客频频地与码头上的亲朋挥手的挥手,喊话的喊话,好不热闹。船舱里有一位少妇,身穿银灰色的旗袍,一直默默不语。她好几次想登上船梯,走上甲板,却每次都止步,每次都退了下来。她在等待、期盼她的爱人,却又怕被家人发现。然而,一直到汽笛响了,还不见他来。她闭上了那双大眼睛,低埋着头,不愿让人看到她那涌出的泪水。

汽笛响了最后一声长鸣,船体开始移动、离岸!说时迟那时快,一位身穿长衫的书生拼命地跑过来,撩起长衫就向轮船跳去,吓坏了甲板上的旅客。幸好他抓住了栏杆,在船员的帮助下,跨上了甲板。没有道谢,没有看一眼故乡——温州,就直往船舱里钻,好像只有这样才能躲过那只抓人的手!他,就是我的父亲——王季思。策划了震惊小城温州的逃婚事件,祖父气得吹胡子,拍台子,可过些时也就算了。外公气得三个月没出家门一步，到死也没原谅我母亲。从此，我的父母并肩走上了崎岖的人生旅程。

今天，八十七岁的父亲在《我大半生治元曲回顾》中说："我怎样完成《西厢五剧注》？首先得感谢前妻徐碧霞，她与我对《西厢记》有共同的爱好，后来又双双逃婚，也走上记中人物类似的道路。（难怪听说当时温州人流传着"张生跳墙，王生跳船"的趣谈——笔者）但我们有共同的事业，远大的目标。"逃婚前，我的父母曾到江心屿拜谒文天祥祠，父亲写下了一首《贺新郎》词，其中有这样两句：

南渡兴亡如梦去，峙中流剩此残碑碣。家国恨，何时歇？
各有千秋心事在，对灵祠未忍匆匆别。指江水，誓同穴！

当时我母亲是小学教师，父亲是中学教师，他们对祖国的教育事业都怀有美好的愿望，这样广阔的胸怀，绝不是历史传说中的张生、莺莺等人物可以想象的。

"飞鲸"轮离开瓯江驶向大海，我的父母才敢走出船舱，呼吸那自由的空气。在甲板上，海阔天空，鸥鸟翱翔。终于挣脱了封建婚姻枷锁的一对青年人，互相和词、对诗：

三五夜月朗风清，与卿同梦；
九万里天空海阔，容我双飞。

这副对子，是他们逃婚之夜的爱情结晶。解放初期，夏承焘伯伯来广州时，特地为我父母挥毫。母亲觉得这副对子只属于她和父亲的，故不愿意挂在客厅，一直挂在饭厅，表示他们的每饭不忘。很可惜，这副对联被毁于"文革"的一把火。火能烧掉一切，却无法烧掉记忆，它一直珍藏在父亲的心里。

离开温州，年轻的父母辗转于苏州、南京、宣城、松江、丽水、龙泉等地，其间我们兄弟姐妹相继来到世上。为了维持家计，父亲经常是在这个学校上国文课，又兼另一学校的历史、地理课，母亲为他誊写讲稿，摘录资料。在共同的教育事业中，增加了夫妻之爱和人生的乐趣。父亲说这些不得已的课，无形中又开拓了视野，活跃了思路，对他后来的研究工作是大有裨益的。父亲在松江女子中学任教六年，从喜欢《西厢记》转入研究《西厢记》，母亲每每以女人的身份谈谈莺莺的感受，算是共同讨论吧。在男不读《水浒》、女不看《西厢》的时代，不少人劝告父亲不如去研究唐诗、宋词，而母亲与父亲的讨论，不能不说是最大的支持。时至今日，半个多世纪过去了，父亲仍说"我研究《西厢记》，首先要感谢前妻徐碧霞"。此话的丰富内涵，只有我们兄弟姐妹成家立业之后，才逐渐理解。

父亲在足球场上是前锋，在网球场上也是高手。松江女中的网球冠军常和父亲一起练球，他们还曾在男女混合双打中取得胜利。在那禁锢的年代，男女经常相处，总不免引来闲言碎语。母亲非但没有为难那位女同学,还请她当我二姐的干妈,只是轻言细语地提醒父亲:"女子中学最忌讳这种事,而我们是没有任何退路的。"母亲与那位女同学一直以朋友相待,至今我家还有她抱着我二姐的照片呢。

一九四八年父亲到广州中山大学任教,本来是准备干一段再回江浙一带的。由于党委书记冯乃超、校长许崇清对知识分子的信任,学生对父亲的爱戴,加之外祖父一直不许母亲回娘家,母亲自然也不愿意回江浙。就这样,我们一家在南国生根了。远离亲朋,应酬也少了,父亲又继续因战火中断了十多年的《西厢记》研究工作。

为了支持父亲的工作,妈妈没有继续当小学教师。而爸每次去上课,妈妈总是给他准备好公文包,检查衣服是否干净,扣子是否都已扣好,甚至连手帕也亲自放进爸爸的上衣口袋里。她是否认为上好每一堂课,就是在没有退路的路上又向前迈了一步?

父亲爱学生,母亲亦然。解放前夕,生活困苦,全家有时只能喝稀饭。爸爸要是留下学生,母亲就多加一双筷子,十分自然、亲切。澳大利亚的林子良先生,每次回国都要来看望父亲,前年还特地到中大坟场看望我母亲,他说在中山大学借读、住在我家时,母亲待他如亲子。

为了抚养我们,母亲全心理家。一双粗糙而灵巧的手,旧衣服翻个面就是过年的新衣,哥哥的衣服破了,改给弟弟穿,毛衣年年拆洗、年年织，烂线头就织成花手套、花毛袜……一解放，母亲就是中山大学家属委员会副主任，这义务工作一直干到她一九五八年离世。她如何善待工友家属，我不清楚，只记得一九五八年她住院的前一天，还艰难地从床上爬起来，为朋友裁衣服。在"红海洋"的年代无法买到红油漆，我只好跟来家修水电的老伯说，我想买点红油漆把母亲墓碑上的字重新填一填。第二天清早，家门口就摆着一瓶用药瓶装的红油漆，旁边还有一支红毛笔。至今，我每次去扫墓，总有老人提起她。

文人好吃。父亲想家乡的黄酒，母亲就亲自做黄酒。家门前两张大席子上晒满了黄黄的酒曲，酒香飘得老远老远。在石牌中山大学旧址，我们开荒种了一大片土豆，还养了山羊，鸡鸭就更不用说了。每到过年，妈妈在厨房除了蒸年糕、做米花糖、炸油角，还同时蒸腊鸡、腊鸭。父亲闻到香味，会从书房溜到母亲背后偷吃哩。有一天，菜园里冒出一丛灰色的蘑菇，妈妈用银筷试了试，无毒，一家人美美地吃了一餐。有一次抓到只大老鼠，爸爸将它钉在长凳上解剖，经过妈妈一番料理，又是爸爸桌前一道上等的下酒菜。苦中之乐，才是最甘醇的。

一九五七年，《西厢记注释》终于出版了。拿到稿费，母亲首先给爸爸定做了三个书橱，还买了一部《四部丛刊初集》，这三个书橱至今还陪伴着年迈的父亲。

这条没有退路的路，终于被我父母走过来了！这是可以视为勇敢而坚毅的，因为不是一时一事，而是一生一世。如今说谁要是被人"置于死地而后快"时,父亲会轻轻地说:"置于死地而后生,这才显示人的生命力!"

是啊,自从我父母迈出逃婚这一步,就几乎被封建礼教置于死地了。然而他们不仅活过来了,还创造了一片新天地。跳船的王生对《西厢记》的研究,元曲的研究,不仅在大陆、在台湾,在国际上也是有一定分量的。

原载《随笔》1992 年第 1 期,收录时经作者校读阅定。

父亲王起的几次来信

王丽娜

我的父亲,南方人称他为王起,北方人称呼他为季思。

这里说的父亲的第一封信,写于一九六九年冬。在武汉工作的我接爸爸来信,是姜阿姨写的内容,爸爸最后只签了字。信上说爸爸的胃跑到第一肋骨,要做胸腹腔同时打开的大手术。我以为是从下往上数,我的校医好友告诉我,是跑到锁骨了!也就是说爸爸胃痛捂着肚子,而胃却在锁骨!吓得我带东东和半岁不到的岚岚冲到广州。

当时没高铁,我带俩孩子坐了十五六个小时才到广州站。爸爸已经住院准备手术。在病房,爸爸一看见我,眼圈鼻头就红了,满盈的泪珠滑落下来,嘴角却是上翘,是笑型。我的鼻子一酸,视线模糊了,就这样我们多年的隔阂瞬间融化了。

只听说过胃穿孔、肠穿孔、肺有空洞,父亲的横膈膜怎么会穿孔的?!母亲还在时,爸爸的胃就做过部分切除。母亲仙游(黄天骥语)后,爸爸晚间工作后的补充食物——三合粉由我制作。将黄豆和米炒熟，用手推石磨磨成粉，放到铁罐里。爸饿了挖一勺，热水瓶里开水一冲就行了。这也是我大学假期回家的一项任务。当然父亲另组家庭就没我的事了。

好好的胃怎么会跑到锁骨处！原来爸被揪斗时被学生用重物打断三根肋骨……没得到及时治疗，打断的肋骨戳穿了横膈膜！直至胃痛得难以忍受，经检查才发现胃已经跑到锁骨处！

听说一位不知是捷克还是罗马尼亚的外宾也得这样的病，急忙飞回欧洲治疗。爸是反动学术权威，而医院的反动权威都在下乡劳动。一九六九年时父亲已是六十多岁的人，胸腔腹腔同时打开，这是多可怕的手术啊。父亲估计自己会在手术台上过去的。还对我说起大字报里还有人批评他，说他对我们几个兄弟姐妹不好。

我猜想是中大的工友写的。一九四九年后，妈妈一直是中山大学家属委员会的义务主任，为工友们办了不少功德无量的事。所以一九五八年妈妈离世，父亲都想不到我们母亲的送葬队伍会那么长，那是中大的工友们来为母亲送最后一程。"文革"时期我回家，跟一位工友大叔说起想买一点红油漆，给母亲的墓碑上的字上色，可哪里都买不到……第二天一早，我们家东南区一号的石台阶上，就放了一小瓶红油漆和一支毛笔。离母亲过世已经十多年了，工友们还记得她！

则楚弟《我的母亲》发表后，还有中大家属补充母亲许多不为人知的善行。则楚弟曾说母亲离世，父亲在北大编教材，哥姐都北上，工作的工作、读书的读书，只他一人，一个十来岁的少年在广州。则楚说自己是在中大那些妈妈的生前的朋友——叔叔阿姨的关照下成长的。

父亲动手术前几天，四叔从香港过来，向医院了解情况。他和我谈起搅动了六亿男女老少、上下左右的天翻地覆事情，四叔说了温州话："qi 水倒！"qi 在温州话里的意思是提的动作。也就是说：提起一桶水又倒掉，提起一桶水又倒掉……反复地做。

四叔问我想吃什么？我脱口而出："虾！"四叔要了一大盘虾，可见不到虾头也见不到虾尾，是大拇指一般粗的圆粒，是虾肉！那虾该是有多大啊。在武汉哪见过？

因为是反动权威，手术后一周，六十多岁的老人就下床倒痰盂拖地板。太不近人情。可坏事也变成好事，这么大的手术，父亲却没有得肠粘连。

一九六九年底父亲做大手术时，家已被赶出东南区一号。爸爸就住在当时编号东北区二十九号，与刘节先生一家分住二楼，一楼是别人家。上周则柯带我去参观了。现在编号是三百三十二号，是一装修考究的研究院。当时也是木地板。刘师母曾随刘节先生东渡日本，很有日本独幕剧《飞来的新娘子》里日本女子的味道。

在石牌，我们去他家，刘伯伯开门，刘师母总站在刘伯伯后面的。刘师母冬天穿灰格子长裙，发小刘颂曾告诉我，他母亲告诉他，穿裙子比穿大棉裤暖和，因为自成一个温度空间。我才明白俄罗斯妇女为什么穿长裙、阿拉伯人为什么穿长袍啦。

六九年冬的刘师母当然没穿长裙。她靠在缝纫组工作的收入生活……那年刘师母请我吃过马铃瓜，那是一种小型腰鼓形的西瓜。我也希冀于她买两根菜心，用一根水草绑着从菜场拎回来。是物资匮乏？还是广州人生活如早茶的一种精致？

那不得安宁提心吊胆的年月，被抄家，还被逼迁了好几次家，越搬家越小，有一次还搬到一个小池塘边的一楼。每次搬家都不得不处理许多藏书和物件。小时候看到的比现在手机大一点的好几摞发黄的线装书和深蓝色线装书都不知去向。

我要提到的第二封信写于一九八一年，则柯弟通过考核，被派往美国普林斯顿大学做访问学者。父亲来信告诉我这个好消息，希望我能来送他。可最后他又在信尾加一句，你可以不用来。老爷子这是什么意思啊？我理解，希望我南下送送则柯是爸爸的本意，最后加的一句是他有为难之处，是无奈。

我不管三七二十一，把两孩子交给好友伍安琪医生，买了一张硬座，坐了十几个小时到广州。去到则柯家，看到我双脚都肿了，弟弟扭头就泣不成声。在机场的围栏外，我和美灵看着则柯乘坐的航班起飞。要飞越浩瀚的太平洋，担心是难免的。美灵额头中间有一道平时看不见的印子，一激动一道红色就显现。就如《柜中缘》中岳雷的扮相中，化妆师会手点一些胭脂，从眉心向上抹一道红，英俊之气霎时凸显。这一抹画龙点睛之笔，我在美灵的脸上得到了验证。目睹飞机远去，一道红晕冲上美灵的额头，阳光下晶莹的泪珠，就断线了。

父亲命大。为抢回被耽误的十年。他忙着招研究生、博士生，组建学术梯队。学生论文的每一个字，他都趴在桌上一一过目。哪怕是大热天，他也要戴着厚厚的口罩接住控制不住的涎水，以免口水滴脏了文稿。美娜姐还为此特地给爸改制了比较狭窄的口罩。

一九八九年要他写检查。数次检查都不予通过。我从深圳回广州。看到爸爸落了形，听姜阿姨说八十多岁的爸身体不适，检讨会就开到家里来。真拿他们没办法！我平静地对爸爸说，怎么是你拿他们没办法？应该是他们拿你没办法。他们没办法把你从图书馆里搬出去。至此，爸爸再也不写检查了。

当然，权在手的那些人使出绝招，掐断了父亲的第三条生命线，不让他带博士生！老年的父亲曾写文展示自己有三条命：一、有限的生命；二、学术的生命；三、薪火相传的教学生命。这第三条生命是他的精神支柱。我曾抱怨父亲："爱弟子胜过爱子弟。"父亲笑笑不作答。现在我理解了。剥夺父亲教学权这一招真毒啊！

还有一信是为了父亲从教七十周年大会，父亲给深圳的我来信，因他气息不够，口齿不清，让我替他致答谢词。届时却又变化了，可能是弟子们为了平衡起见吧，父亲毕竟有三任妻子，因而没有一位有血缘关系的上台去致意，上去的是几位薪火相传的小朋友。司仪是中文系的语言老师陈大海。他一念，整一个悼词调，我的眼泪啪啦啪啦往下掉，满台的花篮似乎变成了花圈。我对旁边的老师讲："怎么可以这样？！"他马上跑到台上做了提醒。大会结束，我推着爸的轮椅出来，好多人围着他。我说：爸，你活着追悼会就开啦。都听见啦！不久三辣子（父亲对我的昵称）此出格的话就传到了我的母校上海戏剧学院。

父亲生前就交待不开追悼会，也不举办什么遗体告别。我们子女也都尊重老人的意愿。可最后，为了给外界一个所谓交待，还是违背老人和亲属的意愿，进行了遗体告别。

父亲认为在那失去理智的疯狂年月年轻人犯了错误，不能全怪某些学生个人。后来父亲还收批斗过他的学生为自己的助手。一九九六年父亲最后的告别会上，此人失控，哭得痛心疾首……

这让我想起俄国克雷洛夫的一则寓言《铁板上的熊》。熊在铁板上拼命地跳，是有人在铁板下点着红红的炭火。多么残酷的把戏啊。

二〇二一年三月七日

原载《记忆》2021年3月16日，收录时经作者校读阅定。

与父亲在北大

王则柯

不知道为什么,在我的兄弟姐妹之间,唯独我对这个大家庭的家庭观念比较薄弱。十一岁小学毕业,我就自作主张,要考寄宿学校,希望早日"离开"家庭,过比较独立的生活。其实是离不开的,不过我的确有这样的倾向。不说六年中学我都住校,还是在初中一年级的时候,我就曾经连续三个周末没有回家,虽然都在同一个城市,交通也非常方便。但这并不是我跟家里闹别扭,而是觉得要这样锻炼自己。

至于我和父亲之间,也没有我的兄弟姐妹对父亲那么亲切。检讨自己,有一个因素,就是不知不觉之中,中了"科学主义"的毒,幼稚地认为,无论文学、戏曲怎么伟大,也不能富国强兵,小姐下一段楼梯这么点事情却可以说唱个半天的评弹,更是没耐心欣赏。

其实在我就读北大的时候,父亲至少两次到北大工作。最近看到黄天骥先生写我父亲和董每戡先生的文章《往事未必如烟》

（《同舟共进》二〇一二年第五期第五十六页），谈到一九九三年，时任北京大学中文系主任的孙玉石教授来广州参加我父亲从教七十年的庆祝活动，致辞说"王老师是中大的光荣，也是北大的光荣"。这使我猛醒，不应该在拙著《五十年前读北大》的北大生活回忆中，完全忽略同时期父亲曾经在北大工作的事实。不过，中毒"科学主义"，是后悔不回来的。所以，下面的回忆，很惭愧基本上也只限于非学术方面。也许略略可以有助于体会一点当时的社会环境及其变迁吧。

我父亲王起，字季思，是中山大学中文系教授。在我入学北大以后不久，父亲就应邀到北大讲学一个时期。父亲的到达和离去，我似乎都并不知觉——也可能是对我说过的，但是当时不会想到接送，他自己来自己去就是了，也就没有在意具体的到达和离去。只记得他住在北大最北边的专家招待所，用一个套间。外间是比较大的书房，首先是比较大的书桌，其次还有便于接待访客的椅子和小茶几，内间是卧室，里面有浴室和洗手间，都比较考究。据说当初北京大学修建这个专家招待所，目标住客主要是苏联专家。

一九六〇年春天的一天，父亲召集我大哥、美娜姐和我，一起在专家招待所的餐厅吃晚饭。我进入专家招待所说明来意以后，前台的"老头"回应说："哦，少爷来啦。"这让我感到很不舒服，也是我后来基本上不再走进专家招待所的一个原因。当然，这也反映出我心理有点脆弱。

餐厅在专家招待所向东延伸过去的独立部分。餐厅的女侍应过来招呼的时候，看到我父亲的三个子女来了，对我父亲说："王先生好福气啊。"这就不那么刺激，虽然当时我其实并不很明白什么叫做福气。

那顿饭吃的是比较好的，三四个菜，白面小馒头，好像还有汤。相当于现在温饱解决以后大家平常吃饭的平均水平吧，肯定远远没有达到现在偶尔讲讲排场结果剩菜不少的程度。事实上我们饭菜都吃得很干净。

不过第二天，我就拉肚子了。这虽然没有料到，却也并不奇怪，因为转入一九六〇年以来，学生的伙食已经基本上没有油水了。几个月没有油水，忽然一天吃得像现在一样颇有油水，肠胃马上受不了。这也是我在《五十年前读北大》中说不喜欢集中一顿吃得特别好的原因，喜欢均匀一些的伙食，摊开来吃。

一次，有人托我送一份东西给父亲，我辗转在吴组缃先生的寓所找到他。吴先生住在朗润园一带一座四合院平房里面。我找进去的时候，吴先生正在与父亲议论什么事情。我听得吴先生说："我是不求有功，但求无过。"这恐怕也是当时大学者们的普遍心态吧。别的我都听不懂。

大约在一九六二年，父亲又来到北大。这次是教育部的课题，从全国高校组织力量，由游国恩、王起、萧涤非、季镇淮、费振刚领衔，编写《中国文学史》。这次父亲在北大工作的时间更长。一次在父亲工作的房间，一位三十岁光景的壮实男子送进来一沓资料。他走了以后，父亲跟我说，这位年轻教师被划为右派，不过他学问扎实，所以请他来编写组，参与资料工作。现在想不起那年轻右派的名字了，但是如果别人提起，相信我一定能够确认。

因为这个课题而来到北大工作的外校教授，住在专家招待所西面我们入学时正在建设的"十三公寓"。公寓的住宿和工作条件，比专家招待所差很多。吃饭的地方也比较简陋，就像现在城镇最经济的小饭馆那样，三两张桌子，以及相配的凳子，只是环境还是干净清爽一些，不像一些现在的小饭馆那样还有不少别的杂物。记得有一次我随父亲到那里吃饭，说起什么事情，听到两年前在专家招待所见过的那位女侍应对我父亲说："王先生，现在不能跟前年比啦。"说的是专家的伙食标准，比一九六〇年春天差了许多。父亲还跟我说，几位老教授吃饭都有一个很好的习惯，就是吃到最后，会用手上最后一小片馒头，擦干净饭碗里面粘着的稀饭，送到嘴里。

父亲一直喜欢喝点酒，常常只是普通的黄酒。他好像不偏好大鱼大肉。一个周末，他约我到十三公寓，说伙房给他煮了一大盘鸭头，让我和他一起享用。其实我缺乏对付鸭头的耐心和技巧，所以面对美味的鸭头，也只能囫囵着咬咬吮吮了事。这让父亲觉得有点糟蹋，不过倒也没有责备。

关于这盘鸭头的来历，父亲对我有详细的交待。原来，他们有时候有点鸡鸭吃，却让他发现，从来没有看到鸡头和鸭头。

询问之下，才知道尽管经济困难副食供应可怜，每次难得有鸡或者有鸭，厨房还是会把鸡头鸭头扔掉。于是他就"不耻下问"，提出下次有鸭子吃的话，是否不要把鸭头扔掉，留着煮熟了给他。厨房欣然同意，成就了眼前的美味。我没有听说鸡头有类似的故事，那恐怕是因为鸡头比鸭头差得太远了。

离开广州到北京上学，虽然只是简单的学生伙食，却还是让我体验了一下差异的饮食文化。后来又到上海的中学教书当孩子王，大半个月"拉练"和半年下乡"学农"的时候，住宿吃饭都要管，就更是让我知道，南北对于肉食和蔬菜，都有不同的风俗和偏好。例如广东人对于动物内脏，是不舍得丢弃的，甚至可能更加偏爱。一直到二十世纪七十年代初，上海市崇明县的猪肝仍然卖得比猪肉便宜。这在广州看来，真是弄颠倒了。

有一天，父亲让我陪他去海淀。原来，他有一瓶五粮液想喝，而附近可以找到小菜的地方，就是海淀了。我不懂酒，只是陪着他沾沾嘴唇。那天下雪。回来的时候，雪下大了，我们沿着颐和园路的北大围墙，慢慢往西校门走。想不到突然一滑，父亲摔倒了，我赶忙把他搀扶起来。知道没有大碍，酒瓶也仍然完好，就扶着他在雪地里小心翼翼地走回十三公寓，一时相依为命。这个画面，倒是给我留下长久的记忆。

现在写这篇文章，才醒悟父亲当时其实只有五十六岁。这让我十分惊讶，在自己只有二十岁的时候，居然可以觉得一位不到六十岁的健壮长者，已经完全是一位老人。我自己现在七十多岁了，脑海中却很难时时自觉已经是一个沧桑老人。再往前追溯两年，前面提到的专家招待所跟我说"少爷来了"的"老头"，其实应该只有四五十岁的样子。只是因为我自己那时候十八岁，就把那样壮年的北京人归入"老头"之列了。这真是一种有趣的"年岁相对论"。

这次父亲来北大参与教育部项目编写《中国文学史》，时间跨度至少有两个学期。一九六二年暑假结束，我和父亲乘坐同一班火车从广州回北京。我当然是硬座坐到北京，但是也到父亲的软卧车厢走走。与父亲同一个软卧车厢的，是解放军的一位上校军官，四十岁左右的样子，他从广州去北京香山附近的军事科学院深造。当他知道父亲去北大是没有车子来接的，就邀请父亲随他的车子去北大。因为顺路，父亲也欣然接受。到了北京走出北京火车站，一辆军用吉普车已经在等着上校了。我和父亲以及上校说了再见，就自己乘坐公共汽车回学校。

父亲与他在北京的妹妹感情很好。从小，他们几个哥哥都叫这个妹妹小阿娘。早在抗战时期，他妹妹辗转到了延安，寄来骑马的照片，父亲就在温州的报纸上写了儿歌形式的新诗《小阿娘歌》，名义上是我几岁大的美娜姐念给还在牙牙学语的丽娜姐听，其实主要是写他这位在陕北从军的妹妹。全诗的后半如下（王兆凯编：《王季思全集》第六卷第六十二页，河北教育出版社，二〇〇五年十二月）：

……

爸不像，妈不像，单像当兵小阿娘。

妈妈裁衣裳，爸爸写文章，哥哥带我上学堂，小宝宝哭得泪汪汪。

"小宝宝，可要糕？可要糖？可要跟我上学堂？"

"不要糕，不要糖，不要跟你上学堂；我要一天大，两天长，三天赶上小阿娘，骑马上战场，拿枪打东洋。"

父亲在北大工作的时候，他们来往比较方便。有时候他与妹妹妹夫一起到香山散步，会把我也叫上。记得第一次随他们去散步，是我们一年级下学期的时候。听我说寒假我们一天也没有放假，而是被政工干部召集起来以"打擂台"的方式编写"无产阶级的数学分析"教材，政工干部不仅夸奖一年级的同学思想最解放，而且夸奖一年级的同学水平最高。快人快语的姑父就说，那还办大学干啥？

原载 2013 年 1 月 10 日《南方周末》，收录时经作者校读阅定。

闲居麻金墨屋

王则柯

来到中山大学康乐校园的朋友,多半都要到"大钟楼"格兰堂南面的"陈寅恪先生旧居"看看。陈先生的伟大,何止"独立之精神,自由之思想"。

这幢房子原来叫做麻金墨屋,是在一个多世纪以前由美国芝加哥的麻金墨夫人(Mrs. N. F. McCormick)捐建给岭南大学的教授住宅楼。两年以后,麻金墨夫人又捐建了一幢住宅楼给岭南大学,所以原来的这座后来又被称为麻金墨屋一号。麻金墨氏在世界各地捐资教育甚多。例如在则柯比较熟悉的美国普林斯顿大学,就捐了一座教学楼。则柯在一九八一年至一九八三年首次访学普林斯顿大学期间,去得最多的就是McCormick楼的教室,因为那里有阶梯教室,常常是公众讲座和电影放映首选的地方。

后来,岭南大学统一对学校房舍做了分区编号,麻金墨屋一号被编为岭南大学的东南区一号。一九五二年，我国内地的高等教育开始大规模的"院系调整"，以广州双雄国立中山大学的文科、理科和私立岭南大学的文科、理科为主要班底，在私立岭南大学的原址康乐校园，组建了新的中山大学。新的中山大学沿用岭南大学关于学校房舍的编号，所以，陈寅恪先生在这里居住的时候，这幢房子一直都叫做东南区一号。二十世纪末，中山大学按照大致上从东到西的原则，重新为学校房舍编号，麻金墨屋一号成了"东北区三百零九号"。按照这种沿用至今的编号，学校房舍已经完全由它的编号确定，前缀的东南区、东北区、蒲园区等，成了大体上可有可无的辅助性的位置说明。

陈先生从原岭南大学九家村搬过来入住的，是东南区一号的楼上，楼下居住的，是岭南大学医学院的周寿恺教授。"院系调整"当中，以原中山大学医学院和原岭南大学医学院为班底组建了中山医学院，后来叫做中山医科大学。因应这一变迁，周寿恺教授在两年以后迁居到了中山医学院所在的广州市东山地区的校园。也是在这时候，我们家从原来的西南区十一号楼上迁入东南区一号的楼下，与陈寅恪先生一家上下为邻，前后差不多有十五年时间，直到"文革"期间相继被逼迁出去。

现在要写家父住在这里的一些事情，与陈先生也颇有关系，如果把这幢住宅叫做现在使用的"东北区三〇九号"，有点不伦不类。用当时的"东南区一号"，倒是合适。不过既然使用历史名称，我觉得干脆就用最初岭南大学文献中的"麻金墨屋"为好，"一号"也一并省去。这些事情全部发生在我只有放假或者周末才会住在这里的时间段，所以叫做闲居麻金墨屋。

一　迁居麻金墨屋

一九五四年秋天的一个星期六。傍晚时分，我从广州越秀山脚寄宿的中学回到中山大学西南区十一号，门上看到妈妈留给我的一个条子，说我们家已经搬到东南区一号了。这次搬家对我来说，只是遇到了发生的一个事实，事先完全不知道。妈妈把一切都打理好了。

东南区一号比西南区十一号大了不少。不过，因为原来都是按照整幢房子给一家人住那样来设计，所以房子并不像看起来那么好用。

麻金墨屋的正门朝北。变为两家合住以后，原来的正门归楼上的一家专用，南面原来的后门就成了楼下一家的大门。楼下一家另有一个"西便门"。因为父亲上课的教室在西边，我看到过他中午下课回来满身粉笔灰走这个门回到家里。那就容我从这个门开始介绍房子吧，虽然我已经回忆不起来，那时候我只在寒暑假和周末才会回家，父亲怎么还会上课。

西便门进来，是我们家的厨房。厨房有两个灶，一个烧柴，另一个刚刚改为烧煤。厨房之后，右边是卫生间和浴室，然后经过左边一个小小的保姆间，就是饭厅了。饭厅再过去，是东西两边都是一对大木门的房间，充作主卧室，房间南边是一个大窗户。主卧室再过去是会客厅，南边有两个门，东面是窗户，东北角是壁炉。会客厅的北面，是一个很大的圆形无掩的门，通向主人的书房，书房北面的窗户，隔着草地正对学校的大钟楼，采光相当好。

卫生间浴室、饭厅、主卧室和会客厅的南面，是一条比较宽的走廊。在我们迁入之前，走廊的西端已经用木板隔成一个颇大的房间，西端靠墙放一张大床。走廊的东头，有一张可以坐两三个人的吊椅，弟弟喜欢在那里晃荡。

因为只有父母亲、弟弟和保姆常住，房间算是够用的。我周末和放假回家，就和弟弟睡在一起。但是和我一样寄宿读中学的姐姐回来，睡哪一个房间，却再也想不起来，更不用说在北京读书的哥哥姐姐放假回来是怎么安排的了。足证我很有点不食人间烟火。

二楼布局怎么样，我是在半个多世纪以后"陈寅恪先生旧居陈列馆"开放以后上去看过，才知道一些的。楼上应该比楼下好，特别是楼上有门廊，有阳台。但是从会客厅和书房看，我倒是觉得楼下的比较考究。恐怕这是原来就设计在楼下工作的缘故。

除了楼上楼下，麻金墨屋还有一个地下室，大体上在走廊西半的位置，开口朝西。尽管地下室还是有一点点窗户，却仍然阴森，所以只是用来堆放一些用不着的杂物。几年以后我从北京回来过暑假，曾经在地下室发现一套半精装的"毛选"，如获至宝。后来知道是一位轮船大副暂存在这里的物件，那当然不好割人之爱。另外一个因素，是那三卷半精装的书，对一个学生来说，显得太重了。地下室对出去西面地方，有两个独立但是连排的小房间，其中一个有蹲厕，那时候都用来堆放柴火。

住在楼下，不免种花弄草。用自来水浇灌花草，会非常奢侈。好在不久我就发现，地下室西半对开，地面上有一片钢筋混凝土结构，上面有一个正方形的盖子。揭开重重的盖子一看，下面竟然是一个不小的"水库"，而且一点儿异味也没有。后来听一位老岭南说，早先岭南大学没有自来水，靠的是三口大水井。除此之外，一些房舍还建有储藏雨水自用的地库。我们住进去的时候，自来水早就有了。不知道那是不是原来用来接水的地下水库。

二 邻居和客人

住到麻金墨屋以后，从两位并未失联的小学玩伴口里，我头一次听说毛主席访苏时斯大林向他打听陈寅恪先生的传说。虽然这个传说一直未能坐实，但校园里对陈先生非常崇敬却是事实。

前面说过，我是周末回来才知道家已搬迁了的。不过妈妈也给我说了个大概，并且指着厨房里的一篮鸡蛋，告诉我那是楼上陈师母送给我们的，欢迎我们入住他们楼下，从此就是邻居。后来，我们家买了一部"六灯"电子管收音机。麻金墨屋早先就架起了天线，陈师母让我们接线过去与他们共用那天线。

父亲王起（季思），是中山大学中文系教授，其时兼系主任。房子大了，客人来访也方便些了。学生和一般客人来访，父亲都在会客厅接待。关系比较密切的客人，则有可能留下来一起吃便饭。在我们家所有房间里面，采光最差的就是饭厅。不过我们作为子女，也只有父母留客吃饭的时候，才会多少有点正式地面对客人。比较特别的是董每戡先生，我记得的就有两次，我们吃晚饭的时候，他过来搬一张椅子就坐在我们饭桌旁，与我们父亲聊着什么，等我们父亲吃完饭，一起乘车进城看戏。他们都是广东省戏曲改革委员会的委员。

印象比较深的，是一位同乡军官带着两三位女兵来访。军官高大，同样那么高的女兵就显得更加高大，都让我仰望。父亲问军官怎么不戴眼镜啦，军官回答，一直带兵打仗，近视也就没多少了，很是意气风发。原来，他们是部队的一支女子篮球队。

一个周末，父亲在家里接待捷克斯洛伐克的一位女性汉学家。印象很深的,是汉学家的汉语讲得比我父亲好很多。我能够听出来的，是他们在饭桌上还彬彬有礼地谈了一些中国古典诗词。另外印象深刻的是，父亲诚心诚意劝说客人尝尝他自己喜欢的五彩皮蛋，汉学家却一直婉拒。过了一个星期，学校庶务科的职员拿了十五元钱给我母亲，说是接待外宾的费用。母亲不解，说家宴怎么还要公家付钱。那时候刚刚"向科学进军"，搞了教授评级，教授的薪水比较高。

还有一桩事情并非目睹，只是周末在饭桌上听说。原来，父亲前一天接待过的一位外宾明明当天没有走得了，次日上午来的报纸却报道他已经（如期）回国，还有名有姓地写了一位官员陪行到机场欢送。妈妈问明明没走了怎么写他已经走了，父亲说大概用了预先写好的新闻稿。想不到报纸的新闻原来可以这样预发。这对我这个初中生，真是大开眼界。

苏共二十大以后，反对教条主义一时颇为时髦。父亲在饭桌上告诉我们，一次他跟东欧来的一位学者在客厅谈起反对教条主义，就指着客厅的壁炉说，我们学校的老房子都是美国人设计的，美国人在广州这样的亚热带地方设计住宅，也不忘记壁炉，就是教条主义的一个例子。那段时间，外事接待是比较多的，外宾飞机来飞机去。有一次妈妈问外宾来访是谁出钱，父亲说如果外宾太穷，也可能我们出。

三　风雨之前

夏承焘先生来访，是父母亲的一件大事。我虽然没能躬逢其盛，事后依然知道不少。那天我回到家里，看到饭厅的墙上高悬着一副装帧考究的对子，几乎顶天立地，而且碎金泛光。

对子写的是：三五夜月朗风清与子同梦，九万里天空海阔容我双飞。那气派很有感染力，一下子让我觉得一直相夫教子操持家务的母亲是多么了不起。其实妈妈毕业于师范专科学校，并且教过书。后来弟弟告诉我，那对子是妈妈出面请夏先生写的，夏先生还向我们妈妈问实其中的一个字。

夏承焘先生是父亲的好朋友。抗战时期，他们在浙江大学龙泉校区共事，条件非常艰苦，两个人住一个房间，只布帘相隔。

夏先生的《天风阁学词日记》，详细记载了这次访问，时一九五七年一月，摘录如下，其中，祝南乃词友詹安泰教授的字，子植即温州籍历史学家刘节教授。除了十五日的摘录我加了一个"晚"字以外，其余全部是原文的文字，原文的小号字，概以圆括号标示：

五日，广州之行，今日首途。中文系同行者惟现代文学教研组主任张仲浦君。

七日，九时半车到广州。午后与季思访黄海章，访陈寂园。

八日，夕与季思行珠江滨，谈江西诗派。夕八时祝南来，集季思家，谈李煜词。董每戡来，三十年不见矣。容希白（庚）来，二十年前通函，从未识面。

九日，晨过每戡，谈温州戏和《琵琶记》。八时半与季思、仲浦访陈寅恪先生，唐晓莹夫人出应门。下午参加中文系科学讨论会，学生多问予到未。夕祝南来，示论李煜一长文。晤商承祚(锡永)。夕季思招饮,散后容希白招过其家久谈,至十一时。

十日,晨与子植访商藻庭先生(衍鎏),年八十二,尚健步如五十许人,今日唯一探花矣。午子植招饭。午后中文系经验交流会,予发言两次。夕容希白、商锡永、子植、祝南招饮于利口福,旧十三行路,啖顺德客家菜,甚可口。归过希白处,祝南试工夫茶,看希白所藏书画,夜深方归。

十一日,八时季思导游越秀山、中山纪念堂、镇海楼、广州博物馆。午啖盐焗鸡极美,买石湾陶瓷。陈寂圆送赠诗来不遇。冼玉清来不遇。梁方仲送曲滢生韦庄年谱来。夕许崇清校长宴客,遇冯乃超、陈序经两副校长,八时散。

十二日,八时在中文系讲"词的特征"一小时半,听者五六十人。午后一时每戬、祝南邀同仲浦及武昌杨潜斋乘船至海珠桥,乘车至西街陶陶楼【原误,应为:陶陶居】茶聚。中大中文系助教、学生集季思家,邀余谈诗词,深夜方散。

十三日,晨过玉清。九时过子植家茶聚。午饮季思家,是其五十三岁生日。属写一联曰:三五夜月朗风清,与子同梦;九万里天空海阔,容我双飞。其夫妇二三十年前故事。午后每戬、祝南会谈于季思家。

十四日,晨与祝南、汪君金光游黄花岗,气魄雄伟,拍一照。走至沙河,吃"抄河",粉条也。过烈士陵园。午后游荔枝湾,坐舟出珠江至海角红楼折返。夕季思夫妇招看粤剧《搜书院》，粤伶红线女甚负名。

十五日，【晚】七时半，中大助教研究生集于季思家，邀予座谈，所问皆词学。十一时散。

十六日，晨过子植，写诗赠寅恪先生。与子植入城，过师范学院附中，访岑仲勉先生，七十三岁，尚甚康健。午饭季思家。季思谓寅恪先生甚爱予赠诗，属写一直幅付装璜。午后上楼辞行，值其午饭，立谈数语即别。今日离广州，三时上火车。五时途中见山水奇丽。枕上成一诗。

十七日，八时余过株州，见冰花满树。作水调歌头一章，别寅恪诸公。

十八日，晨六时余火车到杭州，分乘人力车，返体育场路。自离杭往广，往返恰二星期。

这次夏先生来访，极一时之盛。三个月以后的四月一日，广州京剧团来中山大学演出，演出以后，演员与教授欢聚一堂。陈寅恪先生非常高兴，写了三首绝句，送"祝南、季思、每戡先生一笑"。陈寅恪的诗和三位教授的奉答之作，均刊登在其后的《中山大学周报》和《光明日报》。

四　从鸣放到反右

夏承焘先生来访与广州京剧团到中山大学演出并且和教授

们欢聚，都发生在内地知识分子那段比较起来几乎是最好的日子。朝鲜停战以后的最初几年，大陆经济的恢复性增长，是比较快的，居民生活也有了很大改善。政治生活方面，一九五五年提出"向科学进军"，让知识分子享受到比较宽松的"早春天气"。后来因为翻阅周恩来总理《关于知识分子问题的报告》，我才知道高级知识分子的待遇比起抗日战争以前还有很大差距。

后来就是号召知识分子"大鸣大放"帮助整风了。五月底，《中山大学周报》头版头条刊登学校领导召开系主任教研室主任座谈会征求对学校领导工作的意见，头一个报道的，是："王起教授说：领导用人首先考虑党团员，其次是所谓积极分子，最后才到一般教师。留助教、派留学生也如此，如提出的是党团员，立刻批准，否则再三考虑。工资调整，系主任曾提了些意见，但最后通过时系主任没有参加，系主任没有决定权，致明知有错亦无法纠正。""根据年轻党员的反映来评定全系教师学术地位，安排薪级，这是严重的宗派主义。""对老专家老教授不够尊重，不够信任，偏听年轻党团员的话，是造成党群间一道墙的主要原因。要改变这情况，我认为要……"

在此前后，父亲与学校另一位教授一起，自己申请把已经领了几个月工资的教授二级降为三级。

不久，教育部安排几所大学中文系的一些教授集中青岛，编写汉语言文学主要课程的教学大纲，为期一个月。父亲和詹安泰教授在受邀之列。那也是一段从鼓励"大鸣大放"到组织力量反击"右派分子"的日子，父亲关心学校和广州、广东的情况，命我几天一次把广州的报纸寄到青岛给他看。还没从青岛回来，他们就知道了詹安泰教授和董每戡教授，主要因为在省政协会议和陶铸来校座谈会上的发言，被划为"右派分子"。从此校园萧瑟，弦歌不再。

五　麻金墨屋绿地

麻金墨屋北墙攀藤，草坪很大。草坪的西侧，是几乎完全阻隔视线的茂密树林，乔木灌木都有，品种颇多。特别是西沿有一片茂密高大的"黄金间翠"竹子，北风强劲的时候，碗口粗的老竹竿相互摩擦，会发出威严的嘎嘎声。靠近房子东墙，有两株高大的白玉兰和两株高大的柳叶桉，还有一些灌木花卉。我们曾经在桉树和东墙之间拉起绳子，挂网打羽毛球。麻金墨屋草坪南边靠西的地方，是一棵很大的樟树，往东去一点，则品字形地长着三棵很高的白千层。我读初三的时候，迷恋上收音机，以为天线越长，接收的无线电信号就越强，曾经买了铁丝和绝缘子，爬上那白千层，在白千层和房子西南角之间，拉起一条超长的铁丝，充作我那可怜的矿石收音机的天线。虽然是矿石收音机，在状态好的时候，却能够带动同学送给我的"直推式"纸盆喇叭，发出声音。

岭南大学多数房子的屋顶都盖瓷瓦，但在我们居住那段时间，麻金墨屋的屋顶却还是裸露的水泥表面。另外，岭南大学多数教授住宅的草坪都有完整的绿篱，麻金墨屋的草坪却没有绿篱围着，外人可以在完全没有心理负担的情况下，走到住宅的墙根。陈寅恪旧居陈列馆开张的时候，传出一种说法，说岭南大学和中山大学有一个传统，就是让最好的教授住麻金墨屋一号。恐怕并非如此。

原载《澎湃新闻·上海书评》2017年2月10日，收录时经作者校读阅定。

父亲王季思的诗友情缘

王则楚

近日,在永昌堡(我们家宗祠)后人的群里有人发了一幅夏承焘先生书写给施蛰存的字,内容是父亲王季思论诗的一段话,勾起了我对父亲与亲人、友人诗词来往的回忆和思考。在父亲一百一十一岁诞辰和去世二十一年之际写下此文,以做备忘。

温州是诗人谢灵运的故乡,诗词歌赋和南戏一样,在温州人的生活里是一个有机的组成,在文人墨客来往之中都有许多记载。我们家的祖上有许多的诗文和戏曲故事留下来。记得父亲就讲过,戏剧《荆钗记》里,男主人公的原型就是我们王家的先祖。清朝平定太平天国农民起义之后,清廷曾经下旨对温州免赋救灾,但府县地方官仍匿旨不宣,照常征赋。曾祖父王德馨(字仲兰)写文章揭露知县陈宝善违抗朝廷,匿旨擅征,被县官派人捉拿。仲兰公越狱逃亡北方,流亡了好几年。归来之后,他在积谷山下的东山书院当山长。面对诗人谢灵运的池上楼与春草池,他吟诗作画,成为一时名宿。他的诗曾被民初大总统徐世昌编入《晚晴簃诗抄》,至今在温州图书馆还留有诗集《雪蕉斋诗抄》。

家传的诗文爱好自然也一直在王家这个书香门第里影响着每一个人。在父亲那一辈里,父亲的大姐夫陈仲陶是南社的成员,和柳亚子先生都是同期的南社活跃分子。他与温州刘节的父亲都有聚会的记录。他的《剑庐诗钞》有柳亚子的题词:"豪气元龙百尺楼,瓯江江上旧风流。一门更喜都人杰,六秀从来世少俦。"章士钊也题长句一律,其中说他"吐纳众流成别士,推排细律作词人"。他在重庆的时候,还收了民国第一侠女——为报父亲被割首示众之仇而亲自开枪打死孙传芳的施剑翘为徒,成为诗坛佳话。父亲在《剑庐诗钞》的"后记"里承认:我青少年时期写的诗文经常得到他的指点,他后来写的诗词也往往抄给我看。这种家传的诗风,也使父亲得以交会了许多诗友。

前面提到的夏承焘就是与父亲有深交的诗友。他们的交往可以追溯到少年时代,这些来往在父亲的书里、夏承焘的日记里以及其他的一些文章里都有提到,但最集中、最有影响的还是一九五七年一月父亲邀请夏承焘先生到广州中山大学交流的那次活动。整个活动以及和中山大学中文系教授的交流都有详细的报道。我当时只是一个十一岁的小学生,大人之间的学术交流我是不了解的,但家里准备饭宴请夏承焘先生的美味佳肴倒是记忆深刻。那天,妈妈是特别用心地安排父亲和夏先生喝酒的菜,一般的凉菜当然有,但温州的鳗鱼片夹肉我记得就吃过这一次。那是头天晚上就把鳗鱼干泡软了，热后斜斜地切成薄片，煮熟的五花肉晾冷了也切成薄片，两者以"梅花间竹"方式放在盘里，再上蒸笼蒸熟，然后等到温热才端上桌。那在厨房里的香味，就已经让我忍不住偷吃了。

那天是父亲五十三岁的生日。饭前，爸爸请夏承焘先生书写他自己撰写的对联："三五夜月朗风清与卿同梦，九万里天空海阔容我双飞。"这是父亲描写他和母亲爱情的一副对子，母亲也特别喜欢。那红底宣纸上是撒着碎金点的，铺在家里的饭桌上，父亲把书房里的笔砚拿过来，并亲自研墨。后来，我也去帮着研墨。夏先生写到"卿"字之前，母亲也过来观看，对"卿"字，母亲提出改为"子"字，夏先生遵嘱写下。字裱好之后就挂在家里的饭厅。我一直记得写的是："三五夜月朗风清与子同梦，九万里天空海阔容我双飞。""文革"前在北大的政治学习的思想汇报里，我还说过这副对子，说是资产阶级知识分子的父亲想让我们成为他们的孝子贤孙。此汇报被高年级的同学看到，却很羡慕地抄下这副对子。到底哪个字才真实？

近日，则柯哥哥在回忆文章里也肯定了是"子"字，并且抄录了夏先生的《天风阁学词日记》。在夏先生的日记里写明是："午饮季思家，是其五十三岁生日。属写一联曰：三五夜月朗风清，与子同梦；九万里天空海阔，容我双飞。其夫妇二三十年前故事。"

一年之后，母亲因病去世。可惜的是，"文革"之后再也没有找回夏承焘先生书写的这副对子。

我记忆里，在搬到东南区一号，书房布置好之后，父亲给自己的书房命名为"翠叶庵"，请商承祚先生的父亲、健在的清末探花商藻庭（衍鎏）先生为之题写。我随父亲到过商藻庭先生当时的居处，在东北区许崇清校长家的坡下，进门就能够看到案桌上用玻璃罩罩着的御赐宝剑。不久之后，就看到父亲书房圆拱门上挂着商藻庭先生竖写的牌匾。

此外，父亲的藏画里有一幅黄宾虹的翠叶庵读曲图，这是黄宾虹先生应父亲的要求而画的，并从杭州寄来羊城。父亲收到之后，当即写下《洞仙歌》词一首作答，谓"黄宾虹先生自西湖巢居阁写寄《翠叶庵读曲图》，赋此答谢"：

西楼倦卧，任榕阴移昼，梦想阑干压金柳。
费经营，凌溪一桁轩窗，帘卷处万壑千岩竞秀。
巢居阁子里，一老婆娑，湖上阴晴几翻覆！
头白喜春来，腰鼓秧歌，想画里长开笑口。
愿把酒为公祝长年，看劫后湖山，重铺金绣。

为此，父亲还专门请詹安泰先生书写该词来配在画头。詹安泰先生在书写之后的说明里写道："一九五零年一月　黄宾虹先生为季思兄写翠叶庵读书图，自杭州寄来羊城，季思赋此词谢之，而嘱余别书一通以配图。词自佳妙，惜余书拙劣，不免佛头着粪之诮耳。"

在反右之前,毛泽东诗词有一些已经发表,而且还有和柳亚子先生之间的唱和。内地知识分子在那段比较起来几乎是最好的日子里,享受到比较宽松的"早春天气",互相之间的诗词唱和也是比较多的。中山大学里也一样,例如一九五七年四月一日,广州京剧团来中山大学演出,演出以后,演员与教授欢聚一堂。陈寅恪先生非常高兴,写了三首绝句,送"祝南、季思、每戡先生一笑"。陈寅恪的诗和三位教授的奉答之作,均刊登在其后的《中山大学周报》和《光明日报》。

我还记得小时候,跟着父亲在一九五六年的十一假期,晚上和董每戡、詹安泰还有另一位教授,在中大北门叫了个小艇,从北门划到黄埔岛再划回来。四位教授在艇上就着艇家的新鲜鱼、蟹、虾、蚬,吟诗作对,喝酒至父亲大醉而归。

反右时,董每戡先生由于在陶铸召开的座谈会上的发言、詹安泰先生由于在政协会议上的发言,竟然被打成右派。詹安泰这位饶宗颐先生的老师、诗词成就非常高的广东学者,因而早逝于"文革"之中,实在令人惋惜。"文革"后,黄宾虹的画和画上詹安泰先生书写的父亲写的词裱在一起,直到父亲去世,都一直挂在家里的客厅。后为大哥所收藏。父亲的词也编入了大哥整理的《王季思全集》里。自反右之后,我所见到的教授们之间的诗词唱和就少了,一是父亲北上北京大学讲学和编写《中国文学史》,二是一九六三年他回中山大学,而我却北上北京大学读书,彼此交集很少,也再难见到诗词会友的场面了。

打倒"四人帮",父亲是诗兴大发,写有不少诗词,来表达他对打倒"四人帮"的高兴和对改革开放的支持。当时,许多人把"四人帮"看成横行霸道的螃蟹,父亲又是最喜欢吃螃蟹的。即兴写下了《齐天乐》:

四凶落网,普国欢腾,持螯把酒,共庆胜利。

潮回暂落吴江水,尖团一时俱起。泽畔横戈,泥中拥剑,喷沫都成毒气。

秋风渐厉,看汝辈横行,为时能几?竹篓禾绳,元凶行见骈头死。

玻杯兴来高举,劈双螯一盖,连呼快意!

海市烟消,蜃楼泡灭,玉宇澄清无际。

豪情万里,正月到天心,潮生眼底。料得明朝,丰收歌"四喜"。

他特意把这首词,抄寄给上海的三弟王国桢(我的三叔)。三叔还特意请人书写了保留下来。

一九七八年一月,父亲向商承祚先生出示"文革"之后尚存之齐白石所绘的群蟹图,商先生则书写了他童年所作的咏蟹诗,装裱在画顶。

至于那篇在政协会议上即兴写的讽刺向钱看的《水调歌

头》,调侃地写到"我亦万元户,年年爬格子",见报之后,不时被人提起。"文革"之后,教师节,父亲也写过词,请商承祚先生书写,发表在中大盟讯里。那些复印的底稿,在家里的废纸堆里,我看到过。

父亲晚年,更多的是与王越先生有诗词歌赋的来往。一九八三年王越先生寄来他的诗集,父亲回信:"论诗绝句对前代诸名家大家,不是一味拜倒,而是一分为二,分析批判。一年多来夏承焘论词绝句,苏仲翔论诗绝句,先后出版。他们都是一代专家之学,诗词功力,兄或有所不及,胸襟见地,兄实过之,不悉以为然否?"

一九九三年十二月二十六日父亲写了《鹧鸪天》:

新岁将临,沉阴放晴,东廊曝日,喜而成吟。
万里晴光透碧霄,寰球渐见息烽飙。
朝阳软似黄绵袄,淑景鲜如五彩绡。
人意好,岁收饶,同心为国看今朝。
持盈防腐归中道,珍重中华百炼刀。

父亲嘱我抄好寄士略(王越先生的号)学长指正。
一九九四年一月二十九日,父亲还亲笔写下:甲戌新春抒怀(又一首)

贺卡联翩到枕边，谢天放我老来闲。窗前花影无心顾，楼外莺歌不费钱。

春意好，物华鲜，江山词笔两增妍。爱他逐日追风客，掷杖成林又一年。

近词录呈 士略学长一笑。

一九九四年三月二十九日，根据父亲与我和董上德老师的谈话整理出来的父亲的文章《说"服老"》在《羊城晚报》上发表。里面写道："不服老"是空话，"老当益壮"是空想。一个人由少壮而衰老是自然规律，哪里有老当益壮的呢？廉颇老年并没有为赵国再立战功；马援到了五溪蛮以后，看到那里气候环境的险恶，羡慕起他弟弟在故乡的悠然自得，并没有真正的不服老。至于文学作品的句子，曹操写《步出夏门行》这首诗时不过四十岁上下，并没有到暮年；王勃写《滕王阁序》时不过二十岁左右；往往带有理想的色彩，并非自己亲身经历。

王越先生看到之后，专门写了诗《读"服老"篇》寄给父亲：

服老不服老，如何为怀抱？孔丘常发愤，不知头白了。生入玉门关，班超见机早。圣哲与英雄，殊途同归好！

看着父亲签名、大哥手写的一九九四年给王越先生的信，里面写道：我和兄青年时在南京同学，南来广州后，又在中大、民盟共事多年,诸蒙照拂,两家子弟也亲如手足。则柯、则楚在中大附小多蒙操心照料,得以有成。

现在想起来,这样的日子已经随着这一辈诗人的离去,再也不会回来了。但愿我们这些不学文科的儿辈能够慢慢体会他们的诗友情谊,记下来留作记忆。

原载《记忆》2017年5月9日第224期,收录时经作者修订。

与父亲把酒话人生

王则楚

清明时节,是祭拜安葬在康乐园墓地的母亲的时候,也是在中山大学岭南校区漫步和回忆往事的时候。

一九九二年的春节,我住在家里,父亲王季思希望我爱人带孩子回家来过春节,因为我们二十多年都没在家过春节了,他让我写信去。哪知收到的回信里,红英说,天在下大雪,她是只想着王滨、王泳是骑车上学呢,还是乘车上学?根本顾不上考虑回远在南面的广州。父亲听了,感慨地写下了"笔带凌云气,心存圣母慈"的诗句。他讲:"一个家,就得有个持家的人,你妈就操持过三个家,一个是你外婆家,一个是在乡下上田村的家,一个是我们自己的家。"一下子把我们带回到母亲在世的美好时光。

记得一九五七年的春节,那时,家里从中山大学的西南区十一号搬到了东南区一号楼下,正逢父亲《西厢五剧注》出版后得了一笔大稿费,房子大了,母亲又买了新的家具,还给父亲每年要翻出来晒的书配上了书架。恰逢夏承焘来中大开会，父亲请他到家里写了对联："三五夜月朗风清与子同梦；九万里天空海阔容我双飞。"商承祚先生的父亲、清末的探花商老先生还应父亲之求，写了"翠叶庵"的横额。

每逢客人来家吃饭，母亲总是亲自下厨做好几道如鳗片蒸花肉、清蒸板鸭等下酒菜，温好从稻香村成坛子买回来的绍兴酒，让父亲和朋友相聚畅饮，谈笑甚欢。根据兄姐的回忆，就是在这次与夏先生畅饮时，父亲回顾起当年趣事：在盛夏的晚上，又热又闷，蚊子又多，自己还在挑灯夜读，被已经早早按时躲进帐子的夏承焘看到，夏先生劝父亲说，做学问不能靠拼命，要靠命长。父亲说：现在看来，这是对的。以后，父亲跟许多人讲过类似的话。

一九九二年的春节前，有几天因为小雷要去海珠区骨科医院照看小明，家里只剩下我和父亲厮守。父亲年事已高，进食慢，只能喝几杯葡萄酒，吃些剁碎的肉末等。因为年底我要赶回安徽过年，就趁走之前买了几只螃蟹，蒸了与父亲共饮畅叙，爷俩天南海北聊天。

父亲说起曾在广州任太守的王德，那王德听说城门外有大怪物，百姓惊而紧闭城门不敢出，则手持大锤命开门视之，原来是一只特大的螃蟹，喜而锤之蒸而食。又说到改革开放、市场经济价值观下的爱情和家庭，一切顺着彼此的酒兴，随口而出。出对子，接酒令，父亲讲"生吃鲜蚝醉吃蟹"，我瞎对个"朝饮早茶晚打牌",又喝又讲,难以忘怀。谈的事现在不时想起来,还是很值得深思的。

和父亲谈得最多的是"爱"和"家"。父亲研究古典戏曲,他的研究对象无论是《西厢记》还是《桃花扇》,大都以男女爱情为主题。他在"文革"后发表过把文明社会以来的性爱和婚姻形式分为古代的性爱、现代的性爱、未来的性爱三种形式的观点。他自己与母亲结合,共同乘船离家出走,也被人联想《西厢记》,笑称为"张生跳墙,王生跳船"。父亲认为未来的性爱是恩格斯所说的"除了相互的爱慕之外,就再也不会有别的动机了"。这在我们已经经历了这一过程的孩子的眼里,实际上是一种乌托邦式的幻想。

我曾问父亲,你一讲起"妈妈",为什么首先就讲"她会持家",而不是先讲她如何的漂亮或如何与你有共同的理想?年近九十的父亲坦诚地说,共同的理想在男女授受不亲的年代,是不可能的,即便在今天,恋爱时往往也多是从由于漂亮引起的爱慕开始。但要成家立业,会在社会的各种动荡中"持家",那才是真正的本事,真正的"漂亮"。我说,这就如同古时候,打了野兽,吃上兽肉,就是令人羡慕,于是把兽牙穿在嘴唇上为美一样,尽管并不美,但能显出"富有"。在市场经济的大潮里,在充满竞争的社会里,会"持家"才为美。父亲点头,示意我倒酒,我才注意到他已经又喝了一口酒,面色红润。

我乘着倒酒的时候轻声问父亲:你年轻的时候,就会看到妈妈"持家"的美？他放下酒杯，慢慢反问，你呢？我只好会意地笑了。我说，"持家"的美，是一种责任的美，往往是在有了孩子的时候才能体会到的。我想起，母亲总是记得为我这个在外玩得一头大汗的小儿子灌满一壶凉开水，让我一回到家就能喝个痛快。这一切都充分显示出母亲持家的本领。父亲讲，这是事实，记得苏联有部影片，叫《金星英雄》或是什么，讲一个农妇，以为在前线的丈夫已经牺牲，就和一个因伤复员的战士组成了新家，后来丈夫从前线回来，她让后者离开，说的原因就是：他是孩子的爸爸。

《桃花扇》是反对前朝的知识分子为新朝服务的，而陈寅恪先生费时十年研究"钱柳姻缘"的《柳如是别传》则是赞成前朝的知识分子为新朝服务的。我问父亲，你为什么不去称赞会持家的柳如是，而去称赞烟花女子李香君？解放后执政的共产党为什么就不能看到陈先生希望从前朝（旧社会）来的知识分子要为新中国服务的用意呢？父亲想了很长一阵说，《桃花扇》已经有孔尚任写成戏了，我注释《桃花扇》，只把他作为戏来注释，把反清复明这样的共同政治理想作为爱的基石，也许符合了革命的思维。正因为在惯性的革命思维影响下，才不会看到持家的柳如是的重要。陈先生也就没遇上知音。共产党的哲学是革命的哲学、斗争的哲学，要随着自己拥有执政的地位而变才对。

我从不少同学与上山下乡时结合的对方离婚的事实，问父亲：那种为了孩子而貌合神离地维持的婚姻是不是值得推崇。他正色地说，假的东西，包括假的感情、假的思想甚至假的"哭""笑"，都是对孩子最大的毒害。记得小时候，我走夜路时，总是感到有鬼跟着我，脚步声和自己的一样，爸爸总是让我回头去看看是什么，其实什么都没有。他说，就是真的有鬼，也让你看清楚，而不愿意你不知真假。

由此，我和父亲的话题转到了社会，转到了历史。父亲说，一个讲假话、大话的社会，是最没有"家"的归宿感的社会；一个不能或不敢把真实的历史告诉人民的国家，是最没有"家"的认同感的国家。"持家"最要紧的是真，真才是最美的。我深深感到父亲那颗年轻的心又在跳动。

记得在一次政治风波之后，我批评父亲不该在不明党内斗争真相时，乱在支持学生的什么公开信上签名，说他年纪大，就讲讲好话得了。他很不高兴地说我是"滑头"。我知道他是最瞧不起那些当面讲好话，背后又拆台的人，他的做共产党的真朋友的心没有变。我也就认同地讲，真，才有诚，诚信对于市场经济是最重要的资源，一个国家、一个社会、一个市场，需要建立在诚信的基础上，只要是真，哪怕人人都是唯利是图的经济人，最优的数学模型也可以使它的管理成本、交易成本降至最低，最终受益的还是这个社会的每一个人自己。而一个建立在没有诚信基础的社会、市场，其防范虚假的成本要高得多，弄得不好，甚至会把所有的利润都花完，最终受害的是社会的每一个人自己。回顾这些，深感同父亲把盏的快乐，深感酒中的人生是多么的香啊！

原载《粤海风》2006年第3期，收录时经作者校读阅定。

我的母亲徐碧霞

王则楚

我的母亲徐碧霞,是父亲王起最困难、最有成就、最幸福的时期的伴侣,而我是她与父亲生的最小的儿子。我十三岁的时候,母亲就去世了,我知道的许多关于母亲的事情,大多数来自哥哥、姐姐们的叙述。但我自己的母亲还是在自己的心里。

父亲很少与我谈到母亲,只有一次他讲到母亲会持家,她持过三个家:她的娘家、嫁过来以后父亲兄弟姐妹们的大家以及与父亲的家。这是非常不容易的。父亲认为,会持家的母亲是一个家的核心。但我心里认为,父亲实际上是需要母亲全力处理好家里的各种事务,协调好复杂的家庭成员的关系,并且安排好家里的生活,还要会做各种美食让父亲享受人生,以保证他自己专心地做自己喜欢的学问。这个挑选爱人的标准,决不是父亲追求母亲时的认识,而是和母亲结合后度过各种人生阶段后的体会。是母亲的大家闺秀的端庄美丽和父亲的英俊潇洒、文采飘逸,才有了他们建立在坚实爱情之上的结合。

父亲与母亲的爱情故事，已经在丽娜姐姐的文章里有详细的叙述。父亲与母亲两人相爱，冲破传统约束私奔，并且以父亲注释《西厢记》并总结出"张生跳墙、王生跳船"而广泛流传。夏承焘先生书写，父亲撰写的对联"三五夜月朗风清与子同梦，九万里天空海阔容我双飞"一直挂在家里餐厅的墙上。这是那一代人的故事，我还是个孩子，理解不了他们为什么要那样做。

父亲以他自己的经历认为，子女的婚姻完全是子女自己的事情，从不问三道四，只要你自己觉得好就行。一九七二年，我自己一个人到岳父家里与爱人结婚的时候，根本就不需要和家里说一声。直到爱人问起来，我才打了个简短电报告知父亲。父亲汇来一百元表示祝贺，没有什么反对的意见，与他们那个"父母包办、媒妁之言"的时代已完全不同。

我的母亲给了我生命。为了我的诞生，她离开父亲回到在温州乡下的家里待产。那是在一九四五年初，日本侵略者还占领着温州。母亲生下我之后，由于我排尿不顺，憋涨得满脸通红，肚子鼓胀，哭喊不已。母亲抱着我去温州看医生，要经过日军守着的南门。为了避免日军的纠缠，母亲特别用炭灰把脸弄得脏乱，穿着也十分旧破。顺利通过之后，直奔医院。医生用针管和导尿管小心翼翼地对我这个才出生不久的婴儿进行导尿。医生用针管通我的尿道，拔出针管时，憋出的尿射了医生满头满脸，这才得以挽回我弱小的生命。也许正因为这个原因，母亲对我一直十分溺爱。直到抗日战争胜利结束，父亲到之江大学任教，才回温州把母亲和我带到杭州的之江大学，住在了钱塘江边著名的六和塔下。自此，母亲再也没有离开过父亲。

我随母亲到杭州之后，全家基本上就聚在一起了。这个时候，连则柯哥哥也上小学了，只有我还小，留在母亲的身边。每次家里的亲属来杭州，母亲都带着我参加与亲属的活动。给我起名字的时候，母亲表示，我是她生的最后一个孩子。父亲想起有个姓吴的学生认父亲做爹，结合长江出海属吴国，湘鄂在上游，有"吴头楚尾"之意，给我取名王则楚。这个名字，姓是王，则是辈分，楚才是选的名。我们兄弟的名里所选的字都有一个木字旁，唯有我是双木林摆在上面，可见父母对我这个小儿子的重视。广东话俗语说，"拉子拉心肝，拉女拉五脏"，我这个"拉子"，的确是母亲的心肝宝贝。

抗战胜利后，父亲回到杭州的浙江大学本部。大哥听母亲说过，由于支持学生的"反饥饿、反内战"运动，曾是浙江大学教授会秘书的父亲，起草了《浙大教授会反饥饿反内战宣言》。事后，浙江大学在当局的压力下，没有继续发聘书给父亲，父亲只好暂时到之江大学任教。而这时刘节先生介绍父亲到广州中山大学工作，我们全家经上海，坐四叔的轮船到广州。这是货轮，好像是在甲板上搭了个三角形的木棚，全家除了已经住校读书的大哥和二姐，就住在这样的"头等舱"南下到广州了。刚到广州，我们家住在中大文明路校区的西堂。

到广州之后，母亲总是关心着我。在我的记忆中，母亲对我的爱首先表现在对我贪吃要求的满足上。我非常调皮，爱乱吃东西。在中大文明路校区，我和我儿时的朋友詹安泰先生的儿子詹叔夏、戴辛皆先生的儿子戴念坪一起，还曾把石栗树掉在地下的果子的核砸开来，吃里面的仁。这种仁吃多了是会让人头晕的。

在石牌校区，我曾和王越先生的小儿子王思华一起在法商学院下的蚕桑田里摘桑子吃，结果吃到西门那里迷了路，是当地的解放军把我们送回来的。也许是乱吃东西，又不干净，我还因为闹蛔虫，肚子痛得直叫。妈妈把我和患黄疸型肝炎的则柯哥哥送到中山大学附属医院住院留医。我吃了打蛔虫的药，拉出来一条大蛔虫。从此，妈妈总是想尽办法让我吃饱，少去吃这些乱七八糟的东西。

我也爱吃糖果，爱吃零食，但那个时候，物资匮乏，不是常有糖果、糕点的。为了争吃糖果糕点，我和最小的哥哥、姐姐也有不少吵闹，母亲总是要他们让着我。

我记忆中的好吃的零食，几乎都是母亲自己做的。到了康乐园校区，我们住在模范村的西南区十一号，母亲用糯米粉和着红糖做我爱吃的红糖糯米团子，做好后放在像泡菜坛子那样的坛子里，放在家里南边的小走廊里。我和岑麒祥先生的儿子岑运华还偷吃过。家里西边的天台上，房子边上像大杨桃一样的"酸捻"，母亲摘下来，切成一条一条的果片，用红糖熬熟了，取出来放在竹箩上晒干，酸酸甜甜的非常好吃。每当我闹着要吃东西的时候，母亲总能变出好吃的果子，平息我的哭闹。

母亲对我的爱还表现在对我贪玩的要求的满足上。记忆里，我最喜欢的是一个毛茸茸的小狗熊，每天睡觉都要抱着睡，白天也喜欢抱着玩，哪个人要抢去，我都要哭闹。至今，还保留有一张照片，我抱着洋娃娃，丽娜姐替我拿着小狗熊，我站在母亲前面，很不情愿地和大人在一起片。那个年代，洋娃娃和毛茸茸的小狗熊都是属于昂贵的玩具了。

小时候，我玩过积木，那个可以摆在两根圆木柱上做门的三角形的积木，上面画有非常漂亮的彩色花纹，搭上去像希腊神殿的大门，非常好看。

游戏是孩子们的兴趣，母亲总是满足我们的要求。姐姐他们玩的跳棋，每颗珠子都有不同颜色的花，跳棋的盘子是有空洞的，棋子就摆在空洞里，也很漂亮。我那个时候想要《水浒传》的连环画，记得一套需要六元钱，这在当时来说是非常昂贵的，在经济条件好多了的时候，母亲在那年的儿童节还是到永汉路（今天的北京路）给我买了。

到了住进东南区一号，在陈寅恪先生的楼下，妈妈还买了留声机，唱片里除了有父亲喜欢听的京剧唱片外，还有王洛宾收集和创作的新疆歌曲以及贝多芬的交响乐，我音乐感的启蒙，就来自母亲的这些唱片里的旋律。哥哥姐姐喜欢打羽毛球，母亲还给我们买了球拍和网，把网挂在房子东边的两棵桉树之间，让我们玩耍。

母亲教育小孩坚持的是：身教重于言教。记得我小时候写毛笔字，要描红，母亲总是把笔、墨准备好，教我把水滴在墨盒里，用毛笔舔墨盒里的棉纱，把一个小鸡蛋放在我手心，让我的手里含着鸡蛋握笔，一笔一笔地写。晚上我做作业，母亲会陪着我读她正在学习的俄语。甚至为父亲抄写文稿时，她也会带着我一起抄。

她那种认真的态度，让我觉得读书写字是一件非常大的事。当然，我是非常贪玩的小孩，但母亲从未阻止过我出去玩耍，而且总是在进门的半圆桌上摆着一大瓶凉开水，让我喝个痛快。吃饭了，我还没有回家，母亲会在门口大声地用温州话喊：则楚，回家吃饭了。对门的姜伯母（姜立夫太太）都记得非常清楚，多年后还和读大学的我说起这件事。

母亲对孩子们的学习，从来都是宽容的。则柯哥哥考初中没有考好，上的是私立大北中学。母亲挂念得很，专门带着缝好的被子去看望则柯哥哥。丽娜姐姐上的是广州第二女子中学，这是一所原来的教会学校，由于不习惯学校的规矩，姐姐性格变得很怪异，周末回家看到家里有客人就生闷气。母亲及时地让她到离家比较近的广州第五中学读高中。这是一所足球和话剧活动都搞得有声有色的学校，姐姐在那里参加了学校的话剧队，演出曹禺的著名话剧《雷雨》，变得开朗多了。我三年级上学期，感到学习吃力，虽然成绩还好，但母亲坚持要我降到二年级读下学期，始终让我学习没有压力。在小学，我和班里的同学演出白榄戏，母亲都会到场观看，我们跟着老师做套在手上的木偶戏，母亲还亲自给我缝制了一个三个指头的木偶。考广雅初中的时候，母亲随父亲到青岛参加一个会议，顺便休假。母亲挂念着我的考试，父亲安慰她说，则楚比较调皮也比较聪明，考上应该没有问题。母亲的五个孩子都读了大学：大哥王兆凯考上北京钢铁学院，二姐王美娜考上清华大学，三姐王丽娜考上上海戏剧学院，三哥王则柯和我考上北京大学数学力学系。

　　当然，按父亲说的，母亲很会持家，母亲在家境并不宽裕的时候表现出来的持家本领让我记忆深刻。在中大石牌校区我们家住在松花江路十号，那是整个斯大林广场周边住宅的东南角斜坡下的一栋房子，前面是农民的一片烟叶田，直达茶山湖边，后面是一片松树林，门前的阶梯下左边有一片小空地，晴天的时候，母亲会在那里撑起竹竿晾晒衣服。空地边上有一个防空洞，解放初期，经常有国民党飞机空袭广州。有一次，我在防空洞里看着飞机低飞越过我们家，似乎还用机关枪扫射，家里屋檐上的瓦片还被打掉了几块。

　　秋冬季节，几乎每过一两天母亲就会用竹笆子到松林里扒松针回来烧火，我跟着母亲把笆子上的松针拉下来放到竹箩里。后来在松林东南，盖起了中大附小，曲尺形的校舍就正对着松林。在松林边上，我们家开挖了一小块地，种了番薯。有一次挖番薯的时候，我举起锄头向下挖，一不小心碰到了则柯哥哥的头，顿时流出来血，我很害怕。母亲带着哥哥回家包扎，只是告诉我：一滴血吃一个老母鸡也补不回来，不能那么做，并没有打我。

那个时候，家里的米基本上是陈米，从米缸里拿出来的米里会有一些石粒，也有些米虫。母亲总是把米倒在一块蒙着紫红色皮革的木板上，一颗颗地挑拣出石粒和米虫以及发霉的米粒，才淘米做饭。这块木板直到搬进东南区一号，还不时拿出来拣米。

母亲的手很巧，孩子们的衣服基本上都是她自己亲手做的，大人的旧衣服翻个面就变成了孩子们的新衣服，而且都是那时最时髦的样子。我在文明路时穿的工人装，就是母亲亲手做的，冬天的毛衣也都是她亲手织的。毛衣穿破了，拆了重织。线少了，织成毛背心，残留的毛线头两股三股搓成一股，这种杂色的毛线，母亲会用来织手套或袜子。我就帮着撑开毛线，让母亲把毛线卷成一团。

母亲织的毛衣图案都非常时尚，在毕加索的《和平鸽》被选为世界和平大会图标的时候，中国发行了和平鸽图案的邮票，母亲在给美娜和丽娜织的毛衣胸口织上了这个和平鸽的图案，表达了她对和平生活的美好愿望。丽娜姐与母亲在家门口草地上的照片，穿的毛衣中间的花点点，也是母亲自己织的，非常漂亮。

所有这些事情，母亲都是默默无闻、日复一日地做着。

不仅是由于母亲相夫教子的支持，才有父亲的成就。就是父亲的研究工作，母亲也是与父亲有共鸣的。我就跟着母亲一起陪父亲观看过越剧《红楼梦》，观看过丁是娥的沪剧《罗汉钱》，以及我感到非常好看的京剧《三岔口》。丁是娥到家里与父亲谈论戏里的表演，母亲也会在一旁聆听。

母亲与父亲一起读《西厢》，一起散步，一起看戏，一起谈论演出的好坏，替父亲誊写稿件时对个别词句也有纠正。无论解放前在松江、龙泉，还是解放后在广州，无论在《西厢五剧注》发表前后，还是父亲确立关汉卿在元剧史中地位的前后，应该说，父亲的成就里，绝对有一半的功劳是属于母亲的。

母亲的持家本领，最能够显示出来的是她担任中大家属委员会主任的时候。那个时候，许多的教职工家属没有工作，工资制度改革之后基本上不再像过去"家里一个人工作就可以养活一家人"，加上"男女平等""妇女能顶半边天"的推动，妇女解放的宣传和落实，家属委员会担负了组织家属工作的任务。母亲组织了"缝纫社"为教工、学生缝缝补补、做衣服、改衣服，搞得红红火火。一直到一九五八年，学校给教工家属登记安排就业，许多家属才根据个人的学历安排到学校幼儿园、资料室、附属小学去做老师、资料员，留下在缝纫社的还继续坚持到转为街道工厂。这个缝纫社既有刘节夫人这样的大教授夫人，也有工人的家属，甚至是滞留在中大的遗属，母亲都一视同仁热情对待。正因为这个原因，母亲在中大家属里有许多朋友。

那个时候，教授的家属一般文化水平都不低，例如我的小学六年级的数学老师钱启华，是中大外语系一级教授顾寿昌的夫人，她是留学英国获得硕士学位的。她教我六年级的数学，用字母代表数字，让我特别感兴趣。母亲也是一个有师范学历的人，动员他们为祖国建设出力，许多人重新拿起了教鞭。但母亲没有再就业，据大哥说，当时征求家里人意见的时候，已经参军复员再读大学的他主张母亲留在家里，好好照顾父亲，至今他都很后悔。

一九五七年母亲的病就查出来了，父亲为了给母亲治病，全国各地去找良医，尽量的多陪陪母亲。因此，没有怎么出席各种会议，加上母亲的劝阻，躲过了反右运动的灭顶之灾。大哥被错划成右派，母亲依然保持着她对儿子的爱，坚持将家里的奥米格手表留给大哥。

一九五八年秋天，母亲病重住进中山医学院附属第一医院，难以进食的母亲骨瘦如柴，眼睛很大，颧骨突出，吃东西很难下咽。我曾经自己一个人从广雅步行到母亲住的医院去看望过母亲。她总是担心我年纪小，失去母亲之后会没有人管，拉着我的手，嘱咐我要坚强起来，不要流眼泪。据丽娜姐说，母亲要求父亲一定要好好对我，不许打我。母亲病重的时候，大哥大嫂和美娜姐都从北京回来看望。由于大哥是右派，只批准他很有限的探望时间，他和大嫂没有等到母亲去世就回北京了。

大哥离开之前，全家（除母亲之外）在广州照了张合照。美娜姐则是留在广州，陪着母亲直到去世。母亲是看到照片后才闭眼撒手而去的。

母亲被安葬在中大康乐园校区西北角的墓地。出殡的那天，棺椁从南门进来，抬过生物楼前的小道，转到墓地去。很多人在路的两旁给母亲送行，送葬的队伍从九家村一直排到生物楼。父亲很惊讶地说："怎么这么多人，许多我并不认识。"母亲在家属委员会的姐妹们更是一直送她到墓地。

站在坑边，看着泥土把母亲的棺椁覆盖，我和痛哭的姐姐不同，一言不发地默默在心里向母亲表示：我一定会努力做个像妈妈一样的和平民老百姓能够打成一片的好人。

现在，每逢清明我都会带着家人去母亲墓前祭拜。今年遇到新冠肺炎疫情，我在家里写下很久以前就想写的《我的母亲》，但愿云祭拜把我的思念带给我在天上的母亲。

原载《羊城晚报》2020 年 5 月 10 日，收录时经作者修订。

文字商量之乐
——纪念父亲王季思先生逝世两周年

王小雷

昨晚又梦到爸爸,用毛笔写了一副长对联,手也不大抖。我又惊又喜:"爸爸,看样子,我们还能在一起做很多事情。"爸爸也很欣慰地点点头。我接着问了一句离奇的话:"爸爸,那年四月我要是回家看您,您也许能支持到今天是不是?"爸爸却摇摇头说:"不一定。"我一下惊醒,只觉阵阵凄凉。类似的梦,我不知做过多少次,每次梦醒,都有一种绝望的遗憾纠集在心。

爸爸生前我们合作过一本书,那就是《名家推荐丛书:王季思推荐古代戏曲》。爸爸在前言中写道:"这个选本的完成,不仅时间最短,合作得也比较愉快。小雷根据我的选目起草初稿,遇到问题她随时提问,我随时作答,父女之间得到文字商量之乐。"

在爸爸面前,总是可以畅所欲言,可以提最天真最无知的问题而不怕被取笑。记得有一次我在论文中信笔写了"某某题材在元杂剧中俯拾即是"。精通元杂剧的爸爸只幽默地说:"我没有读到。"我于是知道自己写得太夸张，父女一起开怀大笑。

多年来我们家里人常常对爸爸的文章指指点点，爸爸还觉得有这样的家人挺难得。当然他也常常坚持己见。有一次我在替他笔录文章时批评他不过是重复陈词滥调。他说："陈词滥调也要写。"多年之后我才领悟到，陈词滥调里本来就有许多被漠视的真理。如今，这一切都成了遥远的过去。留下的只是爸爸和我之间曾有过的文字之乐的回忆。

哥哥姐姐们曾抱怨说，爸爸向来把心血都花在工作上和学生身上，对子女们不大操心。爸爸对我说过，小时候他看到他的父亲太专制，所以他决心当一个民主的爸爸，让孩子们的发展顺其自然。但他把工作放在第一位却是个不争的事实。我三岁时发生"文革"，爸爸的教学研究工作被迫中断，这倒给了我们许多接触的机会。

在我识字之前，当然谈不上文字之乐。那时我喜欢画画，爸爸常常用钢笔勾画一只蹲着的兔子，我就照着画，怎么画也不如他画的好看。有一次父母给我买了根据芭蕾舞改编的小人书《白毛女》，我挑了喜儿在黄世仁家叉开一字腿高高跃起的一页要爸爸画。爸爸用钢笔勾勾描描，就画得像模像样。他虽不是画家，但从我的这些记忆中，可以看出他有一些功底。除此之外，我再没有看过他画画。

我开始学写字是在"文革"当中。爸爸在一本大方格本上的头一行写上"中国共产党万岁"，我就认认真真抄上一页。爸爸会在他认为写得好的字的右上方打上红圈圈。那时我家已经搬过三次，而且是越搬越小。爸爸的书除了打入纸箱塞到床底下、柜子上之外，还有许多不得不卖掉、烧掉甚至撕了当厕纸用。我当时就用过软软的线装书纸当厕纸。但并不知道、也没去想过究竟发生了什么事。

爸爸以为他从此不会再有机会做学问。"文革"末期，曾有人从上海写信给他，说在书摊上看到他的一套线装书，问他还要不要。他那时心灰意冷的，没有作复，后来十分后悔。他以为我高中毕业之后会在农村安家立业，也没有着意督促我在学习上下工夫。他是个不大有架子的教书先生，从来让学生随时提问题，当然也会随时放下他手里的事情来回答我的问题，并总是非常诚实地回答我的问题。

"文革"后爸爸可以重拾学问，正上中学的我也有机会考大学。爸爸妈妈想到了让我继承父业。那时我常跟父母在幽静的中山大学马岗顶散步，爸爸会即兴教我和妈妈一些诗词，我是在这时学会背诵《木兰辞》。爸爸有时还会让我练习对对子，他出上句让我对下句。有一次他念出一句前人的"蛙翻白出仰"，意为青蛙翻过身来，像一个白色的"出"字。我想出"燕翔黑十展"。爸爸说意思还好，平仄不大对。还念了一句前人对出来的下句，大意是蚯蚓爬得像"之"字，原句我记不住了。爸爸喜欢自然，散步归来他写出一两首关于花花草草的诗词是常事。

也是在那时，爸爸给我讲过两句我终生不忘的句子。一句是苏东坡字帖里的"青眼看人万里晴",意为人若以善意去看世界,会觉得海阔天空,充满美好。另一句是宋元俗语"相随百步,尚有徘徊意。"不相识的人,相伴而行一百步,也会产生依恋之情。这句表达的也是一种人生柔情。这两句,在爸爸的人生情怀打上很深的烙印,对我的人格也影响深远。这也许是我和父母一起度过的最安宁也最富于希望和诗意的时光。

多年后我去美留学,爸爸为我写了下面的一诗一词:

踏莎行·送小雷赴美

松下行吟,花间觅句,相随杖履朝还暮。眼前世界一番新,合教闯荡江湖去。

云海横穿,重洋飞渡,人间别有成才处。花开果结早归来,桑榆光景难长驻。

一九九二、八、十

寄小雷

海外思亲友,雷雷常挂怀。望洋珠满眼,忆母泪盈腮。

雌伏应思奋,雄飞宁待催。玉轮仍朗照,何日赋归来?

九三、三、一五

我在给爸爸的信中写道:"诗一首,词一首,何日松间再携手,但愿人长久!"等我回家时,爸爸早已步履艰难,背也弯得比我还矮了一个头。我猛然意识到,林间散步的日子已经一去不复返。

我在美国时爸爸常让大哥或其他人代笔写信给我，精神好时，还会亲笔写上一两页。每当看到爸爸的字迹较稳健时，便知道爸爸视力还可以，手也不发抖，倍感安慰。我在波士顿参加剑桥合唱团，曲目中有苏东坡的《陌上花》，唱起来很美，细究起来有的句子不知所云，我在信中求教，爸爸一一作答。

爸爸的最后几年有意识地用诗词文章来证明他的生存。这些作品不一定写得好，但我总为他坚韧的意志、活跃的思维、尤其是对生命的信念和热情而感到安慰和敬慕。

在波士顿我度过了有生以来第一个大雪纷飞的冬天，第一次领略严冬之后春回大地万物复苏的欣喜，脑子里时常会浮现一些有句无章的句子。我把这些零散的句子写了寄给爸爸，爸爸居然把它们串成一首诗。

爸爸最后一次读我的创作是一九九六年一月。我在家因思念在美国的章军（当时的男友，现在的丈夫）写了一首题为《你说》的自由体诗。爸爸的视力早已衰退，但听力和思维还很好。我给他念了之后，他断断续续说："诗……写得……好。拿到……外面……发，不要……在国内……发。"我问为什么，他说国内左。

让我更惊讶的是，那几天他常常望着天花板吃力地说："有风暴……你快走。斗你的时候……别说话。让他们……斗我。风暴……来了，你快走……"爸爸一生历尽沧桑，一生中最黑暗的日子恐怕要数几乎置他于死地的"文革"。终日卧床，难免浮想"文革"噩梦。他一直盼我回家，希望我留在他身边，此时却耽心得让我早走。这荒唐的耽心让我流泪。

那次回家，爸爸已经不能站、不能坐、甚至不能自己翻身，每天昏睡的时候多，清醒的时候少。我陪他说话，念他的旧作，他听着听着便睡着了。我便离开他，去做自己的事。时间就这样过去。一天他让我帮他笔录两句诗："红豆年年发南国，何事亲情不再来？"我问："爸爸是不是觉得我陪伴您的时间太少了？"他将眼睛闭了一下，算是点了头。爸爸，我陪伴您的时间真是太少太少了。

爸爸去世前的那个春节，我和章军在电话里为他唱了《游子吟》，他为此写了"雷雷海外结良缘"。爸爸最后一次入院时我去了一封信，他在听完大哥念这封信的当晚去世了。也许是知道我找到所爱，爸爸放心了。

那正好是清明节的第二天。自从妈妈在八年前去世，我就相信人有在天之灵，相信生者与死者的灵魂可以沟通。今年的清明节我要告诉爸爸，能做爸爸的女儿很有缘、有幸，比做爸爸的学生更有福。

完稿于一九九八年三月十六日

原载《文汇报》1998年5月3日，收录时经作者校读阅定。

编后语

黄仕忠

本书汇集的文字，乃从记录王季思先生为人为学的文章中选萃而成，侧重于朋友、学生、家人对先生的"印象"，庶几切合"印象丛书"之义。

三年前，我受温州市文史研究馆委托，编集此书。开始时主要通过学术期刊网作检索，所得文章不过三十余篇，主要系研讨先生学术成就之作，谈及生活经历者鲜少，内容或有重复。嗣后另从其他途径搜罗，举凡报纸、微信、百度、超星、读秀，各类数据库，均作检索，并据所见文章引用或提及，顺藤摸瓜，乃至扩展到港台报刊，于是所得渐多，内容寖广。遂随得随读，见内容适合，即转为文档，再作审读，调整标点，校对文字，订正讹误，编为定本。同时约请与王先生有交集或曾受亲炙的师友，追忆他们亲历、亲见的先生事迹，承蒙支持，慷慨赐稿，又得若干。聚沙成塔累积至一百五十余篇。初时做加法，有见必收，细大不捐；后期做减法，反复斟酌，再三删汰，犹有百篇，汇成文档，交付方韶毅先生。

但此书乃"温州学人印象丛书"之一种，据其体例，篇幅有上限，格式有定则，经方先生严格审订，复加精选，存得八十余篇，遂成今貌。

经多次披沥，目今所存文章，皆为第一手记录，系作者亲历、亲闻，而非仅据他人文章再写作者。嗣后按早年师生、中大团队、中大学生、交游朋辈、亲属亲友所写，作大略分类。有此一册，先生所经历的时代，其生平事迹，乃至教书育人、为人为学之状况，已可获基本的印象。

此书编集过程中，徐巧越、林杰祥、陈艳林、曾庆兰、沈珍妮、潘璐、廖智敏、董诗琪、蒋思婷、周红霞、李昕阳、沈奕晨、陆韵、丁卓源等同学，在寻找资料、转录文字、校订错误等方面协助做了大量工作。后期清样校对时，练美琪、郑洁、张嘉洁等同学也协助做了校对。二校清样，则承蒙师兄郑尚宪教授通读一过，有些文章且反复细读，又校正了若干误字，并订正了一些文章的记忆错误。

本次所收文章，我按编辑工作之要求，做了一些校订，主要是将标点符号及标注方式调整为符合现今国家标准。校订后的文章，凡作者在世者，均尽可能呈请再度审校阅定；部分文章还经作者亲手修订，较原稿更臻完善。某些文章所记时地，因时过境迁，作者记忆偶存偏差，或欠准确，今经考证后予以订正。此类技术性校订，不再另作说明。

反复阅读这些纪念季思先生的文字,犹如重温先生謦欬,仿佛先生并未远去,他一直与我们在一起——

薪尽火传光不绝,
长留双眼看春星。

温州市文史研究馆

温州学人
印象丛书

考古泰斗夏鼐............................ 王世民 编

一代词宗夏承焘........................ 方韶毅 编

籀园守门人梅冷生.................... 卢礼阳 编

一代师表金嵘轩.......... 夏海豹　陈伟玲 编

戏曲史家王季思........................ 黄仕忠 编

弦歌中西赵瑞蕻........................ 易永谊 编

图书在版编目（CIP）数据

戏曲史家王季思 / 黄仕忠编 . -- 上海：文汇出版社，2023.9
（温州学人印象丛书）
ISBN 978-7-5496-4058-4

Ⅰ.①戏… Ⅱ.①黄… Ⅲ.①王季思—纪念文集
Ⅳ.① K825.78-53

中国国家版本馆 CIP 数据核字 (2023) 第 130555 号

戏曲史家王季思

出　　品	温州市文史研究馆
编　　者	黄仕忠
责任编辑	苏　菲
装帧设计	何天健
排版制作	胡文胜
出 版 人	周伯军

出版发行	文汇出版社
	上海市威海路 755 号（邮政编码 200041）
经　　销	全国新华书店
印刷装订	温州市北大方印务有限公司
版　　次	2023 年 9 月第 1 版
印　　次	2023 年 9 月第 1 次印刷
开　　本	889 毫米 ×1194 毫米　1/32
字　　数	350 千字
印　　张	18.375

ISBN 978-7-5496-4058-4
定　　价　88.00 元